変則型登記、権利能力なき社団・認可地縁団体等に関する登記手続と法律実務

所有者不明土地,表題部所有者不明土地,相続人探索,
字持地,多数共有地,財産区,特殊な名義

正影 秀明 著

日本加除出版株式会社

推薦のことば

　空き家・所有者不明土地が社会問題化して久しい。所有者不明土地問題研究会最終報告（平成29年12月）によると，平成28年度の地籍調査（約62万筆）において，不動産登記簿上の住所，氏名からは直ちに所有者の所在が明らかにならなかったいわゆる所有者不明土地の割合は，約20.1パーセントと判明した。さらに，この地籍調査では，これらの土地について，登記名義人の戸籍・住民票等により土地所有者の所在を調査したにもかかわらず最終的に所在不明であった土地は全体の0.41パーセントとなったが，探索には多くの時間と手間が掛かることも検証された。

　また，同報告書によれば，現在の不動産登記簿上の所有者不明土地の面積は推計で九州本島の面積（約367万ヘクタール）を上回る約410万ヘクタールに上るとみられるが，今後も死亡者数の増加や相続意識の希薄化等が進行した場合，所有者不明土地は発生し続けると考えられ，2040年には所有者不明土地の面積が約720万ヘクタールまで増加すると見込まれている。

　国の動きとしては「所有者不明土地の利用の円滑化等に関する特別措置法」が令和元年6月1日に全面施行され，登記官が，所有権の登記名義人の死亡後長期間にわたり相続登記がされていない土地について，法定相続人等を探索した上で，職権で，長期間相続登記未了である旨等を登記に付記し，法定相続人等に登記手続を直接促すなどの不動産登記法の特例が設けられた。また，地方公共団体の長等に財産管理人の選任申立権を付与する民法の特例も設けられるとともに，地域福利増進事業の実施のための措置（土地使用権の取得等）も創設された。

　そして，「表題部所有者不明土地の登記及び管理の適正化に関する法律」が令和元年5月17日に成立，同月24日に公布され，表題部所有者不明土地（いわゆる変則型登記）について，登記官に所有者等の探索権限を与えるとともに探索結果を表題部に職権で登記することとし，所有者等特定不能土地については，利害関係人の申立てにより裁判所が選任した管理者による管理，さらに裁判所の許可を得たうえでの売却を可能とした（全面施行は公布の日から起算して1年6月を超えない範囲内において政令で定める日）。

推薦のことば

　日本司法書士会連合会においても，空き家・所有者不明土地問題，相続登記未了問題への対応部署を設置し，国の施策の検討及び会員への周知，近時の法改正に関する研修等，積極的かつ組織的な活動を展開しているところである。司法書士は相続及び不動産登記のプロとして，現に相続登記が未了である不動産への対処及び今後発生する相続についての相続登記促進にその専門的知見を活かして貢献をすることはもちろん，所有者不明の要因の一つである変則型登記等についても，そのような特殊な登記が発生した経緯，対応策を熟知しておく必要がある。

　本書は，司法書士であり，権利能力なき社団の登記をはじめ変則型登記等様々な複雑な登記に関して造詣が深い著者が，そのような登記が発生した歴史的背景や法の変遷を踏まえたうえで，その解決に至る道筋を実務的な観点から整理するとともに丁寧に解説を施した良書である。司法書士にとって必携の書であり，多くの司法書士が実務の参考とし，司法書士としての存在意義をいかんなく発揮していただきたく，本書を強く推薦する。

　令和元年11月

日本司法書士会連合会

会長　今川　嘉典

は し が き

　所有者不明土地が増加していると話題になり，所有者不明土地問題研究
会最終報告（平成29年12月）によると，現在の不動産登記簿上の所有者不明
土地の面積は九州本島の面積（約367万ヘクタール）を上回るといわれている。

　この所有者不明土地が増加した原因につき，「相続登記がされていない
ため，相続人が膨大になり，所在が不明な相続人もいるため現在の所有者
がはっきりしない」とよくいわれている。この原因は，不動産の持ち主が
個人であり自然人であるからということが前提になっていると思われる。

　しかし，この原因について，実際に不動産の登記を扱うものとしては，
現実は少し違うのではないかとの疑問を持たざるを得ない。

　不動産の所有者は，通常，個人に限るわけではなく会社をはじめ法人，
あるいは法人ではないが団体である「権利能力なき社団」が所有するなど
様々なものが存在する。また，何十人もの個人の共有の土地であれば，純
粋に個人の共有ではなく団体の所有を表しているといわれている。そうで
あれば，所有者不明土地に関しても，純粋に自然人である個人が所有する
だけでなく，法人や「権利能力なき社団」が所有しているものもあるはず
である。

　その視点から，登記簿を見ていくと，様々な複雑な登記名義が現実には
存在する。例えば，① 登記名義上は多人数の共有状態であるが実際の持
主は地縁団体や入会団体である「権利能力なき社団」が所有者である土地，
②「大字霞が関」等の「大字」の後に地域名や集落名などが記録されてい
る「字持地」，③ 表題部に特殊な登記名義が登記されているが甲区の所有
権が登記されていないいわゆる「変則型登記」など，様々な複雑な登記名
義の不動産が，現実に登記簿には存在し，現在では「所有者不明土地」に
該当し，誰が所有者なのか分からない土地も多く存在する。様々な登記名
義には，すでに述べたものだけでなく，④ 戦時中に法人化した町内会所
有の土地，⑤ 市町村が合併しても依然として旧市町村が所有しているよ
うな「財産区」などもあり，登記名義を見ただけでは，誰が所有者なのか
分かりにくい登記名義も存在する。また，同じ登記名義であっても所有者

iii

がいくつか考えられるという複雑なものまで存在する。

　国は，所有者不明土地に関して対応策として，「所有者不明土地の利用の円滑化等に関する特別措置法（平成30年法律第49号）」（通称「所有者不明土地法」）も平成30年6月6日に成立しているが，必ずしも上記で述べた複雑な登記名義の土地に対応しているのかどうかはっきりしないようにも思われる。

　ただ，上記の③で述べた表題部にのみ複雑な登記名義がある「変則型登記」に関しては「表題部所有者不明土地」と呼び，「表題部所有者不明土地の登記及び管理の適正化に関する法律」が令和元年5月24日に公布され，対応しようとしている。

　「表題部所有者不明土地」である「変則型登記」にも，様々な種類のものがあり，代表的なものを挙げると，㋐「A外7名」などと記録され，「A」の住所並びに他の共有者の氏名及び住所が登記記録上，記載されていない，いわゆる「記名共有地」，㋑「共有惣代山田太郎」などと記載され，団体が所有していることを示している「共有惣代地」，㋒住所が記録されておらず，「大字霞が関」等の大字名や集落名などの名義が記録されている，いわゆる「字持地」，㋓氏名が記載されているものの，住所が記録されていない，いわゆる「氏名のみの登記名義」など様々なものが存在する。

　いままで述べたような複雑な登記名義に関しては，そもそも所有者が誰なのかをはじめ，なぜ，そのような登記名義があるのかも不思議である。

　その点で，それぞれの複雑な登記名義が何なのかを調査してみると，日本における様々な歴史により，そのような複雑な登記名義が生まれたことがみえてくる。

　それは，Ⓐ江戸時代から現在まで共同して暮らしてきた地域社会の移り変わり，Ⓑ明治時代から現在まで続く市町村等行政的区切りの合併の流れ，Ⓒ明治時代から始まった土地に関する税金を納める者を把握するための土地台帳等の名簿，Ⓓ明治時代に始まった登記制度の移り変わり，等により様々複雑な登記名義が出来上がったことも分かってくる。

　本書では，個人名義ではあるが，実際には個人名義ではない「権利能力なき社団」の登記に関して説明をした後に，複雑な登記名義が出来上がっ

た日本の歴史を紹介した後，それぞれの複雑な登記名義とは何か，今まで
どのように対応してきたかを述べていく。

　国の所有者不明土地の対応においても，土地の所有者を調査するという
ことが最初の作業であるものもある。その点では，複雑な登記名義は，そ
もそもどんな登記名義であり，なぜいつどのように出来上がったのかについ
ては，本書が役に立つことを期待する。

　現時点での知識をできるだけ収録したつもりだが，研究者でも明治時代
のことなどよく分からない点も多く，研究者により意見が違うことも多い
ことをお断りしておく。また，ページ数の関係でも全てを掲載できていな
いことはお断りしておく。ぜひ今後の読者のご叱責，疑問，要望を待ちた
い。

　なお，この場を借りてお願いしたい。多数共有地，字持地，変則型登記，
権利能力なき社団，認可地縁団体に関し，取り上げてほしい分野，特別事
例の解決報告等があれば，是非，出版社にお寄せいただきたい。実務家に
おける複雑な登記の解決のために参考にさせていただければ幸いである。

　そして，本書が今後の所有者不明土地の有効活用，複雑な登記の解消，
不動産登記の健全性の確保，に少しでも寄与できれば望外の喜びである。

　また，まだまだ整理されていない事項もあり，それらについては今後の
課題としていきたい。

　令和元年11月

司法書士　　正影　秀明

凡　例

1　本書中，法令名等の表記については，原則として省略を避けたが，括弧内においては以下の略号を用いた。

【法令等】

民	民法		民訴	民事訴訟法
不登	不動産登記法		自治	地方自治法
不登令	不動産登記令		自治規	地方自治法施行規則
不登規	不動産登記規則		会社	会社法
登免	登録免許税法			

ポツダム政令　「昭和20年勅令第542号ポツダム宣言の受諾に伴い発する命令に関する件に基く町内会部落会又はその連合会等に関する解散，就職禁止その他の行為の制限に関する政令」（昭和22年政令第15号）

自農　　　　　自作農創設特別措置法

自農登記令　　自作農創設特別措置登記令

不明土地　　　所有者不明土地の利用の円滑化等に関する特別措置法（所有者不明土地法）

表題不明　　　表題部所有者不明土地の登記及び管理の適正化に関する法律（表題部不明土地法）

【先例・裁判例】

・最二小判昭29・9・10判タ42号27頁

　→　最高裁判所第二小法廷判決昭和29年9月10日判例タイムズ42号27頁

・長野家伊那支審昭38・7・20家月15巻10号146頁

　→　長野家庭裁判所伊那支部審判昭和38年7月20日家庭裁判月報15巻10号146頁

・平2・3・28民三1147号民事第三課長回答・登研510号199頁

　→　平成2年3月28日付民三第1147号法務省民事局民事第三課長回答・登記研究510号199頁

2　出典の表記につき，以下の略号を用いた。

大民集　大審院民事判例集

vii

凡　例

民集　最高裁判所民事判例集
民録　大審院民事判決録
下民　下級裁判所民事裁判例集
判タ　判例タイムズ

『土地探索ガイドライン』　所有者の所在の把握が難しい土地への対応方策に関
　　　　　　　　　　　　する検討会『所有者の所在の把握が難しい土地に関
　　　　　　　　　　　　する探索・利活用のためのガイドライン　第2版』
　　　　　　　　　　　　（日本加除出版，2017年）
『権利登記Ⅰ』　　　　　小池信行＝藤谷定勝監修，不動産登記実務研究会
　　　　　　　　　　　　『権利に関する登記の実務Ⅰ　第1編総論（上)』（日
　　　　　　　　　　　　本加除出版，2006年）
『土地台帳』　　　　　　友次英樹『増補版　土地台帳の沿革と読み方』（日
　　　　　　　　　　　　本加除出版，2007年）
『法律用語』　　　　　　法令用語研究会『有斐閣　法律用語辞典［第4版]』
　　　　　　　　　　　　（有斐閣，2012年）

viii

目　次

第1編　本書の目的及び全体的構成について

第1節　所有者不明土地になる原因は相続登記未了だけか ———— 1

1　相続登記未了のため，所有者が不明といわれている 1

2　相続登記未了地だけか 1

3　総務省中心の「所有者不明土地問題研究会」では 2

4　国土交通省では，「変則型登記」も取り上げている 3

5　法務省や自由民主党でも「変則型登記」を取り上げだした 3

6　東京財団の論文には，相続登記未了地以外も記載されている 4

7　不動産登記の世界では，その団体の名称で登記してはいけない団体もある 5

8　「権利能力なき団体」の登記では，相続登記をしないのが原則 6

9　相続登記すべきでないのに相続登記をしていないとみられていないか 7

10　買収の場合，多数共有地が対象といわれることも 7

11　純粋な個人所有との誤解を解消する動きも始まっている 8

12　最初から登記名義が実体を表していなかった場合もある 8

13　時代の変化と共に実際の持ち主が変化することもある 9

14　特殊な登記といえば，登記名義の特殊さと所有者自体の特殊さがある 9

15　所有者不明土地問題につき，国でも特別法での取組が始まっている 10

16　変則型登記についても，新たな制度が創設されるか 11

17　所有者不明土地そのものが誰の所有の特殊なものであるかを知ることも 11

18　権利能力なき社団に関する登記制度もしっかり取り上げる 12

第2節　本書の全体的構成について ———————————— 13

1　特殊な登記も様々なものがある 13

2　様々な見方による分類 13

目　次

(1)　登記の名義人の形態による分類　13　／　(2)　現在，登記手続を行う
場合，登記名義人が行うか否かの分類　13

3　本書では次のような順序で説明していく ……………………………………… 14

第2編　様々な特殊登記

第1節　概略的説明のために理解してもらいたいこと ―――――― 17

1　登記簿には所有者が記載されているが …………………………………………… 17
2　現実には，所有者がよく分からない登記簿も ……………………………… 18
3　現在では行われないだろうといわれる特別な登記もある …………… 18
4　特殊な登記は，色々な角度の見方で呼ばれている …………………… 19
5　呼び名そのものも，統一されているわけではない ……………………… 19
6　概略的説明において，気をつけてほしいこと ……………………………… 20

(1)　第2編ではあくまで，概略的説明をする　20　／　(2)　文献により，
見解が違う場合もそれなりにある　20　／　(3)　特殊な登記名義は様々で
ある名義であるだけでなく，所有者が特殊な場合も多い　20　／　(4)　特
殊な登記を「所有者」，「登記名義の形式」に分類するのは便宜上の分類で
ある　20　／　(5)　明治時代からの様々な流れも特殊な登記の原因である
20

第2節　所有者に関する視点からの登記名義（所有者が特殊な場合）―――――――――――――――――――――――――― 21

1　所有者が特殊な場合の登記 ………………………………………………………… 21
2　所有者が特殊な場合の説明について …………………………………………… 21
3　基本的な所有者の登記名義（個人所有の場合）………………………… 21
4　所有者が特殊な場合の登記として取りあげるのは …………………… 23
5　所有者が「権利能力なき社団」の場合 ……………………………………… 24
6　所有者が町内会・自治会の場合 ………………………………………………… 27

(1)　所有者が現在の「町内会」，「自治会」である「地縁団体」の場合
27　／　(2)　現在の町内会・自治会が法人化した場合（認可地縁団体）
28　／　(3)　戦時中に法人化した旧町内会等　29

7　地方公共団体である財産区が所有者の場合 ……………………………… 30
8　所有者が入会団体の場合 …………………………………………………………… 31

第3節　登記形式の視点からの登記名義（名義人形式が特殊な場合）―――――――――――――――――――――――――― 35

x

目　次

1　登記形式の視点からの登記名義 ……………………………………… 35

2　登記名義人の形式が特殊な場合 ……………………………………… 35

3　登記名義人の形式が，表題部のみの登記形体「変則型登記」
　の場合 ………………………………………………………………………… 36

4　登記名義人の形式が「記名共有地」の場合 ……………………… 38

　Q1　なぜ，土地台帳と登記簿の一元化が行われたか。　41

　Q2　なぜ，変則型登記等は，表示部の所有者のみ記載がされ，権利部に
　　記載がないか。　41

5　登記名義人の形式が「共有惣代地」の場合 ……………………… 42

6　戦前の町内会や部落会の名前で登記されている場合 …………… 43

7　財産区の名称で登記されている場合 ……………………………… 45

8　登記名義人の形式が「字持地」の場合 …………………………… 45

9　表題部のみの登記形態（氏名のみ住所なしの記載）…………… 48

■第4節　特殊登記をまとめてみると ───────────── 50

　図1　所有者が特殊な場合の登記　51

　図2　名義人形式が特殊な場合の登記　52

第**3**編　「権利能力なき社団」について

■第1節　「権利能力なき社団」とは何か ──────────── 53

1　法人とは ……………………………………………………………………… 53

　(1)　法　人　53　／　(2)　権利能力　53

2　「法人でない団体」とは …………………………………………………… 54

　Q3　社団，財団とは。　54

3　「権利能力なき社団」とは ……………………………………………… 54

　(1)　概　要　54　／　(2)　判例による「権利能力なき社団」の要件
　54　／　(3)　「権利能力なき社団」の具体例　55　／　(4)　「権利能力なき
　社団」の効果　55　／　(5)　「総有」とは　56　／　(6)　「権利能力なき社
　団」の財産の帰属と構成員の権利について　56　／　(7)　団体の対外的行
　為と構成員の責任　56

　Q4　全ての要件を満たす必要があるか。　55

　Q5　「権利能力なき社団」名義でも不動産登記ができるか。　57

4　「権利能力なき社団」の特徴 …………………………………………… 57

　(1)　権利能力について　57　／　(2)　団体の意思決定方法　58　／　(3)
　代表（機関）の意味　58　／　(4)　代表行為について　58

xi

目　次

Q6 社団の債務について，構成員は個人的に責任を負うか。　*58*
Q7 構成員は，「権利能力なき社団」の財産の分割を請求できるか。
58
Q8 構成員の資格要件に関する規約を改正した場合は。　*58*

◎ 法律的なとらえ方
⑴ 法律上の取扱い　*59*　／　⑵ 民事訴訟法における取扱い　*59*　／
⑶ 権利能力なき社団と法人の違い　*59*

第2節　登記手続 ———————————————————— *60*

1　登記名義人の基本的形式 ··· *60*

⑴ 概　要　*60*　／　⑵ 判例・先例　*61*　／　⑶ 所有者の登記簿例
64　／　⑷ 登記名義人の形式的特徴　*65*　／　⑸ 登記名義人形式の弱
点・問題点　*66*　／　⑹ なぜ団体名で登記できないか　*66*　／　⑺ 明
治時代，不動産登記法が制定されたときから「権利能力なき社団」の名義
は認めていないのか　*68*　／　⑻ 代表者の肩書を登記すべきという意見
も多い　*69*　／　⑼ 個人名義・構成員の共有名義にする場合の注意点
71　／　⑽ 登記上，所有権以外の名義で注意すべきこと　*72*

Q9 登記名義人とは。　*61*
Q10 共有の場合，構成員全員の持分共有か。　*65*
Q11 構成員の共有の場合，構成員全員の共有でなくてもかまわないか。
71

2　代表者の変更登記 ··· *73*

⑴ 概　要　*73*　／―⑵ 代表者変更の登記原因は「委任の終了」
74　／　⑶ 原因日付は，後任代表者の就任日　*74*　／　⑷ 権利者・義
務者　*75*　／　⑸ 添付情報　*75*　／　⑹ 登記原因証明情報の「登記の
原因となる事実又は法律行為」　*76*　／　⑺ 登録免許税　*76*　／　⑻
登記申請例①―代表者が登記名義人の場合に代表者が辞任　*76*　／　⑼
登記申請例②―代表者が登記名義人の場合に代表者が死亡　*78*　／　⑽
登記申請例③―数名の代表者登記名義人の場合に1名の代表者が死亡
81　／　⑾ 代表者の変更に関する実務的疑問点　*83*　／　⑿ 相続登記
はできるか　*89*　／　⒀ 相続登記がされているとき　*90*　／　⒁ 代表
者の変更登記に関する問題点　*94*　／　⒂ 問題点を解決するための実務
的方法　*94*

Q12 代表者が辞任した場合の登記原因の日付は。　*75*
Q13 代表者が死亡した場合は。　*75*
例1 登記原因証明情報―代表者が登記名義人の場合に代表者が辞任　*76*
例2 登記申請書―代表者が登記名義人の場合に代表者が辞任　*77*
例3 登記原因証明情報―代表者が登記名義人の場合に代表者が死亡　*78*
例4 登記申請書―代表者が登記名義人の場合に代表者が死亡　*80*
例5 登記原因証明情報―数名の代表者登記名義人の場合に1名の代表者

xii

目 次

　　　　が死亡　*81*

例6　登記申請書—数名の代表者登記名義人の場合に1名の代表者が死亡
　　　　82

Q14　代表者の個人名義で表題登記のみがされている場合は。　*85*

Q15　代表者の変更登記に旧代表者が協力しない場合は。　*86*

例7　登記申請書—現在の代表者の個人名義で表題登記のみがされている
　　　　場合の保存登記　*86*

例8　登記申請書（1件目）—死亡した代表者の個人名義で表題部登記の
　　　　みがされている登記を，現在の所有者の所有者名義にする場合　*87*

Q16　相続登記を抹消する登記の手続は。　*92*

3　権利能力なき社団が売買等を行った場合 ································· *95*

(1)　概　要　*95*　／　(2)　権利能力なき社団が不動産を売却する基本手続
95　／　(3)　権利能力なき社団が不動産を購入する基本手続　*97*　／　(4)
権利能力なき社団が不動産を売却する特別な場合の手続　*99*　／　(5)　権利
能なき社団が不動産を購入する特別な場合の手続　*100*

例9　登記原因証明書—権利能力なき社団が売買等を行った場合　*96*

例10　登記原因証明情報—権利能力なき社団が不動産を購入した場合　*98*

例11　数十年前に不動産を購入した場合の所有権移転登記　*100*

Q17　農地を購入したが，農地法の許可書の記名に問題がないか。　*101*

第4編　「権利能力なき社団」である「地縁団体」を法人の「認可地縁団体」にする

▌第1節　「認可地縁団体」とは—「町内会」，「自治会」を法人にすると ——————————————— *103*

1　「町内会」等を「権利能力なき社団」のままにしておくと ··········· *103*

(1)　「町内会」等が「権利能力なき社団」のままなら　*103*　／　(2)　登記
名義上の具体的問題点　*103*　／　(3)　国の対策　*104*

2　法人である「認可地縁団体」とは ···································· *105*

(1)　「認可地縁団体」制度の目的とは　*105*　／　(2)　「地縁団体」とは
106　／　(3)　「認可地縁団体」の特徴　*106*　／　(4)　認可されるための
要件　*107*　／　(5)　「地縁団体」と認められない団体とは　*109*　／　(6)
「認可地縁団体」が登記できる資産　*111*

Q18　地縁とは。　*106*

Q19　元々，「認可地縁団体」になれない団体は。　*109*

Q20　マンションの管理組合は，「地縁団体」か。　*109*

Q21　自治会機能を併せ持つマンション管理組合は，認可の対象となる
　　　　か。　*109*

xiii

目　次

Q22 従来は「地縁団体」であったが，現在は「地縁団体」でなくなった団体は。　*110*

3　法人「認可地縁団体」になるために考慮すべき点 ………………………… *112*
⑴　法人化のメリット・デメリット　*112*　／　⑵　法人化するために根本的に必要なこと　*115*　／　⑶　法人化するためには，関係者の協力も考慮を　*115*

4　法人「認可地縁団体」において気になる点 ………………………… *116*
⑴　構成員はどうなるか　*117*　／　⑵　構成員の表決権はどうなるか　*120*　／　⑶　自治会費・町内会費はどうなるか　*121*　／　⑷　区　域　*121*　／　⑸　実務上の問題点　*123*

Q23 構成員に関する規定は。　*117*

Q24 「認可地縁団体」には，地域の全ての住民が加入する必要があるか。　*117*

Q25 構成員の名簿には世帯主だけでなく，生まれたばかりの子どもも記載する必要があるか。　*118*

Q26 未成年者を構成員から除外できるか。　*118*

Q27 外国人でも構成員になれるか。　*118*

Q28 法人を構成員とすることができるか。　*118*

Q29 会員が個人になった場合は，会費は世帯単位から個人単位に変える必要があるか。　*119*

Q30 会員名簿の内容に変更があった場合は，市町村に届出をする必要があるか。　*119*

Q31 自治会への加入率は関係するか。　*119*

Q32 地方自治法260条の2第2項3号の「その相当数の者が現に構成員となっていること。」とある「相当数」とはどれくらいをいうか。　*119*

Q33 個人単位でなく世帯単位を構成員としている地縁による団体の認可はできるか。また，個人を構成員としていても，表決権を世帯単位で1票とすることはできるか。　*120*

Q34 個人を構成員としても，表決権を世帯単位で1票とすることはできるか。　*121*

Q35 町内会の区域は何を基準に決められているか。　*122*

Q36 区域に飛び地があっても認可の対象になるか。　*122*

Q37 地区内に一つのまとまりがなく，二つの自治会等があるような場合，それぞれを地縁による団体として認可されるか。　*122*

Q38 地区水源林を「認可地縁団体」により管理する場合に，全戸が加入する水源林と一部加入で管理している水源林の2種類があるが，そのあたりの取扱いはどうなるか。　*122*

Q39 一つの地縁による団体が所在する地域に，さらに連合会という上部組織の地域による団体が設立されている場合，連合会も認可の対象になるか。　*123*

xiv

目　次

■ 第2節　「地縁団体」を認可する手続の概要 ──────── 125

1　市町村への認可申請の流れ―何をすべきか ……………… 125

　図3　市町村へ認可申請をする場合の手続のフロー　*125*

2　スケジュール―どのくらい時間が掛かるか ……………… 125

　図4　認可地縁団体にする際のスケジュール（例）　*126*

3　市町村の手続全般に関するQ&A ………………………… 126

　Q40　市町村に「地縁団体」の認可を申請する場合の費用は。　*127*

　Q41　申請から認可までの期間はどのくらい掛かるか。　*127*

　Q42　保有財産の一部に神社の祠や墓地があるが，宗教色の強い財産の保有はできるか。　*127*

　Q43　地縁による団体を特定の政党のために利用することは禁止されているが，会員個人の政治支援活動までも禁止されることになるか。　*127*

　Q44　規約において，一定事項の決定を役員会で処理することは可能か。　*127*

　Q45　現在は財産区が所有しているため税は課税されてないが，今後認可地縁団体が所有した場合，税の軽減あるいは免税等は可能か。　*128*

　Q46　自治会が地縁団体に認可されると，市町村の指揮監督下におかれるのか。　*128*

■ 第3節　「地縁団体」を認可してもらう市町村の手続について ── 129

1　市町村への手続について ……………………………………… 129

2　市町村に提出する書類等の見本について …………………… 129

3　市町村への認可申請までに準備・確認しておくこと ……… 129

4　認可申請に必要な書類とは …………………………………… 130

5　何が審査されるか ……………………………………………… 132

6　法人化を認可された場合の告示とは ………………………… 132

　Q47　地方自治法260条の2の地縁による団体の認可申請に係る処分に不服がある場合の救済方法はあるか。　*133*

7　認可地縁団体登録証明書等の発行について ………………… 133

8　法人認可後に届出が必要な場合 ……………………………… 134

9　告示事項（代表者・事務所等）の変更手続をするには …… 135

10　規約の変更手続をするには …………………………………… 135

11　認可が取り消されるときは …………………………………… 136

12　こんな場合は …………………………………………………… 136

　⑴　構成員の退会と「認可地縁団体」の資産　*136*　／　⑵　「認可地縁団体」が破産した場合　*137*

xv

目　次

■第4節　所有不動産を「認可地縁団体」名義にする法務局での申請手続 ———————— 138

1　「認可地縁団体」名義に変更するときの基本方式 ———————— 138

⑴　概　要　*138*　／　⑵　登記原因　*138*　／　⑶　原因日付　*138*　／　⑷　権利者・義務者　*138*　／　⑸　添付情報　*138*　／　⑹　登記原因証明情報の「登記の原因となる事実又は法律行為」　*139*　／　⑺　「認可地縁団体」の住所を証する情報及び代表者の資格を証する情報　*139*　／　⑻　「認可地縁団体」としての印鑑　*141*　／　⑼　登録免許税　*141*　／　⑽　登記申請例①—登記名義が現在の代表者単独所有の場合　*141*　／　⑾　登記申請例②—登記名義が代表者単独所有であるが，認可前に死亡している場合　*144*

> **例12**　認可地縁団体の資格証明書　*140*
>
> **例13**　登記原因証明情報—登記名義人が単独所有の場合　*142*
>
> **例14**　登記申請書—登記名義人が単独所有の場合　*143*
>
> **例15**　登記原因証明情報—登記名義が代表者単独所有であるが死亡している場合　*144*
>
> **例16**　登記申請書—登記名義が代表者単独所有であるが死亡している場合　*146*

2　「認可地縁団体」に名義を変更するとき（応用方式）———————— 151

⑴　不動産が共有名義の場合の登記方法　*151*　／　⑵　不動産の登記名義人の住所が現在と異なる場合　*152*　／　⑶　所有不動産が未登記であった場合　*152*　／　⑷　現在の代表者の名義で表示登記のみが行われている場合　*152*　／　⑸　表題部のみ登記がされており，名義人がすでに死亡している代表者であった場合　*153*　／　⑹　⑷⑸の場合が重なっているような事例の場合　*154*　／　⑺　不動産が農地であった場合　*156*

> **例17**　登記申請書—⑷「現在の代表者の名義で表示登記のみが行われている場合」⑸「表題部のみ登記がされており，名義人がすでに死亡している代表者だった場合」が重なっているような事例の場合（応用例）　*154*

■第5節　所有不動産を「認可地縁団体」名義にする地方自治法の特例とは ———————— 157

1　「認可地縁団体」名義にする「特例」とは ———————— 157

⑴　「認可地縁団体」制度が実現したが　*157*　／　⑵　苦情に対する国の対応　*157*　／　⑶　最終的な国の対策　*158*　／　⑷　「認可地縁団体が所有する不動産にかかる登記の特例制度」　*158*　／　⑸　特例を利用する効果　*158*

> **図5**　年度別認可地縁団体総数の状況　*157*

2　「特例」は，公共用地買収のための買収側にもメリットが ———————— 159

(1) 公共事業の予定地として，地縁団体所有地を買収する現状　*159*　／
(2) 「特例」が制定され，現実的な買収も可能になった　*159*　／　(3) 用
地買収で「特例」を利用すれば　*160*　／　(4) 現実に買収で「特例」を
利用している場合　*160*

3　特例を利用するための市町村での手続 ································· *160*

(1) 「特例」を利用するための手順（おおまかな流れ）　*160*　／　(2) 特
例を利用するために必要な要件　*161*　／　(3) 事前準備ですること
162　／　(4) 「認可地縁団体」で総会を開いて何をするか　*162*　／　(5)
市町村へ申請する　*163*　／　(6) 市町村の手続　*163*　／　(7) 市町村の
情報提供　*164*

図6　特例を利用するための手続フロー　*161*
Q48　公告中に異議を申し出る者がいた場合は。　*164*

4　市町村に説明（疎明）するための具体的書類 ··················· *165*

(1) 不動産の所有及び10年以上所有の占有　*165*　／　(2) 不動産の登記
名義人が，構成員であること　*166*　／　(3) 登記関係者の所在が知れな
いこと　*167*

5　法務局に申請するには ··· *168*

(1) 市町村での手続が終了すれば　*168*　／　(2) 登記手続としての利点
168

6　法務局へ地方自治法の特例を利用して「認可地縁団体名義」
に所有権移転申請をするには ··· *169*

(1) 前　提　*169*　／　(2) 登記申請人　*169*　／　(3) 登記原因
170　／　(4) 原因日付　*170*　／　(5) 添付情報　*170*　／　(6) 登記義
務者の登記識別情報　*170*　／　(7) 登記義務者の印鑑登録証明書
171　／　(8) 「認可地縁団体」としての印鑑　*171*　／　(9) 登録免許税
171　／　(10) 登記申請書―所有権移転の場合　*171*

例18　登記申請書―所有権移転の場合　*171*

7　法務局へ地方自治法の特例を利用して「認可地縁団体名義」
に所有権保存登記申請をするには ··································· *172*

(1) 前　提　*172*　／　(2) 登記申請人　*173*　／　(3) 添付情報
173　／　(4) 登記義務者の登記識別情報　*173*　／　(5) 登録免許税
173　／　(6) 登記申請書―保存登記の場合　*174*

例19　登記申請書―法務局へ地方自治法の特例を利用して「認可地縁団体
名義」に所有権保存登記申請をする場合　*174*

第6節　「認可地縁団体」名義の不動産に関する手続 ──────── *175*

1　「認可地縁団体」名義の不動産を売買・贈与する場合 ··············· *175*

(1) 会社・法人等番号　*175*　／　(2) 法人（「認可地縁団体」）の印鑑登

目　次

　　　　録証明書　*175*

　2　「認可地縁団体」が不動産を取得した場合 ·· *175*

　　　Q49　認可前の「地縁団体」のときに売買等で取得したが，取得登記をし
　　　　ないうちに「認可地縁団体」として認可されたら。　*176*

　　　Q50　原因日付はどうなるか。　*176*

第5編　地方自治制度，地租・登記制度の変遷が関連する複雑な登記名義

▌第1節　所有者が不明な登記名義と地方自治制度，地租・登記制度の変遷との関連 ——————————— *179*

　1　なぜ所有者が不明な登記名義になったか ··· *179*

　　　⑴　様々な複雑な登記名義も所有者不明土地である　*179*　／　⑵　なぜ，
　　　様々な複雑な登記名義になったのか　*179*　／　⑶　明治時代からの時代
　　　の流れが複雑な登記名義につながる　*180*

　2　何の変遷が複雑な登記名義をつくりだしたか ······································· *180*

　　　⑴　複雑な登記名義の所有者の多くは人間の集まりである　*180*　／　⑵
　　　地方自治の市町村制度等の変遷も複雑な登記名義の原因である　*181*　／
　　　⑶　地租等の遍歴も複雑な登記名義の原因である　*181*　／　⑷　登記制
　　　度の遍歴も複雑な登記名義の原因である　*181*　／　⑸　複雑な登記名義
　　　を作り出したことを集約すると　*182*

▌第2節　人の集まりが所有するとは ———————————————— *183*

　1　人の集まりである団体等が所有するとは ··· *183*

　　　⑴　人が共同で所有するとは　*183*　／　⑵　人の集まりを登記簿で表す
　　　と　*183*

　2　「共有」という概念には，様々な共有形態がある ································ *184*

　　　⑴　「共有」は分別すると「共有」，「含有」，「総有」に区別される
　　　184　／　⑵　「共有」とは　*184*　／　⑶　「含有」とは　*185*　／　⑷
　　　「総有」とは　*185*　／　⑸　登記簿では，「含有」，「総有」を表す仕組み
　　　になっていない　*185*

▌第3節　江戸時代には完成した生活共同体の「村（旧村）」とは —— *186*

　1　江戸時代からの人の集まりが地方自治の変遷に影響を ················· *186*

　　　⑴　生活のための人の集まりとは　*186*　／　⑵　村落共同体は，何と呼
　　　ばれているか　*186*

　2　江戸時代からの「村（旧村）」とは ··· *188*

目　次

(1)　江戸時代末期の「村（旧村）」を理解することは　*188*　／　(2)　江戸時代末期の「村（旧村）」の構造　*188*　／　(3)　江戸時代の「村（旧村）」の規模　*189*

Q51　「村役人」とは。　*188*

Q52　「寄合」とは。　*188*

3　江戸時代の土地の所有 ··· *189*

(1)　江戸時代の土地の権利　*189*　／　(2)　村（旧村）の農民が共同で行ったことは　*190*　／　(3)　村自体が所有している土地がある　*190*　／　(4)　土地とその持主の把握　*191*

■ 第4節　明治時代の地方自治制度の変遷 ─────────── *192*

1　明治時代全体の地方自治制度の変遷の概要 ····························· *192*

2　江戸時代から明治時代へ ··· *192*

(1)　江戸時代から明治時代へ　*192*　／　(2)　明治4年─戸籍法制定　*193*　／　(3)　明治5年─大区小区制施行　*193*　／　(4)　明治11年─市町村の動き─郡区町村編制法　*193*

3　市町村制度の開始 ·· *194*

(1)　明治22年─市町村の動き─市町村制施行（明治の大併合）　*194*　／　(2)　問題は従来の町村所有の財産の処理　*194*　／　(3)　明治22年頃─登記関連の動き─旧財産区の誕生　*195*　／　(4)　明治44年─市町村の動き　*196*

4　本編で取り上げる特殊登記 ··· *198*

(1)　記名共有地（変則型登記の一種）　*198*　／　(2)　共有惣代名義（変則的登記の一種）　*198*　／　(3)　字持地（変則型登記の一種）　*199*　／　(4)　氏名のみが記録され，住所が記載されていない不動産（変則型登記の一種）　*199*　／　(5)　戦時中の町内会・部落会　*199*　／　(6)　財産区　*199*

■ 第5節　明治時代の地租制度，登記制度の変遷 ──────── *200*

1　明治時代全体の地方自治制度の変遷の概要 ···························· *200*

(1)　地租・登記制度の変遷の概要　*200*　／　(2)　様々な複雑な登記名義に影響を与えた変遷の概要　*205*

図7　地租・登記制度の変遷　*200*

2　明治5年から──農地売買が可能に ·· *206*

(1)　村単位での年貢から個人による金納へ転換　*206*　／　(2)　農地の売買が可能に　*206*　／　(3)　都会である「町地」での売買　*206*　／　(4)　土地の所有権　*207*

3　明治6年から──明治時代の税金の変遷 ································· *208*

(1)　明治維新における税金政策　*208*　／　(2)　税制改正の準備段階

xix

208 ／ ⑶ 地租改正条例の制定　*208* ／ ⑷ 地租改正条例の要点
209 ／ ⑸ 地租改正による重要点　*209* ／ ⑹ 土地調査　*209*

4 明治 5 年から ── 地券制度による売買 *210*

⑴ 地券制度　*210* ／ ⑵ 地券制度の機能　*211* ／ ⑶ 地券の記載
事項　*211* ／ ⑷ 農地に関する「地券」　*211* ／ ⑸ 地券の問題点
212

5 明治 6 年から ── 公証制度の登場 *212*

⑴ 公証制度の概要　*212* ／ ⑵ 公証制度の問題点　*213*

6 明治19年から ── 登記法の制定（旧不登法，明治20年（1887年） 2 月施行） *213*

⑴ 登記に関する法律「登記法」の制定　*213* ／ ⑵ 「登記法」（旧登
記法）の概要　*214* ／ ⑶ 登記法が定着しなかった原因　*215*

7 明治32年から ── 不動産登記法の制定 *216*

⑴ 概　要　*216* ／ ⑵ 「登記法」（旧登記法）と「不動産登記法」（旧
不登法）の違い　*216* ／ ⑶ 「登記法」から「不動産登記法」（旧不登
法）登記の移管　*216* ／ ⑷ 「不動産登記法」（旧不登法）施行当時の
登記用紙の区制　*217* ／ ⑸ 権利能力なき社団の名称を登記すべきか
217

第 6 節　「村（旧村）」の所有地，入会地の変遷 ───── *219*

1 まえがき *219*

⑴ 概　要　*219* ／ ⑵ 土地所有者から地税を取るには所有者を確認
することが必要になる　*219*

2 明治 5 年から ── 官民有区分の実施 *220*

⑴ 官民有区分の概要　*220* ／ ⑵ 実際の「官民有区分」の動き
221 ／ ⑶ 「村（旧村）」が「村（旧村）」所有と主張していても
223 ／ ⑷ 「村（旧村）」所有地に関しては，地券の所有者名義にも大
きな問題があったようである　*223* ／ ⑸ 「官民有区分」により様々な
複雑な登記名義が生まれたのだろうか　*224* ／ ⑹ 明治32年に「払い
下げ戻し」政策あり　*225* ／ ⑺ 明治43年頃からの部落有林野の市町
村への統一政策あり　*226* ／ ⑻ 入会地が地租改正・官民有区分され
たことにより　*227*

Q53 登記名義が違えば，所有者が違うか。　*224*
Q54 登記名義が違えば，管理方法が異なるか。　*224*
Q55 その後の町内会の開設等により管理は変化したか。　*224*

第 7 節　戦時中の町内会・部落会の法人化 ───── *228*

1 昭和になってからの町内会，部落会の動き *228*

(1) 昭和時代の戦前までの市町村の動き　*228*　／　(2)　昭和15年──部
落会・町内会の整備　*228*　／　(3)　昭和18年──部落会・町内会に法人
格の付与　*230*　／　(4)　町内会・部落会名の登記名義が可能に　*230*

2　昭和22年─市町村の動き─町内会・部落会の解散 ·························· *231*

(1)　町内会・部落会の解散　*231*　／　(2)　町内会・部落会の解散による
所有不動産の処理　*231*　／　(3)　ポツダム政令の失効　*232*

第8節　昭和22年の農地改革 ───────────── *233*

1　概　　要 ··· *233*

2　手　　続 ··· *233*

3　登記手続の特徴 ·· *233*

第9節　昭和25年 ── 台帳が税務署から法務局へ移転 ──────── *235*

1　台帳制度と不動産登記制度の両制度が並列 ·· *235*

(1)　概　要　*235*　／　(2)　土地台帳，土地登記簿に登録していた情報
235　／　(3)　両制度並列の問題点　*235*　／　(4)　例えば，所有権保存登
記をするには　*235*　／　(5)　国としての改良予定　*236*

2　台帳が法務局に移管される前提の動き ··· *236*

(1)　明治以来の地租　*236*　／　(2)　昭和6年─地租改正　*236*　／　(3)
昭和15年─家屋税法制定　*236*　／　(4)　昭和17年 ── 不動産登記法改正
236　／　(5)　昭和22年 ── 地方税法の改正　*237*　／　(6)　昭和22年 ──
土地台帳法，家屋台帳法の制定　*237*　／　(7)　昭和25年─シャウプ勧告
による地方税制改正　*237*

Q56　シャウプ勧告とは。　*237*

3　昭和25年─台帳は，税務署から法務局へ移管 ·································· *237*

(1)　なぜ移管したか　*237*　／　(2)　不動産登記法の改正　*238*

4　昭和26年 ── 登記簿バインダー方式への変更 ································· *238*

(1)　従来の登記簿　*238*　／　(2)　使い勝手を改良するためにバインダー
方式を採用　*238*

第10節　昭和28年 ── 昭和の市町村大合併 ────────── *240*

1　市町村の動き：昭和の大合併 ··· *240*

(1)　概　要　*240*　／　(2)　目的は，数値的には　*240*

2　昭和の大合併では「新財産区」が誕生 ··· *240*

第11節　昭和35年─登記簿・台帳の一元化 ────────── *241*

1　遂に登記簿・台帳が一元化した ·· *241*

(1)　前　提　*241*　／　(2)　前提としての動き　*241*

xxi

目　次

2　昭和35年に法律的に登記簿・台帳を一元化 ························ 241
　⑴　制度の変更として　241　／　⑵　登記簿の変更点の概要　242　／
　⑶　新たな登記簿も誕生した　242　／　⑷　廃止された土地台帳・家屋
　台帳は　242　／　⑸　実際に施行された日は，法務局により異なる　243

第6編　複雑な登記名義から所有者を探るためには

第1節　複雑な登記名義から所有者を探るために ───── 245
1　複雑な登記名義は，歴史的な動きだけでは把握しにくい ············ 245
2　どんな所有者不明土地が問題になっているか ···················· 245
3　江戸時代からの「村（旧村）」の原野・山林の所有が問題に
　なる ·· 246
4　江戸時代からの「村（旧村）」の原野・山林がどう変化した
　か ·· 246
5　違う観点からも理解することが必要である ······················ 247
6　同じタイプの登記名義でも，名義人が異なることが多い ············ 248
7　もちろん，実際の所有者が異なることも多い ···················· 248

第2節　国の明治時代から現在まで続く政策上の考え方も影響 ── 250
1　長年にわたる国の方針から見えてくるものもある ················ 250
2　地方自治の単位の変化の影響を簡単にいうと ···················· 250
3　入会権的な所有・利用を認めない方向で進めていった ·············· 250
4　明治時代になり村（旧村）所有の入会地をどう表していたか ······· 251
5　村（旧村）所有の土地にどのような登記名義があるか ············· 251

第3節　江戸時代に村（旧村）の集まりが登記的にどう変化した
　　　　か ─────────────────────── 253
1　「村（旧村）」の所有地・入会地の所有者が変化した場合 ·········· 253
2　人の集まりはどんどん変化するのか（戦時中）··················· 255
3　現在でも人の集まりは登場している ···························· 255
4　人の集まりの変化は様々な要素がある ·························· 256

第4節　真の所有者を探るための資料・方法 ─────── 257
1　概　要 ·· 257
2　法務局での資料を調査するには ································ 257
　⑴　現在のコンピュータ化された登記簿　257　／　⑵　コンピュータ化

xxii

以前の閉鎖登記簿　*257*　／　(3)　旧土地台帳　*258*　／　(4)　公図等の地
図　*258*　／　(5)　隣接，近傍の土地の登記簿，閉鎖登記簿，旧土地台帳
258　／　(6)　調査土地上の建物の登記簿等，閉鎖登記簿，建物台帳
259　／　(7)　隣接・近隣土地上の建物の登記簿，閉鎖登記簿　*259*

3　法務局以外での資料を調査するには ……………………………………… *259*

(1)　戸籍や住民票（市町村役場市民課等）　*259*　／　(2)　固定資産評価証
明書（市町村役場税務課等）　*259*　／　(3)　現在及び過去の住宅地図
260　／　(4)　現在及び過去の空中写真　*260*　／　(5)　公図等（市町村等
の行政機関保存）　*260*　／　(6)　地縁団体台帳（市町村役場）　*260*　／
(7)　自治会が保管する資料　*261*　／　(8)　土地の周辺にある寺院等
261　／　(9)　郵送による調査　*261*　／　(10)　家庭裁判所への相続放棄の
照会　*261*

4　どのような土地であるか ………………………………………………………… *261*

5　調査する土地が特殊な場合 ………………………………………………… *262*

(1)　農地の場合　*262*　／　(2)　山林の場合　*262*　／　(3)　道路の場合
262　／　(4)　墓地の場合　*263*　／　(5)　水利関連の場合　*263*　／　(6)
国土調査実施区域内の場合　*263*

6　現地調査をするには ……………………………………………………………… *263*

7　不動産の所有者を探索するための資料 ……………………………… *264*

8　現在の所有者である真の所有者を探すことも重要 ………………… *264*

第7編　多人数共有地の不動産について

▌第1節　所有者不明不動産には，多人数共有地が多いのでは ——— *267*

1　多人数共有地の登記名義のスタイル ………………………………… *267*

(1)　特殊な登記名義よりも所有者を間違いやすい登記名義である多人数共
有地　*267*　／　(2)　具体的には，どのような形式や，場所が多いか　*269*

2　具体的には，どのような所有者が該当するか ……………………… *269*

(1)　登記名義が多数共有者である場合の所有者　*269*　／　(2)　登記名義
からの所有者と実際の所有者が違う場合も　*271*

▌第2節　多数共有地の所有者を把握するには ——————— *272*

(1)　概　要　*272*　／　(2)　調査をするためには　*272*

▌第3節　買収等の処理をするためには ——————————— *273*

(1)　不動産の所有者により手続が異なる　*273*　／　(2)　買収等自体の方
法も色々とある　*273*

xxiii

目　次

第8編　登記名義が大字・字名義の不動産について

第1節　大字・字名義の不動産とは ——————————— 275

1　大字・字名義の不動産とは ·· 275
⑴　概　要　275　／　⑵　市町村内の一区域は　275　／　⑶　大字・字の名義の不動産　275　／　⑷　実際の所有者　276

2　具体的には，どのような所有者が該当するであろうか ·················· 276
◎　所有者として考えられる者　276

3　表題部しかない変則型登記の場合 ·· 277

第2節　旧財産区について ——————————————— 278

1　旧財産区とは ··· 278
⑴　旧財産区が生まれる前提　278　／　⑵　明治22年に明治の市町村大合併が行われる　278　／　⑶　明治22年の市町村大合併に対して旧村民の反応は　278　／　⑷　旧村民の抵抗に対し旧財産区が生まれた　278　／　⑸　財産区は法令的には　279　／　⑹　特　徴　279　／　⑺　財産の処分をするには　279　／　⑻　旧財産区も現在の地方自治法での財産区である　280　／　⑼　財産区の問題点　280

2　旧財産区での登記名義 ·· 281
⑴　旧財産区の登記名義　281　／　⑵　「旧財産区」の登記名義は，なぜ「大字」・「小字」か　281　／　⑶　「旧財産区」所有の不動産であるが，現在も登記名義が大字・小字である場合　282

3　旧財産区に関する先例・判例・登記手続 ···································· 282
⑴　旧財産区に関する登記手続　282　／　⑵　旧財産区に関する先例・判例　283　／　⑶　表題部のみの登記名義でいわゆる「変則型登記（表題部所有者不明土地）」の場合の「旧財産区」の対応方法　285

Q57　「町村の一部」（「旧財産区」）にして「字○○組」と称するところが，土地の権利に関する登記をする際，不動産登記法30条により，町村長により嘱託をすべきか。　282

Q58　大字・小字名義を「○○財産区」に所有者の表示変更登記をする方法は。　283

Q59　他に財産等がない旧財産区が他の町村に編入させられたときは。　284

Q60　旧大字名義に登記された土地がポツダム政令（昭和22年政令第15号）に適用しない場合は。　285

Q61　地上権設定の登記ができるか。　285

Q62　保存登記ができるか。　285

Q63　表題部のみの登記名義であった「旧財産区」所有の土地に関して，

財産整理の結果，市町村に帰属しているものは。　*286*

4　財産区であるかどうか判断するための材料 ························· *286*

   ⑴　情報を収集するためには　*286*　／　⑵　所有者集団が「財産区」であるか　*286*　／　⑶　現在，財産区であるかという点が重要　*286*

5　戦後も旧財産区は，消滅していない ····························· *287*

▌第3節　実質，共有名義の場合 ──────────── 288

1　概　要 ··· *288*

2　登記名義を村（旧村）の人々の共有に正すためには ··············· *288*

   ⑴　従来の方法　*288*　／　⑵　現在の方法　*288*

   Q64　表題登記のみの「大字」，「小字」名義の場合は。　*289*

▌第4節　実質，入会集団等の権利能力なき社団の所有の場合 ── 290

1　概　要 ··· *290*

2　登記名義を入会集団等の権利能力なき社団の所有に正すためには ··· *290*

   ⑴　権利能力なき社団所有の不動産の登記名義　*290*　／　⑵　従来の方法　*291*　／　⑶　現在の方法　*291*

   Q65　登記名義を「村（旧村）」の入会地等に正す方法は。　*290*

   Q66　表題登記のみの「大字」，「小字」名義の場合は。　*291*

▌第5節　戦時中の町内会・部落会の法人化 ──────── 293

1　戦時中の町内会・部落会の法人化について ····················· *293*

   ⑴　概　要　*293*　／　⑵　実際の状況　*293*

2　取得した不動産を町内会・部落会名義にする手続 ··············· *293*

   ⑴　登記手続の前提として　*293*　／　⑵　登記手続について　*293*

▌第6節　戦時中の町内会・部落会法人の解体について ────── 294

1　戦時中の町内会・部落会法人の解体について ··················· *294*

   ⑴　概　要　*294*　／　⑵　解体における財産処理の概要　*294*

2　登記手続について ··· *294*

   ⑴　町内会・部落会等が処分した場合（ポツダム政令2条1項の規定によって処分）　*294*　／　⑵　2か月の期間経過により，市町村に帰属した場合（ポツダム政令2条2項の規定）　*295*

   例20　登記原因証明情報─2か月の期間経過により，市町村に帰属した場合⑴　*296*

   例21　登記原因証明情報─2か月の期間経過により，市町村に帰属した場合⑵　*296*

xxv

目　次

　　3　戦時中の町内会・部落会法人の解体は，どこまでが適用範囲
　　か………………………………………………………………………… 298
　　　⑴　問題点の概要　298　／　⑵　実体が町村会・部落会・連合会
　　　298　／　⑶　旧財産区所有の不動産は適用されるか　299　／　⑷　昭和
　　　18年法律第81号の施行以前からの大字，小字名義の土地　299
　　　Q67　昭和18年法律第81号の施行以前からの大字，小字名義の登記とは。
　　　　299
　　4　大字・小字名義ではあるが，戦時中の町内会・部落会・連合
　　会の所有不動産でない場合……………………………………………… 300
　　5　情報を収集するには…………………………………………………… 300

第9編　表題部所有者不明土地の登記（変則型登記）について

第1節　最近名づけられた特殊な登記形式の名称について ——— 301
　　1　相続登記がされていない土地とは違う所有者不明土地…………… 301
　　2　対応する法律が令和元年に成立……………………………………… 302
　　3　法律における「表題部所有者不明土地」とは ……………………… 302

第2節　表題部所有者不明土地の登記（変則型登記）——————— 304
　　1　変則型登記とは（法務省の見解）…………………………………… 304
　　2　具体的には，どのような登記簿か………………………………… 304
　　　⑴　記名共有地　304　／　⑵　共有惣代地　305　／　⑶　字持地
　　　305　／　⑷　村持地　306　／　⑸　氏名のみ記載　306　／　⑹　不完
　　　全な住所が記載されているもの　306　／　⑺　神社・寺院名が記載され
　　　ているもの　306　／　⑻　共有のみ記載されているもの　306
　　3　表題部所有者不明土地（変則型登記）に関する対応策……………… 306

第3節　表題部所有者不明土地の登記（変則型登記）ができた理
　　由 ————————————————————————— 307
　　1　そもそも登記制度は義務強制的ではない…………………………… 307
　　2　登記制度には，所有者の登記名義に関してはルールがある……… 307
　　3　地租のためには，政府としては土地所有者を知る必要あり……… 307
　　4　登記簿も土地台帳も所有者名簿でもある…………………………… 308
　　5　昭和35年登記簿・土地台帳の一元化………………………………… 308
　　6　一元化により新たな登記簿が新設された…………………………… 309
　　7　一元化により新たに新設された表題部のみの登記簿からいわ

目　次

ゆる表題部所有者不明土地（変則型登記）が生まれた ······················ *309*

8　土地台帳の所有者記載方法がはっきりしない ····························· *310*

9　登記簿・土地台帳の一元化の問題点 ··· *310*

10　実際にはどのくらい存在するか ·· *310*

第4節　変則型登記の原因ともいえる土地台帳とは ──────── *312*

1　はじめに ··· *312*

2　土地台帳の誕生 ··· *312*

3　土地台帳の詳細 ··· *312*

例22　土地台帳（見本）*313*

4　土地台帳の廃止 ··· *314*

5　土地台帳における住所の取扱いの遍歴 ······································· *314*

(1)　住所省略の取扱いあり　*314*　／　(2)　税務署における住所の取扱い
314　／　(3)　登記所が引き継いだ後の住所の取扱い　*314*

第5節　記名共有地について ───────────────── *316*

1　記名共有地とは ··· *316*

(1)　概　要　*316*　／　(2)　「表題部所有者不明土地（変則型登記）」の一
種か　*316*　／　(3)　登記の名義　*316*　／　(4)　本来共有者がいれば
316　／　(5)　登記がみられる不動産は　*317*　／　(6)　他の共有者の人数
317　／　(7)　なぜ，このような所有者名義があるか　*317*

2　歴史的な情報 ··· *317*

(1)　明治19年制定の旧登記法と実務的な取扱い　*317*　／　(2)　登記簿・
台帳一元化前の台帳制度では　*318*　／　(3)　登記簿・台帳一元化の実施
要領では　*319*

3　登記簿上の所有者は ··· *319*

(1)　登記簿から読み取れるのは　*319*　／　(2)　実際の所有者は　*320*　／
(3)　法務局等で共有者を探すには　*320*

4　国交省のガイドラインではどう見ているか ····························· *320*

(1)　国交省のガイドラインでは　*320*　／　(2)　所有者について　*321*　／
(3)　純粋な共有（狭義な共有）の場合の対応策は　*321*　／　(4)　入会集
団・権利能力なき社団等の総有所有の場合の対応策　*321*

5　登記名義に関する様々な対応法 ··· *322*

図8　登記簿の調査フロー　*322*

第6節　共有惣代地について ───────────────── *323*

1　共有惣代地とは ··· *323*

xxvii

目　次

(1)　概　要　*323*　／　(2)　「惣代」とは何を示すか　*323*

2　国交省のガイドラインではどう見ているか ······························ *323*

(1)　国交省のガイドラインでは　*323*　／　(2)　所有者について　*324*　／
(3)　対応策　*324*

第7節　字持地について ——————————————————— *325*

1　字持地 ·· *325*

(1)　どのような登記名義か　*325*　／　(2)　表題部のみの登記名義なら表
題部所有者不明土地（変則型登記）の一種である　*325*　／　(3)　登記名
義の地域名　*325*　／　(4)　実体上の所有者　*325*

2　国交省のガイドラインではどう見ているか ······························ *326*

(1)　国交省のガイドラインでは　*326*　／　(2)　所有者について　*326*　／
(3)　財産区が所有者の場合の対応策は　*326*　／　(4)　戦時中に法人化さ
れた町内会・部落会が所有者の場合の対応策　*326*

第8節　村持地 —————————————————————————— *327*

1　概　要 ·· *327*

2　所有者は ··· *327*

第9節　名前だけ住所なしの登記について ——————————— *328*

1　表題部だけの登記であり，氏名のみで住所がない場合 ·············· *328*

(1)　登記簿・台帳の一元化前は，登記がされていなかったのでは
328　／　(2)　土地台帳に住所の記載がないとすれば　*328*

2　土地台帳における住所の取扱いの遍歴 ·································· *328*

(1)　住所省略の取扱いあり　*328*　／　(2)　税務署における住所の取扱い
328　／　(3)　登記所が引継いだ後の住所の取扱い　*329*

3　持主は，純粋な個人か団体の代表者か ································· *329*

4　当該土地を買入れしたい公共団体等の対応は ······················ *329*

(1)　買入れするためには　*329*　／　(2)　所有者を探し，相続人を探す方
法　*330*　／　(3)　所有者・相続人が見つからない場合の方法　*330*　／
(4)　墓地の場合の所有者を探す方法　*330*

第10編　財　産　区

1　財産区とは ··· *331*

(1)　概　要　*331*　／　(2)　なぜ，そのようなものがあるのか　*331*　／
(3)　法律上の定義　*331*　／　(4)　法的な立場　*332*　／　(5)　どのような
ものが多いか　*332*

目 次

2 歴史的な流れ ·· *332*

(1) 財産区ができた由来 *332* ／ (2) 明治22年の大合併 *333* ／ (3) 明治22年の大合併に対する村民の反応 *333* ／ (4) 旧村民の抵抗に対し財産区が生まれた―旧財産区 *333* ／ (5) 昭和時代の大合併 *333* ／ (6) 昭和時代の大合併でも財産区が生まれた―新財産区 *334*

3 旧財産区と新財産区 ···································· *334*

4 財産区の全国的な現状 ································· *334*

5 財産区の性格 ··· *335*

6 財産区の権能 ··· *335*

(1) 権 限 *335* ／ (2) 管理行為 *335* ／ (3) 処分行為 *336* ／ (4) 財産区の権限の特徴 *336*

7 財産区の機関 ··· *337*

(1) 概 要 *337* ／ (2) 執行機関 *337* ／ (3) 議決機関 *338* ／ (4) 構造―議会の設立が可能 *339* ／ (5) 構造―管理会の設立が可能 *339* ／ (6) 会 計 *340* ／ (7) 財産区の問題点 *340*

Q68 財産区の財産において，売買契約，賃貸借契約，登記手続は。 *337*

Q69 監査は。 *337*

Q70 財産区議会の権限とは。 *338*

Q71 兼職の禁止とは。 *338*

Q72 兼業の禁止とは。 *338*

第**11**編　その他の複雑な登記名義について

第1節　いわゆる「新財産区」について ———————— *341*

1 いわゆる「新財産区」とは何か ·················· *341*

(1) 概 要 *341* ／ (2) いわゆる「新財産区」が生まれた経緯 *341* ／ (3) 法律上の定義 *342* ／ (4) 法的な立場 *342* ／ (5) 特 徴 *342* ／ (6) 財産区の全国的な現状 *343* ／ (7) 財産区所有の土地にはどのようなものが多いか *343* ／ (8) 財産区の住民 *344*

2 新旧財産区の権能 ······································ *344*

(1) 権 限 *344* ／ (2) 管理行為 *344* ／ (3) 処分行為 *344* ／ (4) 財産区の権限として特徴 *345*

3 新旧財産区の機関 ······································ *345*

(1) 概 要 *345* ／ (2) 執行機関 *345* ／ (3) 議決機関 *346* ／ (4) 構造―管理会の設立が可能 *347* ／ (5) 会 計 *347*

Q73 売買契約，賃貸借契約，登記手続は。 *346*

目　次

Q74 監査は。　*346*
Q75 財産区議会の組織は。　*346*
Q76 財産区議会の権限は。　*346*
Q77 新財産区議会議員の兼職の禁止とは。　*347*

4　新財産区に関する登記手続 ·· *348*

⑴　財産区の登記名義人名　*348*　／　⑵　登記申請は誰がするか
348　／　⑶　新たに財産を取得することはできない　*348*　／　⑷　新財
産区に関する先例・通達　*348*

例23　登記嘱託書—財産区が合併前の市町村から不動産を承継した場合
349

第2節　入会権の近代化について ──────────── *351*

1　入会権とは ··· *351*

⑴　入会権　*351*　／　⑵　入会権の利用形態は　*351*　／　⑶　入会権と
登記　*351*　／　⑷　入会権者　*352*　／　⑸　入会権の権利帰属
352　／　⑹　いわゆる「共有」と「入会権」の違い　*352*

2　入会林野の近代化 ·· *354*

⑴　入会林野とは　*354*　／　⑵　入会林野の現状　*354*　／　⑶　入会権
が高度利用されていないといわれる理由　*354*

3　入会林野近代化法 ·· *355*

⑴　概　要　*355*　／　⑵　「入会林野整備」とは　*355*　／　⑶　「入会林
野整備組合」とは　*355*　／　⑷　手続を進めるうえで重要な「同意書」
は　*356*　／　⑸　土地を入会共有地と認めてもらうための「確認書」と
は　*356*　／　⑹　入会権を消滅しどのような権利に替えるか　*356*　／
⑺　「入会林野整備」はどのように進めるか　*357*

図9　入会林野整備手続のフロー　*357*

4　入会林野近代化法に関連する登記 ·· *359*

⑴　「入会林野近代化法12条による移転」とは　*359*　／　⑵　登記義務者
と登記名義人が一致しなくても　*360*

第**12**編　複雑な登記名義に関する様々な対応法

第1節　複雑な登記名義に関して様々な対応を行うためには ── *361*

1　単純に個人所有ではない，複雑な登記名義の対応法 ··················· *361*
2　まずは，調査することが重要になるはず ·································· *361*
3　本編で説明すること ·· *362*

第2節　変則型登記（表題部所有者不明土地）に関する対応策 ── *363*

xxx

目　次

1　はじめに ··· *363*
　⑴　はじめに　*363*　／　⑵　現実の状況　*363*　／　⑶　上記のような状
況の場合の目的　*363*　／　⑷　目的のためには何をすべきか　*364*　／
⑸　登記名義の所有者をどのように探すか　*364*　／　⑹　そもそもどの
ような場所・地目の土地が多いか　*365*

2　一般的に，表題部に他人が所有者として登記されている場合
　の対応 ··· *365*
　⑴　一般的な対応　*365*　／　⑵　表題部の所有者に承諾がもらえない場
合　*365*　／　⑶　表題部登記もされていなかった場合　*365*　／　⑷　所
有権の登記のない不動産を譲り受けた者は　*366*　／　⑸　変則型登記の
場合　*366*

3　表題部の所有者が不明の変則型登記（表題部所有者不明土
　地）の対応 ·· *366*
　⑴　変則型登記を保存登記するための二つの方法　*366*　／　⑵　実際に
は，どの方法を利用すべきか　*367*　／　⑶　変則型登記（表題部所有者
不明土地）は，全て同じ方法を選択できるか　*368*　／　⑷　「記名共有
地」について気をつける点　*369*　／　⑸　「字持地」について気をつける
点　*369*　／　⑹　「氏名のみ住所なし」の登記名義人について気をつける
点　*370*　／　⑺　あくまで真の所有者のためにする手続であることを念
頭に置いてほしい　*370*
　Q78　実務上は，所有権確認訴訟を行う方法を選択することになるか。
　　　368

4　相続人なら保存登記ができる ·· *370*
　⑴　純粋に個人所有なら相続人から保存登記が申請できるが　*370*　／
⑵　いわゆる「記名共有地」名義の場合　*370*　／　⑶　「氏名のみ住所な
し」の登記名義人の場合　*371*　／　⑷　その他の変則型登記の場合　*371*

5　表題部所有者の更正登記を行った後，保存登記をするには ········· *371*
　⑴　表題部所有者の更正登記をするには　*371*　／　⑵　変則型登記につ
いて表題部所有者更正登記を行う場合の先例・判例　*372*　／　⑶　登記
簿上の所有者が判明している場合，判明していない場合　*373*　／　⑷
表題部所有者の更正登記の申請方法　*374*　／　⑸　字持地で部落民の共
有である場合　*377*　／　⑹　真の所有者が自治区等権利能力なき社団で
ある場合　*377*
　Q79　必ず現在の真の所有者に表題部の所有者はなるか。　*372*
　Q80　現在の所有者が，表題部所有者の子孫である場合，表題部更正登記
　　　ができるか。　*372*
　Q81　表題部所有者更正登記につき司法書士に代理権はあるか。　*372*
　例24　表題部所有者の更正登記申請書（真の所有者が，山田太郎，小川二
　　　郎の共有であった場合）　*376*

xxxi

目　次

6　表題部の更正登記後の保存登記をするには　377

⑴　市町村が買収する場合　377　／　⑵　「氏名のみ住所なし」の変則型登記　378

例25　代位による所有権保存登記嘱託書（真の所有者が，山田太郎であり，代位者が渋谷市である場合）　378

7　所有権確認訴訟を行い，判決により保存登記を行うには　381

⑴　はじめに　381　／　⑵　所有権を有する確定判決を得るための訴訟の種類　381　／　⑶　表題部の登記もない場合　382　／　⑷　表題部所有者が変更されている場合　382

8　被告は誰になるか　382

⑴　変則型登記の種類によっても異なる　382　／　⑵　「記名共有地」では，共有者全員を訴えるのが原則　382　／　⑶　「記名共有地」の場合，全員を訴えなくてもかまわない場合がある　384　／　⑷　「共有惣代地」の場合も，一部の訴えが可能か　387　／　⑸　「氏名のみ住所なし」，「記名共有地」において登記簿上の所有者が判明している場合　387　／　⑹　「氏名のみ住所なし」，「記名共有地」において登記簿上の所有者が判明していない場合　388　／　⑺　団体である場合，所在が判明している場合，していない場合　389

Q82　全ての「記名共有地」において表題部所有者の一部を被告にして保存登記ができるか。　386

Q83　所有者が判明しないという意味は。　388

Q84　「記名共有地」の場合，人数分，不在者財産管理人を選任するか。　388

9　原告は誰になるか　389

⑴　訴えるのは真正の所有者である　389　／　⑵　訴える主体が権利能力なき社団の場合　390　／　⑶　自治会，町内会は，認可地縁団体になって訴えることも　391

10　所有権確認訴訟をするための手続の流れ　391

⑴　手続の概要　391　／　⑵　不在者財産管理人選任の概要　391　／　⑶　不在者財産管理人選任の書式参考例　393　／　⑷　所有権確認訴訟の提起の概要　394　／　⑸　所有権確認訴訟の提起の書式参考例　396

図10　所有権確認訴訟のフロー　391

Q85　不在者財産管理人選任申立書には何を記載するか。　392

例26　不在者財産管理人選任申立書の「不在者」欄の記載（本籍，住所等が不明の場合）　393

例27　不在者財産管理人選任申立書の「申立ての実情」の記載項目（「氏名のみ住所なし」や「記名共有地」の変則的登記の土地を市が買収予定の場合）　394

Q86　訴状には何を記載するか。　395

Q87 事件名は。　*395*

例28 訴状―被告の記載―表題部の所有者（氏名のみ住所不明，記名共有地で氏名記載の者の場合）　*396*

例29 訴状の「請求の原因」の記載項目（「氏名のみ住所なし」の変則的登記の土地を占有している者が真の所有者である場合）　*396*

例30 「請求の原因」の記載項目（「記名共有地」の変則的登記の土地を占有している者が真の所有者である場合）　*397*

例31 「請求の原因」の記載項目（「記名共有地」の変則的登記の土地を占有している者が真の所有者である場合）　*397*

11　判　決 *398*

例32 所有権確認訴訟判決主文　*398*

例33 所有権確認訴訟給付判決主文　*398*

12　不動産登記法74条1項2号による保存登記をするには *399*

例34 不動産登記法74条1項2号による保存登記申請書　*399*

Q88 判決による場合は。　*399*

Q89 判決の表示に誤りがあるときは。　*399*

Q90 確定判決後に，所有者の住所，氏名に変更があった場合は。　*400*

Q91 表題登記のない土地に申請するときは。　*400*

Q92 所有権の登記のない不動産を譲り受けた者は。　*400*

13　「氏名のみ住所なし」の変則型登記の場合の実務的対応 *401*

Q93 訴え提起前の和解（民訴275条）とは。　*401*

第3節　その他の特別法による対応 ——————————— *403*

1　その他の特別法による対応 *403*

2　土地区画整理法・都市再開発法の対応について *403*

3　土地改良法の対応について *404*

4　農地法の対応について *404*

5　農業経営基盤強化促進法の対応について *404*

6　森林法の対応について *404*

第13編　国の所有者不明土地に対する取組

第1節　国は所有者不明土地をどう対応するのか ——————— *405*

◎　所有者不明土地問題に対応するためには *405*

⑴　何をすべきか　*405*　／　⑵　探索・利用を円滑化するための制度対応　*405*　／　⑶　所有者不明土地の発生抑制・解消として　*405*　／　⑷　本編で紹介する内容　*407*

xxxiii

目　次

第2節　所有者不明土地法 ——————————————— 409
1　概　要 ……………………………………………………………… 409
⑴　目　的　409　／　⑵　所有者不明土地法で使用される専門用語　409
2　所有者不明土地法の仕組み ……………………………………… 410
⑴　概　要　410　／　⑵　所有者不明土地を円滑に利用する仕組み　411　／　⑶　所有者の探索を合理化する仕組み　411　／　⑷　所有者不明土地を適切に管理する仕組み　412　／　⑸　所有者不明土地法の目標・効果　412

第3節　長期相続登記等未了土地に係る不動産登記法の特例 ——— 413
1　特例新設の概要 …………………………………………………… 413
⑴　法令的な動き　413　／　⑵　背景・必要性　413　／　⑶　対象になる土地，特定登記未了土地　413　／　⑷　効　果　414
2　具体的な内容 ……………………………………………………… 414
⑴　手続の流れ　414　／　⑵　登記簿に記載される内容　415

図11　所有権不明土地法に関する手続のフロー　414
例35　保存登記―相続人全員が判明している場合　415
例36　保存登記―相続人の一部・全部が判明しない場合　415
例37　移転登記―単有の場合　415
例38　移転登記―共有の場合　416
例39　移転登記―持分登記の場合　416
例40　通知後，相続人が相続登記をした場合（単有の場合）　416

第4節　登記制度・土地所有権の在り方等に関する研究会で検討中の論点 ——————————————————————— 417
1　概　要 ……………………………………………………………… 417
2　研究会で検討中の論点―登記制度の在り方 ………………… 417
⑴　対抗要件主義の検証　417　／　⑵　相続登記の義務化の是非　417　／　⑶　変則型登記の解消　418　／　⑷　登記手続の簡略化　418　／　⑸　その他の論点　418
3　研究会で検討中の論点―土地所有権の在り方 ………………… 418
⑴　土地所有権の「強大性」，「放棄」等　418　／　⑵　相隣関係の在り方　419　／　⑶　共有地の管理の在り方　419　／　⑷　財産管理制度の在り方　419

第5節　「表題部所有者不明土地の登記及び管理の適正化に関する法律」とは ——————————————————————— 420
1　概　要 ……………………………………………………………… 420

xxxiv

(1) 成　立　*420* ／ (2) 表題部所有者不明土地とは　*420* ／ (3) 表題部所有者不明土地の現状　*420* ／ (4) 法律が作られた理由　*421*

2　法律の内容 ……………………………………………………………… *421*

(1) 法律のポイント　*421* ／ (2) 所有者の探索に関する制度　*421* ／ (3) 不動産登記の特例　*422* ／ (4) 所有者の特定が不能だった場合の土地の管理　*422*

図12　所有者を探索する場合の大まかなフロー　*423*

例41　所有者等が特定することができた場合の記録　*424*

例42　特定された所有者等を表題部所有者とする登記　*424*

資　料

資料1　登記簿・台帳一元化指定期日一覧 ………………………………… *425*

資料2　改正市制・町村制（昭和18年3月19日改正） ………………… *466*

資料3　ポツダム政令 ……………………………………………………… *467*

事項索引　*469*

条文索引　*475*

判例索引　*477*

先例索引　*477*

著者略歴　*479*

第1編

本書の目的及び全体的構成について

第1節　所有者不明土地になる原因は相続登記未了だけか

1　相続登記未了のため，所有者が不明といわれている

　現在，所有者不明の土地が多く存在し，社会的問題にもなっている。
「所有者不明土地」という言葉に，確立した定義があるわけではないが，
国土交通省では「不動産登記簿等の所有者台帳により，所有者が直ちに判
明しない，又は判明しても所有者に連絡がつかない土地」と定義している
（国土交通省・国土審議会土地政策分科会第1回特別部会（平成29年9月12日）資料3
「所有者不明土地に関する課題について」）。

　国土交通省をはじめ，様々な機関が所有者不明土地の実態を把握しよう
と調査しているが，所有者不明の原因としては，一般的に相続登記が行わ
れていないからであるといわれている。

　例えば，「持ち主が分からない土地が九州の面積を超えている」とのフ
レーズで有名になった『人口減少時代の土地問題』（中央公論新社，2017）の
著者・吉原祥子氏（東京財団政策研究所研究員）がフォーラム等で説明する際，
「『所有者不明』とは，所有者の所在が直ちにわからない状態を指します。
……『所有者不明』が生じる制度的な要因は，相続登記です。相続発生時
に登記が進まないことで登記簿上の情報と実際にその土地を所有し利用す
る現状との間にギャップができる。それにより『所有者がよくわからな
い』状態が生まれています。」（平成29年9月7日開催第110回東京財団フォーラム
「『所有者不明土地』問題の構造と政策課題」）と説いている。

2　相続登記未了地だけか

　相続登記未了のために，所有者不明土地が増えているというイメージが
広がっているが，いわゆる田舎で登記業務を行っている司法書士である筆

者にとっては，違和感を持ってしまう。

　それは，日頃登記簿を見ると，相続登記が行われていない不動産だけではなく，本来，相続登記を行ってはいけないとされている「権利能力なき社団」所有の不動産をはじめ，「○○外何名」，「共有惣代○○」，「大字○○」など，誰の所有地かよく分からない不動産の登記簿を見かけることが少なくないからである。

　そのため，個人所有名義の不動産に関する相続登記未了や多数の個人が共有している共有地における相続登記未了とは違う視点からみると，他の所有者不明土地も浮かんでくる。

3　総務省中心の「所有者不明土地問題研究会」では

　総務省を中心に司法書士をはじめ様々な専門家が集まっている「所有者不明土地問題研究会」の「中間整理―概要―」（平成29年6月，以下『概要』という。）では，"所有者不明土地とは"説明頁の具体例として，相続未了土地をはじめ四つの例をあげている。

　そのなかの一つとして「所有者台帳に，全ての共有者が記載されていない共有地」を挙げているが，このような登記名義の場合，単純に多数の個人所有の共有地ではなく，その地域の入会団体や自治区の所有物であるといわれることが多い。

　また，"所有者土地に係る自治体の声（具体的な支障事例）"の説明頁に掲載されている「買収予定地の登記簿の表題部において，所有者住所の記載がない。また，「所有者代表外4名」としか記載がないものも。」（『概要』7頁参照）等が挙げられている。そのような登記の土地の場合は，通常，個人が所有している土地ではなく，その地域の入会団体や自治区が所有している土地であることも多い。

　入会団体，自治区とは何かの説明は，本書の様々な登記を説明する部分で行うが，単純に個人の所有物でなく特殊な団体の所有する物件である可能性が高い。

4 国土交通省では、「変則型登記」も取り上げている

　国土交通省では、所有者不明土地に関する資料として『所有者の所在の把握が難しい土地に関する探索・利活用のためのガイドライン』（初版は平成28年3月、第2版は平成29年5月、日本加除出版）を発表している。

　この中の「第3章の表3－1：土地の状況」(78頁)に「歴史的な経緯等により名義が特殊な土地」として、「町内会又は部落会を所有権登記名義人等とする登記がされている土地」、「記名共有地」、「共有惣代地」、「字持地」等が記載されている。

　これらについてガイドラインでは、純粋に個人所有の土地ではなく、どのような土地であり、どう扱うかを簡易に説明しているが、必ずしも詳細には説明していない。

　最近の傾向として、上記の「歴史的経緯等により名義が特殊な土地」のように特殊な登記名義を「変則型登記」という呼び方も出てきており、「所有者不明土地の要因の一つとして、表題部所有者の氏名及び住所が正常に登記されていない変則的な登記」と定義づけられている（「登記制度・土地所有権の在り方等に関する研究会」の「中間取りまとめ」(平成30年6月、一般社団法人金融財政事情研究会ホームページ))。

　この研究会は関係官庁として最高裁判所、国土交通省等が協力し、山野目章夫早稲田大学大学院法務研究科教授が座長を務める研究会である。

5 法務省や自由民主党でも「変則型登記」を取り上げだした

　平成30年になり、所有者不明土地問題について法律を制定する動きになり、法務省や自由民主党などが、「変則型登記」も取り上げるようになった。

　例えば、法務省では、平成30年6月1日に発表した「所有者不明土地問題についての法務省の検討状況」の中では、「土地台帳制度下における所有者欄の氏名・住所の変則的な記載が、昭和35年以降の土地台帳と不動産登記簿との一元化作業後も引き継がれたことにより、不動産登記の表題部所有者欄(※)の氏名・住所が正常に記載されていない登記（変則型登記）の土地が存在（※ 表題部所有者とは、所有権の登記がない不動産について、登記記

録の表題部に記録される所有者をいう。なお，所有権の登記がされると，表題部所有者
に関する登記事項は抹消される。)」と説明している。

　また，自由民主党政務調査会の平成30年５月24日発表の「所有者不明土
地等に関する特命委員会　とりまとめ」によると「歴史的経緯により表題
部所有者の氏名・住所が正常に記載されていない不動産登記」（3頁）と説
明している。

　このように，色々な説明があるが，どのような登記を指し示すかが，概
ね固まりだしたようである。そして，いわゆる『変則型登記』に関しては，
令和元年５月17日に「表題部所有者不明土地の登記及び管理の適正化に関
する法律」（令和元年法律第15号）が成立している。

6　東京財団の論文には，相続登記未了地以外も記載されている

　前記の吉原祥子氏が研究員である公益財団法人東京財団では，平成26年
に日本の土地問題に関する政策研究論文「国土の不明化・死蔵化の危機」
を発表している。この論文は，吉原祥子氏等が中心になり行った研究報告
であり，「所有者不明土地」の原因として相続登記未了を挙げている。

　その研究報告には，山林における大きな問題として「入会林野」も取り
あげている。しかし，「入会林野」については『私有林とは別物で「権利
関係が複雑になってしまった共有の里山」の一形態』（12頁）として，個人
の相続未登記の土地とは別物の共有林野としてとらえている。

　研究論文の要点（6頁）として，「今後，相続を機に登記放棄される可能
性のある個人保有山林は約170万ヘクタールに上ると推定される」と同じ
ように「入会林野に100万ヘクタール以上，耕作放棄地40万ヘクタールを
合算すると，管理放棄，権利放置される土地は今後30年内におよそ300万
ヘクタール以上にまで増えるおそれがある。」と記載している。そのため，
相続未登記の土地と同じように所有者がはっきりしない膨大な入会林野が
存在することも記載している。

7 不動産登記の世界では，その団体の名称で登記してはいけない団体もある

司法書士は，不動産登記の専門家であるが，不動産の所有者として扱う特別な存在として「権利能力なき社団」という団体が登場することを知っている。詳細は後ほど説明するが，これは，民法のなかでの司法上の権利・義務の帰属する主体としての「人」に関係する概念である。

民法上，権利能力を有する者は「人」と呼ばれ，人間である「自然人」と会社等の「法人」が存在する。それらの「人」が不動産等を所有している場合は，登記簿上では「所有者」として，自然人は住所・氏名，法人は，法人の所在・名称が登記される。

しかし，「権利能力なき社団」が不動産の持ち主である場合は，団体の所在・名称等で登記してはいけないというのが，登記制度上の方式である。これは，日本の登記制度が始まった明治時代から現在まで続いていることである。その詳細については後ほど説明する。

そのため，民法上「権利能力なき社団」に分類される団体の所有物である不動産における登記簿上の所有者は，その団体の代表者の住所・氏名で登記するか，構成者全員の共有持分の形式等で登記する方式を明治時代から現在まで行っている。

この方法での登記方法では，「権利能力なき社団」所有の不動産であっても，登記簿上，個人又は多数の個人の共有地にみえるため，実際に個人又は多数の個人の所有不動産なのか，「権利能力なき社団」の所有不動産なのか，区別がつきにくいようになっているのが，現状の登記制度である。

そのため登記簿上の所有者をみただけでは，純粋に個人の所有なのか，「権利能力なき社団」の所有なのか，はっきりしないということが長年続いている。

実際に，「権利能力なき社団」所有の不動産であるのに，個人の所有であると主張し，訴訟になり争っている場合もそれなりに存在する。

「権利能力なき社団」というと特別な団体で，存在が珍しい特殊な団体であるように思われるかもしれないが，実は社会の中には多く存在するものである。例えば，「町内会」，「同窓会」，「同好会」，「マンション管理組

合」，「入会団体」などは，民法上の権利能力でいうと「権利能力なき社団」に分類される団体である。

前記の東京財団の論文で指摘した個人所有の土地と区別されている「入会林野」も基本的には「権利能力なき社団」である「入会団体」が所有する不動産である。

なお，「入会団体」については，通常広義の「権利能力なき社団」に含まれると説明されたり，大部分は，「代表者が定められていない権利能力なき社団」と説明される場合が多いが，具体的な入会団体によっては，「権利能力なき社団」に該当しないものもあるといわれている。そのため，「権利能力なき社団」と「入会団体」は別物と説明する方もいるが，ここでは「入会団体」も「権利能力なき社団」に含まれるとして説明しておく。

8 「権利能力なき団体」の登記では，相続登記をしないのが原則

前項で述べたように，不動産が「権利能力なき社団」の所有である場合，代表者1名の住所・氏名，あるいは構成員全員の住所・氏名で共有として登記するのが原則であり，純粋に個人が不動産を所有する形を登記簿に表すのと登記簿上は区別がつかない。

しかし，「権利能力なき社団」所有の不動産では，本書第3編以降で解説しているように特別な登記方法もある。「権利能力なき社団」の代表者や登記の名義に記載されている者が死亡した場合，基本的に，名義人の相続登記をすることは登記制度上許されていない。

その法則があるにもかかわらず，「権利能力なき社団」所有の不動産であっても，個人所有と勘違いされ相続登記が行われることが現実には多く見受けられる。また，「権利能力なき社団」の所有と理解していても，間違って相続登記が行われることもしばしば見受けられる。

このように，「権利能力なき社団」が所有する不動産の登記は，個人が所有していると勘違いされたり，間違って相続登記が行われたりすることも多く，登記上混乱してしまうことも決して少なくないのが現状であるが，所有者不明土地問題の中ではあまり取り上げられていないようである。

9 相続登記すべきでないのに相続登記をしていないとみられていないか

「権利能力なき社団」に関する登記制度につき，ごく簡単に説明したが，特徴として，①不動産の所有者として個人なのか「権利能力なき社団」なのか登記簿上は区別しにくい，②「権利能力なき社団」所有の不動産では，基本的に相続登記を行うべきではない，との二つがある。

そのため，相続登記を行わないで数十年も登記が更新されていない土地を見掛けても，ただちに相続登記を行うべきとはいいにくいのが現実である。単純に登記簿を見ただけでは，個人所有の不動産なのか，「権利能力なき社団」が所有の不動産か区別がつきにくいからである。

見分けるための登記原因として「委任の終了」があるが，これが絶対的な見分け方とは限らない。詳細は第3編以降で説明する。

現実には，個人所有なのか「権利能力なき社団」所有かを判断するためには，登記簿上の所有者やその子孫等関係しそうな人々から情報を聞き出すなどの調査が必要になってくる。

この個人所有と「権利能力なき社団」の不動産の違いを理解しないで，「権利能力なき社団」所有の不動産まで，相続未登記土地と計算している場合もあるのではないかということが気になる点ではある。

10 買収の場合，多数共有地が対象といわれることも

現在では，公共団体の買収報告書等のなかで「公共の工事のため用地を買収する場合等，該当土地が多人数の共有地であり買収に苦労した」というような苦労話が，色々と発表されている。

この場合，登記簿等を見れば，多人数の共有地になっている場合が多いが，実際には，個人が持ち主ではなく，「権利能力なき社団」が持ち主であるとの報告も多く存在する。

その場合は，単純に個人所有者名義の不動産を買収するのとは違った方法が必要になり，苦労するという話が多い。

そのほか，大震災等の復旧のための買収でも，個人名義ではなく，「権利能力なき社団」の所有地であったため，実際の買収に苦労したという話が色々と語られている。

第1節　所有者不明土地になる原因は相続登記未了だけか

11　純粋な個人所有との誤解を解消する動きも始まっている

　今まで述べたように，「権利能力なき社団」に関する不動産登記は，登記簿上，個人名義との区別がしにくいため，間違った登記手続を行い問題を起こすことも多かった。

　その解消法として理論的には，①日本の登記制度を変更して，「権利能力なき社団」だと分かる登記形式に変更する，②「権利能力なき社団」そのものを登記できる存在である法人等に変更する，という二つの方法が考慮できる。

　現実的な解決策としては，国としては，②の「権利能力なき社団」そのものを法人に変更して，その法人の名称で登記できるような方針を進めている。

　具体例としては，いわゆる町内会，自治会である「地縁団体」は，民法上，「権利能力なき社団」であるが，市町村の認可により「認可地縁団体」という法人に認可され法人化した場合は，法人名で登記することができるように平成3年の地方自治法改正等で施行されている（平成3年4月2日施行）。

　これにより全国の地縁団体298,700団体のうち平成25年4月1日現在で累計44,008の団体が法人格のある認可地縁団体に認可されている（総務省「地域運営組織の課題」平成25年度統計）。

12　最初から登記名義が実体を表していなかった場合もある

　不動産の所有者は誰かという問題に，もう一つ考慮すべき問題がある。

　登記名義の形式からみれば，およその持ち主が判断できるが，実際にそうであるかは，はっきりしない場合も多いという問題である。

　例えば，多人数の個人共有名義形式の「記名共有地」登記名義になっている場合は，登記した時点での実体が様々であるといわれている。具体的には登記の基になる土地台帳に登録された当時に，実際に所有していたのは，①入会団体等の権利能力なき社団，②市町村，③旧財産区，④多人数の個人の純粋な共有，など様々な場合がある，といわれている。

　つまり，登記名義が特殊で誰の名義か分かりにくいうえ，登記名義自体

8

が正確に名義人を表しているとは言い難い部分もあるということである。

　そのため，実際の所有者を探るためには，登記簿以外の調査が必要になってくる。

13　時代の変化と共に実際の持ち主が変化することもある

　特殊な登記名義の大半が，何十年も昔に登記されたものが多い。そのため，登記された当時は，登記名義人の所有であったが，現在では，登記当時の所有者が現在の所有者でなくなっている場合も少なくない。

　例えば，「権利能力なき団体」，「入会団体」等が，登記した当時に所有していた不動産であっても，時が経つにつれ，団体そのものが消滅している場合も多いといわれている。

　また，既に第三者に売買しているが売買に関する登記が行われていない場合，他人が長年占有し続け時効取得している場合など，現在の所有者が登記をした時点の所有者と異なることも存在する。

14　特殊な登記といえば，登記名義の特殊さと所有者自体の特殊さがある

　通常の人間や会社・法人の登記名義と違い特殊な様々な登記名義があると述べたが，もう少し整理したい。

　特殊といっても，「記名共有地」等のように登記名義そのものが特殊である場合と，「権利能力なき社団」所有の登記簿のように登記名義自体が特殊にみえなくても所有者が特殊な場合等がある。

　このあたりを差別・区別しないで，所有者不明土地に関連するといわれていることも多い。

　そのため，「所有者不明土地そのものがどんな土地で誰の所有であるのか」より，「所有者不明土地が多い」ということばかりが注目を浴びているように思われる。

　実際に，所有者不明土地について，対応していくためには，もっと「所有者不明土地自体がどんな土地であり誰が所有しているのか」を知る必要があるはずである。

第1節　所有者不明土地になる原因は相続登記未了だけか

15　所有者不明土地問題につき，国でも特別法での取組が始まっている

　所有者不明土地の問題が社会に大混乱をもたらす原因になるため，国で
も解決を求め，平成30年6月6日に「所有者不明土地の利用の円滑化等に
関する特別措置法案」が可決・成立し，6月13日に公布された（平成30年
11月15日施行，一部（法第3章第1節，第2節等）は令和元年6月1日施行）。

　具体的には，下記の項目が実現した。

1．所有者不明土地を円滑に利用する仕組み
　①　公共事業における収用手続の合理化・円滑化（所有権の取得）
　②　地域福利増進事業の創設（利用権の設定）
2．所有者の探索を合理化する仕組み
　①　土地等権利者関係情報の利用及び提供
　②　長期相続登記等未了土地に係る不動産登記法の特例
3．所有者不明土地を適切に管理する仕組み

　「所有者不明土地の利用の円滑化等に関する特別措置法」の成立ととも
に，政府では，所有者不明土地等対策の推進のための関係閣僚会議「所有
者不明土地等対策の推進に関する基本方針」（平成30年6月1日）もまとめ
ている。

　これによると，次の事項も検討するとのことである。

1．土地所有に関する基本制度の見直し
2．登記制度・土地所有権の在り方等に関する検討
3．土地所有者情報を円滑に把握する仕組み等

　さらに平成30年6月15日に閣議決定された「骨太の方針2018」では，今
後，問題の拡大を防ぐため，所有権のあり方や登記制度など土地の基本制
度に踏み込んで検討を進め，平成30年度中に方向性を示した上で，令和2
年までに必要な制度改革を実現することが明記された。

　相続等が生じた場合に，これを登記に反映させる相続登記の促進策をは

じめ，所有者が土地を手放すための仕組み，受け皿の在り方，さらに所有者情報を円滑に把握する仕組み，情報基盤の在り方など，中期的課題の検討が今後，本格化していくことになるであろう。

16 変則型登記についても，新たな制度が創設されるか

平成30年8月以降，総務省を中心にした様々な専門家が集まっている「所有者不明土地問題研究会」では，「変則型登記」に関する具体的対応を考慮し，新たな制度を創設すべきとの検討もされて，令和元年5月17日に，「表題部所有者不明土地の登記及び管理の適正化に関する法律（令和元年法律第15号）」が成立した（令和元年5月24日公布，全面施行は公布日から1年6か月以内）。

「変則型登記」がされている土地について，必要において登記官が職権で所有者調査委員等を関与させ，表題部所有者として記録された者を調査，特定し，表題部所有者の登記を改めることを目的とした制度である。そうであれば，対応策だけでなく，「変則型登記」そのものが何であるかを理解することは重要になるであろう。

17 所有者不明土地そのものが誰の所有の特殊なものであるかを知ることも

今まで述べたように，所有者不明土地といえば「個人所有者の土地であって単純に相続登記が行われていないため，現在の所有者がはっきりしない」というだけでなく，登記簿からは，「誰が所有者であるかはっきりしない様々な特殊な登記」があることを理解していただけたであろうか。

そうであれば，特殊な登記は，誰が所有者であることを示しているか，そのような特殊な登記に対して，今まで登記を行うにはどのように対応してきたかを理解することが重要になってくるのではないだろうか。

そのために，本書では，特殊な登記の不動産では，誰が所有者であるかを示したり，登記を行うにはどのようにすべきなのかを説明したい。

その過程において，明治時代からの地租制度，登記制度，市町村制度の移り変わりも関連してくるので，その説明も行いたい。

もちろん，国の特別法等により，従来の対応方法より簡易な対応が可能になるかもしれないが，特殊な名義の登記が誰の所有であるかということを理解することは，いつまでたっても重要なことであることは変わらないであろう。

なお，所有者的にも登記簿的にも純粋に個人が所有する不動産であり，相続登記が行われていないことにより，相続人が分からないという不動産については，取り上げないことをお断りしておく。

18 権利能力なき社団に関する登記制度もしっかり取り上げる

「権利能力なき社団」が所有する不動産については，今まで触れてきたように，所有者不明土地にも含まれ，無視できない存在であるが，「権利能力なき社団」自体はあまり注目されることがなかった団体でもある。

さらに，「権利能力なき社団」は，所有者不明土地という部分のみならず，登記手続そのものが特殊であり，社会一般にあまり理解されていないと思われる。

しかし，代表例として現在の「町内会・自治会」がでてくるように社会的には身近な存在である。

そのため，「権利能力なき社団」に関しては，その団体そのものの説明をはじめ，特殊な登記手続，訴訟手続，認可地縁団体のように法人化する手続等も，本書で説明する。

つまり，①「権利能力なき社団」自身が様々な登記手続をするにはどのように行うか，②買収等で買収地を調査した結果「権利能力なき社団」が所有していると判明した場合，どのような手続で行うべきか，の二面的な見方での手続を説明する。

第2節　本書の全体的構成について

1　特殊な登記も様々なものがある

　特殊な登記は様々なものがあり，それぞれの呼び名も統一されていると
は限らない。説明においては，できるだけ一般的に使用されている名称を
使用し，混乱を避けるつもりである。

　様々な特殊な登記を説明する上において，ある程度分類的に説明したほ
うが，理解しやすいと思われるので分類ごとに区分しながら説明する。

2　様々な見方による分類

　様々な見方で特殊な登記を分類すると，例えば次のような分類ができる。

(1)　登記の名義人の形態による分類

　①　個人の単独所有，個人の多人数の共有で登記されているもの

　　　⇒具体的には，「権利能力なき社団」所有の登記が該当する。

　②　個人，会社，法人等の名義ではなく特殊な名義で登記されているも
　　の

　　　⇒「記名共有地」,「共有惣代地」等，最近「変則型登記」と呼ばれて
　　　いるもの等が該当する。

　③　その地域の名称等で登記されているもの

　　　⇒その地域の自治会，旧財産区，市町村が所有しているものが該当す
　　　る。

(2)　現在，登記手続を行う場合，登記名義人が行うか否かの分類

　①　当事者が自ら登記手続を行う不動産

　　　⇒「権利能力なき社団」所有の不動産は，所有者である「権利能力な
　　　き社団」自らが，登記手続をすることも多い。

　②　外部の者が中心になり，登記手続を行う不動産

　　　⇒公共事業のため不動産を取得するなど，対象の不動産を外部のもの
　　　から必要に迫られて，実質的な所有者が登記手続を行うことが多い。

　　　⇒「記名共有地」,「共有惣代地」等，最近「変則型登記」と呼ばれて
　　　いるもの等が該当することが多い。

第2節　本書の全体的構成について

3　本書では次のような順序で説明していく

　今まで述べたように，様々な見方による分類ができるが，本書では，特殊な登記形態の数々を理解してもらうため，下記のような順序で説明する。なお，詳細な分類，説明順序に関しては，目次を参照してほしい。

■第2編：様々な特殊登記を概略的に説明

⇒「権利能力なき社団」をはじめ，「変則型登記」等通常の個人名，会社・法人名の名義人とは異なる様々な登記に関して概略的に説明する。

⇒所有者から見た分類と，登記形式から見た分類で説明する。

■第3編：「権利能力なき社団」全体における基本的な説明

⇒「権利能力なき社団」そのものの全体的説明を行う

　　・「権利能力なき社団」とは何か，法律的な説明

　　・「権利能力なき社団」の基本的な登記手続の説明

■第4編：「権利能力なき社団」である地縁団体について

⇒「権利能力なき社団」の代表例ともいえる現在の「町内会・自治会」である「地縁団体」について説明する。

⇒現在，この地縁団体を法人化し，地縁団体の名義で登記できることも紹介する。

⇒公共工事等による買収の場合の登記手続も紹介する。

⇒つまり，現在，全国の市町村が窓口になり行っている「認可地縁団体」になり，その後法務局で登記名義を多数個人の共有名義から「認可地縁団体」名義に所有権移転登記をする方法等を説明する。

■第5編：地方自治制度，地租・登記制度の変遷が複雑な登記名義を

⇒複雑な登記名義を生み出した，市町村制度，地租制度，登記制度の流れを明治時代から歴史的に説明する。

■第6編：複雑な登記名義の所有者を探るために

⇒複雑な登記名義の所有者を探るためには，どのような視点で考慮するか，調査するためにはどのようにするかを説明する。

■第7編：多人数共有地の不動産について

⇒所有者不明土地として意外に多い「多人数共有地」の所有者が誰であるかを説明する。

⇒登記名義からは，分かりにくいが，町内会・自治区，入会権団体など，個人ではなく集団・団体が所有者である場合が多いことを説明する。

■第8編：登記名義が大字・字名義の不動産について

⇒「大字＋地域名」，「字＋地域名」等の形式の登記名義である不動産の所有者について説明する。

⇒所有者は，「旧財産区」，入会集団の共有財産，戦時中の法人町内会・部落会の所有であることが多いことを説明する。

■第9編：表題部所有者不明土地の登記（変則型登記）について

⇒表題部にのみ複雑な登記名義がある，いわゆる「変則型登記」「表題部所有者不明土地」とはなにか，なぜできたのか等を説明する。

⇒様々な「変則型登記」である「記名共有地」，「共有惣代地」，「字持地」，「氏名のみで住所がない登記」などをそれぞれ説明する。

■第10編：登記名義が財産区の不動産について

⇒様々な「変則型登記」のうち「財産区」について説明する。

■第11編：その他の複雑な登記名義について

⇒今まで説明しきれていない，「新財産区」や「入会権の近代化」について説明する。

■第12編：複雑な登記名義に関する様々な対応法とは

⇒変則型登記に関しては，第9編で説明しきれない，様々な登記的対応策を説明する。

⇒そのほかにも，買収等のための土地収用法やその他の法令に関しても説明する。

■第13編：国の所有者不明土地に対する取組

⇒国が近年所有者不明土地に対して設立した法令や今後の方針について説明する。

第2編

様々な特殊登記

第1節　概略的説明のために理解してもらいたいこと

1　登記簿には所有者が記載されているが

　登記簿とは，登記のために登記所に備え付けた公式の帳簿であり，土地・建物に関する登記簿は「不動産登記簿」（「登記事項証明書」）と呼ばれ，その不動産の所在・面積のほか，所有者の住所・氏名などが記載されている。

　所有者の住所・氏名等については，「自然人」については氏名と住所を，「法人」については名称と所在が記載されている。これにより，所有者がどこの誰だか分かるのが通常である。

　本来，所有者の名義としては，「自然人」又は「法人」の形式で記載されており，その他の形式はないはずであるのだが，所有者不明不動産の所有者として，その他の形式での記名もあるため，誰が所有者であるか，混乱しているともいえる。

業界用語ミニ解説

自然人

　有機的な肉体をもつ「いわゆる人間」を民法等の法律上，「自然人」という。単に「人」ともいう。

　法律のなかで権利能力を認められている社会的実在であり，権利・義務の主体である。権利能力を認めるとは，権利を有し，義務を負う資格を有するということである。

　権利義務の主体として法的に承認されていることの意味は，その名において財産権を取得して，これを保有し，当該の財産権の侵害に対しては国家裁判機関の助力を得て強制的にこれを排除しうることができることである。

　民法では，人が生まれてから死亡するまで，全ての人間に平等に権利能力

第1節　概略的説明のために理解してもらいたいこと

を認めている（民1条3項）。

法　人

いわゆる人間以外にも，法律上権利義務の主体として認められているものであり，一定の社会的活動を営む組織体である。具体的には，株式会社，特例有限会社，一般社団法人，一般社団財団，特定非営利活動法人（NPO），学校法人，宗教法人など様々なものが挙げられる。

いわゆる人間である「自然人」と同じように，法律のなかで権利能力を認められている社会的実在である。

2　現実には，所有者がよく分からない登記簿も

不動産における所有者等の権利者として記載される登記名義人は，その氏名・名称で登記されるためには，①権利能力を有するものであること，②登記官が，申請者との間に同一性を確認することができること，③登記記録において，他の者と識別できるように登記できる必要があること，とされている。

自然人や法人は，上記の要件を満たすため，所有者としてその自然人の住所・氏名，法人の所在・名称で登記できるが，それができない団体等もある。その団体の名義で登記できないのが，民法上「権利能力なき社団」と呼ばれる団体等である。これは，特殊な団体であるイメージを持たれるが，決してそのようなことはない。例えば，「町内会」，「自治会」，「同窓会」等は，民法上，「権利能力なき社団」に属する。

「権利能力なき社団」自体が不動産を所有することや訴訟を起こすことはあり得るし，問題ないが，「権利能力なき社団」そのものの団体の名称では，登記名義にすることができないため，登記簿上の混乱が起きるのである。どのような登記方法を行っているかは，後ほど説明する。

3　現在では行われないだろうといわれる特別な登記もある

明治時代に始まった不動産登記制度は，100年以上も運用され，歴史もあるが，最近，「変則型登記」と呼ばれる，単純に住所・氏名等を記載したのではない登記も存在する。これらの登記は数十年以上も前に登記され

たものも多く，登記簿を見ただけでは誰が所有者かはっきりしないのである。例えば，「Ａ外何名」と記載された「記名共有地」，「大字渋谷」と記載された「字持地」などが挙げられる。

4　特殊な登記は，色々な角度の見方で呼ばれている

　特殊な登記は，様々な呼び名で呼ばれるが，色々な角度でみた呼び名であり，統一性があるとはいえない。

　例えば，特殊な所有者という視点からみると「権利能力なき団体」，「町内会・自治会」，「入会団体」などがある。別に，特殊な形式で登記された登記名義人という視点からみると「記名共有地」，「共有惣代地」などがある。

　その見方の違いを知らないと，登記簿の所有者欄だけをみても所有者が誰か分かりにくい場合もある。

　そのため，個別に概略的説明をする場合，どの角度の視点からみてこのように呼ばれているということも，できるだけ説明したい。

5　呼び名そのものも，統一されているわけではない

　最近，所有者不明土地が問題になるにつれ，様々な登記形態・所有者について，「記名共通地」，「共有惣代地」など，様々な呼び名で呼ばれるが，必ずしも統一された呼び名ではない。もちろん，従来から呼ばれているものもあるが，最近，言われるようになったものもあり，統一はされていない。呼び名によっては，とらえる意味が人によって違う場合もある。

　例えば，「多数共有地」（「多人数共有地」）が問題だといわれることも多いが，意味が違うが同じ呼び方をされる場合も多い。形式的に何十人もの個人が共有しているような山林等を「多数共有地」と呼ぶこともあるし，形式的には純粋な共有かどうかはっきりしない所有者として「共有惣代地」と登記簿に記載されていれば，多人数で共有しているととらえる場合もある。このように，言葉は同じでも使い方によって，意味が異なる場合も少なくない。

6　概略的説明において，気をつけてほしいこと

(1)　第2編ではあくまで，概略的説明をする（詳しくは第3編以降）

　第2編は概略的な説明であるため，詳細については，それぞれの特殊な登記について詳しく説明する第3編以降を参考にしてほしい。

　そのため，詳細に説明している部分の参照頁を省略している部分も多いので，ご了承いただきたい。

　なお，概略的説明の部分においても説明したほうがよい専門用語や疑問点については，簡易的に説明する。

(2)　文献により，見解が違う場合もそれなりにある

　特殊な登記名義に関しては，明治時代からのものもあり，現在においては詳細が不明な点も多い。そのため，文献により見解が違うものも少なくない。そのため，正確に見解の述べることが難しい部分もあることをご了承いただきたい。

(3)　特殊な登記名義は様々である名義であるだけでなく，所有者が特殊な場合も多い

　特殊な登記名義は，名義が特殊な場合だけでなく，所有者そのものが特殊な団体等である場合も多い。そのため，登記名義だけでなく，特殊な団体等としても説明する。

(4)　特殊な登記を「所有者」，「登記名義の形式」に分類するのは便宜上の分類である

　本編第2節では「所有者が特殊な場合の登記」，第3節では「名義人形式が特殊な登記」に便宜上分けて説明する。しかし，どちらに分類されるか困難なものもあるため，あくまで便宜上の分類であることをお断りする。

(5)　明治時代からの様々な流れも特殊な登記の原因である

　明治時代になってから150年が過ぎ，登記制度が始まってから100年を超えている。特殊な登記が存在するには，明治時代からの市町村制度，登記制度，地租制度の変遷が原因であるといわれているものも存在する。

　変遷そのものは，概略的説明の部分では紹介しないが，関連部分については後ほど第5編以降で説明する。

3 基本的な所有者の登記名義（個人所有の場合）

第2節 所有者に関する視点からの登記名義（所有者が特殊な場合）

1 所有者が特殊な場合の登記

本節では，登記簿が特殊というよりは，所有者が特殊なためどのような
登記名義になっているか，という視点から取り上げる。

具体的には，「権利能力なき社団」の登記が中心である。これらは，「権
利能力なき社団」自身が登記をする場合，どういう登記をすればいいかと
いうことが従来から問題になっている。最近，話題の形式的に特殊な登記
から先に説明する。

2 所有者が特殊な場合の説明について

所有者が違う場合に違う部分を比較できるように説明する順番・形式を
できるだけ統一して行いたい。具体的には，次のように説明する。

〈特殊な所有者ごとに行う登記〉

① 所有者の種別

② 所有者の説明

③ 登記名義人が掲載されている登記簿上の場所

④ 登記簿における登記名義人の掲載事項

⑤ 登記簿に掲載されている具体的な登記名義例

⑥ 多く登記されている不動産

⑦ 登記名義の特徴

⑧ 通常，登記手続を行う当事者

⑨ 通常，行われる登記手続

⑩ 登記に関する問題点

⑪ 問題の解決として行われる登記手続・解決策等

---

3 基本的な所有者の登記名義（個人所有の場合）

本来，登記簿の登記名義人としては，「自然人」又は「法人」が所有し
ている場合が通常であるが，特殊な登記との違いを比較するため，純粋に
個人所有の場合の登記名義の形態を掲載しておく。

第2編 様々な特殊登記

21

第2節 所有者に関する視点からの登記名義 (所有者が特殊な場合)

〈個人所有の場合の登記簿〉

① 所有者の種別
・いわゆる純粋な「個人所有」である。
・個人一人が所有している場合は「単独所有」,「単有」, 複数の個人が所有している場合は,「共同所有」,「共有」, 多人数で共有している場合は,「多数共有」,「多人数共有」と呼ばれることも多い。

② 所有者
法令上の自然人, いわゆる人間が所有している不動産である。

③ 登記名義人が掲載されている登記簿上の場所
・権利部が登記されている場合,「権利部 (甲区) の権利者その他の事項欄」記載されている。
・なお, 権利の登記がされていない場合は,「表題部の所有者欄」に記載されている。

④ 登記簿における登記名義人の掲載事項
・所有者の住所及び氏名が記載されている。
・共有持分の場合は, その不動産の所有している持分も記載されている。

⑤ 登記簿に掲載されている具体的な登記名義例

例 単独で所有している場合

> 東京都千代田区霞が関1番地
>
> 山 田 太 郎

例 複数で共有している場合

> 東京都千代田区霞が関1番地
>   持分○分の1   山 田 太 郎
> 東京都千代田区霞が関2番地
>   持分○分の1   山 田 花 子

⑥ 多く登記されている不動産
自宅の建物や自宅の建物の底地の土地が多い。

⑦ 登記名義の特徴

記載されている住所・氏名から誰が所有者かが把握できる。

⑧　通常，登記手続を行う当事者

　　住所・氏名が記載されている本人が行う。

⑨　通常，行われる登記手続

　　所有権移転や担保権設定など様々な登記が行われる。

⑩　登記に関する問題点

　　・所有者が引っ越しをしたため，現在の住所と違う場合もある。

　　・所有者が死亡しているが，相続登記が行われていない場合もある。

⑪　問題の解決として行われる登記手続・解決策等

　　・住所が変更されている場合は，所有者が住所変更登記をする。

　　・死亡している場合は，相続人が相続登記をする。

実務上のポイント

【注意】個人所有の形式でも個人所有とは限らない

　所有者の全部又は一部の所在が知れないこととは，全部の所在が知れていること以外は全て含まれることとなるため，登記関係者のうち少なくとも一人について，所在の確認を行った結果，所在が知れないことを疎明するに足りる資料を添付できれば当該要件を満たすこととなる。

　個人所有の登記名義であれば，大半は個人の所有であろうが，全てが個人の所有とは限らない。後に説明する「権利能力なき社団」の登記の場合，個人所有と同じような形で登記がされる。そのため，登記簿を見ただけでは，個人所有なのか，「権利能力なき社団」所有なのか，区別できない場合が多いので注意が必要である。

　特に，多人数の共有名義の登記簿であり，相続登記が行われていない場合は，「権利能力なき社団」が所有者であることも多い。

4　所有者が特殊な場合の登記として取りあげるのは

　本節では，前項3の「個人所有の場合の登記簿」と同じように登記簿の形式は特別なもののように見えないが，所有者が特殊な場合の登記として次のようなものを取り上げる。

第2節　所有者に関する視点からの登記名義（所有者が特殊な場合）

○「権利能力なき社団」が所有者である場合 ………………………… 24頁
○現在の「町内会」，「自治会」である「地縁団体」が「権利能力
　なき社団」の状態であり所有者である場合 ………………………… 27頁
○現在の「町内会」，「自治会」である「地縁団体」が，法人化し
　た所有者である「認可地縁団体」の場合 …………………………… 28頁
○戦時中に法人化した旧町内会等が所有者である場合……………… 29頁
○地方公共団体である「財産区」が所有者である場合……………… 30頁
○「権利能力なき社団」に属する「入会団体」が所有者である場
　合 ………………………………………………………………………… 31頁

5　所有者が「権利能力なき社団」の場合

　法律上，権利や義務の主体になれる資格を「権利能力」と呼び，権利能力を有する者として人である「自然人」と「法人」がある。

　法人といっても，全ての団体が法人に相当するわけではない。法人と呼ばれるためには，通常，法律上法人と認められる手続等を行う必要がある。

　そのため，法律上の権利能力が認められていなくても，法律上の権利能力が認められている「法人」と同じように社会的に活動している団体・集団は存在する。このような団体・集団は判例や学説的に「権利能力なき社団」（略して「権能なき社団」）と呼ばれ，実際に不動産を所有しているものもある。

　「権利能力なき社団」といえば，とても特殊で珍しい存在というイメージがあるかもしれないが，決してそうではなく日常生活でもよく見受けられる存在である。

　例えば，今日の「町内会・自治会」，「同窓会」，「マンション管理組合」など様々なものがある。不動産登記の所有者としては，山林，墓地等その地域を利用する権利を持っている「入会団体」であるものも多い。

　なお，「入会団体」については，細かくみると「権利能力なき社団」とは別物であると説明する学者等も多いが，一般的には，「入会団体」は，広い意味での「権利能力なき社団」に属すると説明される場合が多い。そのため，本書では，「入会団体」については基本的に「権利能力なき社団」

5 所有者が「権利能力なき社団」の場合

に含まれるという視点で説明し，特別な場合は，別途説明する。

まずは，「権利能力なき社団」に所属する団体が登記上，どう扱われているかを説明する（詳細な説明は第3編参照）。

〈権利能力なき社団所有の場合の登記簿〉

① 所有者の種別

　学術的な用語では「権利能力なき社団」，「権能なき社団」と呼ぶことが多い。また，「法人格のない団体」とも呼ばれている。税金関係の法律では「人格のない社団」と称される（法人税法2条8号等）。

② 所有者の説明

　社団，団体としての実質を備えていても，法令上の要件を満たしていないため，法人とは認めてもらえない，つまり法人格を有していない社団である。

③ 登記名義が掲載されている場所

・権利部が登記されている場合，「権利部（甲区）の権利者その他の事項欄」に記載されている。

・なお，権利の登記がされていない場合は，「表題部の所有者欄」に記載されている。

④ 登記簿における登記名義の記載事項

・代表者の住所・氏名又は社団に属する全員の住所・氏名により共有名義に記載されている。実際には，構成員全員ではなく社団に属する何人かの住所・氏名の共有名義にて記載されていることも多い。

・また，登記形式のところで説明する「記名者共有地」，「共有惣代地」の形で登記されている場合など様々な形式で掲載されている場合もある。

⑤ 登記簿に掲載されている具体的な登記名義例

　例 代表者1名で登記されている例

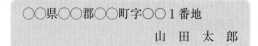

第2編　様々な特殊登記

第2節 所有者に関する視点からの登記名義（所有者が特殊な場合）

例 共有者複数名

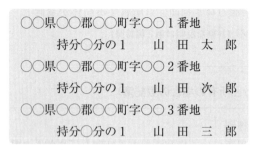

⑥ 多く登記されている不動産
　どのような「権利能力なき社団」であるかにより様々であるが，山林，墓地，ため池などが多い。
⑦ 登記名義の特徴
　・純粋な個人が単独所有，または複数の共有名義で登記しているのと基本的に登記簿上形式は変わらない。純粋に個人所有か，「権利能力なき社団」が所有者かは区別がつきにくい。
　・登記名義人が所有権移転で変更される場合，基本的に「委任の終了」という登記原因で行われるため，「委任の終了」という登記原因がみられる登記簿であれば，その不動産が「権利能力なき社団」所有である可能性が高い。
⑧ 通常，登記手続を行う当事者
　現在も活動している「権利能力なき社団」の場合は，社団自身が登記を行う。すでに活動していない消滅している「権利能力なき社団」の場合は，買収しようとする市町村等，外部の者の働き掛けで真の所有者が登記を行うことが多い。
⑨ 通常，行われる登記手続
　・現在の活動している「権利能力なき社団」の場合，登記されている人物が死亡したり，代表者が変わった場合は，通常新たな代表者を登記名義人にする所有権移転登記をする。
　・すでに活動していない「権利能力なき社団」の場合，現在の実際の所有者が，訴訟により所有権を取得し，登記をすることが多い。
⑩ 登記に関する問題点
　・登記簿を見ただけでは，純粋な個人所有と区別がつきにくいので，

「権利能力なき社団」の所有不動産であるのか，純粋に個人の所有なのか混乱することもある。

・「権利能力なき社団」の所有であれば，登記されている人が変更されていたり，死亡していれば，代表者を変更するのが登記の方法である。

・死亡して代表者が変更された場合は，純粋に個人が死亡した時のように相続登記をしてはいけないのが登記上の法則である。原則，代表者が新たに就任した時点が原因日付であり，登記原因は「委任の終了」になる。

・ただ，現実的には，名義人が死亡した場合，相続人が，権利能力なき社団の所有ではなく，純粋に個人の名義だと間違え，相続登記をしてしまう例も多い。

⑪ 問題の解決として行われる登記手続・解決策等

・法人化できる社団である場合は，法人化することにより，法人名で登記することができるようになり，個人名との紛らわしさを解消することもできる。

・例えば，現在の町内会・自治会は，市町村により，認可地縁団体として認可されると，法人に変更され「認可地縁団体」の名称で登記できるようになる。

・登記名義人が死亡した場合，相続人が相続登記をした場合は，通常相続登記を抹消する必要がでてくる。相続人が登記に協力しない場合は，訴訟により抹消することになる。

6 所有者が町内会・自治会の場合

(1) 所有者が現在の「町内会」，「自治会」である「地縁団体」の場合

現在の町内会，自治会は，法人化していない限り，民法等の権利の主体でいえば，「権利能力なき社団」に属する。そのため，所有不動産の登記方法は「権利能力なき社団」の登記方法と同じである。

そのため，理屈的には，代表者個人の名義，または構成員全員の共有の名義で登記すべきとされている。しかし，現実には，構成員全員ではなく，構成員の一部分の共有名義で登記されている場合も多い（詳細な

第2節　所有者に関する視点からの登記名義（所有者が特殊な場合）

説明は第3編以降参照）。

(2) 現在の町内会・自治会が法人化した場合（認可地縁団体）

　　法人化していない現在の町内会・自治会の通常の登記名義は，代表者の名義か構成員全員の共有名義である。しかし，これでは，純粋な個人名義又は個人の共有名義と区別がつきにくい。そのため，不動産が個人の所有なのか町内会・自治会の所有なのか区別するための制度が平成3年の地方自治法改正等で実現している。それは，町内会・自治会である現在の「地縁団体」を市町村に認可してもらい，「権利能力なき社団」であった町内会・自治会を「認可地縁団体」という法人に法人化することである。法人になれば，法人の名称で登記できるようになる（詳細な説明は第4編参照）。

〈町内会・自治会が法人化した場合の登記簿〉

① 所有者の種別
　　「認可地縁団体」と呼ばれる。
② 所有者の説明
　　いわゆる現在の町内会・自治会である「地縁団体」が市町村の認可を受け，法人と認められたものである。
③ 登記名義人が掲載されている登記簿上の場所
　　・権利部が登記されている場合，「権利部（甲区）の権利者その他の事項欄」に記載されている。
　　・なお，権利の登記がされていない場合は，「表題部の所有者欄」に記載されている。
④ 登記簿における登記名義人の掲載事項
　　「権利能力なき社団」の状態のときには，町内会・自治会の名前で登記することはできないが，認可され，法人と認められた場合は，法人の名称である「町内会・自治会名」で登記できる。
⑤ 登記簿に掲載されている具体的な登記名義例
　　例　「渋谷銀座会」，「認可地縁団体渋谷銀座会」
⑥ 多く登記されている不動産
　　従来から町内会，自治会が所有していた土地，建物である。

6 所有者が町内会・自治会の場合

⑦ 登記名義の特徴

登記名義に「認可地縁団体」の名称の名称が含まれていれば，認可を受けて法人化した町内会・自治会ということが登記証明書からはっきり分かる。ただ，「認可地縁団体」という文字が団体の名称に含まれていない場合は，登記名にも「認可地縁団体」という名称が出てこないので，「認可地縁団体」かどうかは分かりにくい。

⑧ 通常，登記手続を行う当事者

町内会・自治会自らが，登記手続を行う。

⑨ 通常，行われる登記手続

法人化されたら，代表者の個人名義又は何名かの個人の共有名義の状態から法人「認可地縁団体」そのものへの変更による所有権移転登記を行う。その後は，代表者が変更されても土地の所有者としての変更登記は必要なくなる。

⑩ 登記に関する問題点

「権利能力なき社団」から法人「認可地縁団体」に変更する登記が簡単には行えない場合もある。それは，「権利能力なき社団」として登記していた個人又はその個人の相続人全員の協力を得て登記をする必要があるからである。行方不明者が存在したり，全員の協力が得られないため，登記ができない場合も少なくない。

⑪ 問題の解決として行われる登記手続・解決策等

法人化するために，登記名義人及び相続人全員の協力が必要なことに関して，国としても対応策を考慮し，平成26年に地方自治法の改正により「認可地縁団体が所有する不動産に係る登記の特例」（平成27年4月1日施行）を創設し，手続の簡易化を図っている。具体的には，従来の登記名義人又はその相続人であり行方不明の者がいれば，その者達の協力を不要とすることも可能になった。

第2編 様々な特殊登記

(3) 戦時中に法人化した旧町内会等

戦時中（厳密には昭和18年から昭和22年）に法人化した町内会・部落会が所有していた不動産が残っている場合がある。町内会・部落会の名前で登記されているが，いわゆる「字持地」の形式で登記されていることが多いので，「第3節 登記形式の視点からの登記名義（名義人形式が特殊な

29

第2節　所有者に関する視点からの登記名義（所有者が特殊な場合）

場合）」で概要的な説明をする。

7　地方公共団体である財産区が所有者の場合

「○○財産区」と登記された不動産がある。これは，「財産区」と呼ばれる特別な地方公共団体にが所有していることを示している。その地域の住民たちの所有する不動産ではなく，あくまで，市町村及び特別区（以下，単に「市町村」という。）の一部の特別な地方公共団体が所有者である。

細かく言えば制定された年代による違いもあり，戦前のものは「旧財産区」，戦後のものは，「新財産区」と呼ばれる。

〈財産区所有の場合の登記簿〉

---

① 所有者の種別
　「財産区」である。
② 所有者の説明
　市町村の特別区に属するもので，特別地方公共団体（自治1条の3第3項）である。財産区は，法人であり，財産区の名称で登記される。
③ 登記名義人が掲載されている登記簿上の場所
　・権利部の所有者として記載される。
　・なお，権利の登記がされていない場合は，「表題部の所有者欄」に記載されている。
④ 登記簿における登記名義人の掲載事項
　・「地域の名称」＋「財産区」などの財産区そのものの名称が登記される。
　・ただ，戦前に設立されたものは「大字」＋「地域の名称」のものも多い。
⑤ 登記簿に掲載されている具体的な登記名義例
　例 戦後の財産区の場合
　「財産区渋谷」
　例 戦前の財産区の場合
　「大字渋谷」
⑥ 多く登記されている不動産

山林，墓地，ため池などが多い。

⑦　登記名義の特徴

登記名義人として，「財産区」の名称が含まれていれば，「財産区」の所有土地であることがはっきり分かる。登記名義が「大字○○」の場合は，財産区所有の場合も多いが，村（旧村）の入会集団，戦時中の法人化された町内会・部落会等の所有土地である場合もありえる。

⑧　通常，登記手続を行う当事者

基本的には，所属する市町村の長が行う。

⑨　通常，行われる登記手続

「財産区管理者」である市町村長が行う。

⑩　登記に関する問題点

戦前の「大字○○」の登記名義の場合，所有者が「旧財産区」かどうか分からないことも多く，所有者を探索することに苦労することが多い。

⑪　問題の解決として行われる登記手続・解決策等

所有者を探索し，「旧財産区」の所有土地と分かれば，財産区のための登記手続を行う。

8　所有者が入会団体の場合

　一定の地域の住民が特定の森林，原野，漁場等を共同で利用する権利を「入会権」といい江戸時代以前からあったとされる。民法で物権として認められている権利であり，入会権の対象となっている土地を「入会地」という。

　「入会権」について民法は，利用する土地等を共有する性質がある場合と特定の目的に従って利用するだけの性質の場合に分類し，前者は所有権の共有の規定を，後者は地役権の規定をそれぞれ準用するとしたうえで，地域の慣習に従うとしている。しかし，民法は入会権の内容についてなんら規定しておらず，その内容，効力等は地域の慣習によって定まることとなる。

　入会権を有する人々の集団が「入会団体」で，その大部分は「代表者が

第2節 所有者に関する視点からの登記名義（所有者が特殊な場合）

定められていない権利能力なき社団」であると考えられている。そして，入会権による使用収益や入会地管理の形態は，慣習に応じてまちまちであって，明確でない場合もある。

〈入会団体所有の場合の登記簿〉

① 所有者の種別
　　入会団体。法律の主体としては広い意味での「権利能力なき団体」に属するといわれている。
② 所有者の説明
　　対象の不動産を利用する入会権を所持した団体である。
③ 登記名義人が掲載されている登記簿上の場所
　・「権利部（甲区）の権利者その他の事項欄」に記載されている。
　・なお，権利の登記がされていない場合は，「表題部の所有者欄」に記載されている。
④ 登記簿における登記名義人の掲載事項
　・基本的に「権利能力なき社団」の登記と同じ形式で登記されているといわれている。
　・代表者の住所・氏名又は社団に属する全員の住所・氏名で共有名義に記載されている。
　・実際には，構成員全員ではなく社団に属する何人かの住所・氏名で共有名義に記載されていることも多い。
　・また，第3節等で説明する「記名者共有地」，「共有惣代地」の形で登記されている場合など，様々な形式で掲載されている場合もある。
⑤ 登記簿に掲載されている具体的な登記名義例

　　例 代表者1名で登記されている例

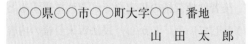

8　所有者が入会団体の場合

例　共有者複数名

> ○○県○○市○○町大字○○1番地
> 　　持分○分の1　　　山　田　太　郎
> ○○県○○市○○町2番地
> 　　持分○分の1　　　山　田　次　郎

⑥　多く登記されている不動産

　　山林，墓地，ため池などが多い。「入会団体」の所有する不動産は，通常「入会地」と呼ばれる。

⑦　登記名義の特徴

　　純粋な個人が単独所有，または複数の共有名義で登記している場合と登記簿上形式が基本的に同じである。純粋に個人所有か，「入会団体」が所有者かは区別がつきにくい。

⑧　通常，登記手続を行う当事者

・現在も「入会団体」が活動している場合は，「入会団体」自身が登記を行う。

・すでに「入会団体」が消滅している場合は，現在の実質的所有者が登記手続に取り組む。

⑨　通常，行われる登記手続

・現在も「入会団体」が活動している場合は，登記されている人物が死亡したり，代表者が代わった場合は，新たな代表者を登記名義人に所有権移転登記をすることが多い。

・すでに「入会団体」が消滅している場合は，買収しようとする市町村等，外部の者の働き掛けで，現在の実質的所有者が登記手続に取り組むことが多い。

⑩　登記に関する問題点

・登記簿を見ただけでは，純粋な個人所有と区別がつきにくいので，「入会団体」の所有不動産であるのか，純粋に個人の所有なのか混乱することもある。

・「入会団体」の所有ではなく，自治会，町内会等の所有であるとしてしまう場合も多い。

⑪　問題の解決として行われる登記手続・解決策等

第2節　所有者に関する視点からの登記名義（所有者が特殊な場合）

・登記名義人が死亡した場合，相続人が相続登記をした場合は，通常相続登記を抹消する必要がでてくる。相続人が登記に協力しない場合は，訴訟により抹消することになる。

・入会権は今日では大きく変化しつつあり，そこに認められている共同所有の態様，その利用形態も様々な形に変化している。そのため従来，林野の開発，高度利用を妨げていた入会地に係る権利関係の近代化を助長し，農業経営の発展に資する目的で，「入会林野等に係る権利関係の近代化の助長に関する法律」（昭和41年法律126号，昭和41年7月9日公布・施行）が制定されている。この法律により，入会権を個人の所有地あるいは普通の共有地又は入会林野整備組合等に変換することが進められている。

2　登記名義人の形式が特殊な場合

第3節　登記形式の視点からの登記名義（名義人形式が特殊な場合）

1　登記形式の視点からの登記名義

　通常，登記名義は，その名義人の住所・氏名又は所在地・名称が登記される。しかし，現実に，その法則に当てはまらない名義人が登記されているものがある。

　このような名義人が特殊であるという視点から，様々な登記を取り上げる。

2　登記名義人の形式が特殊な場合

　登記名義人の形式が特殊で誰が所有者かがはっきりしない場合の登記を説明するため，違う部分を比較できるように，順番・形式をできるだけ統一して行いたい。具体的には，次のように説明する。

〈登記名義人の形式が特殊な登記〉
　①　特殊な登記名義人形式の一般的な名称
　②　登記名義人が掲載されている登記簿上の場所
　③　登記簿に掲載されている具体的な登記名義例
　④　登記名義人形式の説明
　⑤　多く登記されている不動産
　⑥　登記簿等に記載された当時の所有者
　⑦　特殊な形式の登記名義になった理由
　⑧　通常，登記手続を行う当事者
　⑨　登記に関する問題点
　⑩　問題の解決として行われる登記手続・解決策等

　また，本節では，登記名義人の形式が特殊な場合の登記として，次のようなものを取り上げる。

○「記名共有地」の場合 ……………………………………………… 38頁
○「共有惣代地」の場合 ……………………………………………… 42頁
○戦時中の町内会・部落会の名前で登記されてる場合 …………… 43頁
○「財産区」の名称の場合 …………………………………………… 45頁
○「字持地」の場合 …………………………………………………… 45頁
○その他の表題部のみの場合 ………………………………………… 48頁

第2編　様々な特殊登記

第3節 登記形式の視点からの登記名義(名義人形式が特殊な場合)

3 登記名義人の形式が,表題部のみの登記形体「変則型登記」の場合

「変則型登記」とは,最近,呼ばれだした名称の登記形体であるが,法務省も概要的説明を発表した。それは,平成30年6月6日に「所有者不明土地の利用の円滑化等に関する特別措置法案」が成立する現状において,法務省の所有者不明土地問題についての検討状況を発表した「所有者不明土地問題についての法務省の検討状況」(平成30年6月1日,https://www.cas.go.jp/jp/seisaku/shoyushafumei/dai 2 /siryou 1 -2.pdf)のなかで説明されている。

上記の「検討状況」は全3頁の概要的説明であるが,そのうちの1頁分で『変則型登記』について説明しているため,その内容を紹介する。

なお,法務省が述べる『変則型登記』には,後に述べる「記名共有地」,「共有惣代地」,「字持地」,「氏名のみ住所のみの場合」等が該当する。

〈変則型登記の解消について〉

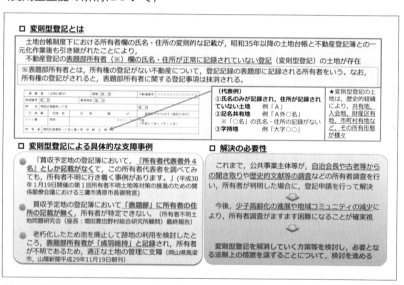

(出典:法務省「所有者不明土地問題についての法務省の検討状況」(平成30年6月1日)資料1—2の3頁)

《変則型登記の解消についての法務省の説明》

■変則型登記とは
・土地台帳制度下における所有者欄の氏名・住所の変則的な記載が,昭和

3 登記名義人の形式が，表題部のみの登記形体「変則型登記」の場合

35年以降の土地台帳と不動産登記簿との一元化作業後も引き継がれたことにより，不動産登記の表題部所有者（※）欄の氏名・住所が正常に記載されていない登記（変則型登記）の土地が存在。

※表題部所有者とは，所有権の登記がない不動産について，登記記録の表題部に記載される所有者をいう。なお，所有権の登記がされると，表題部所有者に関する登記事項は抹消される。

（代表例）

①氏名のみが記載され，住所が記載されていない土地　例「A」

②記名共有地　例「A外○名」

※「○名」の氏名・住所の記録がない

③字持地　例「大字○○」

★変則型登記の土地は，歴史的経緯により，共有地，入会地，財産区有地，市町村有地など，その所有形態が様々。

■**変則型登記による具体的な支障事例**

・「買収予定地の登記簿において，『所有者代表者外4名』としか記載がなくて，この所有者代表者を調べてみても，所有者不明に行き着く事例があります。」（平成30年1月19日開催の第1回所有者不明土地対策の推進のための関係閣僚会議における三鷹市清原市長御発言）

・買収予定地の登記簿において「表題部」に所有者の住所の記載が無く，所有者が特定できない。（所有者不明土地問題研究会（座長：増田寛也野村総合研究所顧問）最終報告）

・老朽化したため池を廃止して跡地の利用を検討したところ，表題部所有者が「成羽総持」と記載され，所有者が不明であるため，適正な土地の管理に支障（岡山県高梁市，山陽新聞平成29年11月19日朝刊）

■**解決の必要性**

・これまで，公共事業主体等が，自治会長や古老等からの聞き取りや歴史的文献等の調査などの所有者調査を行い，所有者が判明した場合に，登記申請を行って解決

↓

・今後，少子高齢化の進展や地域コミュニティの減少により，所有者調査がますます困難になることが確実視

↓

・変則型登記を解消していく方策等を検討し，必要となる法制上の措置を講ずることについて，検討を進める。

第2編　様々な特殊登記

第3節　登記形式の視点からの登記名義（名義人形式が特殊な場合）

4　登記名義人の形式が「記名共有地」の場合

　近年，登記名義人の形式が通常の住所・氏名（名称）と異なるもののうち，表題部にのみ所有者が記載され所有者が不明な登記に関して「変則型登記」と呼ぶようになっている。

　従来から知られている「記名共有地」は，分類的には「変則型登記」のなかに含まれており，「変則型登記」の代表的なものともいわれるようになっている。

〈記名共有地所有の場合の登記簿〉

---

① 　特殊な登記名義人形式の一般的な種別
　　　「記名共有地」と呼ばれる。
② 　登記名義人が掲載されている登記簿上の場所
　　　通常，所有者の登記がされたときに記載される「権利部」に記載がなく，「表題部」の所有者欄に記載されている。
③ 　登記簿に掲載されている具体的な登記名義例
　　例　「山田太郎外弐拾名」
④ 　登記名義人形式の説明
　　　「山田太郎外何名」のように記載され「山田太郎」以外に何人かの共有者がいるであろうと思われるように記載されているが，実際には，共有者について住所・氏名が記載されていない。「山田太郎」の住所も記載されていない。「外」は「ほか」と読み，「その他」を意味する。
⑤ 　多く登記されている不動産
　　　山林，用水路，ため池地，墳墓地
⑥ 　登記簿等に記載された当時の所有者
　　　次の誰かが所有していたと考えられる。一般的には，小さな集落の集団の所有，入会団体利用の入会地であった場合が多いといわれている。また，単純に他人数の共有地とみなされる場合も多い。
　　(A)　明治時代の小さな集落の共同体としての権利能力なき社団の所有，入会団体の所有
　　(B)　純粋に個人の共有

38

⑦　特殊な形式の登記名義になった理由

・昭和35年法律第14号の「不動産法の一部を改正する法律」により，土地台帳と不動産登記簿の合体による一元化が行われた。そこで従来から登記がされていない不動産に関しては，新たなに登記簿を新設して，土地台帳に記載されている情報を記載した。これが，表題部のみに名義が記載されている登記簿である。この登記簿をみても所有者がはっきりしないのが，いわゆる「変則型登記」である。

・共有不動産の場合，本来なら「土地共有者台帳」に他の共有者が記載されていたはずであるが，一元化作業において，「土地共有者台帳」が紛失するなどで，新たな登記簿に記載できなかったため，共有者の人数は分かっても住所・氏名が分からない名義になっている。

・なお，昭和35年の不動産法改正による不動産登記簿一元化は全国一斉に行われたわけではなく，実施は昭和35年頃から昭和52年頃までと法務局ごとに異なっている（巻末資料1参照）。

⑧　通常，登記手続を行う当事者

　　所有者が権利能力なき社団や入会団体であった場合は，登記簿上の所有者が自分の所有地として登記を行うことは少なく，公共の買収等で登記手続が必要な場合に，現在の実質的な所有者が登記手続を行う場合が多いと思われる。

⑨　登記に関する問題点

・まず，誰が共有者であるかを調べ，どのような者が所有している不動産であるかを把握することが難しい。全員が把握できないと登記手続ができないのではないかという問題が生じる。

・登記簿上の所有者が権利能力なき社団，入会団体，純粋な個人共有地であるかにより，調査方法，法律的取扱い等が様々な点で異なる。

⑩　問題の解決として行われる登記手続・解決策等

・現在の所有者の状況がどのようなものかにより登記方法等が異なる。例えば，下記のような状態によりそれぞれ対応が異なる。

　　㋐　現在でも入会地の場合

第3節　登記形式の視点からの登記名義（名義人形式が特殊な場合）

　　(イ)　入会地であったものが，その後に集落の一部の者の単純共有又は単独所有に変化していた場合，または第三者が所有権を取得していた場合
　　(ウ)　記名共有地が純粋な個人の共有であった場合
・通常，必要になるのは，公共用地の買収等であろう。買収するためには，その不動産の所有者を把握することが大きな問題になる。
・登記簿上の所有者が把握でき，実際にその者たちと交渉できればよいが，現実には，現在の実質的な所有者と登記簿上からの所有者が違う場合も多い。上記の例での(イ)の場合等が該当する。
・その場合は，実質的所有者が，登記簿の所有者を相手に所有権確認の訴えを起こし，実質的所有者の所有地であることを確認する必要がある。これにより，実質的所有者による保存登記が行われ，後に買収に対応することになる場合が多い。このような対策は，実際には，それなりに行われている事案である。
・登記簿上の「外○人」の共有者全ての所在が判断できなくても，把握できるものだけに訴訟を起こして，所有権を確認できるという画期的な先例（平10・3・20民三552号民事第三課長通知）が発出されている。

 業界用語ミニ解説

土地台帳
　明治時代に，課税台帳として税務署に備えられていた台帳。土地に関して台帳が「土地台帳」である。土地台帳には，土地の所在，地目，所有者の住所・氏名等が記載されていた。建物に関する台帳は「建物台帳」である。
　共有者が多数いる場合は，土地台帳の所有欄には「○外何名」と記載され別冊の「土地共有者台帳」に他の共有者全員の氏名・住所を記載していた。
　戦後，土地に関する税が国税から地方税になったことに伴い，法務局に移管された（昭和25年7月31日法律第227号「土地台帳法等の一部を改正する法律」）。その後，昭和35年の法改正（昭和35年3月31日法律第14号「不動産登記法の一部を改正する等の法律」）により「台帳」が廃止され，登記簿の表題部と一元化（統合）され，台帳の情報は登記簿に移行した。
　もともと「土地台帳」と呼ばれていたが，一元化されてからは「旧土地台

帳」と呼ばれることが多い。現在でも，管轄法務局で閲覧できる。

実務上のポイント

■Q1　なぜ，土地台帳と登記簿の一元化が行われたか。

【回答】

　一元化（統合）される前における不動産登記の公示制度は，不動産登記法に基づく登記簿による公示と，土地台帳法に基づく台帳による公示があった。

　登記簿では，不動産に関する権利の得失変更を，第三者に対抗するために登記を公示する公簿であった。また，土地台帳は，不動産の物理的状況を公示する公簿であった。ただ，登記のための台帳ではなく，あくまで地租のため，納税者を確認するための資料であった。

　両制度が併存することにより，㋐登記簿と台帳が一致しないことが存在する，㋑国民にとっては，二重の手数と経費が掛かる，というような様々な問題を解決するため，昭和35年不動産登記法の改正により一元化された。

■Q2　なぜ，変則型登記等は，表示部の所有者のみ記載がされ，権利部に記載がないか。

【回答】

　「記名共有地」，「共有惣代地」等，まとめて変則型登記と呼ばれだした特殊な登記の多くは，通常の登記簿に所有者の住所・氏名が記載されている「権利部」がない。そのため，「表題部」の所有者欄に所有者名等の記載がある。

　昭和35年不動産登記法改正による登記簿と土地，建物台帳との一元化により，表題部が改正されたが，従来登記がされていなかった不動産に関しては，表題部のみとして新設された。つまり，登記はされていなかった不動産については，土地，建物台帳に記載があれば，表題部のみの新たな登記簿が作成されたのである。

　そのため，表題部のみがあり権利部がない「変則型登記」等は，一元化前には，土地，建物台帳には，記載されていたが，登記簿はなかったということになる。

　現在でも，権利部の登記が義務化されていないように，従来から登記されていない不動産があったということである。市町村の評価証明書には記載さ

第3節　登記形式の視点からの登記名義（名義人形式が特殊な場合）

れている建物につき，登記がされていないものがあるのと，同じようなイメージである。

5　登記名義人の形式が「共有惣代地」の場合

「共有惣代地」と読み，これも「変則型登記」のなかに含まれている形態である。

〈共有惣代地所有の場合の登記簿〉

① 特殊な登記名義人形式の一般的な種別
　　「共有惣代地」と呼ばれる。
② 登記名義人が掲載されている登記簿上の場所
　　通常，所有者の登記がされたときに記載される「権利部」に記載がなく，「表題部」の所有者欄に記載されている。
③ 登記簿に掲載されている具体的な登記名義例
　例　「共有惣代山田太郎」,「共有惣代山田太郎外弐拾名」,「共有総代山田太郎」
④ 登記名義人形式の説明
　・「共有惣代山田太郎」,「共有惣代山田外何名」のように記載され「山田太郎」以外に何人かの共有者がいるであろうと思われるように記載されているが，実際には，共有者について住所・氏名が記載されていない。「山田太郎」の住所も記載されていない。「外」は「ほか」と読み，「その他」の意味である。
　・「共有惣代」の「惣」は，「総」と同じ意味であり，「惣代」とは「総代」であり，「共有惣代」は，同じ関係にある集まりの人達全員の代表者という意味である。「共有惣代」という肩書がついているということは，明らかに個人所有ではなく共同で所有している不動産であることを示している。つまり代表者である「共同惣代」とその他の構成員で構成される「権利能力なき社団」や「入会団体」が所有していることを示していると思われる。
⑤ 多く登記されている不動産
　　集落等で所有し管理していた土地であり，山林や墓地が多い。

⑥　登記簿等に記載された当時の所有者

　　集落等でその土地を所有し管理していたと思われる団体であり，権利能力なき団体，入会団体だと解されている。

⑦　特殊な形式の登記名義になった理由

　　表題部の所有者欄にのみ記載されているので，土地台帳の所有者に「共有惣代○○」と記載されており，土地台帳・登記簿一元化により土地台帳に記載されていた所有者名が登記簿に記載されたのである。

⑧　通常，登記手続を行う当事者

　　登記簿上の所有者が自分の所有地として登記を行うことは少なく，公共の買収等で登記手続が必要な場合に，現在の実質的な所有者が登記手続を行う場合が多い。

⑨　登記に関する問題点

　　誰が共有者であるかを調べ，どのような者が所有している不動産であるかを把握することが難しい。全員が把握できないと登記手続ができないのではないかという問題が生じる。また，権利能力なき社団等の団体・集まりであり，その団体・集まりそのものが何なのか，どのような構成員がいるかを把握できるかという問題がある。

⑩　問題の解決として行われる登記手続・解決策等

　　現在では，登記された当時の「権利能力なき団体」，入会権自体が存続しているところは少ないと思われる。実質的所有者が変化しているのであれば，「記名共有地」と同じように，実質的所有者が登記簿の所有者を相手に所有権確認の訴えを起こし，実質的所有者の所有地であることを確認する。これにより，実質的所有者による保存登記が行われ，後に買収に対応することになるという解決方法が多い。

6　戦時中の町内会や部落会の名前で登記されている場合

　本来，町内会や部落会は，組織的には民法上の「権利能力なき社団」に属し，いわゆる「法人」ではないため，所有する不動産が町内会，部落会の名前で登記されることはない。しかし，国としては，戦時中の町内会や

第3節　登記形式の視点からの登記名義（名義人形式が特殊な場合）

部落会は，法人化するという対策を昭和18年にとったため，法人化された町内会・部落会が所有している不動産は，町内会や部落会の名前で登記されている場合がある（昭和18年法律第80号改正市制，第81号改正町村制）。

　戦後，昭和22年には，法人化した町内会・部落会は解散し，財産は２か月以内に処分するようポツダム政令（昭和22年政令第15号「昭和20年勅令第542号ポツダム宣言の受諾に伴い発する命令に関する件に基く町内会部落会又はその連合会等に関する解散，就職禁止その他の行為の制限に関する政令」）が発出され，所得不動産は処分されたが，処分しきれずに現在もまだ残存している不動産がある。

〈戦前の町内会，部落名所有の場合の登記簿〉

① 特殊な登記名義人形式の一般的な種別
　　登記名義としては「大字○○」のようなものが，多く，この形式であれば「字持地」と呼ばれることが多い。
② 登記名義人が掲載されている登記簿上の場所
　　・登記簿の権利部の所有者欄に町内会・部落会の名前で登記されている。
　　・なお，権利の登記がされていない場合は，「表題部の所有者欄」に記載されている。
③ 登記簿に掲載されている具体的な登記名義例
　　例　「大字渋谷町」
④ 登記名義人形式の説明
　　法人の種類である法人種類名の記載はなく，「大字＋町内会・部落会」の名義で登記されているものが多い。
⑤ 多く登記されている不動産
　　戦時中，当時の町内会，部落会が所有していた不動産である。
⑥ 登記簿等に記載された当時の所有者
　　法人化された町内会・部落会である。
⑦ 特殊な形式の登記名義になった理由
　　国の町村制が昭和18年に改正され，法人となった町内会・部落会が所有している不動産は法人である町内会・部落会の名前で登記さ

れた。ただ，現実には登記行為自体を行っていない不動産も多いといわれている。

⑧　通常，登記手続を行う当事者

昭和22年からの解散処理により売買等で他の者に所有権が移転していなければ，現在では，通常，市町村に帰属するため，町内会・部落会から市町村への所有権移転の登記を市町村の嘱託により行う。

⑨　登記に関する問題点

現在登記を行うためには，登記日付・登記原因が何であるか疑問に持たれているが，先例が出ており，登記原因は「昭和22年7月3日昭和22年政令第15号第2条第2項による帰属」（昭38・11・20民事甲3118号民事局長電報回答）になる。

⑩　問題の解決として行われる登記手続・解決策等

・戦後ポツダム政令が施行され，法人化した町内会・部落会は昭和22年5月31日までに解散し，政令の施行後2か月以内に財産を処分する必要があった。しかし処分しきれなかった財産は，2か月の期間満了の日に市区町村に帰属するものとされた。

・そのため，市区町村に帰属する場合は，法人であった町内会・部落会から市区町村に所有権の移転登記をするようになる。

・登記日付・登記原因は，前記で示したとおりであり，登記手続は，登記権利者である市区町村が嘱託により行う。添付書類として登記義務者である町内会・部落会の代表者の承認を証する情報が必要になる。

7　財産区の名称で登記されている場合

「財産区○○」で登記されているのは，第2節7で説明したように，地方公共団体の一部である「新財産区」が所有している不動産である。

次の項目で説明する「字持地」と呼ばれる不動産に関しては，実質的に財産区が所有している場合が多い。

8　登記名義人の形式が「字持地」の場合

登記名義が「大字○○」，「字○」となっているような特別な登記であり，

第3節　登記形式の視点からの登記名義（名義人形式が特殊な場合）

「字持地」等と呼ばれている。これも「変則型登記」のなかに含まれている形態である。これは登記形式が同じでも，4通りの持ち主のパターンがある。

〈字持地所有の場合の登記簿〉

① 特殊な登記名義人形式の一般的な名称
　「字持地」と呼ばれる。また，「大字名義地」とも呼ばれる。
② 登記名義人が掲載されている登記簿上の場所
　・登記簿の権利部の所有者欄に町内会・部落会の名前で登記されている。
　・なお，権利の登記がされていない場合は，「表題部の所有者欄」に記載されている。
③ 登記簿に掲載されている具体的な登記名義例
　例　「大字山川」，「字山川」
④ 登記名義人形式の説明
　・かつてのその地域の地名が所有者として記載されている。「字○○」とあれば，○○という特定の小規模な地区の集落の皆が持っていたというイメージである。ただ，住民が所有者ではなく，特別な地方公共団体である「財産区」が所有者である場合が多い。
　・「字」とは，江戸時代から使われていた土地の区分であり，かなり狭い範囲を示す。「大字」とは，「字」より広い範囲を示す。明治時代にいくつかの市区町村が合併した際，以前の町や村の名前を残すために使われた。
⑤ 多く登記されている不動産
　かつて地域の共同体の財産であった土地，山林や墓地が多い。
⑥ 登記簿等に記載された当時の所有者
　・地方自治法の財産区（自治294条）のうち「旧財産区」が所有する不動産である場合が多いといわれている。
　・その他に，その地域の住民等の共有物である場合，戦時中に法人化された部落会や町内会の所有物，その地域の集団である地縁団体の所有の場合もありえる。
⑦ 特殊な形式の登記名義になった理由

「旧財産区」の場合は，明治時代にいくつかの市区町村が合併した際，以前の町や村が所有することを継続するために「財産区」にした。

⑧　通常，登記手続を行う当事者

　　財産区の所有であれば，財産区の名称へと名義変更登記等を市町村が嘱託で行うことができる。

⑨　登記に関する問題点

　　登記名義がそのままでは，財産区の所有する不動産であるかどうか分かりにくい。

⑩　問題の解決として行われる登記手続・解決策等

　　(ア)　財産区が所有している場合

　　　　調査の結果，財産区の所有する不動産と分かれば，財産区名へと登記を行う場合は，登記手続自体は市町村が嘱託登記で行う。登記の状態により解決法が次のように分かれる。

　　　　㋐　表題部の所有者が「大字○○」や「字○○」であった場合，財産区を代表する市町村長が，財産区の名称へと表題部の所有者の名称変更登記を嘱託することができる。

　　　　㋑　㋐の方法では，表題部の所有者を財産区へ変更しただけである。そのため，「権利部」の所有者として登記するために，所有権の保存登記をすることもできる。この場合の財産区を代表する市町村長が，保存登記を嘱託することになる。

　　　　㋒　権利部の所有者が「大字○○」や「字○○」であった場合，財産区を代表する市町村長が，財産区の名称へと所有権登記名義人の名称変更として財産区の名称への変更登記を嘱託することができる。

　　　　　該当する不動産が，昭和22年の地方自治法の施行により財産区となったとみられるときは，名称変更登記の登記原因は「昭和22年5月3日地方自治法の施行による名称変更」である。

　　(イ)　その地域の住民等の共有物である場合

　　　　財産区にとっては，錯誤の登記になるので，市町村長が錯誤の登記を嘱託で抹消することになる。

　　(ウ)　戦時中の町内会・部落会が所有している場合

第3節　登記形式の視点からの登記名義（名義人形式が特殊な場合）

登記名義人を市町村にする所有権登記名義人表示変更登記を市町村の嘱託により行う。

9　表題部のみの登記形態（氏名のみ住所なしの記載）

今まで説明したように，特殊な形式の登記名義でなくても，単純に，表題部の所有者として，個人の氏名のみが記載され，住所が記載されていないものがある。

これは，「記名共有地」と同じように，登記簿と土地台帳の一元化により，表題部が新設された登記簿の一種である。

つまり，一元化の前には，登記はしていなかったが，税金の関係で土地，建物台帳には記載されていたものであり，土地，建物台帳の記載自体に住所がなく氏名のみ記載されていたものである。

なお，「表題部のみの登記形態」というと「記名共有地」等の登記があるが，ここで示しているのは，あくまで「氏名」のみが記載されている形体の登記簿を示している。

〈表題部のみの「氏名のみの登記」の場合の登記簿〉

① 特殊な登記名義人形式の一般的な種別
　　特になし。「氏名のみの登記」ともいわれる。
② 登記名義人が掲載されている登記簿上の場所
　　表題部の所有者欄に氏名のみが記載されている。
③ 登記簿に掲載されている具体的な登記名義例
　例 山田太郎
④ 登記名義人形式の説明
　　土地台帳又は建物台帳に記載された表記をそのまま記載されたものと思われる。
⑤ 多く登記されている不動産
　　基本的に登記簿，土地台帳の一元化以前に登記が行われていない不動産であり，いわゆる固定資産税等の評価額の低い不動産が多い。

9 表題部のみの登記形態（氏名のみ住所なしの記載）

⑥ 登記簿等に記載された当時の所有者

その不動産の所有者個人である。

⑦ 特殊な形式の登記名義になった理由

一元化の前の土地台帳等に氏名のみ記載され住所の記載がされていなかったため，登記簿・土地台帳の一元化によっても，表題部の所有者として氏名のみのものになった。

⑧ 通常，登記手続を行う当事者

登記簿の所有者が行う。実際には，所有者が死亡しており，その相続人が行う場合が多い。

⑨ 登記に関する問題点

住所の記載がないため，所有者そのものを探すのに手間が掛かる。

⑩ 問題の解決として行われる登記手続・解決策等

・氏名が判明しているため，住所が見つかれば，保存登記を行う。所有者である資格を証明するためには，市町村が発行する不動産の「評価証明書」にその不動産の記載があれば，証明になる。

・地方において，通常の相続登記を行うため，市町村が発行する不動産の「評価証明書」を基に不動産の登記簿を調査すると，被相続人が表題部の所有者欄に氏名のみ記載されている登記簿は，よくある例である。

第2編　様々な特殊登記

第4節　特殊登記をまとめてみると

所有者を登記する制度としては，自然人であれば住所・氏名，法人であれば所在，名称であるが，実際の登記簿には，今まで概略的に説明したように様々な特殊なものが存在する。

これが，問題になるのは，

①　所有者がはっきりしない

②　登記に関する対応等をする場合の方法が分かりにくい

③　登記簿の所有者と現在の実質的な所有者が異なることが多い

など様々な点があるだろう。

それぞれの特殊な登記に関しては，第3編以降に詳細に説明するので，実際に登記手続をするための参考にしてほしい。

概略的説明の最後に，様々な特殊な登記の違いがイメージできるように図表でまとめておく。

9 表題部のみの登記形態（氏名のみ住所なしの記載）

《図1　所有者が特殊な場合の登記》

　　所有者によっては，様々な登記形式で登記されている場合もあるが，表に掲載してあるのは，あくまで基本的なパターンである。

所有者	登記簿記載事項	登記簿記載例	特　徴	説明編節
権利能力なき社団	①代表者個人の住所・氏名（単独所有）②構成員全員の住所・氏名（多数共有）	①住所　　　　　氏名②住所　持分　氏名	純粋な個人の単独所有や純粋な個人の共有の形式と区別がつきにくい。	・概要（2編2節）・詳細（3編）
町内会・自治会等の地縁団体	①代表者個人の住所・氏名（単独所有）②構成員全員の住所・氏名（多数共有）	①住所　　　　　氏名②住所　持分　氏名	権利能力なき社団に属するため，登記形式は同じ。	・概要（2編2節）・詳細（3編）
法人化した認可地縁団体	「認可地縁団体名」	○○町	法人化すると，地縁団体名で登記できる。	・概要（2編2節）・詳細（4編）
戦時中の法人化した町内会・部落会	「町内会・部落会名」	大字○○	現在では，基本的に市町村に属する。	・概要（2編3節）・詳細（8編）
財産区（新財産区）	「財産区名」	○○財産区	地方公共団体の一部である特別地方公共団体である。	・概要（2編3節）・詳細（10編）
財産区（旧財産区）	「財産区名」	大字○○	地方公共団体の一部である特別地方公共団体である。	・概要（2編3節）・詳細（8編）
入会団体	①代表者個人の住所・氏名（単独所有）②構成員全員の住所・氏名（多数共有）	①住所　　　　　氏名②住所　持分　氏名	広い意味での「権利能力なき社団」に属するため，登記形式は権利能力なき社団と同じ。	・概要（2編2節）・詳細（11編）

第2編　様々な特殊登記

第4節　特殊登記をまとめてみると

《図2　名義人形式が特殊な場合の登記》

　所有者によっては，様々な登記形式で登記されている場合もあるが，表に掲載してあるのは，あくまで基本的なパターンである。

名義人形式の名称	登記簿記載例等	登記時の所有者	特　徴	説明頁
変則型登記	※　表題部にのみ記載されている	※形式により異なる	・登記簿・台帳一元化により表題部所有者欄の氏名・住所が正常に記載されていないものの総称。	・概要（2編3節） ・詳細（9編）
記名共有地	「A外何名」	①権利能力なき社団，②入会団体，③純粋に個人の共有	・A以外の者の住所・氏名が不明である。 ・表題部のみの登記形式。	・概要（2編3節） ・詳細（9編）
共有惣代地	「共有惣代A」 「共有惣代A外何名」	①権利能力なき社団，②入会団体	・代表者と思われる者の氏名のみが分かる。 ・表題部のみの登記形式	・概要（2編3節） ・詳細（9編）
戦時中の法人化した町内会・部落会	大字〇〇	戦時中に法人化した町内会，部落会	・現在では，市町村に属する。 ・表題部のみの登記形式，所有権まで登記された形式のものがある	・概要（2編3節） ・詳細（8編）
表題部のみ（氏名のみの記載）	※　氏名のみが記載され，住所は記載されていない	個人	・権利部の記載のない表題部のみの登記形式 ・個人の所有が多い。	・概要（2編3節） ・詳細（9編）
字持地	字〇〇 大字〇〇 ※　地域の名前が多い	①財産区，②戦時中に法人化した町内会等，③住民の純粋な共有物，④権利能力なき社団	・地域の名前が登記されていることが多い。 ・表題部のみの登記形式が多い。	・概要（2編3節） ・詳細（8編）

第3編

「権利能力なき社団」について

第1節 「権利能力なき社団」とは何か

「権利能力なき社団」の登記制度を理解するためには，「権利能力なき社団」とは何かを理解することが，理解する助けになる。

1 法人とは

「権利能力なき社団」とは「法人格のない社団」と呼ばれ，「法人」ではない存在であるので，「法人」が何かを理解すると分かりやすい。

(1) **法　人**

法人は，自然人以外のもので，法律により法的人格を認められ，権利義務の主体として扱われるものと定義されている。

権利義務の担い手，つまり権利義務の主体として認められるものを「法人格」というが，現行法では，自然人及び法律で設立の認められた法人についてのみ権利能力を認めている。

民法上の「法人」とは，人間ではないが法律上人格が認められ，法律行為を有効になし，権利・義務の主体となりうる資格を与えられたものである。そのため，法人が不動産の所有者の場合，法人の所在地，法人名が登記される。

(2) **権利能力**

権利及び義務の主体となることができる法律上の資格であり「法的人格」，「法人格」ともいう。権利能力が認められるのは，人（自然人）と法人である。

2 「法人でない団体」とは

すでに紹介した「法人でない団体」、すなわち民法上の「法人」ではない団体である。そのため、法人に認められる「権利能力」が認められない。

社団は人の組織的結合が中心であり、財団は目的財産が中心であり、それぞれ団体の性質が異なる。

実務上のポイント

■Q3　社団、財団とは。

【回　答】

　社団の「団」とは、集合体という意味を指す。社団は、人の集合体を意味し、その対立概念には、財産の集合という財団があり、集合体を観念するとき、社団や財団という用語を使う。

3 「権利能力なき社団」とは

登記手続を行うためには、「権利能力なき社団」とは何か、「法人」、「組合」とどう違うかを概要的につかむことが重要である。

(1) 概　要

「権利能力なき社団」は「法人格なき社団」、「人格なき社団」、「人格のない社団」、「任意団体」とも呼ばれ、文字通り「法人」ではない「社団」である。

実質的に社団としての実体を備えているが、法令上の要件を満たしていないため法人格を有しない社団である。

(2) 判例による「権利能力なき社団」の要件

判例によると、「権利能力なき社団」とは、次の要件を満たしているものであるとしている（最一小判昭39・10・15民集18巻8号1671頁）。

① 団体としての組織を備えている。
② 多数決の原則が行われている。
③ 構成員の変更にもかかわらず団体そのものが存続する。

3 「権利能力なき社団」とは

④ 組織によって代表の人選方法・役割，総会の運営，財産の管理，
その他団体としての主要な点が確定している。

実務上のポイント

■Q4　全ての要件を満たす必要があるか。

【回　答】

　実務上は，上記の要件の基準に従って「法人格なき社団」かどうかが判断
されている。ただ，様々な判決においては，法人格なき社団を認定する場合
でも，要件全部が備わっていることまで認定していない例も多い。

　判例では，個人財産から分離独立した基本財産を有し，かつ運営のための
組織を有しているものを「権利能力なき社団」であると認定する。そのうえ
で「権利能力なき財団」の代表者が行った取引については，代表者は個人的
責任を負わないとしている（最一小判昭44・6・26民集23巻7号1175頁，最三小
判昭44・11・4民集23巻11号1951頁）。

(3)　「権利能力なき社団」の具体例

　町内会，入会団体，同好会，同窓会，団地自治会，学友会，スポーツ
クラブ，マンションの管理組合，設立登記前の会社など，社会生活の中
では色々と存在する。

(4)　「権利能力なき社団」の効果

　団体が「権利能力なき社団」であると認められると，どのような効果
が生じるか，判例で示されている。

① 「権利能力なき社団」の財産は，構成員に総有的に帰属する（最一小
判昭39・10・15民集18巻8号1671頁）。

② 不動産登記について，「権利能力なき社団」は，登記請求権を有せ
ず，代表者個人の名義による登記のみが認められる（最二小判昭47・
6・2民集26巻5号957頁）。

③ 「権利能力なき社団」の債務について，「権利能力なき社団」の総有
財産だけが責任財産になり，構成員各自は直接責任を負わない（最三
小判昭48・10・9民集27巻9号1129頁）。

第3編　「権利能力なき社団」について

55

第1節　「権利能力なき社団」とは何か

⑸　「総有」とは

　　多数の者が同一の物（財産）を共同で所有する場合の形態は，一般に
「共有」所有といわれるが，共有形態を厳密に分けると「共有」，「総有」，
「合有」に分かれる。「総有」とは多数の者が共同して所有する一形態で
ある。

　　物（財産）の管理，処分等の権限は，多数の者で形成する共同団体自
身に属する。個々の構成員（団体員）には，物（財産）の使用，収益権の
みが与えられる。

　　三つの共同所有の形態「共同」，「合有」，「総有」のなかで「総有」は
最も団体主義的色彩が強く，民法で定められている「共有」と比べると，
各構成員は持分がなく，分割請求権もない。

　　「権利能力なき社団」の所有形式は，「総有」であるとされている（最
一小判昭39・10・15民集18巻8号1671頁）。

⑹　「権利能力なき社団」の財産の帰属と構成員の権利について

　　「権利能力なき社団」の財産と構成員の個人財産とは区別されるべき
であるが，「権利能力なき社団」には，権利能力がないため，財産が誰
にどのような形で帰属するのかが問題になる。

　　これについて，前出の最一小判昭39・10・15民集18巻8号1671頁の判
例では，共有形態は「総有」であるとの理論的構成である。

　　総有であれば，「権利能力なき社団」の構成員は，「権利能力なき社
団」が所有する財産において持分を請求することができず，また，構成
員が随意に分割請求をすることが認められない特殊な共有である（最一
小判昭32・11・14民集11巻12号1943頁）。

⑺　団体の対外的行為と構成員の責任

　　「権利能力なき社団」の代表者が「権利能力なき社団」の名で行った
取引の効果は，「権利能力なき社団」の構成員全員に総有的に帰属する
（最一小判昭39・10・15民集18巻8号1671頁，最三小判昭48・10・9民集27巻9号
1129頁）。そのため，「権利能力なき社団」の債務についても構成員に総
有的に帰属する。

　　「権利能力なき社団」の権利義務について総有的帰属の構成をとるの

は，実質的に「権利能力なき社団」自身に権利義務が帰属するのと同様の結論を導くためである。

「権利能力なき社団」の債務に対する構成員の責任は有限責任である（最三小判昭48・10・9民集27巻9号1129頁）。

実務上のポイント

■Q5 「権利能力なき社団」名義でも不動産登記ができるか。

【回答】

形式的に「権利能力なき社団」の不動産は，構成員全員に総有的に属し，「権利能力なき社団」自身は不動産についても権利主体になることができない。そのため，「権利能力なき社団」は登記請求権を有せず，不動産の登記名義人になることは認められない。

構成員全員の共有名義に登記することもできるが，構成員自体は変動することが予想されているので，現実には困難を伴う。

そのため，「権利能力なき社団」構成員の総有に属する不動産を信託的に代表者個人の所有とし，代表者が個人の名義で登記する方法が認められている（最二小判昭47・6・2民集26巻5号957頁）。

そのほか，例えば「甲社団代表理事乙」というような肩書を付け，「権利能力なき社団」の代表者である旨の肩書を付けた登記をする方法も考えられるが，実質上「権利能力なき社団」を権利者とする登記になり不動産登記法の趣旨に反するため認められない（最三小判昭48・10・9民集27巻9号1129頁）。

4 「権利能力なき社団」の特徴

今まで概要的なことは説明したが，補足的に触れておきたい部分について記載する。

(1) 権利能力について

① 自然人の固有の性質に基づく権利義務，例えば性・年齢・親族関係に関する権利義務は享有できない。

② 物権や債権などの財産権はもちろん，人格権（名誉権など）も享有しうる。

第1節 「権利能力なき社団」とは何か

(2) 団体の意思決定方法

団体の意思決定は会員総会でなされるべきものである。

(3) 代表（機関）の意味

代表（機関）とは，権利能力なき社団の手足となって，団体意思を執行するものである。

代表（機関）の設置は，権利能力なき社団の成立要件である（最一小判昭39・10・15民集18巻8号1671頁）。

(4) 代表行為について

理事が数人ある場合，理事は各自独立して代表権を有する（大判昭8・7・7法律新報339号11頁）。ただし，実務上は，定款・寄附行為によって，特定の理事にのみ代表権を与えていることが多い。

実務上のポイント

■Q6　社団の債務について，構成員は個人的に責任を負うか。

【回答】

「権利能力なき社団」が代表者の名においてした取引上の債務は，その「権利能力なき社団」の構成員全員に，1個の義務として総有的に帰属するとともに，「権利能力なき社団」の総有財産だけがその責任財産となり，構成員各自は，取引の相手方に対し，直接には個人的債務及び責任を負わない（最三小判昭48・10・9民集27巻9号1129頁）。

■Q7　構成員は，「権利能力なき社団」の財産の分割を請求できるか。

【回答】

「権利能力なき社団」の財産は，実質的には社団を構成する総社員の総有に属するものであるから，総社員の同意をもって，総有の廃止その他その財産の処分に関する定めのされない限り，現社員及び元社員は，当然には，その財産に関し，共有の持分権又は分割請求権を有するものではない（最一小判昭32・11・14民集11巻12号1943頁）。

■Q8　構成員の資格要件に関する規約を改正した場合は。

4 「権利能力なき社団」の特徴

【回 答】

権利能力のない社団が規約に従い総会の決議によってした構成員の資格要件を定める規約の改正は，特段の事情がない限り，右決議を承認していない構成員に対しても効力を有する（最二小判平12・10・20判夕1046号89頁）。

◎ 法律的なとらえ方

(1) **法律上の取扱い**

民法上の組合に関する規定を適用するのではなく，できる限り社団法人に準じるものとしている。

(2) **民事訴訟法における取扱い**

「法人でない社団又は財団で代表者又は管理人の定めがあるもの」は，その名において訴え，または，訴えられることができるとされる（民訴29条）。

「代表者又は管理人」とは，肩書のことではなく，財産の処分について，全構成員から委任を受けている者のことをいう。代表者の設置に関する規定が定款にない場合や多くの入会団体のように，共有持分を観念せずに共同の事業を営んでいる場合で代表者又は管理人が存在しない場合（いわゆる「代表者の定めのない権利能力なき社団」）は，「共有物の変更に関する規定」の準用により固有必要的共同訴訟となる。

(3) **権利能力なき社団と法人の違い**

仮に「権利能力なき社団」が，法令上法人化が認められている場合に，法人化をすると以下のメリットがある。

① 代表者個人の財産と法人財産の区別ができるようになり，契約も法人名で可能となる。

② 登記によって団体の存在と代表者の資格が公示されることになり，相手方も安心して取引が可能となり，取引の円滑化に寄与する。

第2節　登記手続

第2節　登記手続
1　登記名義人の基本的形式
(1)　概　要
①　法人と登記

　民法上の「法人」とは，人間ではないが法律上の人格が認められ，法律行為を有効になし，権利・義務の主体となりうる資格を与えられたものである。そのため，法人が不動産の所有者の場合，法人の所在地，法人名が登記される。

②　権利能力なき社団と登記

　しかし，「権利能力なき社団」は，民法上の法人とみなされない。そのため，不動産登記において不動産の所有者として登記するには，法人のように「所在地・権利能力なき社団名」で登記することができない。よって，登記の方式としては，代表者個人の単独所有名義又は構成員全員での共有名義で登記する。

③　権利能力なき社団名義にできないのはなぜか

　「権利能力なき社団」は法人と認められず，法律上の権利義務の主体になり得ないため，登記名義人にできないとされている。

　この点について，様々な判例が理由を述べているが後ほど簡単に紹介する。

　また，実体において，法人と認められる社団法人と異ならない「権利能力なき社団」であっても，登記名義人にすることはできないとされている。

④　権利能力なき社団名義にできないために見分けがつきにくい

　「権利能力なき社団」が所有者である不動産に関しては，個人名義で登記されるため，登記簿を一見しただけでは，「純粋に個人が単独所有している，または多人数の個人での共有名義である不動産」に見えるため，純粋に個人が所有している不動産との見分けがつきにくいという点がある。

　このため，登記簿を見ただけでは，実際の所有者が分かりにくいという大きな問題がある。

1 登記名義人の基本的形式

実務上のポイント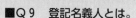

■Q9 登記名義人とは。

【回 答】

　登記名義人とは，登記記録の権利部に，不動産登記法3条各号に掲げる権利（所有権，地上権，抵当権など）について，権利者として記録されている者である（不登2条11号）。

　登記名義人については，Ⓐ権利能力を有する者であること，Ⓑ登記官が，申請者との間の同一性を確認することができること，Ⓒ登記記録において他の者と識別できるように登記をすることができること，が必要である。

　「権利能力なき社団」がその名義により登記をすることができないのは，以上のうち特にⒷおよびⒸを満たさないからである。

(2) 判例・先例

　「権利能力なき社団」が不動産の所有者である場合，所有者登記名義人としては，代表者個人あるいは構成員全員で登記することは，次のような判例・先例を基に説明されることが多い。

　A 登記名義の形式を示す代表的判例

　(ア) 最一小判昭39・10・15民集18巻8号1671頁

　　権利能力のない社団の資産は構成員に総有的に帰属する。そして権利能力のない社団は「権利能力のない」社団でありながら，その代表者によってその社団の名において構成員全体のため権利を取得し，義務を負担するのであるが，社団の名において行われるのは，一々全ての構成員の氏名を列挙することの煩わしさを避けるためにほかならない（したがって登記の場合，権利者自体の名を登記することを要し，権利能力なき社団においては，その実質的権利者たる構成員全部の名を登記できない結果として，その代表者名義をもって不動産登記簿に登記するより他に方法がないのである。）。

　補足説明：権利能力なき社団は，権利能力がない以上，取引主体にはなれないはずであるが，構成員全員の名で取引するのは煩雑で現実的でないので，便宜上，代表者名義をもって不動産登記簿に登記す

61

るより方法がないと判示している。

(イ)　最二小判昭47・6・2民集26巻5号957頁

　「権利能力なき社団の資産はその社団の構成員全員に総有的に帰属しているのであって，社団自身が私法上の権利義務の主体となることはないから，社団の資産たる不動産についても，社団はその権利主体となり得るものではなく，したがって，登記請求権を有するものではないと解すべきである。（中略）本来，社団構成員の総有に属する不動産は，右構成員全員のために信託的に社団代表者個人の所有とされるものであるから，代表者は右の趣旨における受託者たるの地位において右不動産につき自己の名義をもつて登記をすることができるものと解すべきものであ」る。

補足説明：権利能力なき社団が所有する不動産の所有者の名義を，代表者の個人名義又は権利能力なき社団の構成員全員の共有名義にすることについて，次のように説明している。

①　「権利能力なき社団の資産はその社団の構成員全員に総有的に帰属しているのであって，社団自身が私法上の権利義務の主体となることはないから……権利能力なき社団が不動産登記の申請人となることは許され」ない（最一小判昭39・10・15民集18巻8号1671頁も同趣旨）。

②　「社団構成員の総有に属する不動産は，右構成員全員のために信託的に社団代表者個人の所有とされるものであるから，代表者は，右の趣旨における受託者たるの地位において右不動産につき自己の名義をもつて登記することができるものと解すべきであ」る。

　　つまり，①権利能力なき社団が不動産登記の申請人になることは許されず，②権利能力なき社団では，実質的権利者である構成員全員の名を登記できない結果として，代表者の名義で登記簿に登記するより他に方法がない旨を示している。

1 登記名義人の基本的形式

B 登記名義の形式を示す代表的先例

㋐ 昭22・2・18民事甲141号民事局長回答

従来から登記実務では，町内会（権利能力なき社団）名義の不動産登記はできないとされてきた。

> **補足説明**：明治時代に不動産登記制度が法定され，施行された当時から，権利能力なき社団名義では登記しない実務が行われていた。この先例は，町内会についてのものではないが，権利能力なき社団名義での不動産登記を否定している。

㋑ 昭23・6・21民事甲1897号民事局長回答

権利能力なき社団は，その名義で不動産を取得した場合であっても，当該社団名義の所有権の登記をすることはできない。代表者個人又は構成員全員での共有名義で登記することになる。

> **補足説明**：ある法人格のない団体及びその支部を例にあげて説明した先例であるが，これにより，権利能力なき社団の名義に関する一般的な法則を示している。

㋒ 昭28・12・24民事甲2523号民事局長回答

農地法80条により国有財産を法人格のない団体に売払をする場合における登記嘱託書の登記権利者の表示は，当該団体が部落団体である場合には市町村名義とし，規約によって財産を代表者名義とする定めがある場合はその者の名義とし，その他の場合は，当該団体を構成する個人全員の名義（持分の定めがあるときは持分も記載）とする。

> **補足説明**：これも，「権利能力なき社団」の登記名義は，代表者又は個人全員の名義にすることを示した代表的な先例である。

実務上のポイント

実際には代表者以外の単独所有,または構成員の一部の共有になっている不動産も多いが

　判例,先例では,代表者の単独所有又は構成員全員の共有不動産の名義にするべきと示されているが,実際に不動産においては,代表者以外の者の単独所有又は構成員の一部の者の共有不動産になっている場合も多い。そのため,このような登記形式が無効であるのかという疑問もでてくる。

　代表者以外の個人名義であっても,当事者適格があることを前提とした判例が平成6年に出ており,代表者又は構成員全員の登記名義でなくても,権利能力なき社団の所有地であることを認めている。判例の趣旨は,権利能力のない社団である入会団体において,規約等に定められた手続により,構成員全員の総有に属する不動産について代表者でない構成員甲を登記名義人とすることとされた場合には,甲は,その不動産についての登記手続請求訴訟の原告適格を有する,としている(最三小判平6・5・31民集48巻4号1065頁)。

　また,代表者といっても,一人に限定されているわけではなく,数人の代表者も問題なく,数人の代表者の共有不動産も多く存在する。

(3) **所有者の登記簿例**

　通常,甲区の所有者として登記されている。構成員全員の共有名義で登記されている場合,持分が記載されている。権利能力なき社団の場合,所有形式は「総有」であるため,登記簿に記載されている「持分」はいわゆる共有の場合の持分ではない。

　不動産登記の公示上の観点から,登記名義人が複数いる場合は持分を記載するのが原則であり,権利能力なき社団においても例外なく持分を表示する必要があるとされている。

例 代表者の単独名義の例―甲区所有者欄

```
○○県○○郡○○町山中11番地
                山　田　太　郎
```

1 登記名義人の基本的形式

例 構成員全員の共有名義の例―甲区所有者欄

○○県○○郡○○町山中11番地
　　　持分○分の1　山　田　太　郎
○○県○○郡○○町山中12番地
　　　持分○分の1　山　田　次　郎
○○県○○郡○○町山中13番地
　　　持分○分の1　山　田　三　郎
○○県○○郡○○町山中14番地
　　　持分○分の1　山　田　四　郎
○○県○○郡○○町山中15番地
　　　持分○分の1　山　田　五　郎

実務上のポイント

■Q10　共有の場合，構成員全員の持分共有か。

【回　答】

　権利能力なき社団の所有形式は，「共有」ではなく「総有」であるため，構成員一人一人に持分はない。
　ただ，登記簿では，形式上「総有」をあらわす仕組みになっていないため，便宜上，共有の形をとっているのである。そのため，持分も記載される。
　つまり，権利能力なき社団の所有不動産を登記簿上の所有者として表すために構成員全員の共有持分の形にしているが，あくまで，構成員全員分が，権利能力なき社団の財産である。

(4)　登記名義人の形式的特徴

　登記名義人として「権利能力なき社団」名義で登記できないことが形式的に最大の特徴である。また，登記形式としては，代表者の個人名義又は構成員全員の共有名義で行うため，純粋な個人の単独名義・共有名義の不動産とほとんど同じであるということも大きな特徴である。

第2節　登記手続

そのため，不動産の所有者を確認する場合，実際に純粋な個人の単独所有・共有名義なのか，「権利能力なき社団」の所有不動産なのか見分けがつけにくいということが特徴になってしまっている。

(5) **登記名義人形式の弱点・問題点**

登記名義人の形式だけでは，必ずしも権利能力なき社団の登記と確定することができないため，様々な点で問題があるといわれている。

① 実質，「権利能力なき社団」の所有不動産であっても，登記名義人の形式は代表者個人又は多数の個人の共有名義になっているため，登記が実体を表しているとはいえず，不動産の権利関係を公示する登記制度の目的に照らし，妥当かどうかの疑問がある。

② 何十人もの共有名義であったり，登記原因に「委任の終了」があったりすると，「権利能力なき社団」の所有する不動産であろうと推測できるが，「権利能力なき社団」の所有する不動産と断定できない。

③ 純粋な個人名義の登記と区別がつきにくいため，登記簿上の所有者及びその相続人が，個人の所有不動産と思い込み，権利能力なき社団に知られることなく，勝手に処分してしまうことがよくある。また，個人の所有不動産と思われ，差押えを受ける可能性もある。

④ 登記簿上の所有者及びその相続人が処分する場合，譲受人も権利能力なき社団名義の不動産と気づかずに取引する場合もある。

(6) **なぜ団体名で登記できないか**

判例や先例が，「権利能力なき社団」所有の不動産に関しては，「権利能力なき社団」名義で登記できないとしているが，一番の理由は，認めている法令がないということになる。なぜ認めていないか，もう少し理論的に検討してみたい。「権利能力なき社団」名義を認めた場合に起こってしまう問題点を挙げてみると分かりやすい。

つまり，認めた場合に問題点があるので，認めづらいことになる。

法令上，適応できない点

問題が起こる点を確認，検討する前に，法令上対応できるかの点でも確認，

1 登記名義人の基本的形式

検討してみたい。

① 法人が登記名義人になる場合は，代表者の，代表者の資格を証する情報を提供することを要する（不登令7条1項1号）。

　➡ 「権利能力なき社団」には，監督する行政機関等がないため，実体，代表者を公証する制度がない。

② 登記義務者として申請する場合は，代表者の印鑑登録証明書が必要になる。

　➡ 「権利能力なき社団」では，代表者の資格を証する情報の提供や，印鑑登録証明書を添付できない。

③ 「申請にかかる登記をすることによって表題部所有者又は登記名義人となる者が権利能力を有しないとき」（不登令20条2号）は，登記申請は却下される（不登25条13号）ため，「権利能力なき社団」名義での登記名義人になることはできない。

「権利能力なき社団」名義を認めた場合には，どのような問題が起こるか

　「権利能力なき社団」名義で登記申請しようとすると，「権利能力なき社団」の存在，代表者の代表権限を証明する書面がないため，「権利能力なき社団」の存在を認定することができないという問題点が発生する。形式的審査権しか有していない登記官が，「権利能力なき社団」の存在を認定することが困難だからである。

　また，「権利能力なき社団」名義で登記されたとすると，次に売買等で権利能力なき社団が登記義務者になる場合に，登記の申請を担保する方法がないことになる。つまり，登記義務者は，印鑑登録証明書を添付する必要があるが，「権利能力ない社団」の場合は，添付できない。

こんなことが起こったら大問題

　「権利能力なき社団」名義を認められるとしても，会社の法人登記のように，「権利能力なき社団」自体がどんな社団であるかを示すような登記が現在，存在しないため，次のようなことが起こってしまう可能性がある。

① 架空の名義の「権能なき社団名義」の登記がされる可能性がある。

② 架空の名義として財産隠しに利用される可能性がある。

第2節　登記手続

(7)　明治時代，不動産登記法が制定されたときから「権利能力なき社団」
の名義は認めていないのか

　　登記名義の形式に関して有名な判例・先例は，戦後のものであるが，
不動産登記自体は明治時代から始まっている。戦前にはどのように運用
されていたのか，探ってみたい。

　　一言でいえば，原案では権利能力なき社団，財団においても登記名義
を認めていたが，最終的には，認めると確かなものか否かはっきりしな
い社団・財団が名義人になることになるので認めないという，現在と同
じ考えで否定されたようである。

実務上のポイント

明治時代にはどのように不動産登記法を制定したか

　現在の前の不動産登記法が明治29年に起草されたとき，起草者の案では権
利能力なき社団，財団の名義も登記すべきとしていたそうである。しかし，
議論の結果，この案は否決され，「権利能力なき社団」名義の登記は否決さ
れたそうである。

　少し長くなるが，興味深い出来事であるので，議事録から引用してみたい。
なお，読みやすいように，カタカナはひらがなに変換して紹介する。

◎不動産登記法案議事筆記（明治29年3月13日第9回議事筆記）より
■起案においては，権利能力なき社団も登記能力を有していた。
　⇒法案33条3項の起案は「申請人の氏名，住所若し申請人が法人，社団又
　　は財団なるときはその法人，事務所あるときはその事務所」となってお
　　り，権限なき社団・財団においても名称・事務所を登記することになっ
　　ていた。
■議会中の発言　①―起草者の一人　田部起草委員
　「第3号は末段に於て社団又は財団に関することを規定せり。是他なし。
有形人の外に於ては，法人而已にして，他に登記す可き必要無きときは，
固より無用のものなりと雖も，法人の外に社団又は財団を認め，登記を為す
場合無きを保せず。例えば，相続の場合に財団而已に残ることも之れある可
く，而して此財団が法人の如く働かざる可からざる場合之有る可し。之を認
めて特に茲に規定せり」と説明している。
■議会中の発言　②―議長の箕作麟祥博士の質問

「民法には社団及び財団の規定あるも皆法人なり。然るに本条は法人の外に之を認めたるは，其理由如何」と質問をすることから

■議会中の発言　③—穂積八束博士の反論

「余も此点に関して疑問を抱けり。若し本法に於いて社団及び財団にして法人に非らざるものを認め登記せば，起草者の精神は然らざるも，法人以外に法人の資格を与ふる如き嫌なきか。例えば，何社，何学校の如きものにして法人たらざる場合は，其社及び其学校の持主の名にて登記すれば別に差し支へなかる可し。必ずしも其社名及び校名にて登記するの必要あらんや。若し右の場合に於て持主権確定せざるものは其総代の名を以てするも不可なかる可し」と主張した。

■議会中の発言　④—起草者の一人　田部起草委員の反論

「今日の実際に於ては法人なれば格別，法人に非ざる社団若しくは財団の如きは之を認めず，例えば，教会場の如きものはその共有者の一人の名にて登記せり。然れども，其真正の持主は即ち社団及び財団たる教会場なれば，登記の性質上より考ふるも，其直接の名を以てする方正当なる可し」と反論した。

■議会中の発言　⑤—起草者の一人　田部起草委員の結論

⇒その後，高木豊三博士も，穂積八束博士に同調した後，考えを変えた。

「社団及び財団の規定に付き種々の攻撃あり。是は登記法に於いて是非必要と云うにあらず。茲に規定せるは他日法律が法人以外の社団及び財団をして権利の主体と為すの明文を出すときあらんことを予定すればなり」

⇒最終的には，多数決により原案が否定され，梅謙次郎博士の提出した「申請人の氏名，住所，若し申請人が法人なるときは其名称及ひ事務所」に決定した。

(8)　代表者の肩書を登記すべきという意見も多い

　権利能力なき社団名義の登記名義を認めないからには，純粋に個人所有の名義と区別がつきにくいため，代表者の登記名義に，権利能力なき社団の代表者の肩書をつけてもいいのではないかという学者からの意見が，明治時代の不動産登記法を執行する段階からあるといわれている。

　最近では，所有者不明土地が問題になるにつれ，代表者の肩書を認めるべきという学者の意見が復活している。

　しかし，現実には，権利能力なき社団の代表者であるという肩書を登

記するということが法令，先例上認められていない。

◎これまでの経緯

A　歴史的には，代表者の肩書を認める判例もあった

　「権利の実体とその公示とは，できる限り一致させることが必要であるから，登記権利者の氏名と住所の記載のみを要求する不動産登記法の建前からは，多少疑問の余地はあるとしても，本件土地の所有権は，Xの個人の財産と区別する意味において，原告代表者Xと表示されることが望ましい」（東京地判昭36・2・15下民12巻2号285頁）。

> **補足説明**：X個人の所有と権利能力なき社団と区別するために，権利能力なき社団○○の代表者Xと登記することが望ましいと判示した。

B　法務省は，すぐ反対の先例を出した

　「東京町内会長　調布太郎」というように肩書付で登記できないかが問題となるが，こういった肩書付の登記もできないとされている（昭36・7・21民事三発625号民事第三課長回答）。

> **補足説明**：前記判例に対して，実務的混乱を避けるためか，法務省は，権利能力なき社団の財産を登記する場合において，「権利能力なき社団の代表者何某」と記載することはできないことを回答した。

C　登記研究でも，似たような回答がある（登研188号73頁）。

　権利能力なき社団の権利の取得の登記については，(イ)　代表者名義とするか，(ロ)　構成員全員の名義とする取扱いになっていますが，(イ)の場合，申請書，その他附属書類に代表者の氏名を書き，括弧書で団体名を記載してよいでしょうか。また，登記簿の記載はどうでしょうか。

　例　甲野太郎（何々組合長）

　答：申請書，登記簿とも括弧書の記載は相当でないと考えます。

D　学者においては代表者の肩書を認めていいという意見もある

　学者の意見としては，代表者の肩書を認めてもいいのではというものもあるため，参考に代表的意見を挙げておく。

　「法人格なき社団の肩書をつけた代表者名義登記を許せば，虚無人名登記が発生し財産隠匿に利用されるという批判はもっともであるが，それは当該の場合のみならず，実在の他人名義を利用してなす場合にも発生する余地がある。これは債権者代位権や債権者取消権によって防ぐことができる」とする（幾代通ほか『不動産登記先例百選』（有斐閣，第2版（別冊ジュリスト75号），1982年）11頁）。

(9)　個人名義・構成員の共有名義にする場合の注意点

　代表者・構成員の共有名義で登記する場合に気をつける点について述べておく。なお，登記された代表者・構成員を変更する場合は，次の2で説明する。

実務上のポイント

代表者名義・構成員の共有名義で登記する場合，特別に注意すべき点

　名義人に対して，たとえ代表者・構成員の共有名義にしても，代表者・構成員の所有する不動産ではなく，権利能力なき社団の所有不動産であることをよく理解してもらうこと。

　登記する場合，登記手続以外にも，代表者・共有者の所有不動産ではない旨の念書等をもらっておくことが望ましい。

実務上のポイント

■Q11　構成員の共有の場合，構成員全員の共有でなくてもかまわないか。

【回　答】

　権利能力なき社団所有の不動産の登記名義に関しては，先例・判例等では，代表者又は構成員全員の名義で登記するようにされている。

　ただ，現実的には，構成員の一部の共有の場合も多く存在する。構成員が多ければ全員を共有者として登記することが，実務的には困難な

第2節　登記手続

場合が多いため，事情にあった共有にせざるを得ないと思われる。

⑽　登記上，所有権以外の名義で注意すべきこと

　登記上，権利能力なき社団が所有権以外でも登場することがあるが，権利能力なき社団の名義で登記できるかできないかが異なるため，注意する必要がある。

実務上のポイント

「権利能力なき社団」の名義で登記できる場合
○権利能力なき社団を債務者とする抵当権設定登記
　抵当権設定登記を申請する場合，登記権利者は法人格を有する者でなければならない。債務者は，法人格を有しない者でも差し支えない。例えば，権利能力なき社団である青年団，婦人会，PTA会等を債務者にした抵当権設定登記は受理される（昭31・6・13民事甲1317号民事局長回答）。
○権利能力なき社団を仮差押登記名義人にする場合
　権利能力なき社団の名義で仮差押登記名義人として登記できる（登研429号121頁，464号116頁）。
○権利能力なき社団を仮処分登記名義人にする場合
　権利能力なき社団の名義で仮処分登記名義人として登記できる（登研457号120頁）。

所有者の名義以外にも「権利能力なき社団」の名義で登記できない場合
○権利能力なき社団を受益者とする信託登記
　代表者個人名義で登記されている社団である自治会の所有不動産を目的とした，当該自治会を受益者とする信託がされたとき，自治会を受益者として信託登記をすることはできない（昭59・3・2民三1131号民事局長回答）。
○権利能力なき社団を不動産工事の先取特権保存登記の債務者
　不動産工事の先取特権には物上保証のような性格はないから，権利能力なき社団を債務者とする不動産工事の先取特権保存登記を申請することはできない（登研596号87頁）。

「権利能力なき社団」を所有権の登記名義人にする方法
○　「権利能力なき社団」のままでは，所有権の登記名義人にすることはで

きないが，「権利能力なき社団」の組織そのものを法人に変化させること
によって，法人としての所在・法人名を登記することができる。

○　どのような法人にするかは，どのような「権利能力なき社団」であるか
によっても異なる。

○　町内会・自治会である権利能力なき社団は，市町村に法人として認可し
てもらうことにより「認可地縁団体」という法人に変化し，「認可地縁団
体の所在地，認可地縁団体の名称」で所有権の登記名義人として登記でき
る（詳しくは第4編以降を参照）。

○　町内会・自治会も含め，権利能力なき社団を「一般社団法人」等の法人
にすることで，所在地・法人の名称で所有権の登記名義人として登記でき
る。

2　代表者の変更登記

(1)　概　要

「権利能力なき社団」が所有する不動産は，登記手続上，代表者個人
の名義か構成員全員の共有名義で登記するが，代表者が交代した場合は，
代表者が交代したことをあらわす登記手続が必要になる。

これを判例では，"権利能力なき社団の代表者個人名義で所有権登記
されている不動産につき，代表者が死亡・更迭などにより交代した場合，
登記更正や氏名変更の手続によって所有権登記名義を書き替えるのでは
なく，権利移転の手続によって所有権登記名義を書き替えるべきであ
る"（最二小判昭47・6・2民集26巻5号957頁）としている。登記実務では当
該判決が出る以前から権利移転の手続によるとしている（昭41・4・18民
事甲1126号民事局長電報回答）。

> ✏️ **実務上のポイント**
>
> **登記の現状─代表者の交代が登記されているか**
>
> 理論的には，「権利能力なき社団」の代表者が後退した場合登記をすべき
> であるが，現実はどうであろうか。一般的には，「権利能力なき社団」に関
> する登記は，旧代表者名義又は旧構成員名義のままで，数世代放置されてい
> ることも多い。
>
> この状態の登記をみて，純粋に個人の名義と勘違いされ，長年相続登記が

第2節　登記手続

されていない所有者不明土地と誤解されていることも多いと推定される。

　代表者の交代による登記が行われていない原因の多くは，その不動産を処分する必要が生じることが少ないためと思われる。

(2)　代表者変更の登記原因は「委任の終了」

　代表者の変更は，所有権移転で行うことは，判例でも実務でも示されてされているが，先例では，登記原因については，「委任の終了」とするのが相当と示されている（昭41・4・18民事甲1126号民事局長電報回答）。これは，旧代表者が辞任し新たに新代表者が選任された場合だけでなく，旧代表者が死亡し新たに新代表者が選任された場合も同様である。

　登記原因の「委任の終了」については，権利能力なき社団から代表者に所有権そのものを委任されていたという意味ではなく，所有権登記の管理に関する委任が終了したという意味であるといわれている。また，代表者は権利能力のない社団の財産につき信託財産としての管理処分の権限まで一般的には与えられていないともいわれている。

①　判例では別の登記原因も示されているが

　判例では，代表者へは不動産を信託的に譲渡されているとみて「権利能力なき社団」から「委任」を受けて名義人になっているとする趣旨を示すものが有名ではあるが，法務省の登記手続に関する先例では，「委任の終了」を示しており，登記手続では，登記原因として「委任の終了」が利用されている。

②　最二小判昭47・6・2民集26巻5号957頁

　「登記上の所有名義人となった権利能力なき社団の代表者がその地位を失ってこれに代る新代表者が選任されたときは，旧代表者は右の受託者たる地位をも失い，新代表者においてその地位を取得し，新代表者は，信託法の信託における受託者の更迭の場合に準じ，旧代表者に対して，当該不動産につき自己の個人名義に所有権移転登記手続をすることの協力を求め，これを請求することができるものと解するのが相当である。」

(3)　原因日付は，後任代表者の就任日

　権利能力なき社団の代表者を変更した場合の登記原因の日付は，新代

表者が就任した日である。

> **実務上のポイント**
>
> ■Q12　代表者が辞任した場合の登記原因の日付は。
>
> 【回　答】
>
> 　会議等で新代表者が選任された場合，新代表者が代表に就任した日になる（登研450号127頁）。
>
> ■Q13　代表者が死亡した場合は。
>
> 【回　答】
>
> 　代表者が死亡し，その後新たに代表者が選任された場合，新代表者が代表に就任した日になる（登研573号124頁）。代表者が死亡した日が，登記原因になるわけではない。

(4)　権利者・義務者

　登記申請人（不登令3条1号）は，所有権を得る新代表者を登記権利者とし，失う旧代表者を登記義務者として記載する。新代表者が二人以上いる場合は持分の記載も必要である（不登令3条9号）。

(5)　添付情報

　添付書類（不登規34条1項6号）は次のものになる。

① 　登記原因証明情報
② 　登記義務者の登記識別情報又は登記済証
③ 　登記義務者の印鑑証明書。登記名義人が死亡している場合は，登記名義人の相続人全員の印鑑証明書及び相続関係を証する戸籍等
④ 　登記権利者の住所証明情報

　なお，登記名義人である代表者又は構成員全員が，「権利能力なき社団」の代表者又は構成員全員であることを証する情報を提出する必要はない。

実務上のポイント

登記原因証明情報の具体的なものは
　代表者の選任となると，代表者の選任に関する議事録や，権利能力なき社団の規約等を提出する必要があるように思えるが，実際には添付を要求されていない（登研449号88頁）。

(6) 登記原因証明情報の「登記の原因となる事実又は法律行為」

　「権利能力なき社団」の所有する不動産の登記名義人を代表者の名義にする場合は，登記原因証明情報のなかで記載する「登記の原因となる事実又は法律行為」については，主に次のようなことを記載する。
　① 扱う不動産が，「権利能力なき社団」の所有である事実
　② 扱う不動産を，従来，代表者個人の名義で登記した事実
　③ 代表者が変更され，新代表者が就任した事実
　④ 委任の終了による所有権移転登記を申請する旨

(7) 登録免許税

　登録免許税（不登規189条1項前段）は，不動産の価額の1000分の20である（登免別表第1-1(2)ハ）。なお，端数処理など算出方法については通常の移転登記と同じである。

(8) 登記申請例①──代表者が登記名義人の場合に代表者が辞任

　辞任した代表者と新代表者が共同で，登記申請を行う。

《例1　登記原因証明情報──代表者が登記名義人の場合に代表者が辞任》

登記原因証明情報
1　当事者及び不動産 　(1)　当事者　　　　　　権利者　　○○県○○郡○○町銀座山2番地 　　　　　　　　　　　　　　　　　　川　上　研　一 　　　　　　　　　　　義務者　　○○県○○郡○○町銀座山1番地 　　　　　　　　　　　　　　　　　　山　田　太　郎 　(2)　不動産の表示 　　　　所　　在　　　　○○郡○○町銀座山字青山

2　代表者の変更登記

```
　　　地　　番　　123番
　　　地　　目　　山　　林
　　　地　　積　　100平方メートル
```

2　登記の原因となる事実又は法律行為

 ⑴　銀座山町内会は権利能力なき社団であるため，本件不動産を取得した際，代表者である山田太郎名義で所有権移転登記をした（昭和〇〇年〇月〇日受付第123号）。

 ⑵　代表者山田太郎は，平成30年3月30日に，代表者を辞任した。

 ⑶　平成30年4月1日，銀座山町内会は総会を開催し，新代表者として川上研一が選任された。

 ⑷　平成30年4月2日，川上研一は，銀座山町内会の新代表者に就任することを承諾した。

 ⑸　よって，平成30年4月2日委任の終了による山田太郎から川上研一への所有権移転登記を申請する。

平成30年4月2日　〇〇地方法務局〇〇支局

　　上記の登記原因のとおり相違ありません。


```
　　　権利者　　　〇〇県〇〇郡〇〇町銀座山2番地
　　　　　　　　　　　　　　　　川　上　研　一　㊞
　　　義務者　　　〇〇県〇〇郡〇〇町銀座山1番地
　　　　　　　　　　　　　　　　山　田　太　郎　㊞
```


《例2　登記申請書─代表者が登記名義人の場合に代表者が辞任》

```
　　　　　　　　　　登　記　申　請　書

　登記の目的　　　　所有権移転

　原　　　因　　　　平成30年4月2日委任の終了

　権　利　者　　　　〇〇県〇〇郡〇〇町銀座山2番地
　　　　　　　　　　　　　　　　川　上　研　一
```

第2節　登記手続

```
義　務　者　　　　○○県○○郡○○町銀座山１番地
　　　　　　　　　　　　　　　　　　山　田　太　郎


添付書類　　　　　登記原因証明情報　　登記済証　　印鑑証明書
　　　　　　　　　　住所証明書　　　　　代理権限証書


平成30年４月３日申請　　○○地方法務局○○支局


代　理　人　　　　○○県○○郡○○町渋谷１番地
　　　　　　　　　　　　司法書士　　○　○　○　○
　　　　　　　　　　　　連絡先電話番号　○○○○-○○-○○○○


課税価格　　　　　金10,000円


登録免許税　　　　金1,000円
　　　　　　　　　　（租税特別措置法72条）


不動産の表示
　　　不動産番号　　1234567890123
　　　所　　　在　　○○郡○○町銀座山字青山
　　　地　　　番　　123番
　　　地　　　目　　山　　林
　　　地　　　積　　100平方メートル
```

⑼　**登記申請例②─代表者が登記名義人の場合に代表者が死亡**

　　死亡した代表者の相続人全員（相続放棄した者を除く。）と新代表者が協力して，登記申請を行う。

《例３　登記原因証明情報─代表者が登記名義人の場合に代表者が死亡》

登記原因証明情報

```
１　当事者及び不動産
　⑴　当事者　　　　　権利者　　　○○県○○郡○○町銀座山２番地
```

2　代表者の変更登記

川　上　研　一
義務者　　〇〇県〇〇郡〇〇町銀座山 1 番地
山　田　太　郎
〇〇県〇〇郡〇〇町銀座山 1 番地
亡山田太郎相続人　山　田　一　郎
〇〇県〇〇郡〇〇町銀座山10番地
亡山田太郎相続人　山　本　花　子

(2)　不動産の表示
所　　在　　　〇〇郡〇〇町銀座山字青山
地　　番　　　123番
地　　目　　　山　　林
地　　積　　　100平方メートル

2　登記の原因となる事実又は法律行為
(1)　銀座山町内会は権利能力なき社団であるため，本件不動産を取得し
た際，代表者である山田太郎名義で所有権移転登記をした（昭和〇〇
年〇月〇日受付第123号）。
(2)　代表者山田太郎は，平成30年 3 月30日に死亡した。
なお，山田太郎の相続人は，山田一郎と山本花子のみである。
(3)　平成30年 4 月30日，銀座山町内会は総会を開催し，新代表者として
川上研一が選任され，同日，川上研一は，銀座山町内会の新代表者に
就任することを承諾した。
(5)　よって，平成30年 4 月30日委任の終了による山田太郎から川上研一
への所有権移転登記を申請する。
平成30年 4 月30日　　〇〇地方法務局〇〇支局

上記の登記原因のとおり相違ありません。

権利者　　〇〇県〇〇郡〇〇町銀座山 2 番地
川　上　研　一　㊞
義務者　　〇〇県〇〇郡〇〇町銀座山 1 番地
山　田　太　郎
〇〇県〇〇郡〇〇町銀座山 1 番地
亡山田太郎相続人　山　田　一　郎　㊞

第3編　「権利能力なき社団」について

79

第2節　登記手続

　　　　　　　○○県○○郡○○町銀座山10番地
　　　　　　　　亡山田太郎相続人　山　本　花　子　㊞

《例4　登記申請書─代表者が登記名義人の場合に代表者が死亡》

登 記 申 請 書

登記の目的　　　　　所有権移転

原　　　因　　　　　平成30年4月30日委任の終了

権　利　者　　　　　○○県○○郡○○町銀座山2番地
　　　　　　　　　　　　　　　　川　上　研　一

義　務　者　　　　　○○県○○郡○○町銀座山1番地
　　　　　　　　　　　亡山田太郎相続人　山　田　一　郎
　　　　　　　　　　○○県○○郡○○町銀座山10番地
　　　　　　　　　　　亡山田太郎相続人　山　本　花　子

添付書類　　　　　　登記原因証明情報　　登記済証　　印鑑証明書
　　　　　　　　　　相続証明書　　住所証明書　　代理権限証書

平成30年4月31日申請　　○○地方法務局○○支局

代　理　人　　　　　○○県○○郡○○町渋谷1番地
　　　　　　　　　　　司法書士　○　○　○　○
　　　　　　　　　　　連絡先電話番号　○○○○-○○-○○○○

課税価格　　　　　　金10,000円

登録免許税　　　　　金1,000円
　　　　　　　　　　（租税特別措置法72条）

不動産の表示
不動産番号　　　　　1234567890123

```
          所    在      ○○郡○○町銀座山字青山
      地    番    123番
      地    目    山   林
      地    積    100平方メートル
```

⑽　**登記申請例③—数名の代表者登記名義人の場合に1名の代表者が死亡**

　　共有名義にする場合，権利能力なき社団の構成員全員の共有名義にする場合も多いが，構成員全員では構成員の変化による登記手続が大変なため，代表者数名の共有名義に登記してある場合も多い。

　　ここでは，数名の代表者のうち1名が死亡した場合の例を挙げておく。登記の対象になるのは，代表者が所有している形式になっている部分の持分であり，死亡した代表者の持分から新しい代表者の持分へ移転登記する形になる。

《例5　登記原因証明情報—数名の代表者登記名義人の場合に1名の代表者が死亡》

```
                    登記原因証明情報

  1  当事者及び不動産
   (1)  当事者       権利者    ○○県○○郡○○町銀座山2番地
                            持分3分の1   川  上  研  一
                   義務者    ○○県○○郡○○町銀座山1番地
                                        山  田  太  郎
                            ○○県○○郡○○町銀座山1番地
                            亡山田太郎相続人  山  田  一  郎
                            ○○県○○郡○○町銀座山10番地
                            亡山田太郎相続人  山  本  花  子

   (2)  不動産の表示
         所    在    ○○郡○○町銀座山字青山
         地    番    123番
         地    目    山   林
         地    積    100平方メートル
```

第2節　登記手続

持分3分の1　山田太郎所有分

2　登記の原因となる事実又は法律行為
　⑴　銀座山町内会は権利能力なき社団であるため，本件不動産を取得し
　　た際，3分の1の持分に関しては，代表者の一人である山田太郎の持
　　分の名義として所有権移転登記をした（昭和○○年○月○日受付第123
　　号）。
　⑵　代表者山田太郎は，平成30年3月30日に死亡した。
　　　なお，山田太郎の相続人は，山田一郎と山本花子のみである。
　⑶　平成30年4月30日，銀座山町内会は総会を開催し，山田太郎の後任
　　の新代表者として川上研一が選任され，同日，川上研一は，銀座山町
　　内会の新代表者に就任することを承諾した。
　⑸　よって，平成30年4月30日委任の終了による持分3分の1全部の名
　　義は山田太郎から川上研一への持分移転登記を申請する。

平成30年4月30日　　○○地方法務局○○支局

　上記の登記原因のとおり相違ありません。

　　　　　　　権利者　　　○○県○○郡○○町銀座山2番地
　　　　　　　　　　　　　　　　　川　上　研　一　㊞
　　　　　　　義務者　　　○○県○○郡○○町銀座山1番地
　　　　　　　　　　　　　　　　　山　田　太　郎
　　　　　　　　　　　　○○県○○郡○○町銀座山1番地
　　　　　　　　　　　亡山田太郎相続人　山　田　一　郎　㊞
　　　　　　　　　　　　○○県○○郡○○町銀座山10番地
　　　　　　　　　　　亡山田太郎相続人　山　本　花　子　㊞

《例6　登記申請書─数名の代表者登記名義人の場合に1名の代表者が死亡》

登　記　申　請　書

登記の目的　　　　山田太郎持分全部移転

原　　　因　　　　平成30年4月30日委任の終了

2　代表者の変更登記

権　利　者　　　　○○県○○郡○○町銀座山2番地
　　　　　　　　　　　　持分3分の1　　　川　上　研　一

義　務　者　　　　○○県○○郡○○町銀座山1番地
　　　　　　　　　　　亡山田太郎相続人　山　田　一　郎
　　　　　　　　　　○○県○○郡○○町銀座山10番地
　　　　　　　　　　　亡山田太郎相続人　山　本　花　子

添付書類　　　　　登記原因証明情報　　登記済証　　印鑑証明書
　　　　　　　　　相続証明書　　住所証明書　　代理権限証書

平成30年4月31日申請　○○地方法務局○○支局

代　理　人　　　　○○県○○郡○○町渋谷1番地
　　　　　　　　　　　司法書士　　○　○　○　○
　　　　　　　　　　　連絡先電話番号　○○○○-○○-○○○○

課税価格　　　　　金3,300円

登録免許税　　　　金1,000円
　　　　　　　　　（租税特別措置法72条）

不動産の表示
　　不動産番号　　1234567890123
　　所　　　在　　○○郡○○町銀座山字青山
　　地　　　番　　123番
　　地　　　目　　山　　林
　　地　　　積　　100平方メートル

⑪　代表者の変更に関する実務的疑問点

　代表者の変更に関して，様々な場合の対応法について先例等も出ている。

第3編　「権利能力なき社団」について

実務上のポイント

こんな場合の「登記の目的」は

○代表者がAからBに，又はAからB・Cに交代した場合の登記目的は「所有権移転」である（昭41・4・18民事甲1126号民事局長電報回答）。

○代表者がAからA・Bに交代した場合の登記目的は「所有権一部移転」である（昭53・2・22民三1102号民事局長回答）。

○代表者がA・BからAに，又はA・BからA・Cに交代した場合の登記目的は「B持分全部移転」とする（登研546号153頁）。

○代表者がA・BからCに，A・BからC・Dに交代した場合の登記目的は「共有者全員持分全部移転」とする（登研546号153頁）。

○代表者がA・BからA・B・Cに交代した場合の登記目的は「A持分一部移転」又は「B持分一部移転」又は「A持分何分の何，B持分何分の何移転」である（登研546号153頁）。

○代表者がA・B・CからAに交代した場合の登記目的は「B，C持分全部移転」である（昭41・4・18民事甲1126号民事局長電報回答）。

こんな場合の「登記原因」は

○権利能力のない社団の不動産について，登記名義人が数名の代表者A，B，C 3名の共有であるところ，そのうちの一人A単独の名義とした場合，B，C持分全部移転による登記申請の登記原因は「委任の終了」とする（昭41・4・18民事甲1126号民事局長電報回答）。

➡ 登記そのものの目的は，B・C持分をAに所有権移転登記する「B，C持分全部移転」である。

○代表者がAからA・Bに交代した場合の登記原因は「委任の終了」であり，登記目的は「所有権一部移転」である（昭53・2・22民三1102号民事局長回答）。

➡ この先例は，登記官からの「Aは代表者として終了するわけではなく，引き続き代表者なので登記原因としては『委任の変更』がいいのではないか」という問合せに関する回答である。

➡ 法務省では，様々な場合があるが，「委任の終了」以外の複数の登記原因を用いると登記実務では混乱するということを心配して，「委任の終了」に統一したと推測されている。

➡ 解釈としては，この場合「Aの単独の登記名義人としての任務が終了したとみなす」とされている。

2　代表者の変更登記

こんな場合の「原因日付」は
　代表者がＡ・ＢからＡに交代した場合の原因日付は「Ｂが退任した日」である。登記原因は，「委任の終了」である。

所有地が農地だった場合
　「権利能力なき社団（法人格のない社団）」が所有する農地について，「権利能力なき社団（法人格のない社団）」の代表者の変更に伴う「委任の終了」を登記原因とする所有権移転登記の申請の場合は，「権利能力なき社団（法人格のない社団）」の代表者個人名で登記されていても，実体上の権利者は「権利能力なき社団」構成員全員であり物権の変動は生じないことから，農地法3条の許可書は不要である（昭58・5・11民三2983号民事第三課長回答）。

ポイントチェック

農地法の許可の代わりに代表者変更を利用すべきではない
　農地に関して売買を行う場合，農地法の許可が取れないからと，「権利能力なき社団」の代表者の交代と偽って，所有権移転登記を申請することがあるらしい。もちろん，これは脱法行為であり，行うべきものではない。

実務上のポイント

■Q14　代表者の個人名義で表題登記のみがされている場合は。

【回　答】
　所有権の登記を行うには，基本的に，表題部の所有者である代表者等の保存登記を行う。また，表題部の所有者がすでに死亡している場合は，死亡者の名義で保存登記を行った後，現在の代表者への移転登記を行う。

○現在の代表者の個人名義で表題部登記のみがされている場合の保存登記
　例7参照。
○死亡した代表者の個人名義で表題部登記のみがされている登記を，現在の所有者の所有者名義にする場合
　例8参照。

第2節　登記手続

■Q15　代表者の変更登記に旧代表者が協力しない場合は。

【回　答】

　旧代表者を被告とし，「所有権移転登記手続をせよ」と，裁判所に訴えを提起することになる。この場合，「権利能力なき社団」の名称では登記できないため，新代表者へ「委任の終了」を登記原因として所有権移転登記する旨を求めることになるが，原告が，新代表者なのか，権利能力なき団体なのか問題になる。

　また，権利能力なき社団の代表者が原告として提訴することは認められている（最二小判昭47・6・2民集26巻5号957頁参照）。

　近年，「権利能力なき社団は，構成員全員に総有的に帰属する不動産について，その所有権の登記名義人に対し，当該社団の代表者の個人名義に所有権移転登記手続をすることを求める訴訟の原告適格を有する（最一小判平26・2・27民集68巻2号192頁），として権利能力なき社団にも原告になることを認められている。

《例7　登記申請書─現在の代表者の個人名義で表題登記のみがされている場合の保存登記》

登 記 申 請 書

登記の目的　　　　　所有権保存

所　有　者　　　　　○○県○○郡○○町銀座山2番地

　　　　　　　　　　　　　　　　　川　上　研　一

添付書類　　　　　　住所証明書　　代理権限証書

平成30年4月31日申請　法74条1項1号申請　　○○地方法務局○○支局

代　理　人　　　　　○○県○○郡○○町渋谷1番地

　　　　　　　　　　　　　　　司法書士　　○　○　○　○

　　　　　　　　　　　　　　　連絡先電話番号　○○○○-○○-○○○○

課税価格　　　　　　金10,000円

2 代表者の変更登記

```
登録免許税        金1,000円

不動産の表示
    不動産番号      1234567890123
    所    在      ○○郡○○町銀座山字青山
    地    番      123番
    地    目      山　林
    地    積      100平方メートル
```

《例8　登記申請書（1件目）─死亡した代表者の個人名義で表題部登記の
みがされている登記を，現在の所有者の所有者名義にする場合》

登 記 申 請 書

```
登記の目的        所有権保存

所 有 者        ○○県○○郡○○町銀座山1番地
                        亡 山 田 太 郎

申 請 人        ○○県○○郡○○町銀座山1番地
                 亡山田太郎相続人　山 田 一 郎
                 ○○県○○郡○○町銀座山10番地
                 亡山田太郎相続人　山 本 花 子

添付書類         住所証明情報　　相続証明情報　　代理権限証書

平成30年4月31日申請　法74条1項1号申請　○○地方法務局○○支局

代 理 人        ○○県○○郡○○町渋谷1番地
                    司法書士　　○　○　○　○
                    連絡先電話番号　○○○○-○○-○○○○

課税価格         金10,000円

登録免許税        金1,000円
```

第3編　[権利能力なき社団] について

87

第2節　登記手続

```
不動産の表示
    不動産番号    1234567890123
    所　　　在    ○○郡○○町銀座山字青山
    地　　　番    123番
    地　　　目    山　　林
    地　　　積    100平方メートル
```

[2件目]

```
                   登　記　申　請　書

登記の目的        所有権移転

原　　　因        平成30年4月30日委任の終了

権　利　者        ○○県○○郡○○町銀座山2番地
                            川　上　研　一

義　務　者        ○○県○○郡○○町銀座山1番地
                      亡山田太郎相続人　山　田　一　郎
                  ○○県○○郡○○町銀座山10番地
                      亡山田太郎相続人　山　本　花　子

添付書類          登記原因証明情報　　登記済証　　印鑑証明書
                  相続証明書　　住所証明書　　代理権限証書

平成30年4月31日申請　　○○地方法務局○○支局

代　理　人        ○○県○○郡○○町渋谷1番地
                      司法書士　　○　○　○　○
                      連絡先電話番号　○○○○-○○-○○○○

課税価格          金10,000円

登録免許税        金1,000円
```

（租税特別措置法72条）

不動産の表示
　　不動産番号　　　1234567890123
　　所　　在　　　　○○郡○○町銀座山字青山
　　地　　番　　　　123番
　　地　　目　　　　山　　林
　　地　　積　　　　100平方メートル

⑿　相続登記はできるか

　代表者の変更により「委任の終了」の登記原因による所有権移転登記がされている場合は，通常，個人名義で登記されているが，実際は権利能力なき社団所有の不動産であると推測できる。

　そのため，この不動産に対して登記名義人の死亡による相続登記が申請された場合，法務局としては，受理できるかという問題がある。

　この扱いについて，時代と共に法務省の見解が変化している。本来受理すべきではないが，場合によっては受理すべき場合もある。ただその判断が申請書から読み取ることができないので，受理せざるを得ないということになる。

㈠　登研459号98頁

　権利能力なき社団の代表者名義で登記されている不動産につき，代表者の交替による所有権移転登記がされている場合，当該不動産は実質的には権利能力なき社団の所有に属すると推定されるので，当該不動産につき相続を原因とする所有権移転登記は原則として受理すべきでない。

➡　「権利能力なき社団」の所有不動産であれば，そもそも相続登記をすることは，手続上間違っているので，相続登記を受けるべきではないという考え方である。

㈡　登研572号75頁

　当該不動産を代表者個人のものとした可能性もあり，その場合，例えば代表者AからAへの所有権移転登記はすることができないので，結局相続登記が申請されれば受理せざるを得ない。

第3編　「権利能力なき社団」について

第2節　登記手続

➡説明が簡略的なため分かりにくいが，次のような場合受理してもおか
しくないため，その場合に当てはまるかどうかは法務局では判断でき
ないので，受理せざるを得ないと述べている。

○代表者A名義に登記された「権利能力なき社団」所有の不動産を売買
等でA個人に移転した場合，登記簿上の名義がAから売買等でAに移
転ということになるが，AからAに移転することは登記制度上できな
い。その後，Aが死亡しBが相続することがおこったとすると，その
動きを登記するためには，元々A名義の登記簿にいきなりA死亡によ
りBに移転する登記を申請することになる。

よって，A名義の不動産が，実質「権利能力なき社団」所有の不動産
と推測されても，Aの相続登記が申請された場合，おかしくない場合も
あり得る（権利能力なき社団が所有していた不動産が，実態としてA所有の不動産
に変更された場合もあり得る）ので，申請を受理しないわけにはいかないと
いうことである。

⒀　相続登記がされているとき

「権利能力なき社団」の所有であると推定される不動産に関して，代
表者の交代による所有権移転登記をする場合，前提として相続登記がさ
れているときは，相続登記が間違いの登記であるので，相続登記を抹消
した後に代表者移転の登記をする必要がある。

実務上のポイント

**「権利能力なき社団」所有の不動産に相続登記がされている場合，新代表者
が就任したら**

○「法人格のない社団」（権利能力なき社団）の代表者名義で登記されていた
不動産について，代表者が死亡したことにより相続人名義に相続登記がさ
れている場合，相続開始後に新代表者が就任したときは，相続登記を抹消
した後，死亡した旧代表者が登記義務者，新代表者が登記権利者となって
「委任の終了」を登記原因として所有権移転の登記を申請すべきである（登
研518号116頁）。

○「権利能力なき社団」の代表者名義で登記されている不動産につき，当該

> 代表者を被相続人とする相続登記がされている場合，代表者の交代による所有権移転登記をするためには，前提として相続登記に対して所有権抹消登記をするのが相当である（登研550号181頁）。
> ○代表者の個人財産だと思って相続を原因とする登記がされたものを「権利能力なき社団」の新代表者名義とするには，まず相続登記の抹消を申請するが，申請者は，旧代表者の相続人全員が登記義務者，新代表者が登記権利者となって申請する（平3・4・2民三2246号（民三2245）民事局長通達（回答））。

 実務上のポイント

相続登記がされている場合のその後の登記手続の違いに注意

相続による所有権移転登記がされている場合のその後の処理において，相続登記の扱いが異なるので注意が必要である。

○相続登記がされており，その後新代表者が就任した場合

前記登記研究（登研518号116頁）の回答のように，①相続登記を抹消した後，②新代表者への「委任の終了」による移転登記を行う。

○相続登記がされており，その後認可地縁団体への認可を受け，法人になった場合

町内会等地縁団体の「権利能力なき社団」が所有している不動産に相続登記がされており，その後，「権利能力なき社団」が地縁団体に認可され法人になった場合の登記手続としては，相続登記を抹消する必要はない。

しかし，所有者は「認可地縁団体」なので，相続人が義務者，「認可地縁団体」が権利者として，「委任の終了」を登記原因として，「認可地縁団体」への所有権移転登記を行う。

相続登記をすべきかよく確認せざるを得ない

司法書士として相続登記を依頼されるときは，被相続人が所有している不動産を調べるのが先決である。その結果，地方だと被相続人の単独所有不動産以外に，何人かでの共有の不動産も多い。

その場合は，相続人に「共有の不動産に関しては被相続人個人の所有物ではなく，地区や地域の所有物件で被相続人は名前を貸してあるだけかもしれ

ないから，詳しい年長者に確認したほうがいい。」とアドバイスする。

そのすると，相続人から，「年寄りに聞いたら，これは地域の持ち物だといわれた」と回答されることも多い。そうすると，「被相続人の相続する物件ではないから，地域の方と相談したほうがいい。」と告げることも多い。

所有者を間違えて相続することは避けるべきであるし，今後，相続登記未登記不動産と指摘されれば，間違えることも増えるだろうから，所有者が誰か，確認することがより重要になるだろう。

実務上のポイント

■Q16　相続登記を抹消する登記の手続は。

【回　答】

　相続による所有権移転登記の抹消登記は，被相続人を登記権利者（実際には真実の相続人が申請する。），相続登記の名義人を登記義務者として共同で申請する（登研333号70頁）。

➡「権利能力なき社団」所有の不動産にあてはめると，「権利能力なき社団」の代表者が権利者，相続登記の名義人が登記義務者として共同で申請する。

　上記の場合は相続人は登記義務者であるので，全員の協力が必要であるが，相続人が登記権利者の場合は，相続人の全員でなく一部であっても共有物の保存行為として登記申請は可能になる（登研427号99頁）。このあたりは混乱しないようにしたい。

　コラム

構成員の変更の場合はどうするか

　「権利能力なき社団」所有の不動産に関しては，代表者又は構成員全員が登記名義人になるといわれている。

　その場合，代表者が交代した場合に関しては，様々な先例等が出ているが，構成員の一部交代については，先例や登記関係の書物に手続の説明が見つからないように思われる。

　現実に，構成員の一部交代による登記を行う場合は，登記原因は「委任の終了」，原因日付は新たな構成員が「権利能力なき社団の構成員になった日

付」，登記原因証明は「構成員が一部交代した旨」を記載すれば，問題ない
と思われる。

　つまり，代表者の交代と同じような趣旨で行えば登記手続は完了すると思
われる。

相続登記がされていれば相続登記を抹消すべきではあるが，実務的にできるのだろうか

　実際に，登記簿を見てみると，本来「権利能力なき社団」の所有であるだ
ろうと思われるのに，相続登記が行われているものが多い。このような不動
産において，登記手続を頼まれることもあるが，依頼人が望むのは相続登記
であることが大半である。当然，「権利能力なき社団」や「委任の終了」を
依頼者は知ってはいない。しかし，現在の司法書士として，行うべきではな
い相続登記を行うべきであろうか。

　もちろん，「権利能力なき社団」の所有物件であることを分かっていなが
ら，相続登記を行うことはできないが，「委任の終了」ができるかとなると
悩んでしまうのが現実である。

　方法としては，前記の登記研究の見解として，相続登記を抹消すべき（登
研518号116頁）と説いているが，何十年も前の相続登記を抹消することが簡
単にできるであろうか。実際には，相続人の協力をもらうことに時間・手間
が掛かり，実現する可能性が少ないともいえる。そうであれば，どう対応す
べきであろうか。

　その点では，法務局によっては，登記が混乱しないような方法をとってい
る場合もあるので，法務局と相談の上，登記を行ってほしい。

　ある法務局では，次の要件を満たせば，相続登記を抹消しなくても「委任
の終了」による所有権移転を受け付けている場合もある。

　①　対象不動産は，実質的に権利能力なき社団の所有であること

　②　相続人である登記名義人が権利能力なき社団の代表者の一人であるこ
　　と

　③　登記名義人である相続人が代表者を辞任する等で新しい代表者に「委
　　任の終了」で所有権移転すること

　このような対策でもとらないと，現実に登記ができず，所有者不明問題の
ように，登記の混乱を増大するからである。

第2節　登記手続

　また，地縁団体であれば法人化することも考慮できるが，地縁団体でない
場合も多く，法人化の対応も現実の対応として難しいこともある。

⑭　**代表者の変更登記に関する問題点**

　　今まで様々な代表者の変更登記に関して伝えてきたが，この登記方法
には，どうしても次の問題点が生じてしまう。

①　不動産の実質的な所有者は「権利能力なき社団」であるが，登記簿
　　上の登記名義が代表者等の名義であるため，代表者等個人の所有物で
　　あると混同されることが多い。これにより，代表者等の相続人が勘違
　　いしてしまうことがかなり多い。

②　代表者等の交代の度に所有権移転登記を行うことが必要になり，手
　　続の面倒さ，経費，税金的な費用も掛かってしまう。特に代表者等の
　　死亡による交代の場合は，相続人全員の協力が必要であり，手続を行
　　うことはかなり大変である。

③　代表者等の交代による所有権移転登記を長年行っていない場合に，
　　登記を行おうとすると，相続人の数が多くなり，登記申請人を探す，
　　協力を得ることが多大な手間が掛かり，現実に登記を行えないことも
　　生じてしまう。

⑮　**問題点を解決するための実務的方法**

　　上記で述べたように，代表者等の交代による所有権移転登記を行うに
は，苦労が伴うことになる。このような苦労を減らすための一般的な対
応策として次のような方法が考えられる。

①　代表者等の交代により，登記名義人になる者には，不動産に関して
　　はあくまで「権利能力なき社団」の所有物であり，登記名義人個人の
　　所有物ではないことをよく理解してもらい，そのことについて念書等
　　を作成しておく。

②　共有者全員の共有物であることは，できるだけ避け，代表者への登
　　記名義に変更し，共有者の人数を減らす登記を行っていく。

③　代表者の数が多い場合は，なるべく登記名義人になる代表者を減ら
　　すように，少ない代表者への登記名義に変更していく。

④　登記名義人になる代表者自身もなるべく若い年齢の代表者にする。

⑤　法人格を得て，法人としての登記名義に変更する。町内会等を法人である「認可地縁団体」にする方法は第4編を参照。

3　権利能力なき社団が売買等を行った場合

(1)　概　要

　　権利能力なき社団が所有している不動産を売却したり，不動産を購入することは可能であり，登記手続としては売買による所有権移転登記を行い，通常の売買と変わらない。

　　ただ，登記名義が代表者又は構成員全員の共有のため，申請人，登記原因証明情報など通常の売買と異なる部分もある。

(2)　権利能力なき社団が不動産を売却する基本手続

　　「権利能力なき社団」が所有している不動産を他人に売り渡した場合，売買契約自体は，「権利能力なき社団」が買主に売却したという旨で行うが，登記手続自体は，登記名義人が買主と売買をしたという旨の所有権移転登記になる。

　　なお，通常の売買による所有権移転登記手続と異なる部分のみ説明する。

(ア)　義務者

　　実質的な売主は，「権利能力なき社団」であるが，登記名義人は，代表者又は構成員全員であるため，登記名義人が，義務者である。

　　なお，代表者又は構成員全員が，「権利能力なき社団」の代表者又は構成員全員であることを証する情報を提出する必要はない。

(イ)　添付書類への署名・押印

　　登記名義人である代表者又は構成員全員が，個人として署名し，個人の印鑑で押印する。

(ウ)　添付情報—登記原因証明情報

　　売主は，あくまで「権利能力なき社団」である。売買は「権利能力なき社団」が行ったが，代表者又は構成員全員が登記名義人であるため，登記申請人は，登記名義人である。登記名義人個人が売買契約を行った

第2節　登記手続

旨を記載すると，虚偽の登記になりかねないので注意したい。

① 登記名義人が，通常の個人ではなく，権利能力なき社団の代表者
又は構成員全員であり，売却する不動産が登記名義人個人の所有物
ではなく，「権利能力なき社団」の所有物件であることを記載する。
② 売主が，個人ではなく，「権利能力なき社団」であることを明記
する。
③ 不動産を売却することに関して，「権利能力なき社団」が会議等
で決定したことを記載する。ただし，会議等の議事録は不要である。

《例9　登記原因証明書―権利能力なき社団が売買等を行った場合》

（略）
2　登記の原因となる事実又は法律事項
⑴　本件不動産の登記名義人渋谷太郎は，権利能力なき社団「渋谷同好
会」の代表者であり，本件不動産の実体的所有者は権利能力なき社団
「渋谷同好会」である。
⑵　平成30年12月20日，権利能力なき社団「渋谷同好会」では，本件不
動産を民間太郎に売却することに関して会議を開き議決した。
⑶　民間太郎と権利能力なき社団「渋谷同好会」は，平成30年12月25日，
上記不動産の表示に記載した不動産の売買契約を締結した。
⑷　よって，上記不動産の表示に記載した不動産の所有権は，同日，権
利能力なき社団「渋谷同好会」から民間太郎に移転した。
⑸　なお，本件不動産の登記名義人は渋谷太郎であるため，渋谷太郎が，
登記名義人として登記手続を行う。

㈍　添付情報―登記識別情報又は登記済証
登記名義人である代表者又は構成員全員が所有する本件不動産の登記
識別情報又は登記済証を使用する。
㈎　添付書類―印鑑証明書
登記名義人である代表者又は構成員全員が個人の印鑑証明書を添付す
る。

3 権利能力なき社団が売買等を行った場合

原因を示すために、代表者個人が売主になっている契約書でもいいか

「権利能力なき社団」に関する登記手続は、「権利能力なき社団」自体が登記名義人にできなかったり、所有形態が「総有」であるのに、登記形式としては構成員の「共有」形態になるなど、不動産登記制度の基本から外れた、特殊な例が多い。

そのためか、登記に関する書籍でも内容が正しいのか疑問になる点もそれなりに存在する。

法人化研究会『法人格なき社団の実務』（新日本法規出版、1988年）では、当時の添付書類であった「原因証書」に関して、「代表者個人が売主となっている売買契約書あるいは売買証書」と説明している。

これは、何を意味しているのであろうか。「権利能力なき社団」所有の不動産であっても、登記名義人が代表者又は構成員全員であるため、売買契約そのものを「権利能力なき社団」で行わず、形式的に登記名義人である代表者又は構成員全員が契約者として行うことが多いことを反映しているのであろうか。

現在でも、代表者個人が売主である契約書等でもかまわないのであろうか。本来は、代表者個人の売買ではなく、権利能力なき社団自体の売買であるので、代表者個人の売買契約書ではおかしいのではないかという疑問が生じてくる。平成16年以前の不動産登記法の時代では問題にならなかったのだろうか。現在の不動産登記法では、登記名義人が権利能力なき社団の代表者又は構成員全員ということを登記原因証明情報に記載すれば問題にならないと思われるが。

前記の本には、"法人格なき社団の売買の意思を証する書面"も必要とする見解（江淵武彦「非法人団体資産の登記と「委任の終了」（下）」（登研509号20頁））もあるので、従来から、代表者個人の売買契約書等では問題があるという意見もあったようである。

(3) 権利能力なき社団が不動産を購入する基本手続

「権利能力なき社団」が不動産を購入する場合、売買契約自体は、「権利能力なき社団」が買主と売買契約をしたという旨で行うが、登記手続

第2節　登記手続

自体は，登記名義人が買主と売買をしたという旨の所有権移転登記になる。

　なお，通常の売買による所有権移転登記手続と異なる部分のみ説明する。

(ア)　権利者

　実質的な買主は，「権利能力なき社団」であるが，登記名義人は，代表者又は構成員全員になるため，登記名義人になる者が，権利者である。

　なお，代表者又は構成員全員が，「権利能力なき社団」の代表者又は構成員全員であることを証する情報を提出する必要はない。

(イ)　添付書類への署名・押印

　登記名義人になる代表者又は構成員全員が，個人として署名し，個人の印鑑で押印する。

(ウ)　添付情報—登記原因証明情報

　買主は，あくまで「権利能力なき社団」であるため，売買は「権利能力なき社団」が行ったが，代表者又は構成員全員が登記名義人になることを記載する。

① 買主が，個人ではなく，「権利能力なき社団」であることを明記する。
② 「権利能力なき社団」自体が登記名義人になれないため，誰を登記名義人にするかを明記する。
③ 「権利能力なき社団」が不動産を買い受ける件について，会議等で決議した議事録等は不要である。

《例10　登記原因証明情報—権利能力なき社団が不動産を購入した場合》

　(略)
2　登記の原因となる事実又は法律事項
　(1)　民間太郎と権利能力なき社団「渋谷同好会」は，平成30年12月20日，上記不動産の表示に記載した不動産の売買契約を締結した。
　(2)　売買契約には，所有権の移転の時期について，権利能力なき社団

「渋谷同好会」が売買代金を支払い，民間太郎が受領した時に所有権
が移転する旨の特約が付されている。
(3)　平成30年12月24日，権利能力なき社団「渋谷同好会」は売買代金を
支払い，民間太郎はこれを受領した。
(4)　よって，上記不動産の表示に記載した不動産の所有権は，同日，民
間太郎から権利能力なき社団「渋谷同好会」に移転した。
(5)　なお，不動産登記制度において，権利能力なき社団そのものを登記
名義人にすることができない。そのため，権利能力なき社団「渋谷同
好会」の代表者である○○県○○市渋谷123番地　渋谷一郎を買主で
ある権利者として登記名義人にする。

(エ)　添付情報—住所証明書

　　登記名義人になる代表者又は構成員全員の個人の住民票等を添付する。

(4)　**権利能力なき社団が不動産を売却する特別な場合の手続**

　　「権利能力なき社団」が実質的所有者である場合，不動産を売ったと
きの特別なケースでの手続を紹介する。

①　**第三者に所有権を譲渡したが，登記名義はまだ旧代表者名義の場合**

　　権利能力なき社団の旧代表者名義で登記されている不動産につき，旧
代表者の死亡後，当該社団が第三者にその所有権を譲渡した場合，いっ
たん旧代表者から現在の新代表者名義に所有権移転登記をしてから第三
者名義に所有権移転登記をするべきである（平2・3・28民三1147号民事第
三課長回答・登研510号199頁）。

➡旧代表者又は旧代表者の相続人と第三者が申請人となって第三者への
所有権移転登記をすることは，一種の中間省略登記になるので，認め
られない。

②　**権利能力なき社団から不動産を譲り受けたが，表題部の共有者が死
亡している場合，保存登記をするには**

　　権利能力なき社団に属する土地について，社団名義で登記ができない
ために，その登記簿の表題部に社団の構成員（いずれも故人）が共有者と
して記録されている場合に，権利能力なき社団から当該土地を買い受け
た買主は，共有名義人の相続人らを被告とする所有権確認の判決に基づ

第3編　「権利能力なき社団」について

き，自己名義の所有権保存登記をすることができる（平2・3・28民三1147号民事第三課長回答・登研510号199頁）。

(5) **権能なき社団が不動産を購入する特別な場合の手続**

「権利能力なき社団」が不動産を買ったときの特別なケースでの手続を紹介する。

◎　数十年前に不動産を購入したが，登記を行っていない場合

例えば，権利能力なき社団「渋谷同窓会」が，数十年前に不動産を甲から購入したが，現在も売買登記を行っていないので登記を行いたい場合は，どうすべきであろうか。

このような場合は，売買契約の当時の「権利能力なき社団」の代表者は，すでに死亡している場合が多い。売買契約当時の代表者がA，現在の代表者がBであるとし，Aの相続人はCのみとする。

代表者を登記名義人にする登記方法としては，最初，甲からAへの売買による所有権移転登記，次にAからBへの委任の終了による所有権移転登記をすべきである。

売買日付を現在にして，甲からBへの売買による所有権移転登記を行うと，虚偽の登記と問われる可能性があると思われる。

《例11　数十年前に不動産を購入した場合の所有権移転登記》

■1件目—甲からAへの売買による所有権移転登記

```
登記の目的　所有権移転
原　　因　昭和60年1月31日売買
権　利　者　○○県◇◇市△△町12番地　（※Aの住所）
　　　　　　　（亡）A
　　　　　　　○○県◇◇市……　（※Aの相続人Cの住所）
　　　　　　　上記相続人　C
義　務　者　○○県◇◇市□□町56番地
　　　　　　　甲
```

※申請人は，売主甲とAの相続人C

3　権利能力なき社団が売買等を行った場合

■2件目―AからBへの委任の終了による所有権移転登記

```
登記の目的　所有権移転
原　　　因　平成10年4月1日委任の終了
権　利　者　○○県◇◇市◇◇町78番地
　　　　　　　　B
義　務　者　○○県◇◇市……　（※Aの相続人Cの住所）
　　　　　　亡A相続人　C
```

※申請人は，Aの相続人Cと現在の代表者B

実務上のポイント

■Q17　農地を購入したが，農地法の許可書の記名に問題がないか。

【回　答】

　「権利能力なき社団」であっても農地を購入する場合は，登記申請には，添付情報として農地法の許可書が必要になる。

　ただ，現実問題として，「権利能力なき社団」が登記名義人になれないため，農地法の許可書には，どのように記載してもらうべきかが問題になる。

　実務的な取扱いとしては，農地の譲受人として，農地法の許可書に「○○町内会　□□県◇◇市○○町12番地　農地太郎」というように，登記名義人になる代表者の住所と氏名が記載され，それが，登記名義人になる代表者の住所・氏名と同一であれば，代表者の個人名義で登記ができるとされている。

　つまり，現実には代表者の個人名義で登記するため，農地法の許可者の譲受人と登記権利者の同一性について，申請書に添付した登記権利者の住所を証する情報（不登令別表30の項添付情報欄ロ）により確認できればかまわないとされている。

　なお，実際に農地法の許可が問題ないかは，事前に法務局に相談することをお薦めする。

第2節　登記手続

コラム

会社設立のため定款認証を受けたが，設立登記未了の状態で不動産を購入できるか

会社を設立する場合，会社は登記が完了して初めて法人となるため，設立準備中の会社は，団体としては権利能力なき社団の状態である。この状態で不動産を購入できるだろうか。購入したら登記名義はどうすべきなのだろうかという疑問がわいてくる。

設立すれば法人の会社になるため，会社法も考慮して考えると，会社設立後，不動産の購入をしたほうが手続的にはよさそうである。

理由としては，次のことがいえる。

(1) 株式会社の成立後2年以内において，その事業のために継続して使用するものとして不動産を取得する場合には，原則として，株主総会の決議によって，当該不動産の売買契約の承認を受けなければならない（会社467条1項5号）。

(2) いわゆる「変態設立事項」の一つである「財産引受」（会社28条2号）の規制があり，株式会社の成立後に譲り受けることを約した財産等については，定款の記載事項とされている。

(3) 会社設立自体に必要な行為のほかは，発起人において開業準備行為といえどもこれをなしえず，ただ原始定款に記載されその他厳重な法定要件を満たした財産引受のみが例外的に許されるものと解されている（最三小判昭38・12・24民集17・12・1744）。「その他厳重な法定要件」としては，検査役の調査（会社33条）である。

第4編
「権利能力なき社団」である「地縁団体」を法人の「認可地縁団体」にする

第1節　「認可地縁団体」とは―「町内会」,「自治会」を法人にする
　　　　と

1　「町内会」等を「権利能力なき社団」のままにしておくと

(1)　「町内会」等が「権利能力なき社団」のままなら

　　一定の地域住民で構成するいわゆる「町内会」や「自治会」は,法律
的には「権利能力なき社団」であり法人ではないため,「町内会」や
「自治会」の所有不動産であっても,「町内会」や「自治会」の名義では
登記できない。そのため,多くの「町内会」や「自治会」が所有する不
動産は代表者等の名義で登記せざるを得ないのが現状である。

　　しかし,代表者等の名義にせざるを得ないことにより,代表者個人等
の所有不動産と区別がつかないため,従来から様々な弊害や不便が生じ
てきた。

実務上のポイント

戦前・戦時中には,法人であった場合も
　町内会や自治会が,現在,法人でないといっても,戦前・戦時中に法人で
あった時代もある。本編では,そのことは省略して説明している。その当時
所有していた不動産等の所有権については,第5編第7節で説明する。

(2)　**登記名義上の具体的問題点**

　　「町内会」や「自治会」の名義で登記できず,代表者等の名義や構成
員の共同名義で登記されることにより,具体的には以下のような問題が
生じることが多い。例えば,実質的に「町内会」や「自治会」の所有す
る不動産であるのに,代表者等の登記名義であるため,代表者等の個人

第1節 「認可地縁団体」とは――「町内会」,「自治会」を法人にすると

的財産であると間違えられ,次のようなことが起こっている。

A　代表者の個人財産と間違えられて

①　登記名義人である代表者等が死亡した場合,間違って代表者等の相続人への相続登記がされてしまう。

②　代表者等の相続人が,相続人の財産であると誤解して,「町内会」等と所有権を争う。

③　代表者等の債権者が,不動産を差し押さえ競売してしまう。

　また,代表者等の個人財産であると誤解されていなくても,次のような手続が困難さを生んでいる。

B　代表者の個人財産と間違えられなくても

①　代表者等が交代するたびに登記手続を行う必要があるため,手間が掛かり経費も掛かる。

②　代表者等が死亡した場合は,代表者等の相続人全員が登記手続に協力する必要がある。

③　代表者が死亡しても長年代表者の変更登記が行われていない場合には,登記手続に協力が必要な相続人を探し,協力を得ることが困難になり,登記手続を行えない場合がある。

(3)　国の対策

　上記のような問題が全国に存在するため,平成3年に地方自治法が改正され（平成3年4月2日施行）,地方自治法260条の2の規定に基づき,いわゆる「町内会」や「自治会」である「地縁団体」が市町村長の認可を受けることにより,法人格を取得することが認められ,「認可地縁団体」という法人になることができるようになった。「認可地縁団体」になると法人である「認可地縁団体」の名称で登記名義人になることができる。

地方自治法

第260条の2
1　町又は字の区域その他市町村内の一定の区域に住所を有する者の地縁に基づいて形成された団体（以下本条において「地縁による団体」という。）

は，地域的な共同活動のための不動産又は不動産に関する権利等を保有するため市町村長の認可を受けたときは，その規約に定める目的の範囲内において，権利を有し，義務を負う。
（2以下，略）

 本書について

「認可地縁団体」に関するQ&Aについて

　「認可地縁団体」は，市町村長が認可することにより誕生するため，ほとんどの市町村では，手続等をホームページで紹介している。その中には，理解するためのQ&Aを掲載している市町村も存在する。本書では，「認可地縁団体」を理解するために参考になる市町村のQ&Aを参照して説明する。ただ，市町村により回答が違うわけではないので，どの市町村の回答とは特定せず，参照先として「(市町村回答)」と記載しておく。

2　法人である「認可地縁団体」とは

(1)　「認可地縁団体」制度の目的とは

　「認可地縁団体」とは何か，を説明する前に理解してもらいたいのは，なぜ「認可地縁団体」の制度ができ，何のために「認可地縁団体」制度があるかである。これを理解しないと，真の目的が伝わらない可能性があるからである。

　「認可地縁制度」ができたのは，「町内会」や「自治会」が現在の制度では法人ではないため，「町内会」や「自治会」の名称で所有不動産の登記名義人になれなかったためである。その問題点を解決し，「町内会」や「自治会」の名称で，所有不動産の所有者として登記できるようにするために作った仕組みが「認可地縁団体」の制度である。

　違う言い方をすれば，本質的には，地方自治法改正は地方自治の仕組みを変える制度ではあるが，あくまで不動産登記の登記名義人のための改正である。

　実質，不動産登記の名義人のためであるため，あくまで，前提として「町内会」や「自治会」が不動産を持っている場合，あるいはこれから

第1節 「認可地縁団体」とは―「町内会」,「自治会」を法人にすると

不動産を所有する場合に利用する制度である。

そのため,現在,不動産を所有していない,今後所有する意思もない「町内会」や「自治会」が利用する制度ではない。そもそも不動産を所有していない,所有する予定でなければ法人化は認められない。

実務上のポイント

■Q18 地縁とは。

【回 答】

住んでいる土地,過去に縁のあった土地といったつながり合いのこと。町内会,向こう3軒両隣といった近隣住民の生活上の助合い,相互扶助のこと(市町村回答)。

(2) 「地縁団体」とは

地方自治法260条の2により法人格が与えられるのが条文上「地縁による団体」(地縁団体)であり,具体的には,いわゆる「町内会」や「自治会」のことである。

地縁による団体は「町又は字の区域その他市町村内の一定の区域に住所を有する者の地縁に基づいて形成された団体」(自治260条の2第1項)と定義されている。

この地縁団体が,市町村長に認可され法人になると「認可地縁団体」と呼ばれる。

(3) 「認可地縁団体」の特徴

地縁団体が認可され法人になった「認可地縁団体」には次のような特徴がある。

① 法人格を有しており,法律上,権利義務の主体になることができる。
② 認可により法人となり権利義務を取得したのであっても,住民によって任意的に組織された団体であることに変わりはない。
③ 法律上,公共法人ではなく,公共団体やその他行政組織の一部では

ない。

④ 認可地縁団体が行う活動について，市町村長が一般的監督権限は持っていない。

⑤ その区域に住所を有する個人の加入につき，正当な理由がない限り，拒むことはできない。

⑥ 民主的な運営の下に自主的な活動をするものとし，構成員に対し不当な差別的扱いをすることはできない。

⑦ 地縁団体の運営の在り方は，認可の前後により変わるものではない。

⑧ 特定政党のために利用することはできない。

⑨ 認可地縁団体そのものの登記は，法務局の法人登記として登記されるものではない。市町村に登録される。

(4) **認可されるための要件**

認可されるためには，四つの要件が法律上決まっている（自治260条の2第2項）。要件は次のとおりである。

① 一定の地域内で町内会等の組織を形成し，住民相互の連絡，環境の整備，集会施設の維持管理等良好な地域社会の維持及び形成に資する地域的な共同活動を行うことを目的とし，現にその活動を行っていると認められること（第1号，公益性）

地域的な活動とは，清掃・美化活動，防犯・防災活動，集会所の管理運営や親睦旅行など，一般的な区域の活動のことである。

認可に当たって，地縁団体の目的は規約により判断され，現に活動を行っているかは，総会に提出された事業報告書や収支決算書により判断される。

② その区域が住民にとって客観的に明らかなものとして定められていること（第2号，区域明確性）

区域は地縁団体が相当の期間にわたって存在している区域の現況によるものとされる。河川・道路等で区域が画されているなど，容易に区の区域・範囲が分かる状態である，という意味であり，他の自治会等と区域が重なる場合は調整して重ならないようにする必要がある。

第1節 「認可地縁団体」とは―「町内会」,「自治会」を法人にすると

③ その区域に住所を有する全ての個人は,構成員となるべきものとし,その相当数の者が構成員となっていること（第3号,住民参加性）

その区域に住む全ての人が加入できるという意味である。世帯を単位とすることは認められず,また区域に住所があること以外に,年齢・性別・国籍等の条件を付けてはいけない。

また,区域内に不動産を所有しているのみで住所を有していない者は構成員となることはできない。また区域内にある法人・団体は賛助会員になることはできる。

なお,「その相当数の者」とは,その区域の住民（町（内）会等に未加入の人を含む。）の2分の1以上としており,申請時に提出される構成員名簿により確認される。

④ 規約を定めていること（第4号）

(1)目的,(2)名称,(3)区域,(4)主たる事務所の所在地,(5)構成員の資格に関する事項,(6)代表者に関する事項,(7)会議に関する事項,(8)資産に関する事項,が定められている必要がある（同条3項）。認可を受ける場合には,上記8項目を全て含んだ規約を定める必要がある。

この項目以外に規約を定めることに関しては問題ないが,活動目的に政治目的,営利目的を含むものについては認められない。また,規約の名称についても特に制限はなく,「○○町内会規則」,「××自治会規程」等の名称でもかまわない。

実務上のポイント

認可地縁団体の要件は,最も重要なものであり,前記の要件をクリアできないと,法人として認可されないことを認識すべきである。

前記の要件をクリアしていても,地縁団体で不動産を保有するという目的がない場合は,認可されない。

また,「地縁団体」といえないような団体であれば「認可地縁団体」になることはできない。

2 法人である「認可地縁団体」とは

(5) 「地縁団体」と認められない団体とは

地方自治法では,地縁による団体は「町又は字の区域その他市町村内の一定の区域に住所を有する者の地縁に基づいて形成された団体」といわれているため,その定義に当てはまらない場合は,「地縁団体」とはいえない。

いわゆる自治会を対象にしているため,次のＱ19のような団体は「地縁団体」とはなれない。

実務上のポイント

■Q19　元々,「認可地縁団体」になれない団体は。

【回答】

① 特定の目的の活動だけを行う団体
　具体的には,○○太鼓保存会,○○先生顕彰会など限定的な目的のための組織,つまり同好会,スポーツ活動・環境美化活動のように活動の内容が限定されている団体である。
② 構成員に対して住所以外に,性別や年齢等の特定の属性を要する団体
　具体的には,住所以外の加入条件として,老人会や子供会のように年齢条件のある団体。婦人会のように性別の条件がある団体である。
③ 不動産等の保有を目的としない団体

■Q20　マンションの管理組合は,「地縁団体」か。

【回答】

マンションの管理組合は,住所の他に区分所有権という要件が加わるので,地縁団体ではない。認可地縁団体として法人化することはできないが,建物の区分所有等に関係する法律（区分所有法）に基づき,管理組合法人として法人になることは可能である。

■Q21　自治会機能を併せ持つマンション管理組合は,認可の対象となるか。

【回答】

マンション管理組合等の団体は,構成員が区分所有者という特定の属性を

第1節 「認可地縁団体」とは―「町内会」,「自治会」を法人にすると

必要とするから,マンション管理組合等が当該マンションの敷地を区域として良好な地域社会の維持形成に資する共同活動を行っていたとしても,直ちに認可の対象になることはない（市町村回答）。

■Q22 従来は「地縁団体」であったが,現在は「地縁団体」でなくなった団体は。

【回 答】

　元々地縁団体であったが年月の経過により,地縁団体でなくなることも多い。その場合,残念ながら認可されないこともある。

　具体的には,従来,村の住民全員が祖先を祀るために墓地会を形成し,墓地及び施設を管理し,祭事を取り仕切っていたような場合,年月の経過により,墓地の権利関係が固定化するなど変化し,墓地会の構成員の大部分が村の住民でなくなったようであれば,現在地縁団体とはいえない状態である。

コラム

実際には,自治会・町内会でなくても地縁団体として認められているか

　法令によれば,町内会や自治会のような地縁団体であれば,認可地縁団体になれるのであって,地縁団体でなければ認可されないとされている（自治260条の2）。

　しかし,地縁団体や入会団体を研究しているような学者等から,実際に地縁団体でなくても,地縁団体として認可されている場合もあるとの批判がされることもある。

　例えば,明治時代から,地域の住民が管理していた山林,溜池,墓地等は,管理していた団体が,地縁団体なのか,入会団体なのか,それとも戦前戦時中の法人町内会なのか,財産区なのか,見分けるのが難しい場合もあり得る。どのような団体であるかはっきりしない,あるいは時が経つにつれて,団体の中身が変化することもあり得る。どのような団体であるか,団体の構成員が理解していない場合もあるだろうし,実態は違うにしても市町村が地縁団体と認める場合もあるだろう。

　このような,地縁団体については,実務的にどう判断するかで解釈が変わる場合もあるし,判断に迷う場合もあり得るともいえる。特に戦前から活動

110

していれば解釈が困難な場合が多いと思われる。そのため，批判があるのだと思われる。

なお，入会団体，戦前戦時中の法人町内会，財産区については，それぞれを説明している部分を参考にしてほしい。

(6) 「認可地縁団体」が登記できる資産

「地縁団体」が法人化し「認可地縁団体」になるのは，所有する不動産を「認可地縁団体」の登記名義に変えることが第一の目的だが，次のような資産も登記することが可能である。

なお，「不動産又は不動産に関する権利等」には下記のものが当てはまる。

A 「認可地縁団体」が登記できる資産

① 土地及び建物に関する権利

具体的には，不動産の所有権，地役権，地上権，永小作権，先取特権，質権，抵当権，賃借権，採石権。

② 立木の所有権，立木の抵当権

③ 登録を要する金融資産

具体的には，国債，地方債などの登録を要する金融資産。

④ その他地域的な共同活動に資する資産であって，登録を要する資産

「地域的な共同活動に資する資産」とは，例えば，地縁による団体が地域社会の維持形成のため，当該区域において実施する除雪のための車両，福祉の用に供する車両又は警備の用に供する車両等が想定される。

B 「認可地縁団体」が登記できない資産

① 習慣上の物権である温泉権，入会権

② その他，営利目的で保有する資産など地域的な共同活動のために資さない資産

第1節 「認可地縁団体」とは—「町内会」,「自治会」を法人にすると

3 法人「認可地縁団体」になるために考慮すべき点

(1) 法人化のメリット・デメリット

法人化し「認可地縁団体」になることには,メリット・デメリットがあるので,それを参考にすべきである。

A 「地縁団体」を法人化することのメリット

① 地縁団体が所有している不動産を「認可地縁団体」の名義で登記できる。

② 地縁団体が所有しているが,代表者等の個人名義にしておくために起こる不動産トラブルを予防できる。

③ 法人化により会計等を市町村への報告を行うようになるため,管理に透明性がでる。

④ 法人になれば,「認可地縁団体」そのものが権利の主体者になることができる。

財産面だけでなく,目的の範囲内であれば全てにわたり独立して取引主体や財産の保有主体になることができる。例えば,契約の主体者になることができるため,賃貸借や預金の契約の主体となれる。また,意思決定や行動が法的なルールに基づいてできる。

⑤ 任意の団体であったものが法人格を得たということで,社会的信用が高まる。寄付や公的援助が受けやすくなる。

⑥ 「地縁団体」運営に透明性が出る。権利義務の主体になることで,ルールに従って団体運営をしなけならないため,団体運営に透明性が出てくる。

B 「地縁団体」を法人化することのデメリット

① 市町村への認可申請手続に時間,手間,費用が掛かる。

実質「地縁団体」の所有不動産であっても,代表者等の個人名義で登記してあるため,登記名義上の代表者が死亡している場合には,代表者の相続人全員の協力が必要になる。そのように多人数の協力が必要な場合もあり,協力してくれない人がいると余計に手間暇が掛かる。

② 企業や地域外の者は「認可地縁団体」の正会員にはなれない。

「一定の区域内に住所を有する者によって構成された団体」が「地

縁団体」であるため，区域外の者は正会員になれない。区域外の者が賛助会員や準会員になり，正会員と同じように会費を払い，活動することは問題ない。ただし，賛助会員や準会員は，総会における議決権はない。

③ 規約に基づく運営が求められ，義務を負い，手続が煩雑になる。

規約に定める範囲内で義務を負うことになる。具体的には，総会の開催，役員の選出等，規約に基づいて「地縁団体」を運営することになり，手続が今までより煩雑になる。

④ 所有不動産の名義を法人にするためには登録免許税が必要である。

所有不動産の名義を「認可地縁団体」名義にするためには，法務局への申請が必要であり，申請の際には登録免許税が必要であり，減免措置はない。

⑤ 市町村，県への法人設立届が必要である。

「認可地縁団体」は法人格が付与されるので，法人市町村県民税の課税対象になる。そのため，法人認可後は，市町村，県の担当局へ法人設立届が必要になる。

⑥ 代表者，事務所等の変更があった場合，市町村長への届出が必要である。

「認可地縁団体」では，団体名称，区域，事務所の所在地，代表者の氏名・住所等を市町村長が告示する。告示した事項に変更が生じた場合は，団体の代表者が遅延なく届け出る必要がある（自治260条の2第11項）。

⑦ 規則の変更には，市町村の認可が必要である。

「認可地縁団体」の規則を変更する場合は，「認可地縁団体」の総会の承認が必要である。その後最終的には，市町村長の認可が必要になる（自治260条の3第2項）。また，規則の変更が住民の一存ではできず，市町村長の認可が必要ということは，大きな変化ともいえる。

⑧ 財産目録・構成員名簿の作成と備置きが必要である（自治260条の4）。

⑨ 少なくとも毎年1回，構成員の通常総会の開催が必要である（自治260条の13）。

総会の日より少なくとも5日前に総会招集の通知が必要（自治260条の14第2項）。なお，総会ではあらかじめ通知した事項のみ決議できる（自治260条の17）。

また，総構成員の5分の1以上から会議の目的である事項を示して請求があったときは，臨時総会の招集が必要である（自治260条の14第2項）。

⑩　不動産を営利目的としている場合，固定資産税，法人税が課税される。

「地縁団体」が所有する不動産につき，公共性が強く，現に地縁団体活動に直接利用されているものは，固定資産税の減税がある。しかし，営業活動に用いられていたり，「地縁団体」の活動に用いられていない場合は減税されない。また，「認可地縁団体」では，法人市町村県民税の課税対象となるため，毎年事業年度終了後の一定期間内に法人市町村県民税の申告を行う必要がある。事業内容が通常の「認可地縁団体」活動のみで，収益事業を行っていない場合は減税措置があり，申告と併せて減免申請が必要となる。

そのほか，収益事業を行っている場合は，税務署への収益事業開始届を行う必要がある。

C　「地縁団体」を法人化しても変わらないこと

①　「認可地縁団体」になったからといって，住民の自治的な意思による任意団体としても性格は，従前の「地縁団体」と変わるものではない。

②　市町村との関係も基本的に変わるものではない。

D　該当する土地が買収予定地の場合のメリット

該当する土地を事業用地として買収する場合には，買収先である地縁団体に「認可地縁団体」になってもらい，該当する土地の名義も「認可地縁団体名義」に所有権移転してもらった後に，「認可地縁団体」と買収契約をすることが望ましいといわれている。

そのため，特例を利用して，「認可地縁団体」名義になった後に買収すると，従来より次のような効果があるともいわれている。

① 相続人の確定作業に要する費用，期間，労力を削減できる。

② 関係者全員から個別に承諾を得るための費用，期間，労力を削減できる。

③ 所在不明者が存在する場合に検討する不動産取得方法としての不在者財産管理人の選任，訴訟による取得，収用手続による取得につき，手続に関する費用，期間，労力を削減できる。

(2) **法人化するために根本的に必要なこと**

実際に法人化するためには，根本的に「何が必要か」，言い方を換えると「何ができるか」を，手続等で困難を来してしまうので，記載しておく。

■「地縁団体」を法人にするために根本的に必要なこと

① 「地縁団体」が，現に実質的に不動産を所有している，または所有する予定があることが前提である。

② 「地縁団体」に移行するためには，「地縁団体」の規則に基づき招集された総会により，法人化の議案が承認される必要がある。

③ 「地縁団体」が法人格を得るためには，市町村長の認可が必要である。

④ 法人への認可後，「認可地縁団体」への所有権移転のためには，現在の登記名義人の協力が必要である。登記名義人が死亡している場合は，原則的に登記名義人の相続人全員の協力が必要である。

(3) **法人化するためには，関係者の協力も考慮を**

法人化することのメリット・デメリットを考慮するのは当然として，別の視点から法人化を考慮する必要も出てくる。

それは，法人化する手続自体が，問題なく行えるか否かである。手続そのもの大きくいえば，上記の「■「地縁団体」を法人にするために根本的に必要なこと」の３項目①から③である。

実際に法人化しようとすると，大きな問題として手続に関係する関係者が手続に協力してくれるかどうかが関わってくる。実際には，①「地縁団体」を法人化するための関係者，②所有不動産の登記名義を法人名義にするための関係者と，二つの段階での考慮が必要になるだろう。

第1節 「認可地縁団体」とは—「町内会」,「自治会」を法人にすると

なお,登記名義を変更する場合の「行方不明の者がいる場合」の処理について,平成27年4月から地方自治法の改正による登記の特例制度が施行されている。詳しくは本編の第5節を参照。

登記名義人の所有時期が数十年前で,名義人が死亡している

登記簿をみると,数十人の共有名義であり登記をしたのが数十年前,あるいは同じようなパターンではあるが,何人かが相続登記がされている,という登記簿もよく見かける。

この場合に,登記名義人の相続人の合計人数が100人を超える例も珍しくない。全員に協力を求めようとすると莫大な手数が掛かることになる。

元の登記名義人が数十年前で,相続が多数されている

相続登記が多くされている場合は,相続人がその不動産を「地縁団体」の所有物ではなく,先祖の所有不動産と思っている場合が多い。この場合,まず先祖の財産ではなく「地縁団体」の所有不動産であることから説明する必要が出てくるが,納得してくれない場合も多いと想像できる。所有権をめぐる「地縁団体」と相続人との間の裁判等も珍しいことではないので,説得するのが大変になる場合もあり得る(解決策の詳細は第12編参照)。

公共用地買収のために「認可地縁団体」に

「地縁団体」が所有する土地が道路等の公共事業の用地になる場合も多くみられる。この場合買収するためには,基本的に,「認知地縁団体」の登記名義にしてもらってから買収するという方針で行政側は行うパターンが多いようである。

この場合,苦労しても「認可地縁団体」にできない場合は買収自体が断念されたり,用地が変更されたりする場合もあるようである。

4　法人「認可地縁団体」において気になる点

法人化されていない「地縁団体」であれば,法律上の規定がなく,はっきり規定されていなかった部分も,法人化され法律上の「認可地縁団体」

4 法人「認可地縁団体」において気になる点

として活動するには，法律上，どのように規定されているのか，現実的「地縁団体」を運営していくうえで気になる部分でもある。

(1) 構成員はどうなるか

構成員については法律で規定がされている。「一定の区域内に住所を有する者によって構成された団体」が「地縁団体」であるため，区域外の者は正会員になれない。また，企業も正会員にはなれない。

なお，区域外の者が賛助会員や準会員になり，正会員と同じように会費を払い，活動することは問題ない。ただし，賛助会員や準会員は，総会における表決権はない。

実務上のポイント

■Q23　構成員に関する規定は。

【回　答】

① その区域に住所を有する全ての個人は，構成員となることができるものとし，その相当数の者が現に構成員となっていること（自治260条の2第2項3号）。
② 地方自治法260条の2第1項の認可を受けた地縁による団体（以下，「認可地縁団体」という。）は，正当な理由がない限り，その区域に住所を有する個人の加入を拒んではならない（自治260条の2第7項）。
③ 認可地縁団体は，民主的な運営の下に，自主的に活動するものとし，構成員に対し不当な差別的取扱いをしてはならない（自治260条の2第8項）。
④ 認可地縁団体の各構成員の表決権は，平等とする（自治260条の18第1項）。
⑤ 地方自治法260条の18第1項・2項の規定は，規約に別段の定めがある場合には，適用しない（自治260条の18第3項）。

■Q24　「認可地縁団体」には，地域の全ての住民が加入する必要があるか。

【回　答】

認可地縁団体の認可の要件は，『区域内に居住する相当数の者が会員になっていること』なので，地域の全ての住民が加入する必要はない（市町村回答）。

第1節 「認可地縁団体」とは―「町内会」,「自治会」を法人にすると

■Q25 構成員の名簿には世帯主だけでなく,生まれたばかりの子どもも記載する必要があるか。

【回 答】

　構成員とは年齢や性別は問わないものであり,区域に住所を有する全ての個人は構成員となることができる。また,その住民全てが構成員でなければ認可されないということではなく,相当数（半数以上）の人が構成員であれば認可される。したがって生まれたばかりの子どもについても記載しなければならないのではなく,構成員だけの名簿を作成すればよい。おおむね,20歳以上の者,世帯の半数程度の人が構成員となれば足りる（市町村回答）。

　また,ここでいう構成員とは,性別,年齢を問わないものであり,構成員であれば,世帯主のみならず,生まれたばかりの子どもも名簿に記載する必要がある。ただし,住民なので全て名簿に記載しなければならないというものではなく,構成員でなければ記載する必要はない（市町村回答）。

■Q26 未成年者を構成員から除外できるか。

【回 答】

　できない。認可地縁団体の構成員は,区域に住所を有する個人であり,区域内に住居する認可地縁団体に入会を希望する者に対して,未成年であることを理由に構成員から除外することはできない。

　なお,未成年の表決権の行使に当たっては,民法の規定に従い,法定代理人（親権者）の同意を要することになる（市町村回答）。

■Q27 外国人でも構成員になれるか。

【回 答】

　外国人でも住民であれば構成員として含まれる（市町村回答）。

■Q28 法人を構成員とすることができるか。

【回 答】

　地域社会における近隣関係の中心は,活動主体である人と人のつながりにあるものであり,法人は地域社会にとっては第二次的な参加者にすぎないと考えられることから,構成員とはなり得ないとされている。なお,団体の意思決定への参加や直接の活動は行わないものの,団体に対し様々な支援を行

う関係から「賛助会員」として位置付け，その活動に参加することは可能であると考えられる（市町村回答）。

　また，法人が地縁による団体の構成員となり得るかどうかについては，①団体の意思決定のための表決権を行使するためには，それぞれの意思を表明する必要があるが，法人等の一組織に過ぎない事業所等は本来意思表明ができないこと，②地域社会における近隣関係の中心は，やはり活動の主体である人と人のつながりにあるものであり，法人は地域社会にとっては第二次的な参加者に過ぎないと考えられることから，構成員とはなり得ないとされている（市町村回答）。

■Q29　会員が個人になった場合は，会費は世帯単位から個人単位に変える必要があるか。

【回　答】

　従来通り，世帯単位で徴収する認可地縁団体が多いようである（市町村回答）。

■Q30　会員名簿の内容に変更があった場合は，市町村に届出をする必要があるか。

【回　答】

　必要ない。市町村へ名簿を提出するのは認可申請時のみである。しかし，「認可地縁団体」は会員の変更について，地方自治法により記録する義務が課せられているので，適宜，構成員の名簿を更新する必要がある（市町村回答）。

■Q31　自治会への加入率は関係するか。

【回　答】

　地縁団体として認可を受ける場合は，その団体への加入は，世帯単位ではなく個人単位の加入とすることが認可要件の一つにあり，一般的には区域内の住民の概ね過半数が構成員（会員）となっていれば，この要件は満たすものと考えられている（市町村回答）。

■Q32　地方自治法260条の2第2項3号の「その相当数の者が現に構成員となっていること。」とある「相当数」とはどれくらいをいうか。

第1節 「認可地縁団体」とは──「町内会」，「自治会」を法人にすると

【回　答】

　地方自治法260条の2第2項3号では，「その相当数の者が現に構成員となっていること。」としているが，これは，制度の目的が，現に安定的に存続する地縁による団体が地域的な共同活動のために利用する不動産等を団体名義で保有することを可能とすることであることから，その団体の画する一定の地域に居住するごく少数の者だけがその構成員になっているような団体や，新たに区域の少数の者だけで結成した団体では，区域において安定的に存在しているとは考えがたく，当該制度の目的が満たされないおそれがあるからであり，その観点から「相当数」の者がその団体の構成員となっている必要性を認め，認可要件としたものである。この「相当数」の程度についての判断については，各々の地域では，自治会等への加入率等も様々であるなど，全国一律の基準を定めることは適当でなく，また，仮に一定の構成員の数の下限を設けるとすれば，強制加入に近い状態を法が想定することになり，適当ではない。したがって，各地域における自治会，町内会等への加入状況を勘案して各市区町村ごとに個々具体的に行うべきものと考えられるが，一般的には当該区域の住民の過半数が構成員となっている場合には，概ねこの要件を満たすものと考えられる（市町村回答）。

(2)　**構成員の表決権はどうなるか**

　構成員の表決権については，原則平等ではあるが，別段の定めにしてもかまわないとしている（自治260条の18第1項・3項）。

　これは，原則住民1人1票であるが，多くの町内会，自治会では世帯単位で1票にしているので，そのように決めてもかまわないということを示していると思われる。

　1人1票は，現在の町内会とは異なるので，いかがなものかという声も多かったようだが，それに，こだわる必要はないということであろう。

実務上のポイント

■Q33　個人単位でなく世帯単位を構成員としている地縁による団体の認可はできるか。また，個人を構成員としていても，表決権を世帯単位で1票とすることはできるか。

【回　答】

認可後の団体の構成員は個人としてとらえることになっており，世帯でとらえることはできない。ただし，世帯単位で活動し意思決定を行っていることが沿革的にも地域社会においても是認されている場合は，それを規約に定めることにより可能である（市町村回答）。

また，会費については世帯を単位にする，また，表決に際しては委任状による方法など，自治会の規約の定め方で，実情に応じた運営が可能である（市町村回答）。

■Q34　個人を構成員としても，表決権を世帯単位で1票とすることはできるか。

【回　答】

世帯単位で活動し意思決定を行っていることが沿革的にも地域社会においても是認され，そのことが合理的であると認められる事項に限り，構成員の表決権を世帯単位で「所属する世帯の構成員数分の1票」とする旨を規約に定めることは可能である。ただし，規約の変更，財産処分及び解散の決議のような重要事項については認められない（市町村回答）。

(3)　自治会費・町内会費はどうなるか

自治会会費・町内会費については，法律上の定めはない。ただ，法律上「構成員に対し不当な差別的取扱いをしてはならない」（自治260条の2第8項）とあるように，自治会会費・町内会費に関して差別的な取扱いをすべきではない。

法人化以前は，世帯単位で自治会会費・町内会費の徴収をしている場合，法人化してその形式を継続することは問題ないであろう。

ただ，表決権を1人1票，自治会会費・町内会費を世帯単位にすると問題が生じるかもしれないので，そのあたりは市町村に相談すべきと思われる。

(4)　区　域

地縁による団体は「町又は字の区域その他市町村内の一定の区域に住所を有する者の地縁に基づいて形成された団体」と定義されている。それに反し，一定の区域と呼べない場合は「地縁団体」に該当しない場合

第1節 「認可地縁団体」とは—「町内会」、「自治会」を法人にすると

がある。

実務上のポイント

■Q35 町内会の区域は何を基準に決められているか。

【回 答】

特に明確な基準はなく，地域の実情に合わせて決められている。町・丁目や古くからの地域，歴史的な旧字のまとまりで組織されていることが多く，区域の広さ，加入戸数も様々である（市町村回答）。

■Q36 区域に飛び地があっても認可の対象になるか。

【回 答】

必ずしも区域が隣接している必要はなく，地域としてのまとまりが歴史的な実態としてあれば認可の対象となる（市町村回答）。

地縁による団体の区域は，「住民にとって客観的に明らかなものとして定められていること」が要件として定められている。

これは容易にその区域が認識できることを要することとされていて，河川，道路などにより明確であればよいとされている。したがって，区域の隣接性は必ずしも必要ではなく，地域としてまとまりがあれば認可の対象となる（市町村回答）。

■Q37 地区内に一つのまとまりがなく，二つの自治会等があるような場合，それぞれを地縁による団体として認可されるか。

【回 答】

自治会等は，町又は字（あざ）の区域等に住所を有する者により構成され，良好な地域社会の維持及び形成に資する活動を行っていることから，各地域に一つ存在するのが通常であると考えられる。しかし，一定の地域に自治会等が混在していて区域が区分されていない場合，あるいは地域が一つにまとまっていないケース等については，区域としてまとまり，目的に沿った活動がなされているかどうかなど，地域の実情を見守りながら判断されることとなる（市町村回答）。

■Q38 地区水源林を「認可地縁団体」により管理する場合に，全戸が加入する水源林と一部加入で管理している水源林の2種類があるが，そのあた

りの取扱いはどうなるか。

【回答】

「地縁による団体」とはどんな団体かを示しているように、一定の区域に住所を有し、地縁により形成された団体という定義がある。全戸の水源林と一部加入の水源林の取扱いについては、認可できる地縁団体は一地域、一団体なので、水源林の所有者も一つの団体となる（市町村回答）。

■Q39 一つの地縁による団体が所在する地域に、さらに連合会という上部組織の地域による団体が設立されている場合、連合会も認可の対象になるか。

【回答】

自治会等の活動によっては、二層構造となっている状態もあると思われる。地方自治法上は、1地域1団体とすることは要請されておらず、あくまで地縁による団体の現況により判断することとされている。したがって、連合会という名称を用いている団体であっても、同法に定められた一定の要件を満たしていれば認可の対象となるが、例えば連合会がいくつかの地縁による団体を構成員とするようなものであれば、同法では自然人たる住民を構成員としていることから、認可の対象とはならない（市町村回答）。

(5) 実務上の問題点

実務上のポイント

本来、地縁団体ではなく入会団体が所有しているのではないか
① もともとは、町内会や自治会ではなく、入会権を持つ入会団体であるが、町内会や自治会であるとして、「認可地縁団体」になる例が現実にはあるといわれている。

このような場合は、当事者が入会団体であることに気づいていない場合もあるだろうし、団体自体が長年の経緯により入会団体から自治会に変化した場合もあるだろう。そのあたりの判断が難しいため、「入会団体なのに認可地縁団体になっている」と第三者からすれば批判されるのかもしれない。
② 公共団体等が、用地を買収する場合、個人名義の共同所有地であるため、

町内会や自治会の所有と判断して，地縁団体を認可し，認可地縁団体とし
て買収する方法を選択することが多くなっているといわれている。ただ，
共有所有地であるからといって単純に町内会や自治会の所有とは限らず，
入会団体の所有である場合もある。この違いを所有者も公共団体も把握で
きていない場合も少なくないともいわれている。例えば墓地であれば，自
治会というより入会団体所有であることが多いともいわれ，実際に，所有
者がどのような存在であるか，所有者も公共団体も判断できない状態で運
用が行われているのではないかという批判がないとはいえないのが現状で
はある。

戦前からの町内会等であれば，町内会等の所有地ではない場合も

部落会，自治会が戦前の昭和11年当時から存在し法人であった場合は，ポ
ツダム政令により法人が廃止され，昭和22年7月3日により，部落会・町内
会に帰属する財産は存在しないはずであり，現在自治会が所有していると主
張する不動産は，自治会の不動産ではないということが指摘される場合もあ
るようである。

そうであれば，認可しようとする自治会が，該当する自治会に当てはまる
かをどのような方法で判断するかも現在では難しいかもしれない。

第2節 「地縁団体」を認可する手続の概要

1 市町村への認可申請の流れ―何をすべきか

　「地縁団体」が「認可地縁団体」として認可され法人化するための市町村への手続の流れは次のようになる。

《図3　市町村へ認可申請をする場合の手続のフロー》

(ア)　「地縁団体」内部で法人化について話合いや勉強会をする。

(イ)　市町村の担当課へ事前相談に行く。

(ウ)　名称，事務所所在地，代表者，規約等の原案等を作成する。

(エ)　市町村の担当課へ行き，原案を見せ事前相談をする。

(オ)　名称，事務所所在地，代表者，規約等の原案作成等「地縁団体」の総会前の準備をする。

(カ)　「地縁団体」で総会を開催し，法人化について決議をし，承諾してもらう。

　➡　承諾してもらう主な項目は，①規約の改正，②認可申請することの決定，③代表者の決定，④構成員の確定，⑤保有する資産の確定である。

(キ)　市町村へ提出する申請書，添付書類を作成する。

(ク)　市町村の担当課に申請書等を提出する。

(ケ)　市町村の担当課において提出書類の確認及び認可要件の審査が行われる。

(コ)　市町村長による認可がされたら告示される。

　➡　ここで，「地縁団体」が法人化される。

(サ)　「認可地縁団体」の印鑑を登録する。

(シ)　「認可地縁団体」の証明書を発行してもらう。

(ス)　登記を「認可地縁団体」名義にするための申請書，添付書類を準備する。

(セ)　法務局に，登記申請をする。

(ソ)　法務局が，審査をし，問題がなければ登記が完了する。

2 スケジュール―どのくらい時間が掛かるか

　実際に法人化するためには，地縁団体の構成員に理解してもらうなど，

第2節 「地縁団体」を認可する手続の概要

様々なことが必要なため，時間が掛かると思われる。例えば，ある市町村が案内に掲載しているスケジュール例を基にあるスケジュールを掲載してみる。実際には，これぐらいの時間が掛かると思われる。

《図4　認可地縁団体にする際のスケジュール（例）》

- 5月頃：「地縁団体」委員等による「地縁団体」に関する勉強会を行った。
- 7月頃：「地縁団体」の住民を対象にした「地縁団体」についての説明会を開催した。
- 9月頃：「地縁団体」委員等が規約改正案等を作成した。
- 11月頃：規約等の原案をもって市町村担当者に相談に行った。
- 翌年3月：「地縁団体」の定時総会で法人化申請をはかるための準備をした。
- 4月　：「地縁団体」の定時総会で，規約改正，法人化申請，名簿作成等の表決をした。
- 5月　：市町村へ法人認可の申請をした。
- 6月　：「認可地縁団体」として認可され，告示された。
- 7月　：法務局へ「認可地縁団体」への名義変更を申請した。
- ※　「地縁団体」では，臨時総会を行えば，認可までの期間を短縮することができる。
- ※　市町村への認可に関する申請から認可されるまでは，2週間程度の時間が掛かる。

3　市町村の手続全般に関するQ＆A

　多くの市町村が，「地縁団体」を認可するための手続をホームページ等に掲載している。Q＆Aを掲載している市町村もあり，参考になりそうなものを取り上げておく。

　なお，様々な事項につき，その事項を説明する場所でQ＆Aも説明したほうが分かりやすい場合は，その場所に掲載する。

2 スケジュール──どのくらい時間が掛かるか

A 申請手続について

実務上のポイント

■Q40 市町村に「地縁団体」の認可を申請する場合の費用は。

【回 答】

　認可の申請自体に手数料等は不要である。ただし，「認可地縁団体」の印鑑証明書等を発行する場合は，手数料が必要になる（市町村回答）。

■Q41 申請から認可までの期間はどのくらい掛かるか。

【回 答】

　申請から認可までの期間は2週間程度である（市町村回答）。

■Q42 保有財産の一部に神社の祠や墓地があるが，宗教色の強い財産の保有はできるか。

【回 答】

　宗教色の強い資産であっても，当該地縁による団体の保有資産として認可することは可能である（市町村回答）。また，認可の対象となる。「認可地縁団体」は，公共的団体ではなく，「町又は字の区域その他市町村内の一定の区域に住所を有する者の地縁に基づいて形成された団体」（自治260条の2第1項）のため，宗教的活動の禁止や宗教上の組織等に対する支出の制限を定めた憲法上の規定との関係が生じることはない（市町村回答）。

■Q43 地縁による団体を特定の政党のために利用することは禁止されているが，会員個人の政治支援活動までも禁止されることになるか。

【回 答】

　地方自治法260条の2第9項では，認可地縁団体を特定の政党のために利用することは禁止しているが，構成員個々人が特定政党や政治家を支援することまでも制限するものではない（市町村回答）。

■Q44 規約において，一定事項の決定を役員会で処理することは可能か。

【回 答】

127

第2節 「地縁団体」を認可する手続の概要

> 地縁団体の事務は規約をもって代表者その他の役員に委任したものを除くほか，全て総会の表決によって行わなければならない。
>
> しかし，保有財産の処分等団体の本質的部分を左右する事項を除き，構成員の利害にさほど影響のない事項までをも総会で決めることは非効率的であるため，総会での同意を前提に，一定の事項を役員に委任することは可能である。なお，この場合にはその旨を規約に明記しておくことが必要である（市町村回答）。

B　認可された場合の変化

実務上のポイント

■Q45　現在は財産区が所有しているため税は課税されてないが，今後認可地縁団体が所有した場合，税の軽減あるいは免税等は可能か。

【回　答】

公益法人として収入があれば課税の対象となる。したがって地縁団体が収益事業を行う場合は課税の対象となる。収益事業をしない場合は申請により減免措置がとられる。ただし，登録免許税は課税となる（課税対象となる税の種類：法人市民税，固定資産税，法人県民税，法人事業税，不動産取得税，法人税，登録免許税。市町村回答）。

■Q46　自治会が地縁団体に認可されると，市町村の指揮監督下におかれるのか。

【回　答】

従来と変わりはない。市町村の行政権限を分担したり，市町村の下部組織とはならない（市町村回答）。

3 市町村への認可申請までに準備・確認しておくこと

第3節 「地縁団体」を認可してもらう市町村の手続について
1 市町村への手続について
　「地縁団体」を法人化するため市町村に申請する手続の具体的案内，申請するための書式等は，現在ほとんどの市町村のホームページに掲載されている。そのため，手続についてホームページで案内している部分は省略し，あまり記載されていないような疑問点等を中心に案内する。

2 市町村に提出する書類等の見本について
　地縁団体内で作成する書類，市町村に提出する書類等については，見本をホームページに掲載している市町村も多い。そのため，本書では具体的な書類の見本等は省略する。

　具体的に，書類の見本を見たい場合は，市町村のホームページに掲載している見本を参照してほしい。市町村の「認可地縁団体ハンドブック」，「認可地縁団体申請書等　様式集」に多くの書式見本が掲載されている。下記に参照見本のホームページを記載しておく。

> ・江南市　認可地縁団体申請書等　様式集（http://www.city.konan.lg.jp/chiiki_kyodo/chien_dantai/ns_sinseisyotou_yousikisyu.pdf）
> ・知多市　地縁による団体の認可等　事務に関する様式集（https://www.city.chita.lg.jp/docs/2014010702135/files/yoshikisyu.pdf）
> ・館山市　地縁団体の認可等申請関係様式（http://www.city.tateyama.chiba.jp/anzen/page014721.html）
> ・神戸市　自治会・町内会等の法人化の手引書（http://www.city.kobe.lg.jp/ward/activate/support/jichikai/authorize/img/27zenbu.pdf）
> ・指宿市　自治会等法人化の手引（資料集）（https://www.city.ibusuki.lg.jp/main/uploads/kyodo/docs/houjinka-siryousyu.pdf）
> ・四日市市　認可地縁団体の手引き（2018年4月改訂版，https://www.city.yokkaichi.lg.jp/www/contents/1522316451124/simple/tebiki.pdf）

3 市町村への認可申請までに準備・確認しておくこと
　市町村に認可を申請する前に，実質的に「地縁団体」所有の不動産に関して，しっかり確認・準備をしておくべきである。

第3節 「地縁団体」を認可してもらう市町村の手続について

　A　認可を申請する前に市町村の手続として準備すること

① 認可の要件に適合した新規約を作成する。

② 構成員名簿を作成する。

③ 規約変更，認可申請について「地縁団体」の総会で表決する。

④ 認可に関する申請書類を作成する。

　B　認可を申請する前に不動産に関して確認しておくこと

① 法人化の認可を受ける前に，町区等の名義で登記をしようとしている集会施設やその土地について，その所有者を確認する。

② 自治会等の名義で登記をするに当たり，現在登記簿上所有者となっている方から，自治会等への所有権の移転について承諾しておく。

③ 不動産登記に係る経費（登録免許税，登記手数料等），法人税等の税金に関する申告や届出，その他必要となる費用について，司法書士や税理士，市町村税務課等を通じて確認する。

4　認可申請に必要な書類とは

「地縁団体」の総会において，法人認可を申請する旨を決定した上で，市町村に申請する。申請には以下の書類を提出する。書式書類に関しては，ホームページに掲載している市町村も多い。

　A　必要な書類について

① 認可申請書

　　申請書（代表者）の署名押印が必要である。

② 地縁による団体の規約

　　後記の説明（本項B，本節10（135頁））参照。

③ 認可申請することを総会で決議したことを証する書類

　　後記の説明（本項C）参照。

④ 構成員名簿

　　構成員全員の住所・氏名を記載した名簿。「地縁団体」区域内全住民の過半数が構成員となっていることが必要である。

⑤ 保有資産目録又は保有予定資産目録

　　申請時点で不動産を保有しておらず，将来取得する場合は保有予定

資産目録を作成する。ともに該当する場合は両方を作成する。

⑥　良好な地域社会の維持及び形成に資する地域的な共同活動を行うことを目的とし，現に行っていることを記載した書類（前年度事業報告書）。

　　実際に良好な活動を行っていることが分かる書類，総会で承認された事業報告書の写しである。

⑦　申請者が代表者であることを証する書式（代表者の就任承諾書）

　　代表者の署名押印が必要である。

⑧　代表者の職務執行停止の有無並びに職務代行者の選任の有無（職務代行者が選任されている場合は，その氏名及び住所）を記載した書式

⑨　代理人の有無を記載した書類（職務代行者が選任されている場合は，その氏名及び住所）

⑩　区域を示した図面

⑪　区域及び活動状況等に関する確認書

B　規約について

地方自治法260条の2第3項に従い，以下の事項が記載された規約である必要がある。

①　目　的

　　良好な地域社会の維持・形成のための地域的な共同活動（住民相互の連絡，環境整備，集会施設の維持管理など）を目的に定めていること。

②　名　称

　　団体の正式名称を記載する。特に制限なし。

③　区　域

　　客観的に明確であること。字や地番のほか，河川や道路等による記載も可能である。

④　事務所の所在地

　　団体の所在地である。地番による記載のほか，「代表者の自宅に置く」，「○○集会所に置く」等の記載も可能である。

⑤　構成員の資格

　　「区域内に住む全ての個人」が加入可能であり，その他の加入条件を設けていないこと。

第3節 「地縁団体」を認可してもらう市町村の手続について

⑥ 代表者

代表者1名の設置とその職務を定めていること。

⑦ 会　議

通常総会，臨時総会，役員会の開催方法を定めていること。

⑧ 資　産

全ての積極的財産の構成と管理方法を定めていること。

C　総会議事録について

認可を申請することについて総会で議決したことを証する書類（総会議事録の写し）。

◎　以下の事項の記載がされていること。

①新規約の承認，②認可申請することの議決，③代表者の選出（申請者が代表者に選出されていること），④構成員の確定，⑤保有（予定）資産の確定。

◎　議長1名，議事録書名人2名の署名押印が必要である。

5　何が審査されるか

⑷「認可されるための要件」（第1節2⑷）で紹介した要件について問題がないかを審査する。認可に係る標準処理期間は，14日間となっている。

6　法人化を認可された場合の告示とは

市町村長は，「地縁団体」の法人化を認可した際に，次の事項について告示をする。この告示により認可を受けた地縁による団体は，法人となったこと及び告示事項を第三者に対して対抗できることになる（自治260条の2第13項）。

■告示事項

① 名　称

② 規約に定める目的

③ 区　域

④ 主たる事務所

⑤ 代表者の氏名及び住所

132

⑥ 裁判所による代表者の職務執行の停止の有無並びに職務代行者の選任の有無（職務代行者が選任されている場合は，その氏名及び住所）
⑦ 代理人の有無（代理人がある場合は，その氏名及び住所）
⑧ 規約に解散の事由を定めたときは，その事由
⑨ 認可年月日

実務上のポイント

■Q47 地方自治法260条の2の地縁による団体の認可申請に係る処分に不服がある場合の救済方法はあるか。

【回 答】

　市町村長の認可申請の審査事務は，市町村長が当該地縁による団体が法律要件に適合しているか否かを公に証明するという事務であり，認可に当たり市町村長の裁量によってそれを行う余地はないが，市町村長が事実認識において地縁による団体と異なる見解を持ち，結果として不認可処分となることが考えられる。この不認可処分は，行政不服審査法に定める「処分」に該当するものであり，当該地縁による団体は同法6条に基づいて市町村長に対し異議申立てをすることができる。
　また，市町村長の認可申請に係る不作為に対しても，同法7条により異議申立てが行えるなど，それぞれの状況に応じた救済方法がある（市町村回答）。

7 認可地縁団体登録証明書等の発行について

　市町村では，「地縁団体」の認可をした際に，地縁団体台帳を作成する。また，認可地縁団体印鑑登録申請に基づき，認可地縁団体印鑑登録原票を作成する。

　不動産登記等に各種証明書が必要な場合，登録している印鑑を廃止・紛失した場合は，市町村長に申請し証明書を取得する。

　提出書類等は，市町村の案内を参照してほしい。

　A　申請及び証明書の公付について
　① 「認可地縁団体」の印鑑を登録する。

第3節　「地縁団体」を認可してもらう市町村の手続について

②　登録している「認可地縁団体」の印鑑証明書の交付を受ける。

③　「認可地縁団体」の告示事項の証明書の交付を受ける。

④　登録している「認可地縁団体」の印鑑を廃止する。

⑤　登録している「認可地縁団体」の印鑑の紛失を届ける。

B　印鑑登録について

「認可地縁団体」の印鑑登録は，次のようにして行う。

①　登録資格者は，認可地縁団体の代表者である。

　印鑑登録申請書に代表者個人の印鑑登録印を押印し，合わせて代表者個人の印鑑登録証明書（発行後3か月以内）を添付する。

　申請者が代表者本人であることを確認されるので，運転免許証，身分証明書などを提示する。

②　次に該当すると，認可地縁団体の印鑑としては登録できないので注意する。

　ⓐ　印影の大きさが1辺の長さ8ミリメートルの正方形に収まるもの又は1辺の長さ30ミリメートルの正方形に収まらないもの。

　ⓑ　ゴム印その他の印鑑で変形しやすいもの。

　ⓒ　印影を鮮明に表しにくいもの。

8　法人認可後に届出が必要な場合

　次の場合には，「認可地縁団体」の代表者は，市町村長に申請・届出は必要である。提出書類については，市町村の案内等を参照。

■法人認可後に変更等があった場合に必要な届出

①　規約の変更があった場合

②　「裁判所による代表者の職務執行の停止の有無並びに職務代行者の選任の有無」の告示事項に変更があった場合

③　「代理人の有無」の告示事項に変更があった場合

④　「代表者の氏名又は住所」の告示事項に変更があった場合

⑤　「規約及び告示事項」のうち，次の項目に変更があった場合

　○　団体の名称・規約に定める団体の目的・区域・主たる事務所の所在地・規約に定めた解散事由

9 告示事項（代表者・事務所等）の変更手続をするには

代表者や事務所の所在地等の「告示事項」の内容を変更したり，変更があった場合は，市町村に届け出る必要があるので，次のような手続で行う。なお，変更事項は，市町村の告示により対外的に有効になる。

■告示事項

① 名　称
② 規約で定める目的
③ 区　域
④ 主たる事務所（の所在地）
⑤ 代表者の氏名及び住所
⑥ 裁判所による代表者の職務執行の停止の有無並びに職務代表者の選任の有無（有りの場合はその氏名・住所）
⑦ 代理人の有無（有りの場合はその氏名・住所）
⑧ 規約に解散の事由を定めたときはその事由
⑨ 認可年月日

■手順

① 規約に従い「認可地縁団体」の総会を開催
　○ 協議事項─変更する事項についての決議
　○ 作成資料─総会議事録等，代表者変更時は就任承諾書
② 市町村長へ申請
　○ 提出書類─告示事項変更届出書，総会議事録，代表者変更時は就任承諾書
③ 市町村（担当課）の審査
④ 市町村長の告示
　○ 市町村長の告示により変更の効力が発生

---

10 規約の変更手続をするには

「認可地縁団体」の規約を改正する場合は，市町村長に届け出る必要があるので，次のような手続で行う。なお，変更事項は，市町村長の認可により対外的に有効になる。

第3節 「地縁団体」を認可してもらう市町村の手続について

■手順
① 規約に従い「認可地縁団体」の総会の開催
　○ 協議事項―変更する規約についての決議
　○ 作成資料―総会議事録，変更の内容・理由を記載した書類
② 市町村長へ申請
　○ 提出書類―規約変更認可申請書，総会議事録，規約変更の内容・理由を記載した書類
③ 市町村（担当課）の審査
④ 市町村長の認可
　○ 市町村長の告示により変更の効力が発生
　○ 市町村長は，認可地縁団体台帳を変更し，代表者に規約変更認可通知書を発送

11 認可が取り消されるときは

　認可を受けるときに審査された要件（自治260条の2第2項。第1節2(4)）のいずれかを欠くことになった場合，又は不正な手段により認可を受けたときは，市町村長は認可を取り消すことができる。

■具体的に認可が取り消される例
① 認可を受けた団体が営利目的，政治目的などに変更したとき。
② 認可を受けた団体が相当の期間にわたって活動しないとき。
③ 区域内の一部の住民について，正当な理由がなく加入を認めないとき。
④ 構成員が多数脱退し「相当数の者」が構成員と認められなくなったとき。
⑤ 地縁団体の代表者，構成員又は第三者が，詐欺，脅迫等不正な手段により認可を受けたとき。

12 こんな場合は

(1) 構成員の退会と「認可地縁団体」の資産
　構成員が，死亡，転出等で退会するとき，「認可地縁団体」の保有す

る資産について持分の請求をされたとしても，構成員の持分は請求できるものではない（市町村回答）。

(2) 「認可地縁団体」が破産した場合

「認可地縁団体」が，その債務を完済することが不可能になった場合，すなわち消極財産（負債）が積極財産（資産）を上回った場合は，裁判所は代表者若しくは債権者の請求により，又は職権をもって破産の宣告をなし，「認可地縁団体」は直ちに解散することとなる（自治260条の20・260条の22）。この場合，代表者は，地方自治法260条の22第2項により直ちに破産宣告の請求をすることが義務付けられている。

なお，破産手続は破産法に基づいて行われ，解散した「認可地縁団体」は，破産の目的の範囲内でなお存続するものとみなされる。

第4節　所有不動産を「認可地縁団体」名義にする法務局での申請手続

第4節　所有不動産を「認可地縁団体」名義にする法務局での申請手続

1　「認可地縁団体」名義に変更するときの基本方式

(1)　概　要

　　地方自治法260条の2第1項の「地縁による団体」と認められれば，「認可地縁団体名義」に所有権移転登記ができる（平3・4・2民三2246（2245）号民事局長通達）。

　　「権利能力なき社団」である「地縁団体」を「地縁団体」の名義にするために，市町村で「認可地縁団体」と認可されたら，いよいよ法務局での手続を行う。具体的には，代表者の名義又は構成員全員の共有名義である不動産に関して「認可地縁団体」の名義への変更の手続を行う。

　　名義変更ではあるが，氏名を変更するような氏名変更登記をするのではなく，「権利能力なき社団」名義のときに代表者が交代した場合に所有権移転登記をしたように，所有権移転登記を行う。

(2)　登記原因

　　登記原因も代表者の変更時と同じように「委任の終了」で行う（平3・4・2民三2246（2245）号民事局長通達）。

(3)　原因日付

　　「地縁団体」が「認可地縁団体」として地方自治法260条の2第1項による市町村長（特別区の区長を含む。）に認可された日である（平3・4・2民三2246（2245）号民事局長通達）。

(4)　権利者・義務者

　　義務者は，登記名義人である所有者である。所有者が死亡している場合は，所有者の相続人全員が義務者になる。

　　権利者は，「認可地縁団体」である（不登令3条2号）。

　　会社・法人の場合，登記申請書に代表者の「肩書・氏名」を記載するように，申請書に「認可地縁団体」代表者の「肩書・氏名」を記載する。

(5)　添付情報

　　添付情報（不登規34条1項6号）は次のものになる。

①　報告形式の登記原因証明情報

②　登記義務者の登記識別情報又は登記済証

③　登記義務者の作成後3か月以内の印鑑証明書。登記名義人が死亡している場合は，登記名義人の相続人全員の作成後3か月以内の印鑑証明書及び相続関係を証する戸籍等

④　登記権利者「認可地縁団体」の住所を証明する情報

⑤　登記権利者「認可地縁団体」の代表者の資格を証する情報

⑥　代理人により申請する場合は委任状

(6) 登記原因証明情報の「登記の原因となる事実又は法律行為」

　　「地縁団体」の所有する不動産の登記名義人を「認可地縁団体」名義にする場合は，登記原因証明情報のなかで記載する「登記の原因となる事実又は法律行為」については，主に次のようなことを記載する。

①　扱う不動産が，「地縁団体」の所有である事実

②　扱う不動産を，現在まで個人の名義で登記している事実

③　「地縁団体」が市町村長に認定され「認定地縁団体」になった事実

④　不動産の名義を個人から「認可地縁団体」へ，委任の終了による所有権移転登記を申請する旨

(7) 「認可地縁団体」の住所を証する情報及び代表者の資格を証する情報

　　通常，所有権移転を申請する場合，権利者が法人である住所を証する情報として，登記官が作成した登記事項証明書，代表者の資格を証する情報として，会社法人番号等を提供する。しかし，「認可地縁団体」は，法務局に登録した法人ではないため，登記官が作成した登記事項証明書及び会社法人番号は存在しない。

　　そのため，認可した市町村長が交付する「認可地縁団体」の証明書（台帳の写し）を提供する。法務省では次のように説明している。

　　地方自治法260条の2第1項の認可を受けた地縁による団体を所有者又は登記権利者とする登記の申請書に添付することが必要とされる同団体の住所証明書及び代表者の資格証明書は，市町村長が作成した認可地縁団体の証明書である（平3・4・2民三2246（2245）号民事局長通達）。

第4節　所有不動産を「認可地縁団体」名義にする法務局での申請手続

《例12　認可地縁団体の資格証明書》

様式第16号(第5関係)

地　縁　団　体　台　帳　（○　○　○　○　市　）

枚数			
名称			
事務所			
代表者に関する事項			

認可年月日　　年　月　日

台帳を起こした年月日　　年　月　日

名称等欄　　丁

■市町村長が交付する「認可地縁団体に係る証明書」

　記載内容として，認可地縁団体の代表者の氏名及び住所が記載されて
おり，形式的には，コンピュータ化前の法務局の商業法人登記簿に似た
形式である。取得するためには，認可を受けた市町村に請求し，通常
200円から300円の手数料が掛かる。

　なお，証明書は，東京都の特別区を含む市町村長が交付するものであ
り，政令指定都市の区長は交付しない。

(8)　「認可地縁団体」としての印鑑

　「認可地縁団体」が登記義務者の場合は，市町村に登録した印鑑を登
記原因証明情報等の書面に押印するが，登記権利者である場合は登録し
た印鑑で押印しなくてもかまわない。

(9)　登録免許税

　登録免許税は，不動産の価額の1000分の20である（登免別表第1-1(2)ハ）。
なお，端数処理など算出方法の通則については通常の移転登記と同じで
ある。

(10)　登記申請例①─登記名義が現在の代表者単独所有の場合

　不動産の登記名義人である現在の代表者と「認可地縁団体」が共同で，
「認可地縁団体」名義に所有権移転手続をする。

141

第4節　所有不動産を「認可地縁団体」名義にする法務局での申請手続

《例13　登記原因証明情報—登記名義人が単独所有の場合》

登記原因証明情報

1　当事者及び不動産
　(1)　当事者　　　　　権利者　　　○○県○○郡○○町銀座山12番地
　　　　　　　　　　　　　　　　　　　銀座山町内会
　　　　　　　　　　　　　　　　　　　　　代表者　山　田　太　郎
　　　　　　　　　　　義務者　　　○○県○○郡○○町銀座山1番地
　　　　　　　　　　　　　　　　　　　　　　　　　　山　田　太　郎
　(2)　不動産の表示
　　　　　所　　在　　　○○郡○○町銀座山字青山
　　　　　地　　番　　　123番
　　　　　地　　目　　　山　林
　　　　　地　　積　　　100平方メートル

2　登記の原因となる事実又は法律行為
　(1)　「銀座山町内会」は地縁団体であるため，本件不動産を取得した際，
　　　代表者である山田太郎名義で所有権移転登記をした（平成○○年○月
　　　○日受付第123号）。
　(2)　平成30年4月1日，○○郡○○町は地縁団体「銀座山町内会」を認
　　　可し，「銀座山町内会」は，認可地縁団体「銀座山町内会」になった。
　(3)　よって，平成30年4月1日委任の終了により山田太郎から銀座山町
　　　内会への所有権移転登記を申請する。

　平成30年4月1日　　○○地方法務局○○支局

　　上記の登記原因のとおり相違ありません。

　　　　　　　　　権利者　　　○○県○○郡○○町銀座山12番地
　　　　　　　　　　　　　　　　銀座山町内会
　　　　　　　　　　　　　　　　　代表者　山　田　太　郎　㊞
　　　　　　　　　義務者　　　○○県○○郡○○町銀座山1番地
　　　　　　　　　　　　　　　　　　　　　山　田　太　郎　㊞

1 「認可地縁団体」名義に変更するときの基本方式

《例14 登記申請書──登記名義人が単独所有の場合》

第4編 「権利能力なき社団」である「地縁団体」を法人の「認可地縁団体」にする

登 記 申 請 書

登記の目的　　　　　所有権移転

原　　　因　　　　　平成30年4月1日委任の終了

権　利　者　　　　　○○県○○郡○○町銀座山12番地
　　　　　　　　　　　　銀座山町内会
　　　　　　　　　　　　　　代表者　山　田　太　郎

義　務　者　　　　　○○県○○郡○○町銀座山1番地
　　　　　　　　　　　　　　　　　　山　田　太　郎

添付書類　　　　　　登記原因証明情報　登記識別情報　印鑑証明書
　　　　　　　　　　資格証明書　　　　住所証明書　　代理権限証書

平成30年4月1日申請　　○○地方法務局○○支局

代　理　人　　　　　○○県○○郡○○町渋谷1番地
　　　　　　　　　　　　司法書士　○　○　○　○
　　　　　　　　　　　　連絡先電話番号　○○○○-○○-○○○○

課税価格　　　　　　金10,000円

登録免許税　　　　　金1,000円

不動産の表示
　　不動産番号　　　1234567890123
　　所　　在　　　　○○郡○○町銀座山字青山
　　地　　番　　　　123番
　　地　　目　　　　山　林
　　地　　積　　　　100平方メートル

143

第4節 所有不動産を「認可地縁団体」名義にする法務局での申請手続

 確認事項①——登記名義人である代表者の現在の住所と登記簿上の住所が異なる場合

　登記名義人の登記簿上の住所と現在の住所が異なる場合は，そのままでは「認可地縁団体」への所有権移転登記は行えない。そのため，①登記名義人の登記された住所を現在の住所へ変更・更正する登記を行った後，②「認可地縁団体」への所有権移転手続を行う。

確認事項②——登記名義人の代表者が旧代表者であり，すでに新しい代表者に代わっている場合

　登記簿の上で形式的に所有者になっている代表者が登記義務者として，「認可地縁団体」が権利者として委任の終了による所有権移転手続を行う。前提として，登記名義人を旧代表者から新代表者に変更する必要はない。

⑾　**登記申請例②**——登記名義が代表者単独所有であるが，認可前に死亡している場合

　不動産の登記名義人である代表者が死亡している場合，代表者の相続人全員と「認可地縁団体」が共同して，死亡した代表者の名義から直接「認可地縁団体」名義に所有権移転手続を行うことができる（登研563号127頁・675号109頁）。

　登記原因は「委任の終了」，原因日付は認可のあった日である（登研563号127頁）。

　基本的には，下記の手続で行えるが，場合によっては気を付ける点があるため，【登記申請書】の次の《確認事項》も参照してほしい。

《例15　登記原因証明情報——登記名義が代表者単独所有であるが死亡している場合》

登記原因証明情報

1　当事者及び不動産
　(1)　当事者　　　　　権利者　○○県○○郡○○町銀座山2番地
　　　　　　　　　　　　　　　　銀座山町内会

1 「認可地縁団体」名義に変更するときの基本方式

                    代表者　川　上　研　一
　　　　　　義務者　○○県○○郡○○町銀座山 1 番地
                        山　田　太　郎
　　　　　　　　　○○県○○郡○○町銀座山 1 番地
                    亡山田太郎相続人　山　田　一　郎
　　　　　　　　　○○県○○郡○○町銀座山10番地
                    亡山田太郎相続人　山　本　花　子

　(2)　不動産の表示
　　　　所　　在　　　○○郡○○町銀座山字青山
　　　　地　　番　　　123番
　　　　地　　目　　　山　林
　　　　地　　積　　　100平方メートル

2　登記の原因となる事実又は法律行為
　(1)　「銀座山町内会」は地縁団体であるため，本件不動産を取得した際，
　　　代表者である山田太郎名義で所有権移転登記をした（平成○○年○月
　　　○日受付第123号）。
　(2)　平成29年12月31日代表者山田太郎が死亡した。平成30年 1 月20日に
　　　地縁団体銀座山町内会の総会が開かれ，新たな代表者として，○○県
　　　○○郡○○町銀座山 2 番地　川上研一　が選任された。
　(3)　平成30年 4 月 1 日，○○郡○○町は地縁団体「銀座山町内会」を認
　　　可し，「銀座山町内会」は，認可地縁団体「銀座山町内会」になった。
　(4)　よって，平成30年 4 月 1 日委任の終了により山田太郎から銀座山町
　　　内会への所有権移転登記を申請する。

　平成30年 4 月 1 日　○○地方法務局○○支局

　　上記の登記原因のとおり相違ありません。

　　　　　　権利者　○○県○○郡○○町銀座山12番地
　　　　　　　　　　銀座山町内会
                    代表者　川　上　研　一　㊞
　　　　　　義務者　○○県○○郡○○町銀座山 1 番地
                        山　田　太　郎

第4節 所有不動産を「認可地縁団体」名義にする法務局での申請手続

○○県○○郡○○町銀座山１番地
　　亡山田太郎相続人　山　田　一　郎　㊞
○○県○○郡○○町銀座山10番地
　　亡山田太郎相続人　山　本　花　子　㊞

《例16　登記申請書─登記名義が代表者単独所有であるが死亡している場合》

登 記 申 請 書

登記の目的　　　　　所有権移転

原　　　因　　　　　平成30年４月１日委任の終了

権　利　者　　　　　○○県○○郡○○町銀座山12番地
　　　　　　　　　　　　　　銀座山町内会
　　　　　　　　　　　　　　　　代表者　川　上　研　一

義　務　者　　　　　○○県○○郡○○町銀座山１番地
　　　　　　　　　　　　亡山田太郎相続人　山　田　一　郎
　　　　　　　　　　○○県○○郡○○町銀座山10番地
　　　　　　　　　　　　亡山田太郎相続人　山　本　花　子

添付書類　　　　　　登記原因証明情報　　登記識別情報　　相続証明書
　　　　　　　　　　印鑑証明書　　　　　資格証明書　　　住所証明書
　　　　　　　　　　代理権限証書

平成30年４月１日申請　　○○地方法務局○○支局

代　理　人　　　　　○○県○○郡○○町渋谷１番地
　　　　　　　　　　　　司法書士　　○　○　○　○
　　　　　　　　　　　　連絡先電話番号　○○○○-○○-○○○○

課税価格　　　　　　金10,000円

1 「認可地縁団体」名義に変更するときの基本方式

登録免許税　　　　　金1,000円

不動産の表示
　　不動産番号　　　1234567890123
　　所　　在　　　　○○郡○○町銀座山字青山
　　地　　番　　　　123番
　　地　　目　　　　山　林
　　地　　積　　　　100平方メートル

 コラム

登記義務者の相続人を探すのは簡単か

　理屈の上では，登記義務者の相続人全員を登記義務者として登記手続を行うのだが，現実にそれが簡単に行えることであろうか。そもそも相続人の書類上の探索から始まり，相続人の確定だけでも多くの手間や費用が掛かる。その上，相続人自身に登記の協力を依頼するが，はたして全員が協力してくれるかは大きな問題である。

　相続人自体が行方不明である場合は，法律上の特例（第5節参照）が施行されたおかげで，多少は楽になったが，全てが解決できるわけではない。相続人と話はできるが登記手続に協力しない，相続人が被成年後見状態である等，様々な簡単に解決できない事例は多くみられるであろう。このため，現実にどう対応していくかは，まだまだ問題が残されている。

確認事項①──代表者が変更された登記も必要か

　「権利能力なき社団」である地縁団体のままであれば，代表者が交替した場合，代表者の変更登記を行うことが望ましい。しかし，登記名義である旧代表者が死亡した後，新代表者への所有権移転を行わないうちに法人である「認可地縁団体」として認可された場合は，死亡した代表者名義から新代表者への所有権移転登記を行わないでも，直接，死亡した代表者名義から「認可地縁団体」名義に所有権移転できる（登研563号127頁）。

147

第4節 所有不動産を「認可地縁団体」名義にする法務局での申請手続

確認事項②——死亡した代表者の登記上の住所と最後の住所が異なる場合

　登記名義人が死亡している場合は，住所変更・更正を行わないでも，直接「認可地縁団体」への所有権移転登記が行える。その場合，登記名義人と死亡した者が同一人である証明書等を提出する必要がある。

確認事項③——死亡した代表者から相続人への相続登記が行われている場合（登記簿上代表者死亡後，認可された場合）

　登記名義人が死亡した時期と，地縁団体が認可を受け「認可地縁団体」になった時期のどちらが早いかにより手続が異なってくるので，注意が必要である。死亡が早い場合は本項で，遅い場合は「確認事項④」で説明する。

　登記名義人が死亡し相続登記が行われた後に，地縁団体が認可された場合は，改正後の地方自治法260条の39により，相続登記を抹消しなくても「認可地縁団体」に移転してよいことになった。登記原因は「委任の終了」である（平成7年7月24日開催浦和地方法務局権利登記官等打合せ会における協議事項）。

　また，登記研究の通達解説には，次のような説明もある。

　"個人A名義に登記後，死亡による相続人B名義に所有権移転登記がされている場合，もともと法人格のない地縁団体代表者A名義で登記されたのであれば，相続の登記を抹消しなければならないが，相続人Bが法人格のない地縁団体（代表者C）に贈与・売買したときには，所有者を個人Bから法人格のない地縁団体代表者Cとする登記手続は現行法上存在しないので，登記記録上の所有者B名義から法人格取得後の地縁団体○○町内会（代表者C）名義への所有権移転登記の申請は認めざるをえないものと考える"（登研521号168頁・平成3年4月2日民三第2246号民事局長通達に関する解説）。

　上記の二つの説明によると，実際的な権利変動が法務局でも分かりかねる部分があるため，実務的には，相続登記を抹消することなく，「認可地縁団体」への抹消登記が申請できることになる。

1 「認可地縁団体」名義に変更するときの基本方式

> **コラム**
>
> **相続登記が行われている場合の対応が，法務局でも考えが変更されている**
>
> 　相続登記を抹消しないでも「認可地縁団体」への移転が可能との考えを前述しているが，これについては法務省の考え方も時代とともに変化している。もともとは，「権利能力なき社団」の代表者変更のように，相続登記は「権利能力なき社団」所有の不動産であれば間違った登記なので，「認可地縁団体」に移転する場合も同じように相続登記は抹消すべきという考えであった。
>
> 　しかし，登記研究521号以降は，必ずしも間違いであるとはいえず，登記法上間違いか否かが確認できないという旨により，実務的には，絶対に相続登記を抹消する必要はなくなった。これが理屈的にいいかどうかは別として，現実に登記を行うためには，相続登記抹消が不要か否かにより，登記手続ができるかどうかの重大な問題である。現在，登記が行われていないということが大問題になっている世の中においては，登記を行えることができるような手続が重要である。

確認事項④——死亡した代表者から相続人への相続登記が行われている場合（認可された後に登記簿上の代表者死亡）

　前記の「確認事項③」の説明とは異なり，地縁団体が認可され「認可地縁団体」になった後に，登記名義人の代表者が死亡し相続登記が行われている場合に登記名義を「認可地縁団体」とするときは，①前提として相続登記を取り消し，②「委任の終了」により「認可地縁団体」名義に所有権移転をする。

確認事項⑤——死亡した代表者の相続人が行方不明の場合

　平成27年4月1日に施行された地方自治法の一部改正により，市町村から登記関係者の承諾があったものとみなされたことを証する情報を取得することにより，「認可地縁団体」が単独で早期申請を行えるようになった。この手続は，通常「特例」と呼ばれる（第5節7参照）。

第4節 所有不動産を「認可地縁団体」名義にする法務局での申請手続

確認事項⑥──死亡した代表者の相続人が登記に協力しない場合

「認可地縁団体」が原告となり，死亡した代表者の相続人全員を被告に，不動産について「委任の終了」を登記原因とする所有権の移転登記を求める訴訟を提起する。認容する判決が確定した場合は，「認可地縁団体」は申請情報とともに訴訟の判決書の謄本を提供し，「委任の終了」を登記原因として，「認可地縁団体」を登記権利者とする所有権移転の登記申請を行う。

確認事項⑦──死亡した代表者の相続人の一部を被告として「認可地縁団体」への所有権移転を命じる判決により登記できるか

「認可地縁団体」が原告となり，死亡した代表者の一部の相続人を被告に，不動産について「委任の終了」を登記原因とする所有権の移転登記を求める訴訟が提起され，認容する判決が確定した場合は，次のように登記申請を行う。

「認可地縁団体」は申請情報とともに訴訟の判決書の謄本を提供し，「委任の終了」を登記原因として，「認可地縁団体」を登記権利者とする所有権移転の登記申請を行う。

相続人全員が被告でなくてもいいか

　前記のように相続人が死亡している場合は，通常相続人全員を被告として訴訟を起こす。登記手続としては登記義務者が死亡している場合，その相続人全員が協力して登記申請を行うべきであるから，という理由による。

　ただし，前記の法務省の通知（平22・12・1民二3015号民事第二課長通知）によると相続人全員を提訴しなくても，つまり相続人全員の協力を得なくても，登記手続ができると知らせている。「地縁団体所有」という特別なケースであるため，特別に認めているともいえる。

　したがって，法務省通知（平22・12・1民二3015号民事第二課長通知）により，相続人の一部に訴訟を起こし，得た判決でも登記できるが，全員へ提訴する方が望ましい。

裁判所の判決は正本か，謄本か

　裁判の判決文は，判決正本として当事者に交付される。謄本は交付されない。そのため，前記の通知での「判決書の謄本」は「判決書の正本」の間違いではないかという声が聞こえてくることが少なくない。手続によっては，謄本ではなく正本をというものもあるから混乱もしてくる。

　実務的には，正本を提出して問題ないと思われるが，心配であるなら，法務局に相談すべきであろう。

2　「認可地縁団体」に名義を変更するとき（応用方式）

　認可前の地縁団体が不動産を所有しており，登記名義が代表者又は構成員の共有名義等の場合，認可された法人「認可地縁団体」の名義に所有権移転登記を行う場合の基本形式（138頁）以外の様々な実務的対応策を記載する。

　なお，この部分ではあくまで認可により「認可地縁団体」の名義にする場合の対応であり，所有不動産を売買するなど「認可地縁団体」以外の者との手続は，第5節参照。

(1)　不動産が共有名義の場合の登記方法

疑　問

　不動産が，数名の代表者又は構成員全員の共有名義の場合は，どのように所有権移転を行うか。

対応策

　基本的に，代表者が単独所有であった場合と同じような要領で登記名義人から「認可地縁団体」へ所有権移転登記を行う。

　登記原因は「委任の終了」であり，登記原因日付は「認可された日」である。

　持分全部の登記名義人全員の協力ができるなら，共有者全員の持分を「認可地縁団体」に名義変更する移転登記を行う。登記目的は「共有者全員持分全部移転」である。

　持分により登記名義人の協力が得られず，登記申請が行えない場合は，

第4節　所有不動産を「認可地縁団体」名義にする法務局での申請手続

登記義務者の協力ができる持分ごとに「認可地縁団体」に所有権移転を行ってもかまわない。ある持分のみの所有権移転になる場合の登記目的は「○○○○持分全部移転」である（登研581号145頁）。

(2)　**不動産の登記名義人の住所が現在と異なる場合**

　疑　問

不動産の登記名義人の登記されている住所が，現在の住所と異なる場合は，どのように登記を行うか。

　対応策

登記名義人の登記簿上の住所と現在の住所が異なる場合は，そのままでは「認可地縁団体」への所有権移転登記は行えない。そのため，①登記名義人の登記された住所を現在の住所へ変更・更正する登記を行った後，②「認可地縁団体」への所有権移転手続を行う。

ただし，登記名義人が死亡している場合は，住所変更・更正を行わないでも，直接「認可地縁団体」への所有権移転登記が行える。

その場合，登記名義人と死亡した者が同一人である証明書等を提出する必要がある。

(3)　**所有不動産が未登記であった場合**

　疑　問

地縁団体が所有していた不動産に関して未登記だった場合，認可され「認可地縁団体」になった後に，「認可地縁団体」名義で表示登記をすることができるか。

　対応策

法人として認可され「認可地縁団体」が所有する不動産であるので，「認可地縁団体」の名義で表示登記を行うことができる。

(4)　**現在の代表者の名義で表示登記のみが行われている場合**

　疑　問

地縁団体の所有不動産であるが，現在の代表者の名義で表示登記のみが行われている場合，地縁団体が認可され「認可地縁団体」になったときは，「認可地縁団体」の名義で保存登記ができるか。

2 「認可地縁団体」に名義を変更するとき（応用方式）

対応策

　所有権保存登記の申請適格者は「表題部所有者又はその相続人その他一般承継人である（不登74条1項1号）。そのため，現在の代表者が登記名義人である場合，「認可地縁団体」は申請適格者に該当しない。登記手続としては，①現在の代表者の個人名義で所有権の保存登記を行い，②その後，現在の代表者から「認可地縁団体」への「委任の終了」による所有権移転登記を行う（登研521号166頁）。

　ただし，平成27年4月1日から施行された「地方自治法の一部を改正する法律」260条の39（特例制度）の一定の要件を満たす証明書を市町村から提供され，それを添付情報として申請する場合は，代表者の個人名義での所有権保存登記を省略し，いきなり「認可地縁団体」の名義で保存登記ができる。特例制度についての詳細は第5節7参照。

(5)　**表題部のみ登記がされており，名義人がすでに死亡している代表者であった場合**

疑　問

　地縁団体の所有不動産であるが，既に死亡した代表者の名義で表示登記のみが行われている場合，地縁団体が認可され「認可地縁団体」になったときは，「認可地縁団体」の名義で登記ができるか。

対応策

　所有権保存登記の申請適格者は「表題部所有者又はその相続人その他の一般承継人」である（不登74条1項1号）。そのため，死亡した代表者が登記名義人である場合，「認可地縁団体」は，それに該当しない。そこで，登記手続としては，①死亡した代表者の相続人が登記申請の手続を行う形で死亡した代表者の個人名義で所有権の保存登記を行い，②その後，現在の代表者から「認可地縁団体」への「委任の終了」による所有権移転登記を行う。

　ただし，平成27年4月1日から施行された「地方自治法の一部を改正する法律」260条の39（特例制度）の一定の要件を満たす証明書を市町村から提供され，それを添付情報として申請する場合は，代表者の個人名義での所有権保存登記を省略し，いきなり「認可地縁団体」の名義で保

第4節　所有不動産を「認可地縁団体」名義にする法務局での申請手続

存登記ができる。特例制度についての詳細は第5節7参照。

(6)　(4)(5)の場合が重なっているような事例の場合

　　代表者の名義で表示登記がされている場合，具体的に，どのような登記を行うか，参考に記載しておく。

　　事例内容

①　実質，地縁団体「新宿町内会」所有の不動産であるが，昭和時代に表示登記のみがされている。登記名義人は，二人の代表者であり，代表者山田太郎と花川和子で，持分はそれぞれ2分の1である。

②　平成になり，山田太郎は死亡し，相続人は山田一郎のみである。

③　その後，平成30年に地縁団体「新宿町内会」は，市町村に認可を受け，当該不動産を地縁団体「新宿町内会」名義にしたい。山田一郎は登記に協力してくれる。

　　登記方法

　　解決方法としては，上記の(4)(5)で述べた代表者の表示登記のみがされている場合の組合せである。登記手続としては，①保存登記を行い，②認可地縁団体に移転する方法で行う。

　　①の保存登記を具体的にいうと，死亡した山田太郎と生存している花川和子の共有名義に保存する。具体的に，申請書の一部を掲載すると次のようになる。

《例17　登記申請書─(4)「現在の代表者の名義で表示登記のみが行われている場合」(5)「表題部のみ登記がされており，名義人がすでに死亡している代表者だった場合」が重なっているような事例の場合（応用例）》
【1件目】

登 記 申 請 書

　登記の目的　　　　　所有権保存

　所　有　者　　　　　○○県○○郡○○町新宿村1番地
　　　　　　　　　　　　　　持分2分の1　　　亡　山　田　太　郎
　　　　　　　　　　　○○県○○郡○○町新宿村1番地
　　　　　　　　　　　　　　亡山田太郎相続人　　　山　田　一　郎

2 「認可地縁団体」に名義を変更するとき（応用方式）

　　　　　　　　　　○○県○○郡○○町新宿村10番地
　　　　　　　　　　　持分２分の１　　　　花　川　和　子

添付書類　　　　　　住所証明書　　相続証明書　　代理権限証書

平成30年４月１日申請　法74条１項１号申請　○○地方法務局○○支局

※以下省略

【2件目】

登 記 申 請 書

登記の目的　　　　　共有者全員持分全部移転

原　　　因　　　　　平成30年４月１日委任の終了

権　利　者　　　　　○○県○○郡○○町新宿村10番地
　　　　　　　　　　　新宿村町内会
　　　　　　　　　　　　　代表者　花　川　和　子

義　務　者　　　　　○○県○○郡○○町新宿村10番地
　　　　　　　　　　　　　　　　花　川　和　子
　　　　　　　　　　○○県○○郡○○町新宿村１番地
　　　　　　　　　　　亡山田太郎相続人　山　田　一　郎

添付書類　　　　　　登記原因証明情報　　登記識別情報　　印鑑証明書
　　　　　　　　　　相続証明書　　　　　資格証明書　　　住所証明書
　　　　　　　　　　代理権限証書

平成30年４月１日申請　○○地方法務局○○支局

※以下省略

155

第4節　所有不動産を「認可地縁団体」名義にする法務局での申請手続

(7)　不動産が農地であった場合

| 疑　問 |

「認可地縁団体」へ移転する不動産が農地であった場合，農地法の許可が必要か。

| 対応策 |

登記原因が「移転の終了」であるので，農地法の許可は不要である。実体的にも「権利能力なき社団」が所有していた不動産であり，所有者が法人である「認可地縁団体」に変わるだけなので，他人に所有権が移動するわけではない。

第5節　所有不動産を「認可地縁団体」名義にする地方自治法の特例とは

1　「認可地縁団体」名義にする「特例」とは

(1)　「認可地縁団体」制度が実現したが

　　平成3年に施行された地方自治法260条の2第1項の「地縁による団体」と認められれば，団体名で登記申請ができるようになったが，実際には，法人化がどんどん進んだわけではない。

《図5　年度別認可地縁団体総数の状況》

(単位：団体，%)

区　分	平成20年度	平成21年度	平成22年度	平成23年度	平成24年度
認可地縁団体総数	37,297	39,090	40,776	42,397	44,008
（対前年度増加率）	（－）	（4.8）	（4.3）	（4.0）	（3.8）
当該期間中の認可団体数	1,721	1,801	1,691	1,632	1,619
当該期間中の認可取消団体数	32	8	5	11	8

(注)「認可地縁団体総数」は，各年度の末日時点における認可地縁団体総数である。

(出典：総務省参考資料)

　　その理由の一つとして，登記手続が必ずしもうまくいかないという点にある。登記名義人又は登記名義人が死亡している場合は，相続人全員が登記義務者として協力する必要があるが，その協力が得られないことも多いためといわれている。

　　現実に登記をしようとしてもできないことが多いため，行政機関等への苦情の申出が出されるようにもなった。

(2)　苦情に対する国の対応

　　「地縁団体」が現実には認可することがうまくいかないことに関して出された苦情に対し，総務省行政評価局長から法務省民事局長に対し，"法務省は，認可地縁団体名義への所有権の移転の登記を円滑に行う観点から，総務省（自治行政局）との間で市町村が異議催告手続に関与して作成する証明書の内容について協議の上，当該証明書をもって所有権の移転登記手続が進むよう所要の対応措置を検討する必要がある"旨のあっせんも出されている。

第5節　所有不動産を「認可地縁団体」名義にする地方自治法の特例とは

　また，総務省自治行政局長に対して「総務省（自治行政局）は，地縁団体の法人格取得制度が導入された趣旨を踏まえ，当該証明書について法務省と協議の上，所要の対応処置を検討する必要がある」旨のあっせんも出されている（平25・2・15総評相31号総務省行政評価局長「地縁団体名義への所有権移転登記手続の改善促進（あっせん））。

　このように国の内部でも実際に手続ができるように考慮してきたのである。

(3)　**最終的な国の対策**

　実際に認可が進まないことに対して国としても問題を重く受け止め，最終的に地方自治法の一部を改正し，「認可地縁団体が所有する不動産にかかる特例制度」として地方自治法260条の38，260条の39を新設し，平成27年4月1日に施行した。

　特例制度に関する法令の解釈及び運用上の注意事項としては「地方自治法の一部を改正する法律等の施行における留意事項（認可地縁団体関係）について」（平27・2・27総行住19号総務省自治行政局住民制度課長通知）が，各都道府県総務担当部局長宛に出されている。

(4)　**「認可地縁団体が所有する不動産にかかる登記の特例制度」**

　登記手続からいえば，「認可地縁団体」の名義に所有権移転する場合，不動産の登記名義人，登記名義人が死亡している場合はその相続人全員が，登記手続の登記義務者であり，登記手続に協力する必要のある者である。

　本来，その登記義務者の協力がないと登記ができないため，実際には，協力を得られず登記手続が実行できないことが，しばしば起こっている。

　このような場合に，登記義務者の一部に所在不明の者がいても手続ができるような特例が設けられた。

　手続的には，登記義務者に所在不明の者がいることを市町村に申し出ることにより市町村から認められたら証明書が発行され，その証明書を添付することで，登記が完了する仕組みになっている。

(5)　**特例を利用する効果**

　登記に協力する必要のある登記義務者が所在不明であれば，本来登記

をすることができないが，1名でも所在不明の者がいれば，登記をすることが可能になる。

　つまり，従来，実現が難しかった場合でも，特例により登記が可能になり，労力，時間，費用も短縮することも可能になったといえ，画期的な特例であるといえる。

2　「特例」は，公共用地買収のための買収側にもメリットが

⑴　公共事業の予定地として，地縁団体所有地を買収する現状

　本編第1節3Dにおいて，公共事業の予定地が「地縁団体」所有地であれば，予定地を「認可地縁団体」名義にすれば，買収が簡略化すると理想を述べたが，現実には，なかなか認可ができないため，買収がうまくいかないといわれていた。

　そのため，認可が簡易に可能になる方法が望まれ，これにより「特例」が法令化されたため，現実的に，「地縁団体」の認可が可能になったといわれる。

　「認可地縁団体」に関する法令が平成3年に制定されても認可が困難な場合があった理由としては，主に次のようなものがあった。

①　登記名義人が多数であり，登記名義人が死亡している場合は相続人全員が関係者になるため，それぞれに会って了解をもらうまでに，相当の期間・費用・労力が掛かる。

②　関係者に会えても，承諾をもらえる保証がない。

⑵　「特例」が制定され，現実的な買収も可能になった

　「認可地縁団体」の制度が平成3年に制定されてから，20年以上が経過しても，公共用地の買収が困難なのが現実ではあったが，平成27年「特例」が施行されてから，実際に「認可地縁団体」が登記名義人になり買収することが現実的な作業に変わったともいえる。

　特例を利用する場合のメリットとしては，下記のようなものが挙げられる。

■特例を利用して認可地縁団体名義の不動産を買収するメリット

①　登記名義人，登記名義人の相続人の確定作業に要する期間，費用，

第5節　所有不動産を「認可地縁団体」名義にする地方自治法の特例とは

労力が従来より大幅に削減できる。

② 全関係者から個別に承諾を得るための期間，費用，労力が削減できる。

③ 所在不明者がいる場合，従来なら，不在者財産管理人の選任，訴訟，収用手続等，特別な方策を考慮する必要があったが，これらの方法を利用する必要がない場合もあり得る。

(3) **用地買収で「特例」を利用すれば**

従来には，用地買収のために用地を取得するまでには複数年掛かるといわれるのは一般的であった。

しかし，「特例」を利用し，①「認可地縁団体」から特例利用を市町村に申請し，②市町村において疎明資料を確認，公告期間を経て証明書を交付し，③法務局において「認可地縁団体」名義に所有権移転登記を行い，④土地売買契約を行うまで，順調に進めば半年程度で可能になるとされている。

(4) **現実に買収で「特例」を利用している場合**

第3編で実質地縁団体であるが，登記名義が代表者のみ場合や構成員全員の共有名義の場合を説明している。

現実には，次のような場合でも，認可地縁団体名義の不動産として買収する場合が，国土交通省等から報告されている。

① 数十名の共有名義であるが，登記名義人全員が明治時代に地元に在住していた構成員であり，実質的な所有者が地縁団体である場合

② 登記名義が表題部の「□□外○名」との名義だが，実際の持主が「地縁団体」であるときは，「認可地縁団体」に認可され，その後特例を利用して，「認可地縁団体」名義の不動産にした場合

3　特例を利用するための市町村での手続

(1) **「特例」を利用するための手順**（おおまかな流れ）

不動産の名義を「特例認可地縁団体」に移転するために新設の「特例」を利用するには，下記のような手続を行いながら「特例」を利用する。

3　特例を利用するための市町村での手続

《図6　特例を利用するための手続フロー》

　　　　　　　　　市町村での手続

① 「認可地縁団体」での事前準備。
　　　　　　　　　　↓
② 「認可地縁団体」での総会開催による「特例」関連の決議。
　　　　　　　　　　↓
③ 市町村へ，特例に関して申請する。
　　　　　　　　　　↓
④ 市町村担当者が審査する。
　　　　　　　　　　↓
⑤ 問題がなければ，市町村が3か月以上の公告をする。
　　　　　　　　　　↓
⑥ 異議を述べる者がなければ，登記関係者の同意があったものとみなす。
　　　　　　　　　　↓

　　　　　　　　　法務局での手続

⑦ 市町村からの書面を添付して，所有権移転登記を申請する。
　　　　　　　　　　↓
⑧ 問題がなければ，「認可地縁団体」への所有権移転登記が完了する。

(2) **特例を利用するために必要な要件**

　特例を利用するためには，申請を利用する「認可地縁団体」が，次の要件を満たしていないと，市町村に申請することができない。

　なお，必要な要件を具体的にどのようなもので疎明するかは，後の「4　市町村に説明（疎明）するための具体的書類」の部分で説明する。

■必要な要件：地方自治法260条の38第1項の各号
・第1号：申請する「認可地縁団体」が，「認可地縁団体」の名義に所有権移転する予定の不動産を所有していること。
・第2号：申請する「認可地縁団体」が，「認可地縁団体」の名義に所有権

161

第5節　所有不動産を「認可地縁団体」名義にする地方自治法の特例とは

　移転する予定の不動産を10年以上所有の意思をもって平穏かつ公然と占
　有していること。
・第3号：「認可地縁団体」の名義に所有権移転する予定の不動産の表題部
　　　　所有者又は所有権の登記名義人の全てが，その「認可地縁団体」の現在
　　　　の構成員又は過去に構成員であった者であること。
・第4号：「認可地縁団体」の名義に所有権移転しようとする不動産の登記
　　　　名義人又は登記名義人が死亡している場合はその相続人の全部又は一部
　　　　の者の所在が知れないこと。

コラム

「所在が知れない」とは

　「所在が知れない」という言語を法律的に考えると，通常，不在者財産管
理人に関する用語が思い浮かぶが，同一の概念ではなく，「特例」での「所
在がしれない」は，不在者財産管理人に関する「所在がしれない」とは異な
り，不在者財産管理制度の「所在がしれない」よりかなり緩和された制度と
もいえる。詳しくは本節4(3)参照。

⑶　**事前準備ですること**

　特例の手続を利用するためには，市区町村へ申請する事前準備として，
まず次のことを行う。

①　手続を利用することについて市町村に相談する。

②　「認可地縁団体」名義にする予定の不動産の登記名義人又は登記名
　義人が死亡している場合はその相続人を把握する。

③　所在が分かり，連絡が取れる者には「認可地縁団体」への所有権移
　転登記をすること及び特例を利用することに関する同意を得る。

⑷　**「認可地縁団体」で総会を開いて何をするか**

　規約に従って「認可地縁団体」の総会を開き，次のことを協議し，決
議する。

①　「認可地縁団体」名義に所有権移転する不動産につき，「認可地縁団
　体」が所有するに至った経緯について決議する。

3　特例を利用するための市町村での手続

　②　特例を利用して市町村に申請することを決議する。

(5)　**市町村へ申請する**

　　事前準備が整えば，市町村に申請し，次の書類を提出する。

　　なお，必要な要件を具体的にどのようなもので疎明するかは，後の「4　市町村に説明（疎明）するための具体的書類」の部分で説明する。

■提出する書類（自治規22条の2第1項）
①　所有する不動産の登記移転等に係る公告申請書
②　所有権の保存又は移転の登記をしようとする不動産の登記事項証明書
③　認可申請時に提出した保有資産目録又は保有予定資産目録
　　ただし，その書類に申請不動産の記載がないときは，申請不動産の所有に係る事項について総会で議決したことを証する書類
④　申請者が代表者であることを証する書類
⑤　地方自治法260条の38第1項各号に掲げる事項を疎明するに足りる資料（「(2)特例を使用するために必要な要件」で説明した要件を満たしていることを疎明する資料）

 コラム

疎明とは

　法律用語としては，「訴訟手続上，裁判官が当事者の主張事実につき，一応確からしいという程度の心証を抱いた状態，又は裁判官にその程度の心証を得させるために当事者がする行為。」（『法律用語』730頁）である。

　「証明」との違いでみると，"『証明』は合理的な疑いを差し挟まない程度に真実らしいと裁判官に確信を抱かせること。またこの状態に達するべく証拠を提出する当事者の行為。『疎明』はこれより低く，一応確からしいとの推測を裁判官が得た状態，またそれに達するよう証拠を提出する当事者の行為"のように説明される。

　つまり，市町村に書類を出す場合，証明する程度のものではなくても，市町村に確からしいと推測を得られるものを提出すればいいということである。

(6)　**市町村の手続**

　　認可地縁団体から申請があった場合は，市町村では申請の要件，提出

163

第5節 所有不動産を「認可地縁団体」名義にする地方自治法の特例とは

書類の内容等を審査し，問題がなければ，次の事項について市町村が3か月以上の公告を実施する。

■公告事項（公告する内容，自治規22条の3第1項）
① 地方自治法260条の38第1項の申請を行った「認可地縁団体」の名称，区域及び主たる事務所
② 申請書様式に記載された申請不動産に関する事項
③ 申請不動産の所有権の保存又は移転の登記をすることについて異議を述べることができる者の範囲は，申請不動産の表題部所有者若しくは所有権の登記名義人若しくはこれらの相続人又は申請不動産の所有権を有することを疎明する者である旨
④ 異議を述べることができる期間及び方法に関する事項

(7) 市町村の情報提供

公告中に異議を申し出る者がいなかった場合は，登記関係者の同意があったとみなされ，市町村が次の登記申請に必要な公告結果を示した書面を提供してくれる。これを登記申請の添付情報として提出する。

実務上のポイント

■Q48 公告中に異議を申し出る者がいた場合は。

【回 答】

異議があった場合は，異議を述べた者が下記の「資格要件」に該当するかどうかの確認が行われる。
「資格要件」に該当しない場合は，異議を述べたとしても，市町村の証明書は交付される。
異議を述べた者が「資格要件」に該当する場合は，特例のための申請手続が中止になり，特例は利用できなくなる。
実際に特例を利用する場合は，申請を行う前に，異議を申し出る者が存在するという情報を事前に得たときは，容易に特例制度を利用することを考慮するのではなく，特例手続が中止になることに備え，登記名義人及び相続人の所在を確定しておく必要があるとも思われる。

4 市町村に説明（疎明）するための具体的書類

■異議を述べた者に関する資格要件

① 申請不動産の登記関係者（申請不動産の表題部所有者若しくは所有権の登記名義人又はこれらの相続人）

② 申請不動産の所有権を有することを疎明する者

4 市町村に説明（疎明）するための具体的書類

　地方自治法260条の38第1項各号に掲げる事項を疎明するのに足りる資料として以下の資料を提出する。つまり，3(2)で説明した要件を具体的に疎明するためには，次のような書類を提出する。

(1) 不動産の所有及び10年以上所有の占有

　同項1号の「当該認可地縁団体が当該不動産を所有していること」及び第2号の「当該認可地縁団体が当該不動産を10年以上所有の意思をもって平穏かつ公然と占有していること」を疎明する資料としては，具体的に下記の書類等を提出する。

① 申請不動産の所有又は占有に係る事実が記載された「認可地縁団体」の事業報告書等

② 上記①の書類のほかに

・公共料金の支払領収証

・閉鎖登記簿の登記事項証明書又は謄本

・旧土地台帳の写し

・固定資産税の納税証明書

・固定資産課税台帳の記載事項証明書　　　等

③ 上記②の資料が入手困難な場合，入手困難な理由書を提出するとともに下記のものなどを提出する。

・「認可地縁団体」が申請不動産を所有又は占有していることについて，申請不動産の隣地の所有権の登記名義人や申請不動産の所在地に係る地域の実情に精通した者等の証言を記した書面

・「認可地縁団体」による申請不動産の占有を証する写真等

・「地縁団体」を「認可」してもらうために申請した際に提出した「保有資産目録」。その目録に該当する不動産が記載されている場合

第5節 所有不動産を「認可地縁団体」名義にする地方自治法の特例とは

は利用できる。

実務上のポイント

納税証明書に関する注意

10年分の納税証明書を保存している場合は問題ないが，新たに証明書を取得しようとすると，5年分しか取得できないのが通常である。そのような場合は，地縁団体が10年間作成した詳細な収支決算書を補足資料として提出すれば，資料として認めてもらえる場合がある。

こんな場合は困難

「認可地縁団体」に加入する権限のない者などの第三者が，長期間にわたり該当不動産を占有しており，認可地縁団体が「平穏かつ公然と占有」していない状態の場合，特例を受けることが困難となる。

(2) **不動産の登記名義人が，構成員であること**

地方自治法260条の38第1項3号の「当該不動産の表題部所有者又は所有権の登記名義人の全てが当該認可地縁団体の構成員又はかつて当該認可地縁団体の構成員であった者であること」を疎明する資料としては，具体的に下記の書類①等を提出する。

① 書類等
  ・「認可地縁団体」の構成員名簿
  ・市区町村が保有する地縁団体台帳
  ・墓地の使用者名簿（申請不動産が墓地である場合）　等
② 上記①の資料が入手困難な場合には，入手困難な理由書を提出するほか，下記のものなどを提出する。
  ・申請不動産の表題部所有者又は所有権の登記名義人の全てが認可地縁団体の構成員又はかつて当該認可地縁団体の構成員であった者であることについて，申請不動産の所在地に係る地域の実情に精通した者等の証言を記した書面　等

こんな場合は困難

　①不動産が，数十名の共有名義で登記されている場合，②1名でも「認可支援団体」の構成員又はかつて構成員であった者以外の者が含まれているような場合，登記名義人のうち1名でも，「認知地縁団体」とは関係のない第三者へ権利を譲渡し所有権移転の登記が行われている場合は特例を受けることが困難になる。

(3) 登記関係者の所在が知れないこと

　地方自治法260条の38第1項4号の「当該不動産の登記関係者の全部又は一部の所在が知れないこと」を疎明する資料としては，具体的に下記の書類等を提出する。

① 　登記記録上の住所の属する市町村の長が，当該市町村に登記関係者の「住民票」及び「住民票の除票」が存在しないことを証明した書面
（不在住証明書）
② 　登記記録上の住所に宛てた登記関係者宛の配達証明付き郵便が不到達であった旨を証明する書面
③ 　申請不動産の所在地に係る精通者等が登記関係者の現在の所在を知らない旨の証言を記載した書面

 実務上のポイント

全部又は一部の所在が知れないこと

　全部又は一部の所在が知れないこととは，全部の所在が知れていること以外は全て含まれることとなるため，登記関係者のうち少なくとも一人について，所在の確認を行った結果，所在が知れないときは，所在が知れないことを疎明するに足りる資料として添付すれば当該要件を満たすこととなる。

　つまり，一人について，所在が知れないことを疎明することができれば，他の人の所在が知れないことを疎明する必要はない。

　この場合において，認可地縁団体が当該事項を疎明するに当たっては，所在が判明している登記関係者から，特例制度の申請を行うことについての同意を得ておくことが望ましい。

　あくまで，所在が知れない場合の手続であり，所在が知れているが被後見

第5節　所有不動産を「認可地縁団体」名義にする地方自治法の特例とは

人である等意思能力が欠けている場合には利用できる制度ではない。

コラム

所在が知れないことの概念が手続により違う

　法律分野では，通常，所在が知れないとなると，そのかわりに不在者財産管理人を選任して行う手続を行うことが一般的である。不在者財産管理人を選任するとなると，様々な方法で不在者であることを証明するために証明書を集めたりということが必要になる。場合によっては，家庭裁判所に申し出ても，相続人が不在であることを裁判所が発見することはまれではない。

　認可地縁団体の登記のための特例を聞いたとき，「所在が知れないこと」をどのように証するのか，不在者財産管理人の選任申出のように大変だと思ったのではあるが，この特例ではずいぶん簡素な方法で「所在が知れないこと」を知らせる点は驚きでもある。

　単純に該当する市町村に住民票等が存在しないことを疎明するだけで可能だからである。

5　法務局に申請するには

(1)　市町村での手続が終了すれば

　不動産の所有者を「認可地縁団体」名義にするための準備としての市町村への申請により，市町村の公告も無事完了すれば，そのことを示す書面とともに，法務局への申請を行う。

　この特例を利用することにより，実質的に「認可地縁団体」が所有している不動産を名義的にも「認可地縁団体」名義に所有権移転登記手続が行える。

(2)　登記手続としての利点

　①　権利者である「認可地縁団体」の単独申請が可能になる。

　　本来であれば，登記名義人又は登記名義人が死亡している場合はその相続人全員と登記権利者である「認可地縁団体」が協力して登記申請を行う。

168

6 法務局へ地方自治法の特例を利用して「認可地縁団体名義」に所有権移転申請をするには

しかし，地方自治法260条の39の特例を利用すれば，登記権利者である「認可地縁団体」が単独で，「認可地縁団体」名義に所有権移転登記をすることができる。

② 保存登記も「認可地縁団体」の単独申請が可能になる。

代表者の表示登記のみが行われている場合，通常は，表示登記の登記名義人の保存登記を行った後に，登記名義人と「認可地縁団体」が共同して「認可地縁団体」への所有権移転登記を行う。また，表示登記の代表者が死亡している場合は，代表者の相続人全員が協力して代表者名義の保存登記を行ったうえで，相続人全員と「認可地縁団体」が共同して「認可地縁団体」への所有権移転登記を行う。

上記のような，代表者の表示登記のみの場合，地方自治法260条の39の特例を利用すれば，登記権利者である「認可地縁団体」が単独で，「認可地縁団体」名義に所有権移転登記をすることができる。つまり代表者の保存登記をすることが省略できる利点がある。

6 法務局へ地方自治法の特例を利用して「認可地縁団体名義」に所有権移転申請をするには

(1) 前　提

地方自治法260条の38の特例を利用して，「認可地縁団体」名義に所有権移転をするには，登記簿が次のような場合であることが前提である。

① 実質的に「認可地縁団体」が所有している不動産であるが，甲区の登記名義人は，地縁団体の代表者の個人名義になっている。

② 市町村に地方自治法260条の38の特例に関する手続を申請し，手続が完了する。

(2) 登記申請人

登記申請書に記載する申請人は，登記義務者である登記名義人又は登記名義人の相続人全員及び登記権利者である「認可地縁団体」であるが，実際に申請する場合，「認可地縁団体」の単独申請ができる（自治260条の39）。

会社・法人の場合，登記申請書に代表者の「肩書・氏名」を記載する

第5節　所有不動産を「認可地縁団体」名義にする地方自治法の特例とは

ように，申請書に「認可地縁団体」代表者の「肩書・氏名」を記載する。

(3)　**登記原因**

登記原因も代表者の変更時と同じように「委任の終了」で行う（平3・4・2民三2246号（民三2245号）民事局長通達（回答））。

(4)　**原因日付**

「地縁団体」が「認可地縁団体」として地方自治法260条の2第1項による市町村長（特別区の区長を含む。）に認可された日である（平27・2・26民二124号民事局長通達）。

(5)　**添付情報**

添付書類は次のものになる。

①　証する情報

市町村長が地方自治法260条の38第2項の規定により公告をしたこと，及び登記関係者等が同項の期間内に異議を述べなかったことを証する情報のこと。市区町村からの公告が問題なく終了した場合に市町村から提供される書面等のことである。

②　登記原因証明情報

市町村が「地縁団体」を認可した場合，「認可地縁団体」の名称，主たる事務所，代表者の氏名及び住所，認可年月日等を記載した台帳を作成する。この台帳の写し（市町村が交付する認可地縁団体に係る証明書）を登記原因証明情報として提出する（平27・2・26民二124号民事局長通達）。

③　登記権利者「認可地縁団体」の代表者の資格を証する情報

台帳の写し（市町村が交付する認可地縁団体に係る証明書）

④　登記権利者「認可地縁団体」の住所を証明する情報

台帳の写し（市町村が交付する認可地縁団体に係る証明書）

⑤　代理人により申請する場合

委任状

(6)　**登記義務者の登記識別情報**

市町村長が地方自治法260条の38第2項の規定により公告をしたこと，及び登記関係者等が同項の期間内に異議を述べなかったことを証する情報を添付して，登記権利者である「認可地縁団体」による単独申請が行

6 法務局へ地方自治法の特例を利用して「認可地縁団体名義」に所有権移転申請をするには

えるため，登記義務者の登記識別情報（又は登記済証）を添付する必要は
ない。

(7) 登記義務者の印鑑登録証明書

　　市町村長が地方自治法260条の38第2項の規定により公告をしたこと，
及び登記関係者等が同項の期間内に異議を述べなかったことを証する情
報を添付して，登記権利者である「認可地縁団体」による単独申請が行
えるため，登記義務者の印鑑証明書を添付する必要はない。

(8) 「認可地縁団体」としての印鑑

　　「認可地縁団体」が登記義務者の場合は，市町村に登録した印鑑を登
記原因証明情報等の書面に押印するが，今回は登記権利者であるため，
登録した印鑑で押印しなくてもかまわない。

(9) 登録免許税

　　登録免許税は，不動産の価額の1000分の20である（不登規189条1項前段，
登免別表第1-1(2)ハ）。なお，端数処理など算出方法については通常の移
転登記と同じである。

(10) 登記申請書—所有権移転の場合

《例18　登記申請書—所有権移転の場合》

```
　　　　　　　　　　登　記　申　請　書

　登記の目的　　　　　所有権移転


　原　　　因　　　　　平成30年4月1日委任の終了


　権　利　者　　　　　○○県○○郡○○町銀座山12番地
　　　　　　　　　　　　　認可地縁団体銀座山町内会
　　　　　　　　　　　　　　代表者　山　田　太　郎


　義　務　者　　　　　○○県○○郡○○町銀座山9番地
　　　　　　　　　　　　　　　　　　川　田　次　郎


　添付書類　　　　　　証する情報　　　　登記原因証明情報
```

第5節　所有不動産を「認可地縁団体」名義にする地方自治法の特例とは

```
                        代表者資格証明書　　住所証明書
                        代理権限証書


平成30年4月1日申請　○○地方法務局○○支局


代　理　人　　　　　○○県○○郡○○町渋谷川1番地
                        司法書士　　○　○　○　○
                        連絡先電話番号　○○○○-○○-○○○○


課税価格　　　　　　　金10,000円


登録免許税　　　　　　金1,000円


不動産の表示
    不動産番号　　　　1234567890123
    所　　在　　　　　○○郡○○町銀座山字青山
    地　　番　　　　　123番
    地　　目　　　　　山　林
    地　　積　　　　　100平方メートル
```


7　法務局へ地方自治法の特例を利用して「認可地縁団体名義」に所有権保存登記申請をするには

(1)　前　提

　　表題部に代表者の名義が登記されてある場合でも，地方自治法260条の38の特例を利用すれば，「認可地縁団体」名義に直接所有権保存登記ができる。そのためには，登記簿が次のような場合であることが前提である。

①　実質的に「認可地縁団体」が所有している不動産であるが，表題部の登記名義が地縁団体の代表者個人名義になっており，甲区の登記がされていない。

②　市町村に地方自治法260条の38の特例に関する手続を申請し，手続が完了する。

7 法務局へ地方自治法の特例を利用して「認可地縁団体名義」に所有権保存登記申請をするには

(2) 登記申請人

　　登記申請書に記載する申請人は，登記申請者である「認可地縁団体」であり，「認可地縁団体」の単独申請ができる（自治260条の39）。

　　会社・法人の場合，登記申請書に代表者の「肩書・氏名」を記載するように，申請書に「認可地縁団体」代表者の「肩書・氏名」を記載する。

(3) 添付情報

　　添付書類は次のものになる。

　① 証する情報

　　　市町村長が地方自治法260条の38第2項の規定により公告をしたこと，及び登記関係者等が同項の期間内に異議を述べなかったことを証する情報のこと。市区町村からの公告が問題なく終了した場合に市町村から提供される書面等のことである。

　② 登記権利者「認可地縁団体」の代表者の資格を証する情報

　　　台帳の写し（市町村が交付する認可地縁団体に係る証明書）

　③ 登記権利者「認可地縁団体」の住所を証明する情報

　　　台帳の写し（市町村が交付する認可地縁団体に係る証明書）

　④ 代理人により申請する場合

　　　委任状

(4) 登記義務者の登記識別情報

　　保存登記のため，登記識別情報（又は登記済証）は不要である。

(5) 登録免許税

　　登録免許税は，不動産の価額の1000分の4である（不登規189条1項前段，登免別表第1-1(1)）。なお，端数処理など算出方法については通常の保存登記と同じである。

173

第5節　所有不動産を「認可地縁団体」名義にする地方自治法の特例とは

⑹　登記申請書─保存登記の場合

《例19　登記申請書─法務局へ地方自治法の特例を利用して「認可地縁団体名義」に所有権保存登記申請をする場合》

登　記　申　請　書

登記の目的　　　　　所有権保存

所　有　者　　　　　○○県○○郡○○町銀座山12番地
　　　　　　　　　　　　　　認可地縁団体銀座山町内会
　　　　　　　　　　　　　　　代表者　山　田　太　郎

添付書類　　　　　　証する情報　　　　代表者資格証明書
　　　　　　　　　　住所証明書　　　　代理権限証書

平成30年4月2日申請　○○地方法務局○○支局

代　理　人　　　　　○○県○○郡○○町渋谷川1番地
　　　　　　　　　　　　司法書士　　○　○　○　○
　　　　　　　　　　　連絡先電話番号　○○○○-○○-○○○○

課税価格　　　　　　金200,000円

登録免許税　　　　　金1,000円

不動産の表示
　　不動産番号　　　1234567890123
　　所　　在　　　　○○郡○○町銀座山字青山
　　地　　番　　　　123番
　　地　　目　　　　山　林
　　地　　積　　　　10000平方メートル

174

2 「認可地縁団体」が不動産を取得した場合

第6節 「認可地縁団体」名義の不動産に関する手続

1 「認可地縁団体」名義の不動産を売買・贈与する場合

「認可地縁団体」が登記名義の不動産を売買・贈与する場合，一般の法人や会社が登記義務者として所有権移転の手続をする場合と同じである。

違う点といえば，下記の点である。

①会社・法人等番号
②法人の印鑑登録証明書

(1) 会社・法人等番号

会社・法人が登記申請人として，申請を行う場合，どのような会社・法人であるかを示す証明書を添付する必要がある。しかし，法務局が登記を管轄する会社・法人であれば，証明書は法務局の会社・法人の登記証明書になるため，登記申請書に「会社・法人等番号」を記載すれば，証明書は省略できる。

しかし，「認可地縁団体」は市町村が管轄するため，「会社・法人等番号」は存在しない。そのため，証明書として，市町村が発行する証明書（台帳の写し）を提出する。

(2) 法人（「認可地縁団体」）の印鑑登録証明書

通知によれば，地方自治法の一部を改正する法律により法人格を付与された認可地縁団体の場合，自治省が定めた「認可地縁団体印鑑登録事務処理要領」に準拠して，特別区の区長を含む市町村長が発行した認可地縁団体の代表者の印鑑登録証明書は，これを登記申請に使用することが可能（平4・5・20民三2430号民事第三課長，第四課長通知）とあるように，市町村長発行の「認可地縁団体」の印鑑登録証明書を使用する。

2 「認可地縁団体」が不動産を取得した場合

「認可地縁団体」が売買・贈与等で不動産の所有者になる場合は，一般の会社・法人が登記権利者として所有権移転手続をするのと同じである。基本的に，異なるのは，義務者になるときと同じ，会社・法人等番号である。会社・法人等番号は，存在しないため，市町村が発行する「認可地縁

175

第6節 「認可地縁団体」名義の不動産に関する手続

団体」であることを証明する証明書を添付することになる。

実務上のポイント

■Q49 認可前の「地縁団体」のときに売買等で取得したが，取得登記をしないうちに「認可地縁団体」として認可されたら。

【回 答】

　地縁団体という「権利能力なき社団」の状態において，売買等で不動産を取得したら，通常は代表者又は構成員全員の共有名義にするように，売主からの所有権移転登記を行う。

　しかし，権利能力なき社団の状態で，代表者等への名義変更をしないうちに，「権利能力なき社団」である「地縁団体」が市町村の認可を受け「認可地縁団体」になった場合，登記手続としては，どうすべきかという問題が発生する。

　通常であれば，一度，代表者等の名義にした上で，認可地縁団体の名義にするようにも思えるが，法務省の回答によると「権利能力なき社団である地縁団体（町又は字の区域その他市町村内の一定の区域に住所を有する者の地縁に基づいて形成された団体）が，売買等により不動産を取得し，その後，所有権移転の登記申請時までに地方自治法260条の2第1項の市町村長の認可を受けている場合には，不動産を取得した権利能力なき社団である地縁団体と認可を受けた地縁団体とに同一性が認められるのであれば，直接認可地縁団体名義に所有権移転登記をすることができる。」（平16・1・21民二145(146)号民事第二課長通知（回答））と回答している。

　つまり，一度，「権利能力なき社団」である「地縁団体」の代表者個人名義等の登記をすることなく，「認可地縁団体」の名義にしてかまわないということである。

　実務的には，手続が楽になる反面，中間登記省略を認めるのがいいのかという論理的な批判もでている。

■Q50 原因日付はどうなるか。

【回 答】

　売買であるので，売買の日が原因日付になる（平16・1・21民二145(146)号民事第二課長通知（回答））。売買の日には，地縁団体は認可されていないが，地縁団体と認可地縁団体は別のものではなく，同一性が認められるからである。

裁判所の許可書等で，名称が違う場合も考えられるが

　先例等はないが，実務的に問題になる事例を紹介する。

　例えば，相続財産管理人が管理している不動産を認可前の地縁団体が購入するような場合，手続的には，家庭裁判所に売買に関する権限外の許可をもらう必要がある。その場合，裁判所の相続財産管理人の権限外の許可書には，「渋谷町内会」に売り渡す旨が記載されているとする。

　その後，買主である地縁団体が認可され，名称が「渋谷自治会」というように，権限外の許可書とは，違う名称になることもあり得る。

　このような場合，売買の登記を法務局に申請した場合，問題なく登記が完了するかの疑問が出てくる。

　実際には，「同じ地域で同じ主たる事務所で，複数認可地縁団体があるのはあまり考えられない」という理由などで法務局も同一性を認めてくれるとは思われるが，困難事例となることには変わりないであろう。

第5編
地方自治制度，地租・登記制度の変遷が関連する複雑な登記名義

第1節　所有者が不明な登記名義と地方自治制度，地租・登記制度の変遷との関連

1　なぜ所有者が不明な登記名義になったか

(1)　様々な複雑な登記名義も所有者不明土地である

　　現在，所有者不明土地問題は，登記業界だけでなく，地方自治や様々な分野で大きな問題として話題になっているとともに，国全体の問題解決として法制定も考慮し，実行しようとしている。

　　しかも，所有者不明土地自体が何かという点については，元々個人の所有地であったが相続登記が行われていないため実際の所有者が不明になっている土地が中心に取り上げられている。

　　しかし，本書で説明しているように，所有者不明土地には，様々な複雑な登記名義があり，純粋に個人所有，あるいは純粋な多人数の共有名義とは限らない。

　　しかも，登記名義的には単純に個人所有，あるのは多人数の共有名義にみえても，所有者は異なるというものも少なくない。

　　その様々な複雑な登記名義に関して国等の資料には，なぜ所有者不明土地になってしまったかの経緯等はあまり説明されていない。

(2)　なぜ，様々な複雑な登記名義になったのか

　　様々な複雑な登記名義の所有者不明不動産を扱うためには，そもそも複雑な登記名義とは何か，どのような者が所有者であるか，ということが重要である。国が定める取扱いに関する法律等でも，問題のある不動産を取り扱う場合は，まず調査することがあげられている。

　　そうであれば，様々な複雑な登記名義とは何かを考慮することが重要であることに疑問はないはずである。

その点を踏まえて，本書では様々な複雑な登記名義とは誰が所有しているかを説明するものである。説明するために，色々な調べものをしていると，単純に，どのような登記名義であるかだけではなく，なぜそのような登記名義になったのかもおのずと理解できるようにもなっている。ただし，詳細まで分からないことも多い。

(3) **明治時代からの時代の流れが複雑な登記名義につながる**

複雑な登記名義につき調べものをすると，なぜ複雑な登記名義になったかを，総合的に歴史的な流れを解説したものほとんどないが，複雑な登記名義一つ一つがなぜ登記簿に記載されたかを考慮すると，明治時代からの様々な歴史の流れによってできたということがみえてくる。

そのため，本編では，明治時代からの歴史的な流れとともにどのようにして様々な複雑な登記名義ができたかを説明したい。

なお，あくまで複雑な登記名義に関する書籍のため，複雑な登記名義に関係する変遷は説明するが，特に関係ないと思われる遍歴は省略するので，ご了承いただきたい。

2 何の変遷が複雑な登記名義をつくりだしたか

(1) **複雑な登記名義の所有者の多くは人間の集まりである**

人そのものは，単独で行動する動物でなく集まって行動する生き物であり，様々なことを人間の集まりである団体等として行動している。そのため時代と共に様々な集まりを基準にして，行動をしてきたはずである。

様々な種類の人間の集まりである団体等があり，それぞれの集まりをどのような登記名義にするかという視点での変遷により，様々な複雑な登記名義を生んだともいえる。

現在の登記制度においては，例えば，会社という法人であれば，「会社名」で登記名義ができるが，法人とは呼べない団体等の種別により，法律上，団体名で登記できないものも多い。そのため，登記名義と実体の団体との関係が分かりにくい登記名義も多い。

2 何の変遷が複雑な登記名義をつくりだしたか

(2)　地方自治の市町村制度等の変遷も複雑な登記名義の原因である

　人間の集まりを地方自治の観点からいくと，現在では，市町村制度を基準に行われている。これは従来からの基準・区切りではなく，江戸時代には違う集まりであり，明治時代になり市町村制度ができるまでの遍歴があり，市町村制度ができてからも様々な遍歴が存在する。

　複雑な登記名義を研究してみると，「財産区」をはじめ，地方自治的な観点からの市町村制度等の変遷と共に複雑な登記名義になったものも多い。

(3)　地租等の遍歴も複雑な登記名義の原因である

　不動産の所有者が誰かを示すのは，現在では登記簿の登記名義が基本である。しかし，最初に所有者が誰かを知る必要があったのは，所有者から税金を徴収する必要のある国や市町村であった。

　土地の所有者から税金を徴収する地租制度をたどっていくと，登記制度より早く実施され，登記制度より先に所有者を把握し名簿を作っていたのである。

　そのため，地租制度の変遷も複雑な登記名義に影響を与えている。

(4)　登記制度の遍歴も複雑な登記名義の原因である

　現在では，不動産の所有者であることを主張するためには，登記簿に登記し登記名義人となることが当たり前であるが，現在の登記制度が始まったのは，明治32年である。

　当時は，登記をするのが当たり前ではなく，登記をしない不動産も多数であった。その場合でも地租制度の名簿では所有者を把握していた。そのため，不動産の所有者が誰かを把握する制度としては，登記制度と地租制度があったが，地租制度で把握している所有者と登記簿に登記されている名義人が一致しないということもあった。

　このような問題を抱えながらも，登記制度，地租制度の両立が続いたが，登記簿と地租制度の名簿である台帳を合体させるという，いわゆる「登記簿・台帳の一元化」を昭和35年に行っており，このことにより多くの複雑な名義の一種である「変則型登記」が誕生したといわれている。

　このような登記制度の様々な変遷も複雑な登記名義に影響を与えてい

第5編　地方自治制度、地租・登記制度の変遷が関連する複雑な登記名義

第1節　所有者が不明な登記名義と地方自治制度，地租・登記制度の変遷との関連

る。

⑸　**複雑な登記名義を作り出したことを集約すると**

　　様々な複雑な登記名義ができ上がったことを集約すると以下の点があ
げられる。なお，それぞれの制度等の変遷は本編で，多人数の共有地に
ついては7編で，大字・字名義の登記については8編で，「標題部所有
者不明土地（変則型登記）」が何かについては9編で，財産区については
10編で，「その他の複雑な登記名義」が何かは11編で，外部からどのよ
うに対応・解決していくかは12編で説明する。

　　様々な登記名義を作り出した要因を大まかに挙げると以下となる。

■様々な複雑な登記名義を作り出した要因等
　①　人間の集まりである様々な団体をどう把握し表すか
　②　地方自治としての市町村制度等の変遷
　③　不動産所有者から徴収する地租制度の変遷
　④　不動産登記制度等の変遷

第2節　人の集まりが所有するとは

1　人の集まりである団体等が所有するとは

(1)　人が共同で所有するとは

　本編第1節において，様々な複雑な登記名義の所有者は様々な人の集まりである団体等である場合が多いと述べた。

　そのため，地方自治制度等，地租制度・登記制度等の変遷をたどるためには，人が共同で所有するとは何かを学問的な観点からの見方があることも理解したほうが，所有者が誰かを理解しやすいので，ここで紹介する。

(2)　人の集まりを登記簿で表すと

　登記簿で形式的に人の集まりを所有者として表すためには，集まりそのものの名称で表すか，多人数で所有しているような形式の共同所有の形で表している。

　ただ，これは登記上の形式的な規定による方法であり，複雑な登記名義の場合，必ずしも所有者を単純に示しているわけではなく，分かりかねる場合も多い。

　集まりそのものの名称と思われるものでも，例えば「字○○」というものがある。これは，字面からは，小さく地域の名前を示していると思われる。しかし，実際の所有者が誰かを考慮すると「字○○」という地域そのものの所有であるのか，町内会のように「字○○」に住む人々を示すのか，「字○○」にある入会権，財産区等を示すのかはっきりしない場合も多く，実際の所有者が誰なのか単純には理解しにくいのが現実である。

　また，集まりの名称ではなく，誰と誰が持分いくらかずつ所有しているという，いわゆる共同所有の形式で示している場合もある。

　しかし，これは純粋な複数の個人の共同所有とは限らず，「共同」という概念のなかでの「合有」，「総有」という形式なのに「共同」という形式で表しているという場合もある。

　そのため，「共同」という概念，「合有」，「総有」という概念を理解したほうが，複雑な登記名義を理解しやすいようになる。

第2節　人の集まりが所有するとは

2　「共有」という概念には，様々な共有形態がある

⑴　「共有」は分別すると「共有」，「合有」，「総有」に区別される

　　多人数で不動産を所有する場合，一般的には「共有」と呼ばれるが，所有形式を学問的概念で分別すると，「共有」，「合有」，「総有」に分別される。

　　様々な複雑な登記名義の所有者である人の集まりである団体等もどのような共有形態で所有しているかは，団体そのものの組織形態により異なる場合が多い。

⑵　「共有」とは

　　「共有」という大きい概念を「共有」，「合有」，「総有」とさらに分割した場合の「共有」であるが，大きな概念ではなく，もっと細かくとらえた場合の共有は，一般的な共同所有といわれるものである。学術的には，数人が同一物の所有権を量的に分有するといわれている。言い換えると，各共有者は各1個の所有権を有し，各所有権が一定の割合において制限し合って，その内容の総和が1個の所有権の内容と等しくなっている状態ともいわれる。民法（249条から264条）ではこれを共有の普通の型としている。この共有形式のことを「狭義の共有」と記載する研究論文等も多い。

　　共有者が共有物のうえに持つ権利は持分（権）とよばれ，共有者間ではその持分の割合が決められる。その割合は，共有者の意思表示によって，あるいは法律の規定によって定まる。民法はその割合を等しいものと推定する（民250条）。

　　共有物につき持分に応じて権利，義務を有し（民249条），共有物の管理は持分の価格による多数決により（民252条），共有物の変更や処分は全員の同意による（民251条）。しかし，それ以外では通常の単独所有権と同じであり，共有者は自由に持分権を処分できる。また，共有者はいつでも共有物の分割を請求することができる（民256条1項）。

　　不動産の所有者で例をあげると，夫婦が共同で土地・建物を所有していたり，近所の住民が通行するための小道を近所の住民が共同で所有しているような場合である。複雑な登記名義ではこのような所有形態はあ

まり出てこないが，複雑な所有形態と異なることを説明するため，「純粋な複数人数の共同所有」というような説明をする場合がある。

ただ，登記簿の形式自体が純粋な複数人間の共同所有の形式であるが，実際の所有者が団体である「権利能力なき団体」，「入会権」である場合も多く，所有者が誰であるかを複雑にしているのが現実ではある。つまり，登記簿をみただけでは，実際の所有者・所有形態が分からない場合も多い。

(3) 「含有」とは

「共有」と「総有」の中間に位置する共同所有の一形態である。各人が持分をもつ点では「共有」と同じだが，共同目的のために拘束され，持分の譲渡・分割の請求に制限がある。

(4) 「総有」とは

多数の者が同一の物を共同で所有する場合の一つの形態である。「総有」は，その物の管理・処分などの権限は，多数の者で形成する団体等自体に属し，各団体員はその物を使用・収益する権限を有するにとどまる。共同所有の形態のなかで最も団体主義的色彩が強いもので，民法で定められている「共有」と比べると，各構成員は持分を有せず，また分割請求権もない。

複雑な登記名義の所有者では，「権利能力なき社団」，「入会権」の場合がこれに該当する。

(5) 登記簿では，「含有」，「総有」を表す仕組みになっていない

上記の説明の「共有」という大きな概念を細分化すると「共有」，「含有」，「総有」に細分化できるが，登記簿で共同所有を示す形態では「含有」，「総有」を表す仕組みにはなっておらず，全て狭義の「共有」形式でしか示すことができない。そのため，登記名義だけでは，実際の所有者を理解することができず，登記簿だけでは所有者を理解できないということに遭遇することが多い。

第3節　江戸時代には完成した生活共同体の「村（旧村）」とは

1　江戸時代からの人の集まりが地方自治の変遷に影響を

(1)　生活のための人の集まりとは

　　日本だけではないが，近代化以前，電気も水道もない農作を中心に暮らしていた時代には，昔から生活のためには地域ごとの共同生活に近い形で暮らしていたであろう。

　　その場合の共同生活の単位は「村落共同体」と呼ばれ，「前近代社会において，土地の共有や共同利用，農業生産及び日常生活を構成員の地縁的相互扶助によって自給的に行うことなどをもって営まれる共同体のこと」，といわれている。

　　日本でも地域社会の共同生活の1単位である村落共同体が，江戸時代には既に確立していたといわれる。

　　この村落共同体としての地域社会の人間の集まりは，明治時代になっても継続しており，現在においても地域の人間の集まりとしては，継続していたり影響を与えている地域も多い。

　　この人の集まりである「村落共同体」と，明治時代以降，国や市町村が行う地方自治の地域の単位と合致しているとは限らないため，市町村制度等の変遷が様々な複雑な登記名義を生み出した一つの原因であるといわれている。

(2)　村落共同体は，何と呼ばれているか

　　前述した「村落共同体」は，現在の市町村における行政上の「村」とは違う概念であり，地方自治の市町村制度等の変遷や様々な複雑登記名義を説明する場合にしばしば登場する。

　　しかし，「村落共同体」を示す言葉が，学術的に統一されていないため，様々な言葉が使われている。どのような言葉が使用されているかを示すとともに，全てほぼ同じ意味で使用されていることを理解してほしい。

　　なお，本書では基本的に「村（旧村））」という言葉を使用する。

1　江戸時代からの人の集まりが地方自治の変遷に影響を

 実務上のポイント

共同生活の1単位である村落共同体を示す様々な言葉（実際は同じだが，用語として異なる）

- 「むら」

  現在の市町村制度の行政上の「村」とは違うという意味で，ひらがなで記載している。

- 「旧村（きゅうそん）」

  現在の市町村制度の行政上の「村」は明治時代になってから創設されたものであり，村落共同体は従来からあったものであるという意味で「旧」を付加している。

  「村（旧村）」と異なり，地方自治制度の市町村における「村」は行政的に作られた地方公共団体であり，「旧村」と区別する意味では「行政村」と呼ばれることがある。

- 「自然村（しぜんそん）」

  市町村制度として生まれた行政上の「村」ではなく，近代化以前に共同生活の一単位として自然に生まれた村落共同体であるという意味で「自然」を付加している。

- 「部落」

  ドイツ語の「集落」にあたる言葉を翻訳して明治時代の中ごろから使われだしたといわれる。現在使われることのある差別用語としての表現ではない。

- 「区」

  現在の市町村制度の行政上の「区」や明治11年の「郡区町村編制法」における行政上の「区」とは異なる。ただ，表現上，同じ「区」であり区別がつきにくい。

- 「大字（おおあざ）」

  本来は，行政区域の単位であるが，ほぼ従来からの「村落共同体」と重なっているともいわれる。現在では住所に記載される場合があるなど1地域を示すために使用されることがある。全てにおいて「共同生活の1単位である村落共同体」を示すわけではなく，一つの「地域」として使われる場合も多い。また，複雑な登記名義のなかには「大字○○」という名義の場合も存在するが，誰が所有者かは，不動産ごとに異なる。

- 「部落会・町内会」

  戦時中に，共同生活の1単位である村落共同体を地方自治の行政組織に組み込む場合に，利用された言葉である。

第5編　地方自治制度、地租・登記制度の変遷が関連する複雑な登記名義

187

2 江戸時代からの「村(旧村)」とは

(1) 江戸時代末期の「村(旧村)」を理解することは

　江戸時代には，行政的には，「町」と「村」があるが，税金は「村」の年貢であり，村落共同体である「村(旧村)」を行政単位の「村」としていた。江戸時代の「村(旧村)」が明治時代になってどのように変化していくかを考慮すると地方自治制度の市町村等の変遷，複雑な登記名義を理解しやすい。

　それは，江戸時代の村落共同体である「村(旧村)」が明治時代以後も生活のための共同体としては根強く残っているからである。

(2) 江戸時代末期の「村(旧村)」の構造

　長年により自然にできたともいえる自然村を行政上の村としており，「村役人」及び「総百姓」で組織されているといわれている。

　「村役人」は村の行政上の責任者であり村民の代表である「惣代(そうだい)」でもあったが，現在のように役人や村民と公私の区別があるわけではなく共同体のような組織である。

　村における日常の重要事項は，村民の「寄合(よりあい)」という会議で決定し，村役人が代表者として売買賃貸等の私法的行為を行っていたとされている。

　上記の行政的構造は，明治時代になってもしばらく続き，明治4年の「戸籍法」制定から，少しずつ変わり始めたといわれている。

実務上のポイント

■Q51 「村役人」とは。

【回 答】

　名主(又は荘屋)，組頭(又は年寄)，百姓代の三役のことであり，一般的には「村方三役」と呼ばれた。現在でいえば町村の理事機関に相当するといわれている。

■Q52 「寄合」とは。

【回 答】

　現在の町村の決議機関に相当し，決議の方法は全員一致制である。

(3) 江戸時代の「村（旧村）」の規模

　江戸時代の全国の村落共同体，「村（旧村）」の数は，元禄10年（1697年）に6万3276個，天保5年（1834年）に6万3562個といわれており，農村では集落ごとに「村（旧村）」があったといわれている。

　一つの「村（旧村）」には，農家の戸数が40から50戸，人口的には400人程度といわれている。もちろん，「村（旧村）」ごとに大小はあるにしても，戸数でいえば100戸以下が7割近くを占めていたといわれている。当時の基幹産業は農業であり，人口の8割以上が農民であった。

　数字的にみると，2019年6月1日現在の市町村数は約1,700であり，現在の一つの市町村に35程度の江戸時代の「村（旧村）」があったようなイメージで，「村（旧村）」は，一つが決して大きくないものである。

3　江戸時代の土地の所有

(1) 江戸時代の土地の権利

　まず，最初に理解してほしいのは，所有という言葉がでてきても，現在の法令での所有権など現在の土地制度とは異なるということである。近世の土地をめぐる関係は，近代的な所有観念であり，あくまで近世のいわば封建的社会の上でのことであることを理解してほしい。そのため，現在の常識的概念とは異なるということでもある。あくまで幕府や藩主が支配した上での農民的な土地所有である。

　江戸時代で土地といえば，主要な土地の多くが農地であり，農地に関しては，寛永20年（1643年）には，「田畑永代売買禁止令」が発せられ，田畑の売買は禁止された。田畑の売買を禁止されたのは，年貢が課される土地であるため，これが勝手に売買されると税金徴収の制度が崩れかねないからである。

　売買が禁止されたのは検地帳に登録された田畑であって，都市の土地である町地は，無税の土地であり，売買も許されていた。田畑であっても開墾新田は売買を禁止されておらず，田畑でも子弟などへの無償移転は許された。田畑でも売買が禁止されているとはいえ，実際上は，質地流れなどの方法で，実質上の売買が行われていた。

第3節　江戸時代には完成した生活共同体の「村（旧村）」とは

　　ただ，所有といっても現在の所有権とは異なり，農民は，農地の司法的土地支配権である所持の権利があるわけではなく，先祖から受け継いで耕作している農地を売ることはできず，村（旧村）社会の内部での貸借・賃貸・一時預けが許されていただけである。

　　村（旧村）全体の農地に関して，司法的土地支配権である支配権を持っているのは村（旧村）であり，土地の相続，賃貸借でといっても使用権の形で委ねられているだけである。

⑵　**村（旧村）の農民が共同で行ったことは**

　　村（旧村）では共同で用水路，水門等を作り共同で維持したり田畑の小道，橋，街道へのアクセスも作り，村が管理した。

　　村落共同体が森林も管理し，森は各村（旧村）に分配され，森から建築材を得たり薪や木炭の燃料を取得したり，木の葉から肥料を作ることもできた。

　　さらに，埋め立てや開墾などで新しい農地拡張することも行っている。農地の獲得は大勢の農民が参加する大掛かりなプロジェクトであり，多額の資金も必要であるが，大名，商人，神社・寺から資金を提供してもらっている。最も多く提供したのが幕府であったそうである。

⑶　**村自体が所有している土地がある**

　　村（旧村）自体が所有している土地もあり「村持」又は「総村持」と呼ばれており，村の持地は，「村（旧村）の所有地」であると同時に「村民の共有地」でもある。村民の共有地は，前節で説明したような民法上の「狭義の共有」ではなく，「総有」の形態である。

　　「総有」の形態であるため，村民は村民として土地の管理に参加し，使用収益できるが，共有の主体としては，村民個人ではなく，村（旧村）自体である。

　　「村（旧村）」自体が所有しているということにつき，現在の権利的な概念では「入会権」とも呼ばれ，明治時代になっての「村（旧村）」での利用・所有する土地に関しては，「入会権」で説明されることも多い。

　　ただ，それぞれの山林・原野等により利用形態が異なることもあり，争う場合もあるが，争う点はあくまで利用の範囲や形態についてであり，

所有について争うものではなかった。

よって，江戸時代末期の土地に関する権利関係は，所有権という関係ではなく，利用する権利からいうと，幕府のもの，藩のもの，村（旧村）のもの，個人のもの，山の奥の方で誰も利用していない所有者がいないようなもの，などに分けられる。

(4)　**土地とその持主の把握**

　幕藩封建体制の社会では，幕府，大名の領主が貢納確保のため，土地と持主を貢額とともに確定し，変動を公簿上明らかにしておく制度が行われた。農民に対する貢納義務は各村単位に賦課され，一村連帯で義務を負ったので，公簿の取扱いも名主・庄屋の職責であった。検地により作成される検地帳は，村ごとに2部設けられた。1部は領主役所，もう1部は村役人が保管した。

第4節　明治時代の地方自治制度の変遷

第4節　明治時代の地方自治制度の変遷

1　明治時代全体の地方自治制度の変遷の概要

　明治時代を迎えても，地方自治体・行政単位は，江戸時代の村落共同体である「村（旧村）」のままであった。

　日本の近代化を進めるために，地方制度に関しては，色々な模索が行われた後，明治21年（1888年）に近代的な市町村法（市制町村制）が制定され，翌明治22年（1889年）から施行された。

　これは，地方自治体・行政単位を小規模な「村（旧村）」から新たな市町村への合併でもあり，「明治の大合併」といわれる。

　この市町村等の行政単位を合併する方向は，国全体を中央集権的な構造にするために進められていた。現在でも，中央集権的にするためかどうかは別にしても，地方自治体を合併し集約する方向は進められている。

　この地方自治体の集約化において，「財産区」をはじめとした，様々な登記名義が誕生している。

2　江戸時代から明治時代へ

(1)　江戸時代から明治時代へ

　生活に関する地域ごとの団体は，江戸時代には完成していた村落共同体「町村」がある。これは，現在の市町村とは異なり，都市では，街路ごとに「町」あるいは「丁」，農村などでは集落ごとに「村（旧村）」であった。

　明治時代になっても，しばらくは，江戸時代の「町村」制度がそのまま引き継がれていて，100戸以下の小規模な町村が7割近くを占めている。

　生活のために個人が所有するべきではなく，村人皆で所有し利用するような土地として「村持」又は「総村持」と呼ばれるような形式の土地もあったとされている。

　といっても，民法でいう共有ではなく，各自の持分は定めないが共同で所有するといわれている形式「総有」であったとされている。

2　江戸時代から明治時代へ

(2)　明治4年―戸籍法制定

　住民を把握するために明治4年4月4日大政官布告170号「戸籍法」を制定した。この制定により，どのような人間がいるかを把握し，人々に課税するための資料を作る第一歩とした。

　また，江戸時代から続いていた行政区画でもある「村（旧村）」から新たな行政区画である「区」を全国に設置し，戸長・副戸長を配置した。

　「区」を定めるには「45モシクハ78村組合スベシ」としており，江戸時代から続いた村（旧村）の区域と一致していない。

(3)　明治5年―大区小区制施行

　国としては，江戸時代から続いている旧来の「町村」制度を廃止し，近代的な地方自治体・行政単位を作ろうとして，まず「大区小区制」が明治5年（1872年）10月10日に施行された。

　旧来の藩制村の組織を「大区」，「小区」に分類し，庄屋，名主，組頭，年寄等の名称を戸長，副戸長に改め，これらを準官吏とする行政末端機構として再編成した。

　つまり，江戸時代から続く町村制は廃止したり無視して新たな地方自治制を構築しようとしたのである。

　府県の下に「大区」を置き，「大区」の下に「小区」を置くことを基本に行った。「第3区2小区」のように数字で行政区域が表示され，従来からの「町村名」は無視された。

　大区は複数の小区からなり，小区は複数の従来の町村からなる。これらは従来の「町村名」を無視して番号で呼ばれ，従来からの「町村名」は無視された。

　しかし，地域に自治権がなく中央集権的であるなど，過剰に開化的・近代的であると反発を呼び失敗した政策とされ，明治11年には，新たに「郡区町村編制法」が制定され，地方制度の見直しがされた。

　といっても，明治6年頃から9年ごろまで，政府は数町村単位に合併することを進め，合併した町村がかなりの数になる。

(4)　明治11年―市町村の動き―郡区町村編制法

　明治11年（1878年）7月22日「郡区町村編制法」が公布され，本土で

第5編　地方自治制度、地租・登記制度の変遷が関連する複雑な登記名義

は同年，北海道では明治12年に施行された。

明治５年施行の「大区小区制」の失敗から，「大区」と「小区」は廃止された。府県の下に「郡・区・町・村」を置くことを定め，郡町村の名称と区域は江戸時代のものを継承した。

「区」は，東京，大阪等の主要地に置かれ，形式的には町村と同格のものとされた。

ここでも，従来からの村落共同体である「村（旧村）」の解体を行い中央集権体制にしようとしたが，地方においては，生活共同体の「村（旧村）」単位のまとまりが強く，解体をすることはできなかったともいわれる。

3　市町村制度の開始

(1)　明治22年―市町村の動き―市町村制施行（明治の大併合）

明治22年（1889年），近代的な地方自治体・行政単位としての現在でも利用されている市町村を作りあげるため，「市制町村制」が実施された（明治21年４月17日法律第１号で公布され，翌22年４月１日から施行。）。

村落共同体である「村（旧村）」のままでは，１村落が100戸程度のかたまりであり，一つの地方自治体・行政単位としては小さすぎると考えられ，地方自治として教育，税金徴収，戸籍の管理等を行うのに適した大きさの自治体を作ることが目的であり，300から500程度の住戸を１単位にするために市町村制を採用した。

これにより市町村制の施行前の明治22年には，「村（旧村）」が71,314であったが，施行後の明治23年には，市町村が，15,859に激減した。これは「明治の大合併」といわれる。

なお，従来の「区」は「市」になっている。

(2)　問題は従来の町村所有の財産の処理

従来の町村が所有していた財産をどうするかという点が合併により一番の問題になったといわれている。

つまり，村（旧村）の村民たちが，「合併したら自分たちの山が市にとられてしまう」，「山やため池は村民たちが利用する大切な資源だ」と反

対されたらどうするかということである。当時は，まだ電化もされず水道もない時代であり，共同で農作物を作りながら生活するうえでは，自分たちの物でなくなると生活に支障があると反対されたということである。

この処理で，現在では特別地方公共団体である「旧財産区」が誕生する。

(3) 明治22年頃―登記関連の動き―旧財産区の誕生

明治の大合併は，村落共同体である「村（旧村）」等が所有していた財産を新「市町村」に引き継ぐことでもある。

明治の大合併について，「村（旧村）」自体がどうとらえていたかというと「いかに政府が強力であったとしても，経営上，社会生活上，自律的な一体性を保っている「村（旧村）」の存在を抹消することは到底できなかった」と指摘される。

つまり，大合併すれば，本来は合併前の町村が所有していた不動産は，合併後の新市町村に引き継がれることになるが，合併前の町村がこれに強く反対し，合併して新市町村になっても，合併前の町村の不動産は従来の町村の不動産としてよいということを認めた。

この形式の所有形態は，現在では「財産区」の所有と呼ばれる。

ここで，複雑で特殊な登記の1分野である「財産区」の所有不動産が誕生するのである。

おおまかにいうと，「村（旧村）」が所有していた山やため池などの不動産を「新市町村」に継承することなく，「村（旧村）」の所有のままにしておく不動産が誕生したのである。現在の法令では，あくまで特殊な地方公共団体が所有する不動産ということになる。明治時代には，「市町村内の1部落において財産を所有することを認め」等の表現がされている。「財産区」という言葉は明治時代当時の法令には使用されていない。

そのため，当時は，「財産区」のことを「市町村ノ一部」といっていた。

また，上記の「部落」という表現は，ドイツ語を「自治部落」と訳し

てから使われだしたとのことで，江戸時代，明治時代の初期には使われていなかった。

財産区の誕生は，昭和時代にもあるため，明治の大合併に伴う「財産区」は「旧財産区」とも呼ばれている。登記名義としては，「大字○○」とされているものが多いが，この形式に決定しているわけではない。また，「大字○○」の登記名義であっても，所有者が「旧財産区」とは限らない。

「旧財産区」の財産は現在の法律でも守られている

地方自治法238条には，旧村の財産等が新市町村の公有財産になった場合にも，旧村民の特別な使用権が認められることがある，と規定されている。

「村（旧村）」は市町村制により制度外の存在になったが

町村合併により制度外の存在となった「村（旧村）」はなお住民生活には欠かせない存在であり，用水・山林・漁場などの共有生活基盤をもち，村氏神の祭祀など多彩な互助協力慣行もあり，生活防衛のためにも住民生活に不可欠の依拠集団でもある。

そのため村（旧村）の実態は残って，「地区（村の部分的集落）」，「大字」などと呼ばれ，また「行政区」のせいで行政的補助機構として，新しい「町村」内部の構成単位として定着することになる。

このように存在自体は生活上残っており，財産区だけでなく，様々な形，登記名義で共同所有している不動産が多く存在している。

「村（旧村）」の存在を探ることが，複雑・変則的な登記の所有者を探るうえでは重要な作業になると思われる。ただ，近年では，必ずしも「旧村」からのつながりのある生活集団が残っているとは限らないため，所有者を探るには，苦労する。

(4) 明治44年—市町村の動き

明治44年から旧村の財産を市町村財産に統一しようとする動きがあった。

3 市町村制度の開始

財産区に関しては、「市制」（法律第68号）、「町村制」（法律第69号）においても、財産区の条例制定権者が郡県知事に変更されたが、実質的な変更はない。

コラム

村（旧村）所有の不動産は、どうなったか

明治時代だけでも、地方自治関係の制度について様々な動きがあり、昭和、平成時代になっても市町村の大合併など様々な動きが続いている。

江戸時代から明治維新に引き継がれた、「村（旧村）」所有の不動産が、明治時代の変遷をたどって、所有形式がどう変わっただろうか。

おそらく、次の所有者が考えられる。

① 明治22年の市町村合併による市町村の所有

② 明治22年の市町村合併に伴い誕生した財産区の所有

③ 村（旧村）の住民の共有による所有

④ 特定の個人の所有

ただ、これらが登記名義人と一致しているとは限らない点において所有者を探るのは困難になるとは思われる。

共同利用の土地を登記に表そうとすると

共同利用の土地を登記の形式にしようとすると、次のような形態が考慮できるのではないか。

そもそも、誰の所有物であるかという視点からの見方が必要になる。大きくいえば

A．その地域そのものの所有物

B．単独者の所有物

C．利用する皆の所有物

になるだろうか。しかし、現実にはもっと細かく考慮できるだろう。

Aの場合でも、その地域をどう考えるかで変わってくるだろう。

〇 A‐1．現在の市町村のような一般地方公共団体の所有物であり、一般地方公共団体の名前で登記する

〇 A‐2．その地区の特別な地方公共団体の所有物であり、特別な地方公共団体の名前で登記する

第5編 地方自治制度、地租・登記制度の変遷が関連する複雑な登記名義

第4節 明治時代の地方自治制度の変遷

　Bの単独者の所有物については,
　○B‐1. 純粋に1人の個人の所有物であり個人の名前で登記する
　○B‐2. 組織の代表者として代表者の名前で登記する
　Cの利用する皆の所有物については
　○C‐1. 組織の会員全員の名前で登記する
　○C‐2. 組織の一部の人間の名前で登記する
　などの分け方が可能になるだろう。

4　本編で取り上げる特殊登記

　地元の皆で共同して利用する不動産をどう見るかの視点から見ると, 本編で取り上げる特殊な形態の登記は, ほとんどが共同利用のための登記ではないかと推測できる。そのため, 特殊な登記は, どのようなことを現しているかを挙げておく。

　もちろん, 登記形式が登記した時点においても実体を把握していない場合もあるし, 登記した後年数が経過したため, 所有者の実体が違っている場合があるのはお断りしておく。

(1)　**記名共有地**（変則型登記の一種）

　○登記簿の表題部に「A外○名」などと記載されている登記である。
　○登記から表面上見えてくるのは, Aとそれ以外の○名が共同で利用していることを示しているようにみえる。
　○共同する組織が何であるかまでは不明であるが, その組織が「入会団体」, 現在の町内会のような「自治会」ではないかと推測できる。
　○また, 純粋に何人かが所有している共同所有の不動産とも考えられる。

(2)　**共有惣代名義**（変則的登記の一種）

　○登記簿の表題部に「共有惣代A」,「共有惣代A外○名」などと記載されている登記である。
　○登記から表面上見えてくるのは, Aとそれ以外の○名が共同で利用していることを示しているようにみえる。
　○共同する組織が何であるかまでは不明であるが, その組織が「入会団体」, 現在の町内会のような「自治会」ではないかと推測できる。

(3)　字持地（変則型登記の一種）

　　○登記簿の表題部に「大字Ｂ」などと記載されている登記である。

　　○Ｂなどがその地域の名前である場合が多い。

　　○Ｂそのものが，現在の地方公共団に属すれば，例えば「市町村」の所有，特別地方公共団体の「財産区」の所有，または，戦時中にその地区の市町村が法人化していたときの所有ではないかと推定できる。

(4)　氏名のみが記録され，住所が記載されていない不動産（変則型登記の一種）

　　○登記簿の表題部に氏名のみが記載されている登記である。

　　○純粋に記載された個人が所有しているか，何かの団体が団体の名称で登記できないため，代表者の名前で登記されていると推定される。

　　○団体の名前で登記できないため代表者の氏名で登記する団体は，「自治区」や「入会団体」のような権利能力なき社団であると推定される。

(5)　戦時中の町内会・部落会

　　○地元の町内会や部落会の名称で登記されている。

　　○戦時中には，町内会や部落会が法人化することが許されたので，その法人化した町内会や部落会が所有していると推定される。

　　○ただし，戦後に法人化した町内会や部落会は解散し，不動産を処理するようにポツダム政令が出されたため，実際に現在の所有者が誰であるかは分かりにくい。

(6)　財産区

　　○市町村が合併する前の旧村などの名前で登記されているか，財産区の名称で登記されている。

　　○市町村が合併する前の旧村などが所有する不動産と推定できる。

　　○明治時代の市町村合併で登場した「旧財産区」と，昭和時代の市町村合併で登場した「新財産区」がある。

第5節　明治時代の地租制度，登記制度の変遷

第5節　明治時代の地租制度，登記制度の変遷

1　明治時代全体の地方自治制度の変遷の概要

(1)　地租・登記制度の変遷の概要

　明治時代になると様々なことが変わり，地租制度・登記制度の変遷が複雑な登記名義に関して影響を与えている。個々の遍歴は重要であるが，流れを理解するのも個別の変遷を理解するうえで重要なため，まず簡略的に重要事項のみ挙げておく。

　なお，それぞれの変遷を説明する場合，関連項目をまとめて説明する場合が多いため，必ずしも年代順の説明でないことをお断りしておく。

《図7　地租・登記制度の変遷》

■：税金関係　●：登記関係　◆：地方自治・市町村関係

江戸時代
・慶応3年10月（1867）　　大政奉還

明治時代
■元年8月（1867）　・旧地租法の踏襲を令す 　　　　まだ改革できないため，江戸時代の年貢制度を踏襲（北島正元『大系日本史叢書　土地制度史Ⅱ』203頁（山川出版社，1975年））
◆4年4月（1871）　・地方自治制度：「戸籍法」制定 　　　➡戸籍編製は壬申戸籍 　　　➡制定の単位として区を置いた
◆4年7月（1871）　・廃藩置県
■5年1月（1872）　・東京府下地券発行地租収納規則 　　　➡東京府下市街地の地券発行が始まる 　　　➡所有権確証・課税台帳・市街地券を府県庁へ
■5年2月（1872）　・「田畑永代売買禁止令」を解禁 　　　➡田畑の売買を合法化 　　　➡売買に関して地券発行（土地所有権を証明する確認証）

200

1 明治時代全体の地方自治制度の変遷の概要

	➡壬申地券と呼ばれる
	➡所有権確証・課税台帳・郡村地券を府県庁へ
◆ 5 年 4 月（1872）	・地方自治制度：庄屋・名主・年寄・大庄屋等を廃止
	➡戸長・副戸長を置いた
■ 5 年 7 月（1872）	・地所所持の者全てに地券発行を定める
◆ 5 年10月（1872）	・大区・小区制
	➡府県の下に大区を置き，大区の下に小区を置くのが基本
◆ 5 年（1872）	・「官民有区分」が始まり，山林等の官有地，私有地の区分が始まる
■ 6 年 1 月（1873）	・地所質入書入規則制定
	➡土地を担保とした賃借を合法化
	➡地所質入書入割印帳は戸長役場へ
■ 6 年 7 月（1873）	・地租改正条例制定を公布（納税者は所有者）
	➡税金が年貢制度から地租制度に
	➡土地に課せられる租税は国税に（税率3パーセント）
	➡壬申地券から改正地券に変わる
	➡所有権確証・課税台帳・統一地券を府県庁へ
■ 7 年（1874）	・地租改正条例施行から土地台帳作成を開始
	➡7 年間で全国にわたり完成させた。
■ 8 年 9 月（1875）	・建物書入規則制定
	➡建物公証簿は戸長役場へ
■10年（1877）	・地租税率2.5パーセントに減税
◆11年 7 月（1878）	・地方自治制度：郡区町村編制法を制定
	➡大区・小区制を廃止

第5編　地方自治制度，地租・登記制度の変遷が関連する複雑な登記名義

第5節　明治時代の地租制度，登記制度の変遷

■12年2月（1879）	・地券書換え式を裏書式に改正 　➡所有権確証・課税台帳・裏書式地券を郡役所へ
■13年11月（1880）	・土地売買譲渡規則制定
■17年3月（1884）	・地租条例制定 　➡納税者は所有者・質取主 　➡地租改正事業の終了により「地租条例」（明治 　　17年太政官布告第7号）公布
■17年12月（1884）	・「地租二関スル諸帳簿様式」が発せられる。 　➡各府県官下の戸長役場において土地台帳の編成 　　作業が行われる。 　➡明治21年中には，おおむね全国的に作業が完成
●19年8月（1886）	・「登記法」（明治19年法律第1号）制定 　➡登記簿が土地所有を公証するものに 　➡登記簿は治安裁判所へ 　※通常「旧登記法」とよばれる
●20年2月（1887）	・「登記法」施行
◆21年4月（1988）	・市制・町村制を制定
■22年3月（1889）	・地券廃止法，土地台帳規則の公布，土地台帳規則 　施行細則の公布 　➡地券制度廃止，土地台帳に一本化 　➡地籍簿・課税台帳・土地台帳を府県庁郡役所へ
◆22年4月（1889）	・明治の市町村大合併の施行 　➡町村の合併等を順次施行。これにより「旧財産 　　区」が生まれる
●23年2月（1890）	・裁判所構成法制定 　➡登記簿は区裁判所へ
■23年3月（1890）	・「国税徴収法」施行

1　明治時代全体の地方自治制度の変遷の概要

◆23年5月（1890）	・地方自治制度：府県制・郡制を制定
●29年（1896）	・民法（明治29年法律第89号）制定
■29年11月（1896）	・大蔵省のもとに税務署発足 ➡税務行政は国が統一的に行うように ➡土地台帳を税務署が管理することに
●31年7月（1898）	・「民法」施行
●32年2月（1899）	・「不動産登記法」（明治32年法律第24号）制定： ➡通称「旧不登法」とよばれる ➡登記法は廃止。
●32年6月（1899）	・「不動産登記法」施行 ➡同時に「登記法」：廃止
◆44年（1911）	地方自治制度：市制・町村制を全面改正
大正時代	
●8年4月（1919）	・司法代書人法（大正8年法律48号）
◆12年（1923）	・地方自治制度：郡制の廃止
昭和時代	
■6年3月（1931）	・地租法制定 ➡地積簿・課税台帳・土地台帳を税務署へ
■10年（1935）	・司法代書人法改正（昭和10年法律第36号） ➡司法代書人が「司法書士」に改称
■15年7月（1940）	・家屋税法制定 ➡税務署に家屋台帳が整備され，建物が家屋番号 　で特定されるように。
◆15年9月（1940）	・部落会町内会等整備要綱 ➡部落会・町内会の整備

第5節　明治時代の地租制度，登記制度の変遷

●17年2月（1942）	・不動産登記法改正 ➡建物登記簿にも建物番号を記載
◆18年3月（1943）	・町村制一部改正 ➡部落会・町内会の法人化
◆21年1月（1946）	・ポツダム政令 ➡町内会・部落会・隣組等の廃止
◆21年10月（1946）	・自作農創設特別措置法制定 ➡翌年に農地改革が実施される
■22年3月（1947）	・土地台帳法・家屋台帳法制度 ➡地租法・家屋税法廃止
■22年5月（1947）	・新地方自治法を施行
●22年5月（1947）	・司法事務局設置 ➡登記簿は司法事務局へ
●24年6月（1949）	・法務局・地方法務局設置
■24年（1949）	・シャウプ勧告による税制改正 ➡地租は廃止， ➡市町村が土地の所有者に固定資産税を課すことに ➡課税標準は，市町村長が決定する土地の価格によることに
■25年（1950）	・「地方税法」（昭和25年法律第226号）制定 ➡土地に関する地租が現在の固定資産税に組み入れられた
■25年7月（1950）	・土地台帳法・家屋台帳法一部改正法（昭和25年法律第227号） ➡土地・家屋台帳を税務署から法務局へ移管

●25年7月（1950）	・土地家屋調査士法制定（昭和25年法律第228号） 　➡土地家屋調査士他誕生
●26年4月（1951）	・不動産登記法改正 　➡登記簿をバインダー式に変更
◆28年9月（1953）	・町村合併促進法の施行 　➡昭和の市町村大合併
◆31年6月（1956）	・新市町村建設促進法の施行 　➡昭和の市町村大合併第2弾
●35年4月（1960）	・不動産登記法の一部を改正する等の法律（昭和35年法律第14号） 　➡登記簿・台帳の一元化，表示に関する登記制度創設，表題部のみの登記（変則型登記）の誕生
●63年6月（1988）	・「不動産登記法及び商業登記法の一部を改正する法律」（昭和63年法律第81号） 　➡登記簿のコンピュータ化
平成時代	
●16年6月（2004）	・「不動産登記法」（平成16年法律第123号）公布 　➡オンライン申請の導入
●17年3月（2005）	・「不動産登記法」（平成16年法律第123号）施行

（参考：国土交通省「「平成29年度土地に関する動向」及び「平成30年度土地に関する基本的施策」（土地白書）について」―第1部第2章ほか）

(2) 様々な複雑な登記名義に影響を与えた変遷の概要

　明治時代になると，江戸時代とは根本的に違った制度も多い。複雑な登記名義が作り出された点で大きく影響のあるのは，①不動産の売買を認め，税金徴収のための所有者の名簿作りが始まったこと，②税金制度として農作物の物納であった年貢制度が，不動産の課税価格から徴収する地租制度に改正されたこと，③不動産の所有者としての所有権を公示

第5節　明治時代の地租制度，登記制度の変遷

するための登記制度が始まったことが挙げられる。

　どの点でも，不動産の所有者が誰であるかが重要な点ではあるが，それぞれの制度での様々な変遷により，複雑な登記名義が誕生したといえなくもない。

　ただ，この明治時代の変遷だけで複雑な登記名義が生まれたわけではなく，これをどう処理するかの配慮について昭和時代の変遷がより登記名義を複雑にしたともいえる。

　また，税制度・登記制度の変遷だけでなく，地方自治制度である市町村制度等の変遷も加わり，様々な複雑な登記名義が誕生したことはいうまでもない。

2　明治5年から──農地売買が可能に

(1)　村単位での年貢から個人による金納へ転換

　明治時代の税金は，「村（旧村）」単位での米等を物納する年貢制度であったが，個人により金納に代えるための税制大改革が行われた。

　準備段階として，農地の売買を認め，売買に関しては「地券制度」を導入し土地の所有者を把握することにより，地租改正を行い土地所有者から税金を徴収する制度に代わっている。

(2)　農地の売買が可能に

　江戸時代には農地を売買することを禁止されていたが，明治5年（1872年）2月15日の「太政官布告50号」により，何人も農地である田畑を所有し売買することができることが宣言され，田畑においては江戸時代の規制「田畑永代売買禁止令」が解除され，近代の私的土地所有権の基礎が作り出された。

　具体的には，所有者に「地券」（郡村地券）を発行し，私的所有権を認め，自由な売買を認めるとともに，所有者に地税を課すことにした。

(3)　都会である「町地」での売買

　江戸時代から農地ではない都市部の「町地」自体には納税制度はなく，売買も許されていた。

　明治時代には，明治5年には，「東京府下武家地・町地」の称が廃止

された。また，「町地」の土地売買には，「地券」（市街地券）が発行された。

(4)　土地の所有権

　地租改正により，近代的な土地の所有権が浸透し始めたともいわれている。土地の所有権が法的に証明されたことにより個人財産としての価値が認められ，担保価値，流通物として土地取引が行われるようになり，土地を担保とした賃借の法行為も認められた。

〜〜〜〜 **コラム** ☕ 〜〜〜〜〜〜〜〜〜〜〜〜〜〜〜〜〜〜〜〜〜〜〜〜〜〜〜〜

所有権が認められることにより，複雑登記名義にも影響が

　江戸時代の項目で説明したように，日本の大半は農村であり，暮らしていくためには村落共同体を中心にしていた。そこで，共同で用水路・水門等を作り共同で維持し，田畑の小道，橋，小道等も村が管理し，川や池の行業権も村（旧村）が持っていた。村（旧村）は，森林も管理し，森から建築材を得たり，薪や木炭の燃料を得たりしていた。

　明治時代になり，所有権が認められると，農民が共同で利用していた土地がどうなるかが早速問題になり始めた。

　単純に考えても，その土地自体の所有権は，共同していた農民のものなのだろうか。その地区そのものが所有者なのだろうか。農民は所有者ではなくあくまで農民は土地を利用していただけなのだろうか。農民に所有者が認められたとしても，その団体自体がどのような団体であろうか。現在の町内会のような団体なのであろうか。様々なケースが考えられるともいえる。

　従来からその土地を共同で利用している形式は，入会権とも呼ばれ民法でも認められている。そのため，元々入会権者の所有であると説く学者も多いが，現実に土地の所有者がそのような形式になっているとは限らないため，登記名義の複雑さが倍増しているともいえる。

　また，明治時代から現代に至るまで，政府自体は入会権をあまり認めない政策を貫いてきたともいわれ，登記名義がますます混乱している。

第5節　明治時代の地租制度，登記制度の変遷

3　明治6年から──明治時代の税金の変遷

(1)　明治維新における税金政策

　　江戸時代の税金政策は，農民の農作物を納める年貢制度であった。明治維新を迎えても，新たな税制がすぐに生み出されるわけでもなく，当面従来の年貢制度を踏襲した。

(2)　税制改正の準備段階

　　税制に関しては，農作物ではなく土地の所有者から税金を徴収する制度，「地租制度」に代わるが，そのための準備でもあると思われる政策が次々と行われている。

　　明治4年（1971年）には，廃藩置県が行われ，明治4年には，いわゆる東京の町において土地売買において所有者には「地券」を発行する動きが始まっている。

　　その後，明治5年（1872年）2月には，江戸時代の寛永20年（1643年）に出された「田畑永代売買禁止令」を解禁し，農地も含めた土地の売買を認め，所有者には「地券」を発行するようになる。この当時の「地券」は年干支により「壬申地券」とも呼ばれている。

　　その後，明治5年7月の規制改正により，土地の所有者を把握するためにも，土地所有者全てに「地券」を発行することを定めている。「地券」の発行をもとに，誰が所有者であるかを把握するため「地券」の控えを課税台帳である「地券台帳」に編纂し，税金を徴収するための名簿作りも行っている。

　　つまり，租税にかかわる地租改正事業を行うために，地券制度により土地所有権の確認が行われ，最初に近代的・私的土地所有権の制度を確立させてから，次の段階として租税制度の改正が行われたということである。

(3)　地租改正条例の制定

　　政府として，国家経営のためには安定した収入の確保が必要であり，明治5年には「田畑永代売買禁止令」を解除し農地の売買を認めたうえ，明治6年7月には，農地の価値に見合った税を所有者から金銭で収めさせる全国統一の課税制度である「地租改正」に改正した。

3 明治6年から──明治時代の税金の変遷

つまり，田畑においては江戸時代の年貢制度を廃止し，地価の3パーセントを国税の地租として毎年課税することを規定した。

これにより，課税対象が収穫高から土地の価格である地価に変わり，「物納」から「金納」へ，納税者は「耕作者」から「土地の所有者」に変更された。

(4) 地租改正条例の要点

地租改正法により行われたことを要点的にまとめると次のようなことが挙げられる。

① 旧来の田畑貢納制度を全て廃止した。

② 全国一律の土地調査を実施し，土地生産力・収益力に基づく一定基準の地価を定め，課税標準とした。

③ 税率は100分の3の定率とした。

④ 納税は金納にした。

⑤ 村入費などは地租本税の3分の1（地価の100分の1）を超えてはいけない。

⑥ 地券の交付を受けた納税義務者を土地所有権者とした。

⑦ 年ごとの豊作凶作による増減はしない。

(5) 地租改正による重要点

地租改正をすることに重点を置かれたのは，「土地の調査」，「所有者の確定」，「地価の決定」，「地券の交付」，「地図・台帳の作成」などである。

(6) 土地調査

土地の調査においては，1筆ごとの土地に地番である番号がつけられ，その地番の多くが，現在の登記簿に掲載されている地番でもある。また，土地の利用状況に応じて，田，畑等の地目も決定されている。

面積については筆ごとに測量されたが，面積が多いと地租額が増えるため，実際の面積より小さめに報告される例も多く，「縄延び」といわれる測量に利用する縄が延びた形で測量される話はここからきている。

なお，事態に対応するため，明治6 (1873) 年政府はついに全国的な土地調査を断行し，その調査に基づく地価による金納地租制度へ転換が

行われることとなった（明治6年7月太政官布告第272号地租改正条例）。同年から土地調査に着手し，調査が終了した地域から逐次金納へと移行し，大変な苦労の末，明治14（1881）年に至り一応の完成をみた。

すなわち，土地を精査して面積・収穫量を明らかにし，これに基づいて旧来の石盛（反当りの平均収穫量）に代わって全国一律の基準で決定された地価を課税基準とし，課税の全国統一を図ること，納入は金納とすること，土地所有者は豊作・凶作に関係なく地価の100分の3を地租とすることとした。そのほかとしては，田畑は一律に「耕地」，家屋の土地は「宅地」とすること，納税義務者は地券によって確定された土地所有者とすること，茶・煙草などの物品税収入が200万円以上になったら，税金を地価の100分の1に下げることなどであった。

4　明治5年から──地券制度による売買

(1)　地券制度

地券制度は，旧幕府時代の土地取引の禁令を解除し金銭納付の地租制度に改正するために，明治5年2月に創設された制度である。

土地の売買譲渡ごとに，買主に「地券之証」と題された地券が発行され，事務は府県庁が担当した。地券の公付を受けた土地につき売買譲渡を行う場合は，府県庁に地券の書換えを請求し，旧地券に代え新地券を公付する仕組みである。このときの地券は，その年の干支により「壬申地券」とよばれる。手続としては，幕藩統治の根本台帳であった検地帳など旧来の土地帳簿を基準としてこれと照合し，各町村では戸長の指導のもとに地券下調べを行って地券申請し，各県令が正副2通を作成し，正本は地主に交付し，副本は地券台帳に編てつした。しかし，地券は各地で様式が異なり，券面記載事項も申請が不正確なものが多かった。

現在の登記制度のように権利関係を公示する目的としての制度ではなく，あくまで地租を徴収するために土地の所有者を政府が把握するための制度であり，税金対策の制度である。

その後，明治5年7月には，地券の交付範囲が広くなり，取引の有無に関わらず土地の所有者には地券が交付されるようになり，土地の取引

は地券の交付によることが効力発生要件となった。

　明治12年2月には，地券に関する事務手続が府県庁から郡役場に移管
し，地券書換え制度は，地券裏書の方法に変わり，明治22年まで続いた。
つまり，最初は売買があれば，新しい地券を作り直していたが，後に売
買前と同じ地券を使用し，所有者名欄を書き換える仕組みに変化した。

(2)　**地券制度の機能**

　地券は，登記制度とは異なるが，次の三つの機能があるといわれてい
る。

①　土地の所有権の証明機能

②　土地売買の法的手段として利用できる機能

③　納税義務者を表示する機能

(3)　**地券の記載事項**

　地券に記載されたのは，①地番，②地目，③地積，④所有者，⑤地価，
⑥地租額，等である。

(4)　**農地に関する「地券」**

　農地を耕作する者が農地の所有者である場合は所有者に地券を交付し，
地主から農地を借りて耕作する小作人である場合は小作人ではなく所有
者である地主に地券が交付された。

第5節　明治時代の地租制度，登記制度の変遷

> **コラム** ☕ ∽∽∽∽∽∽∽∽∽∽∽∽∽∽∽∽∽∽∽∽∽∽∽∽∽∽∽∽∽∽∽∽∽∽∽∽
>
> ### 地券への所有者記名形式が現在までつながっている不動産もあるらしい
>
> 　地券は，本来登記に関する書類ではなく，税に関する資料である。上記の説明のように，複数の者が所有する土地については，現在では記載するルールがはっきりしない。
>
> 　しかし，当時記載された所有者に変更がなければ現在まで引き継がれ，様々な複雑な登記名義になっている可能性は大である。そのように，明治時代，初期の所有者が現在につながっている可能性がないともいえず，所有者を探索するには苦労すると思われる。また，明治時代といわず江戸時代からの延長である可能性もないとはいえないだろう。ただ，実態は，単純に誰かの先祖というより，共同で所有，共同で入会地として利用していたなど，その地域に関係する所有形態であろう。
>
> ∽∽

(5)　地券の問題点

　元来，地券制度は地租改正の手段として創設されたものであるが，権利変動の公示方法としての機能を不十分ながらも果たすこととなった。地券は，納税義務者の表示のほか，土地所有権の証明，土地売買の手段にもなった。

　「そもそも地券制度は税法上の手続に過ぎず，登記法ではないという意見が強くなり，結局地券の書替は単なる納税名義変更の方法となった」とされている（福田充孝（総括主任研究官）「我が国の不動産登記制度の沿革について―所有者不明土地問題資料―」80頁（国土交通政策研究所報第67号（2018年冬季））。

5　明治6年から──公証制度の登場

(1)　公証制度の概要

　地券制度は，地租改正の準備のために採用され，所有権移転に関する公示機能は果たしたが，土地取引のあらゆる場合を想定した制度ではない。そのため所有権移転以外の取引のためには，地券以外の方法が必要

であり，不動産担保取引のために明治6年に土地の質入れ，書入れに関する規定として「公証制度」が設けられた。

手続としては，不動産取引契約証書を戸長が調べ公証文書に奥書，番号を朱書きし，奥書割印帳に証書の要旨を記入し，双方に割り印をする方法を取った。この方法は江戸時代に行われていた土地取引制度と同様の方式である。

土地を移転したときの地券事務は郡役所が行い，土地・建物の譲渡，質入，書入に関する公証は，村町戸長で取り扱っていたが，明治13年には，土地の所有権移転についても公証制度を組み入れるようになった。これにより，証文に地券を添えて村町戸長役場に地券書換願書を出すと，戸長が手続を行ったうえ地券事務を郡役場に回付した。そのため，地券は誰が納税義務者であるかを示すにすぎないようになった。

(2) 公証制度の問題点

公証制度については，間に合わせで作ったような部分もあり多くの問題点があるといわれている。

例えば，奥書割り印の手続，帳簿等が各地方で異なるなど運営，保管に問題点が多く，戸長役場での交渉事務執行上の不当等により事故や詐欺が多かったそうである。

また，公証自体が年代順に編成されるため，検索が不便であり，土地取引が増えるごとに利便性での問題も多くなった。

6 明治19年から──登記法の制定 (旧不登法，明治20年 (1887年) 2月施行)

(1) 登記に関する法律「登記法」の制定

明治19年 (1886年) 8月13日には，法律第1号「登記法」が公布され，明治20年2月1日より施行された。売買・担保の土地取引と直接関係するもので，同法が制定された要因は，登記税収を得るためであった。また，戸長役場の公証は無料であったが，管理が不十分な場合があったため，全国的機関である裁判所が不動産の公示を担当するのが適切であるとして設けた制度でもある。

登記業務は，司法省で管轄し，治安裁判所で取り扱われた。登記の目

的物権は，地所・建物・船舶の三種，登記される権利は「所有権・抵当権・執行上の抵当権」であった。「抵当権」は現在では抵当権と質権のことであり，「執行上の抵当権」は所有権の制限のことである。

　登記法の施行は，新たな登記料が掛かるし，手続も面倒であり不評であったが，土地取引が拡大・発展することにより次第に活用されるようになった。

　この登記法により，現在の不動産登記法の原型ができあがったといえる。しかし，実体法である民法が制定されていないため，制度上の不備があるともいわれている。

(2)　「登記法」（旧登記法）の概要

　明治19年（1886年）に公布された「登記法」（旧登記法）の特徴は以下のようなものである。

①　「登記法」は，ドイツの登記制度を参考にして物的編成主義を採用しており，地券台帳に基づきあらかじめ各筆ごとに用紙を準備し，所有権の移転や担保権の設定がある都度，登記簿に記載する。

②　登記をすることによって直接利益を受ける者（登記権利者）と登記をすることによって不利益を受ける者（登記義務者）とが共同してすることを要するものとする共同申請主義を規定する。

③　登記手続については，契約者双方又はその代理人が登記所に出頭してその証書を示し，署名捺印した謄本１通を差し出すとされている。この謄本は登記簿の一部として添え置かれることになる（登記法14条）。また，登記のために差し出した原証書に登記済の証として，登記済の記載や登記所の印を捺して還付するとされている（登記法取扱規則〔明治23年司法省令第７号〕30条）が，この方法がいわゆる「登記済証」の始まりである。

④　登記を不動産の売買や担保権設定の有効要件ではなく，対抗要件とした。

⑤　土地登記簿と建物登記簿を別個の冊子とした。それ以前の戸長役場での公証でも土地と建物の公証制度が別個の冊子によっていたことが関連するが，我が国の不動産制度の特徴である「土地と建物の分離」

6 明治19年から──登記法の制定（旧不登法，明治20年（1887年）2月施行）

の一つの原因になった。

⑥ 登記簿は物的編成主義によるが，必ずしも一不動産一用紙主義を貫かず，2個以上の不動産を1用紙に記載することも認めらていた。明治32年制定の「不動産登記法」では一不動産一用紙主義を採用している。

⑦ 登記事項である権利変動は，所有権移転，質入，書入（抵当権の設定）と，裁判所の命令によってなされる差押え，仮差押え，仮処分，収益差押えなどに限定された。用益物権は対象外である。

⑧ 仮登記，予告登記，付記登記については規定されなかった。

(3) 登記法が定着しなかった原因

登記法が，国民に定着しなかった原因としては，① 登記所が少数で，登記所への行き来の往復に時日費用が掛かること，② 登記料の高いこと，③ 手続が繁雑であること，などが挙げられている。

コラム

登記法の制定

戸長役場の公証は無料であったが，管理が不十分な場合があったため，明治政府は，全国的機関である裁判所が不動産の公示を担当するのが適切であるとして，1986（明治19）年に「登記法」（明治19年8月13日法律1号）を制定した。

「登記法」は，ドイツの登記制度を参考にして物的編成主義を採用した。即ち，地券台帳に基づきあらかじめ各筆ごとに用紙を準備し，所有権の移転や担保権の設定がある都度，登記簿に記載することとした。

また，登記をすることによって直接利益を受ける者（登記権利者）と登記をすることによって不利益を受ける者（登記義務者）とが共同してすることを要するものとする共同申請主義を規定した。

そして，登記を不動産の売買や担保権設定の有効要件ではなく，対抗要件とした。

さらに，土地登記簿と建物登記簿を別個の冊子とした。これは，それ以前の戸長役場での公証でも土地と建物の公証制度が別個の冊子によっていたことが関連するが，我が国の不動産制度の特徴である「土地と建物の分離」の

一つの要因になったのである。

7　明治32年から──不動産登記法の制定

(1)　概　要

　　明治29年（1896年）に公布され明治31年に施行された「民法」を受け，明治32年（1899年）2月，「不動産登記法」（明治32年法律24号）が定められ，同年6月に施行された。

　　裁判所の登記事項管轄，物的編成主義，共同申請主義，対抗要件主義など基本的には明治19年「登記法」（旧登記法）を継承するものである。「民法」に従い賃借権や先取特権を登記できる権利として認め，仮登記，予告登記等の制度を設けた。

　　この「不動産登記法」はその後一部改正が行われたものの，2004（平成16）年6月18日法律123号により全部改正されるまで100年以上施行された。

(2)　「登記法」（旧登記法）と「不動産登記法」（旧不登法）の違い

　　「登記法」（旧登記法）にはなかった点を改良した「不動産登記法」（旧不登法）が制定された。主に次の点が改良されている。

　　①　一不動産一用紙主義を採用

　　②　登記事項である権利の書類を拡張

　　③　新しい種類の登記である仮登記，予告登記，付記登記を設けた

(3)　「登記法」から「不動産登記法」（旧不登法）登記の移管

　　「不動産登記法」（旧不登法）に基づく登記は，当初は，同法施行後に新たな登記の申請があった都度，「登記法」（旧登記法）の登記簿に基づき，現に効力を有する登記事項を移記する方法をとり，「不動産登記法」に基づく登記簿と「登記法」に基づく登記簿とが併存していた。

　　その後，「不動産登記法」が施行されてから40年以上が経過しても未だ移記されていない登記簿は，事務上支障がない限り，登記官が職権で，新登記簿に移記して差し支えないこと，移記済みの旧登記簿はで保管上弊害を生ずるものは適宜する廃棄する（昭17・6・13民事甲446号民事局長通達）とされた。

後に，未だ旧登記簿から新登記簿に移記していないものについては，移記作業を計画的に実施し，移記完了後の旧登記簿で保存上弊害を生ずるものは適宜廃棄して差し支えない（昭32・11・28民事甲2251号民事局長通達）とされる。

そのため，現在，登記所には，旧登記法に基づく地所登記簿はほとんど保管されていない。

⑷ 「**不動産登記法**」(旧不登法) **施行当時の登記用紙の区制**

「不動産登記法」(旧不登法) 制定当初の土地の登記用紙は，表題部のほか，事項欄は5区に分かれていた。甲区（所有権），乙区（地上権・永小作権），丙区（地役権），丁区（先取特権・質権・抵当権）及び戊区（賃借権）である（不動産登記法施行細則1条，附録1号）。

その後，大正2年，不動産登記法の一部改正（法律第18号）により，登記用紙は，現在と同じ表題部，甲区（所有権）及び乙区（所有権以外の権利）となる（大正2年司法省令15号）。

⑸ **権利能力なき社団の名称を登記すべきか**

明治時代から現在まで，自然人である個人，会社等の法人以外は，不動産の所有者として氏名・名称が登記できない。そのため，法人ではない集団・団体等である「権利能力なき社団」等が不動産を所有していても名称が登記できないため，代表者等の住所・氏名で登記する。そのため，純粋な個人の所有と「権利能力なき社団」等の所有が，登記簿から区別できないため，様々な問題が生じている。

明治29年に公布された「不動産登記法（旧不登法）」においても，法律的には変わりがない。しかし，「不動産登記法（旧不登法）」の起草者の創案においては，権利能力なき社団・財団においても名称・事務所を登記することになっていた。しかし，最終的には，会議の中で民法の観点から原案が多数決により否決され，登記することは認められなくなった。この会議の結果が，現在まで続いているのである。起案及び会議については，第3編第2節4において紹介している。

登記名義で実際の所有者が分かりにくいという問題点においては，登記上の法令を変えることなく，登記名義ができない団体等を登記できる

第5節　明治時代の地租制度，登記制度の変遷

法人に変更した後に，その法人名で登記できるようになるという対策が長年とられている。

地租改正

　1872（明治5）年2月15日の太政官布告第50号は，「田畑永代売買禁止令」を解き，何人も土地を所有し売買することの自由を宣言し，土地所有について身分上の制限を廃止した。これにより，土地は封建的な拘束から開放されて土地の私的な所有が法的に認められることになったが，同時に近代的な地租制度を確立するために「地券制度」が定められた。この地券はその年の干支をとって「壬申地券」と呼ばれた。地券発行の手続は，幕藩統治の根本台帳であった検地帳など旧来の土地帳簿を基準としてこれと照合し，各町村では戸長の指導のもとに地券下調べを行って地券申請し，各県令が正副2通を作成し，正本は地主に交付し，副本は地券台帳に編てつするものだった。しかし，地券は各地で様式が異なり，券面記載事項も申請が不正確なものが多かったため，政府は，1873（明治6）年2月に地租改正条例を公布し，形式・申請内容などを統一した。すなわち，土地を精査して面積・収穫量を明らかにし，これに基づいて旧来の石盛（反当りの平均収穫量）に代わって全国一律の基準で決定された地価を課税基準とし，課税の全国統一を図ること，納入は金納とすること，土地所有者は豊作・凶作に関係なく地価の100分の3を地租とした。そのほかとしては，田畑は一律に「耕地」，家屋の土地は「宅地」とすること，納税義務者は地券によって確定された土地所有者とすること，茶・煙草などの物品税収入が200万円以上になったら，税金を地価の100分の1に下げることなどであった。

第6節 「村（旧村）」の所有地，入会地の変遷

1 まえがき

(1) 概 要

　本編第3節で説明した江戸時代末期の「村（旧村）」は，「村（旧村）」
自体も土地を所有・利用していた。いわゆる「入会地」とも呼ばれる土
地である。ただ，厳密にいうと，現在の所有権とは違い，主に利用権を
持っていたというようなイメージである。これが，明治時代になりどの
ように変化し，誰の所有になったかは，様々な特別な登記名義と関連し
ているといえるが，必ずしもはっきりしていないともいわれている。

　本編第4節では，明治21年公布の「市制町村制」の始まりによる市町
村の大合併により，「旧財産区」が誕生し「旧財産区」が「村（旧村）」
所有の土地を所有していると述べたが，これが全てではない。

　「村（旧村）」の所有地・入会地の変遷には，市町村合併だけでなく，
明治5年から始まった「官民有区分の実施」も影響しており，「村（旧
村）」自体が所有者・利用者でなくなったり，地券の記載名義の方法も
様々で，さらに所有者がわかりにくい現象も出てきている。

　本節では，本編第4節で説明した明治時代の地方自治制度の出来事，
本編第5節で説明した明治時代の地租・登記制度の出来事にからみ，
「村（旧村）」が所有・利用していた土地・入会地等に関しての歴史的出
来事を紹介する。

(2) **土地所有者から地税を取るには所有者を確認することが必要になる**

　明治時代になり，政府運営のための財産的基礎を確保するため，土地
の所有者から地租を徴収するという税制の確立を行うため，全国の土地
を正確に把握し，封建的領主支配での複雑な土地支配形態を整理し，一
つの土地は一人の所有者の包括的支配である「一地一主の原則」を採用
する必要があった。

　そのためには，土地の測量と公図の作成を行い，土地の所有者をはっ
きりさせるためにも「官民有区分」と「地券の発行」を行った。

　「官民有区分」に関していえば，日本国土の多くが農村であり，田畑
は所有者が分かりやすいが，山林や原野は従来から，「村（旧村）」の所

第6節 「村（旧村）」の所有地，入会地の変遷

有地・入会地としているが，明治時代からの所有権という考えでは，誰が所有しているかが分かりにくいのが現実であった。

　そのために明治初年から地租改正に際し，政府では「官民有区分」と呼ばれる政策により，全国の土地に関する所有権を分かりやすくするための政策を行っている。その主な政策として，所有者のはっきりしない山林・原野等の所有権を国有地である「官有」と私的所有地である「民有」に区分する作業を行った。これにより，江戸時代末期には「村（旧村）」所有の土地・入会地の多くが「官有地」に編入されることになる。

　このあたりも現在の所有者不明土地に関連する部分があると思われる。

2　明治5年から──官民有区分の実施

(1)　官民有区分の概要

　明治5年（1872年）に，土地の所持や売買が公認されたので，地租改正の前提として，土地に関して「官私区分」という大事業が展開された。これは，地租改正により，税金は土地の所有者から徴収するため，土地の所有者を確かめ，所有者がはっきりせず，利用されていない土地に関しては「官有地」（「国有地」）にすることを目的としている。

　これに伴い，「村（旧村）」所有の土地に関しては，所有の確認が困難であったり，税金を徴収されることを恐れて所有者として名乗りを上げない土地もあるため，国有地と判断された土地も多いといわれている。そのため，従来には「村（旧村）」所有の土地・入会地の多くが「官有地」に編入されたともいわれている。

　民間の所有地である「民有地」以外は「国有地」であるという区分で行われたため「官私区分」とも呼ばれている。

　なお，この土地政策において使われる法律用語や学術用語が分かりにくいため，次のように理解してもらいたい。

■政府の所有物である場合　⇒「国有地」，「官有地」
　なお，「公有地」という言葉も使われるが，これは「国有地」，「官有地」を指すものではない。

> ■私的な所有物である場合 ⇒「私有地」,「民有地」
> いわゆる民間の所有地である。

(2) 実際の「官民有区分」の動き

　「村（旧村）」が所有していたであろう土地に関しては，様々な分類等により，土地を処理したようである。実際には地券を発行するため，地券の扱いにも区別があったようである。

　A　明治5年─村持地を「総村持」と「公有地」に区分

① 土地の種類（地所の名称の区別）として3種類に分類している（明治6年3月25日太政官布告第114号）

　⇒所有者がはっきりしない土地を区別するために「官有地」,「公有地」,「私有地」の3種類に分類した。

　⇒「官有地」は，布告によると「公園地山林野澤湖沼の類であり無税で官簿に記載する土地」である。つまり，所有権を国とする土地，国有地のことをいう。

　⇒「公有地」は，布告によると「野方秣場の類，郡村市坊一般公有の税地又は無税地」である。「公有地」は国所有の土地ということではなく，純粋な個人所有の土地でもなく，ある程度公の土地であるという区分である。

　⇒「私有地」は，布告によると「人民所有の田畑屋敷その他各種の土地」であり，いわゆる個人所有の田畑や宅地等である。

② 従来からの「村（旧村）」の所有地「村持地」を「総村持」と「公有地」に区分し，地券を発行した（明治5年9月4日大蔵省達第126号34条，明治6年3月25日太政官布告第114号）

　⇒上記の①で説明した区分にどのような土地が該当するかが以下のようになっている。なお，土地の種類の名称は布告等による。

　⇒「総村持」には，郷蔵敷，村囲，穀積蔵敷等が属する。

　⇒「公有地」には，村持の山林，郊原等が属する（明治5年9月4日大蔵省達第126号34条）。

　⇒「公有地」には，2種類のものが存在する。

第6節 「村（旧村）」の所有地，入会地の変遷

⇒「公有地の第1種」は，「村（旧村）」において支配収益することは認められるが，「村（旧村）」に支障がなければ，政府が払下げできる土地であるが，本質的には「村（旧村）」の私有が認められない。

⇒「公有地の第2種」は，私有地に属するものであり，公有地として地券を発行するだけでは区別があいまいになるため，「村（旧村）」の要望により，「総百姓持」，「村惣持」，「村名受」等地券に記載されたようである。明治6年10月4日の指令により「村受公有地」または「村請公有地」と記載するように変更された。

⇒つまり，複雑な登記名義において「総百姓持」，「村惣持」，「村名受」，「村受公有地」，「村請公有地」いうものは，このあたりからとされている。

B　明治7年―公有地の官民有区分の実施

① 土地の種類（地所の名称の区別），名称が変更になった（明治7年11月7日太政官布告第120号）。

⇒全体を「官有地」，「民有地」に区分し直された。

⇒従前の「私有地」は，「民有地第1種」に編入された。

⇒「村請公有地」のうち所有の確証のあるものは，「民有地第2種」に編入された。

⇒通常の「公有地」は，「官有地」に属することになった。

⇒従前，「村請公有地」の地券の交付を受けたものでも，所有の確証が十分でないものは，民有地とは認められないこととなった。

⇒所有を証明するための方法としては，①検地帳，水帳，名寄帳などに人民名受の旨が記載されていること，②土地を村が金を払って購入した証拠があること，③村民の所有地である証拠があること，などであった。現実的には，慣習的な利用である場合も多く明確な証拠をあげられないケースが少なくなかった。

⇒つまり，この時点では入会地においても，「所有の確証」がない限り全て「官有地」に編入された。

C　明治9年―山林原野等官民有区分処分方式

⇒民有地と民有地の区分の具体的基準が示された。その中で，文書等に

よる人民所有の確証が得られない土地は「官有地」とするものとされた。

⇒民有地の認定基準が厳しく，村持地・入会地の相当部分が「官有地」にされたといわれている。

⑶ 「村（旧村）」が「村（旧村）」所有と主張していても

従来，「村（旧村）」の農民等が共同で利用していた山林野等につき，入会地や共有地と主張しなかった等により国の所有とされるものもあった。また，主張するためにも明確な証拠がない限り国有地に編入されることが多かったそうである。

さらに，山肝入，山守，その他村（旧村）において権勢のある者の名義に書き替えられ，農民等が入会権や共有地と主張できなくなる例もあったといわれている。所有者には，課税されるという点から，所有権を積極的に主張しないという点も少なくなかったようである。

数字的な実体としては，例えば明治23年（1890年）には，全国で約360万町歩の山林が「官有地」になったといわれている。

⑷ 「村（旧村）」所有地に関しては，地券の所有者名義にも大きな問題があったようである

いわゆる江戸時代からの生活共同体である「村（旧村）」が総有的に所有していた「村（旧村）の持地」を明治５年から始まった「地券」には，どのような名義で記載されていたのだろうか。

所有者が不明という点においても，地券に記載される所有者の名義にも大きな問題があったといわれている。

「村（旧村）の持地」の不動産については，地券面に記載された名義には，「部落名（旧村名）」のものと，「個人名の記名共有」（共有者を記載する形式）の形式の２種類のものがあったとされている。ただ，どのような基準で区別されたかは分かっていない。

具体的には，「○○村共有地」，「○○村惣地」，「村中持」等の「村（旧村）」名義のものと，「○○外□他△名」等の個人名の記名共有名義のものである。

ただ，記名形式が違っていても，「村（旧村）」が総有的に所有してい

た「村（旧村）の持地」には変わりなかったのではないかともいわれている。

上記のことは，土地台帳，登記簿に受け継がれて，現在の複雑な登記名義に影響していると思われるが，残念ながらどのような規定で記名されていたか，分からないようである。そのため，真の所有者を探るのも難しいといえる。

(5) 「官民有区分」により様々な複雑な登記名義が生まれたのだろうか

もともとが，江戸時代においては，「村（旧村）」所有の土地・入会地であったと思われるものが，官民有区分や地券の記載により，様々な所有者名の記載になり，これが昭和時代の登記簿・土地台帳の一元化により複雑な登記名義が誕生したといえるようである。

実務上のポイント

■Q53　登記名義が違えば，所有者が違うか。

【回　答】

「村（旧村）名義」と「記名共有名義」と登記名義が違っていても，いわゆる従来からの村持地であり，変わりはないとは思われる。ただ，所有者名義が違うことにより，その後の扱いが違ってきたことはあり得るかも知れない。

■Q54　登記名義が違えば，管理方法が異なるか。

【回　答】

いわゆる入会慣行のあった山林秣場等をはじめ，郷蔵敷，村会社所，共同墓地等の実質的な管路等は，「村（旧村）」全体で行われていたと思われる。

■Q55　その後の町内会の開設等により管理は変化したか。

【回　答】

その後，町内会が開設されると，財産の管理等については町内会の決議事項で決定されるものや，従来通り寄合形態で決定するものがあり，様々な形態に移り変わったと思われる。

2 明治5年から——官民有区分の実施

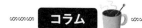

明治22年の市町村大合併において

　市町村合併に関する明治21年内務省訓令第352号「町内合併ノ標準」によると，市町村合併における町村財産の処分は各町村の協議により郡長を経て府県知事の認可が必要とされている。

　協議ができないときは，「『従来共有ノ財産』は旧町村有の権利を保存し，使用，収益の権利は従前の慣行によるべきで，『従来公用ニ共シタル財産』は新町村に移すべき」と定められている。

　なお，「従来共有ノ財産」とは，「町村たる資格で共有するもので，それ以外に町村住民，土地所有者が共同して所有，維持共用した営造，山林原野田畑等は，従来のままである」と記載されている。

登記名義の違いが「官民有区分」による一元化により判断できるか

　「村（旧村）名義」と「記名共有名義」と登記名義の違いの参考になるかもしれない事柄もある。

　明治22年の市町村合併において，「部落有財産」は維持するというのが政府の方針ではあるが，旧村名義の財産に不安を感じる動きがあったそうである。

　具体的には明治22年以降の町村合併に際して，「部落有林野」の所有者名義に関して「村（旧村）名義」から「記名共有名義」に変更したり，村民間で山割りをして個人名義に変更しようとする動きが相当みられたとされている（福島正夫「部落有林野の形成」（東京文化研究所紀要，1956年）。

　この動きから考慮すると，「村（旧村）名義」はあくまで村（旧村）所有のものであり，「記名共有名義」はあくまで記名されている人々の共有の所有物であるというイメージを持ったものであったかもしれない。

(6) 明治32年に「払い下げ戻し」政策あり

　明治32年（1899年）に至り，法律第99号をもって，「国有土地森林原野下戻法」が公布され，同時に農商務省令第8号でその下げ戻し等に関する申請手続が定められた。そのため官私区分の際，誤って国有地に編入されている土地や，立証不足で国有地になっていた林野など，それぞれ

第6節 「村(旧村)」の所有地，入会地の変遷

立証をそえて下げ戻しを申請するものがにわかに多くなったそうである。

(7) 明治43年頃からの部落有林野の市町村への統一政策あり

　明治43年頃から実質昭和11年ごろまで，政府は，部落有林野（村(旧村)所有林野）を市町村へ移すべきという部落有林野統一政策の協力を推進した。部落有林野は，おのずと荒廃の傾向があり国家経済上好ましくないとの理由からである。

　この政策により町村有林野に編集された累計面積約200万町歩，個人や社寺に寄付された面積約40万町歩とされている。この政策で市町村所有に統一された林野は「旧財産区」所有のものが多かったが，村(旧村)所有のものもそれなりにあったといわれている。

もともと「村(旧村)」又は地域集団所有の不動産だったものが，様々な登記名義に変化しているようである

　江戸時代には，いわゆる村(旧村)で利用していた土地に関して，明治時代になり，様々な地域行政の変化，地租・登記制度の変化等が加わり，所有者が分からないにしても登記名義の視点からみても，様々な名義で示されている。

　例えば，元は同じであったとしても，変化も加わり以下のような様々な登記名義になっている。

・「大字〇〇」等の字持地（第8編参照）
・「記名共有地」（第9編参照）
・「惣代地」（第9編参照）

その他の形式に変化したものもあると思われる。

　これらの変化には，地租制度として始まった地券や土地台帳に，どのような基準で所有者名義の書き方を使い分けていたかが分かれば，成り立ち等が理解できるのであるが，残念ながらその書き方等については，現在では不明なようである。

(8) 入会地が地租改正・官民有区分されたことにより

　明治時代初期の頃の田畑の面積は，国土の14パーセント程度，宅地を加えても15.5パーセント程度であり，大部分は山林原野であったといわれている。山林原野の大部分は，村持ちの入会地として共同で利用していたがいわゆる所有意識は希薄であったといわれている。

　その状態にあったが，地租改正のため，「官民有区分」が行われ，「一地一主の原則」で，入会地まで，私的所有の範疇で統一したのが問題ではないかとの意見もある。それは，入会地を特定の私人に帰属させるのに無理があったのではないかという点である。

　単純に入会の共同利用という観点だけでなく，科学の変化など時代の流れにより，共同で山林原野をすること自体が，廃れていっているともいわれている。その点も含めて，現在でも存在する入会地をどうするか等の様々な動きもあり，登記名義にも影響が出ている。そのあたりの入会権の近代化の動きについては，第10編で説明する。

第5編　地方自治制度、地租・登記制度の変遷が関連する複雑な登記名義

第7節　戦時中の町内会・部落会の法人化

1　昭和になってからの町内会，部落会の動き

(1)　昭和時代の戦前までの市町村の動き

　　明治維新を迎えても，生活の共同単位としての団体としては，江戸時代から続く団体「村（旧村）」が生活の基本的かたまりになり，政府が行った行政地区である市町村の区切りが生活の上において必ずしも浸透していなかったといわれている。なお，村（旧村）とほぼ同じ集まりを「部落」とも呼ばれていた。

　　大正時代から昭和時代になり戦争が始まると，国としては，地域の共同生活の団体を戦争目的のために組織化しようという動きが出始めている。

　　つまり，昭和15年戦争遂行目的のために部落会・町内会が組織化され，昭和18年の市制・町村制改正により自己の名前で登記することが可能となったのである。

(2)　昭和15年 ── 部落会・町内会の整備

　　昭和15年（1940年）9月11日「部落会町内会等整備要領」（内務省訓令第17号）により，従来の部落の組織を中心に，部落会・町内会等を整備することとされ，「昔からの隣保共助の美風」に基づき，村には「部落会」を，都市には「町内会」を作り，その下部組織としていわゆる「隣組」を置くことになる。

　　町内会や隣組の全世帯を構成員とする「常会」を軸に，町内会は政府が指示する事項について協議し，供出・配給・防空など生活に密着した各種の事項を遂行する組織として利用されていった。

　　これにより，部落会・町内会が行政機関として組織化された。この動きは戦争目的のため戦時動員・戦時統制の受け皿として組織されたといわれている。

1 昭和になってからの町内会，部落会の動き

 実務上のポイント

■ 「部落会町内会等整備要領」の主な特徴
○ 農村部では「部落会」，都市部では「町内会」という名称で組織されている。
○ 区域内の居住世帯全てを含めた「会」として組織されている。
○ 「部落会」「町内会」は，市町村の下部組織の行政機関として位置付けられている。
○ 「部落会」は，行政区その他既存の部落的団体の区域を基に地域的共同活動をする適当な区域としている。
○ 「町内会」は，原則として，土地の「町」あるいは「丁目」または行政区域を基に地域的共同活動する適当な区域としている。
○ 必要があれば，町内会連合会を組織することができる。
○ 「部落会」「町内会」には会長を置く必要があり，選任方法は，その地方の従来の慣行に従う，推薦，その他の方法でもかまわないが，市町村の意向が反映されることとされている。
○ 「部落会」「町内会」の下部組織として20戸内外の個数による「隣保班」（通称「隣組」）を組織することとされている。

■ 「部落会」と「明治時代藩政村」（「村（旧村）」）との関連性
○ 実際の「部落会」が明治時代からの藩が治めていたときの藩政村である「村（旧村）」と同じであったかどうかをある程度把握できる資料もある（自治振興中央会『全国優秀部落会，町内会，部落会長，町内会長事績概要〈昭和17年3月16日選奨〉』（自治振興中央会，1943年））。優良部落会とされた全国の部落会に関する資料である。
○ 「部落会」が明治時代の「藩政村」（「村（旧村）」）とほぼ同じであるケースが，全体の約3割であり，北陸や近畿地方に多い。
○ 「部落会」が明治時代の「藩政村」（「村（旧村）」）とは異なり，一つの「部落会」に複数の農業の集落が存在するケースが全体の約6割であり，東北，北関東，中国，四国，九州地方に多い。
○ そのため，「部落会」が単純に明治時代からの「村（旧村）」ではなく，明治時代になり，様々な地方自治等の変遷により，農家等の地域的な集落も変化しているといえるだろう。

第7節　戦時中の町内会・部落会の法人化

⑶　昭和18年 —— 部落会・町内会に法人格の付与

　　昭和18年法律第81号により町村制が一部改正され，部落会・町内会は，法人格が附与され，町村長の許可を得た場合は，「自己の名を以て財産を所有することを得る」と，法人である部落会・町内会名義の財産を所有することができるようになった。

　　市政・町村制法の改正により市町村の補助機関として位置づけられ，国家総動員体制の公的な末端戦争協力組織となった。

コラム ☕

法人化された部落会・町内会と財産区は同じか

　部落会・町内会が組織として整備された目的は昭和15年の訓令によると「隣保団結ノ精神二基キ市町村内住民ヲ組織結合シ万民翼賛ノ本旨二則リ地方共同ノ任務ヲ遂行セシムルコト」とされ人的結合を主眼とするものであった。たまたま固有の財産を所有することがあっても財産区とは，性質を異にするものであるとされている。

⑷　町内会・部落会名の登記名義が可能に

　　不動産登記法において，法人ではない地縁団体名義の所有不動産は，地縁団体の名義で登記することができない。これは現在でも同じである。つまり，本来，法人ではない町内会や部落会が所有している不動産に関しては，町内会や部落会の名前で登記することができないということである。

　　しかし，昭和18年3月には，市制及び町村制が改正され，法律第80号，第81号により市町村長の許可を得た場合は，町内会，部落会及び連合会は，町内会，部落会及び連合会が所有している不動産に関しては，町内会，部落会及び連合会の名義で所有者として登記できるようになったのである。

　　登記に関しては第8編第5節を参照。

2 昭和22年―市町村の動き―町内会・部落会の解散

(1) 町内会・部落会の解散

戦時中の昭和18年の法改正により，行政機関の法人になった町内会・部落会は，戦後の処理により法人になることが廃止され，町内会・部落会としては解散することになる。

具体的には，昭和22年1月ポツダム政令「町内会部落会又はその連合会等に関する解散，就職禁止その他の行為の制限に関する件」が発される行政機関としての部落会・町内会と隣組は禁止された。

これにより，行政機関としての町内会・部落会・隣組が廃止されたが，人間の繋がりである地縁的結合が解体したわけではないといわれている。

コラム

戦時中の町内会と現在の町内会は全く違うものか

歴史的な動きを見てみると，法令上は違う組織ではなるが，人間的なつながりは，それなりに継続しているようである。

昭和22年1月にポツダム政令で町内会・部落会・隣組等は法令上廃止されたが，それから3か月以内には8割近くの組織が「協同組合」，「自治会」等の名称に変えるなどにより事実上復活したといわれている。

昭和27年（1952年）4月，対日講和条約の発効により，法令上の廃止が失効したため，全国の町内会は，公然と活動を開始し始めたともいわれている。1960年代になると，都市化，産業化の進展により，都市部では自発的に様々な集団が結成されるが，次第に町内会に吸収され，町内会は再生産されていったともいわれる。

---

(2) 町内会・部落会の解散による所有不動産の処理

昭和20年に戦争が終わり，日本は新たに再出発することになる。昭和22年5月3日，新憲法施行，同日に地方自治法が施行され，明治時代からの市制・町村制は廃止された。

同日公布施行の政令15号（ポツダム政令）によって，戦争協力体制であった町内会・部落会等は解体させられる。

所有していた不動産に関しては，2か月以内に処分しないと市町村に帰属するとされたため，部落会等から個人代表者名に所有権移転されたものもそれなりにある。

なお登記手続に関しては，第8編第6節を参照。

コラム

戦後の町内会の所有不動産等の財産に関する実際の登記的な動きは

昭和において戦争遂行の一つとして部落会・町内会が組織され，自己名義の財産を所有できることになったが，戦後，市町村の財産に統一される動きがあった。

その二つの動きで全てが市町村の財産に統一されたのではなく，それぞれの財産を守るために，「町内会・部落会・連合会」から代表者名等に名義変更をした集落もあったようである。

こうした経緯を経て，集落所有地であっても個人名で登記されている土地が存在する。

(3) **ポツダム政令の失効**

ポツダム政令15号は，1952年4月28日の講和条約の発効に伴って，当然に失効したが，ポツダム政令15号によってすでに生じた効果には影響がないと解されている。

第8節　昭和22年の農地改革

1　概　要

　多くの土地の所有者が変わったという点では，戦後昭和22年に実施された農地改革がある。

　「耕作者の地位を安定させ，労働の成果を公正に享受させるため自作農を急速にかつ広汎の創設し，農業生産力の発展と農村における近代化の促進を図ること」を目的としている。具体的には，戦前の農地の多くは，大地主が所有し，実際に農地の耕作者の所有地でなかったため，これを農地耕作者の所有地にしようという改革である。

　法令的には，昭和21年10月，自作農創設特別措置法が制定されている（昭和21年12月29日施行）。

2　手　続

　手続としては，農地改革される土地に関しては，地主から国が買収し，国から小作人に売渡という2回の所有権移転登記を行うものである。その他にも，土地の用益権及び担保権の消滅・設定，分筆・合併の登記が合わせて行われている。

3　登記手続の特徴

　手続を行う農地が全国でいえば数多くの件数になるため，登記手続をするために登記簿にも特別な処理が行われた。主なものとして次のようなものが挙げられる。

　①　国の買収による所有権移転登記は，都道府県知事からの登記嘱託書を登記嘱託綴込帳に編てつすることで登記の効力が生じ，登記嘱託綴込帳を登記簿の一部とみなすため，登記簿の甲区所有者欄への記載を原則省略する。登記簿には，表題部の欄外に「自作農による買収登記嘱託書綴込帳第○冊第○丁」などと記載する。

　　　この登記手続方法につき，いわゆる「欄外登記」，「耳登記」，「耳書き登記」と呼ばれることが多い。

　②　未登記の不動産を国が売り渡した場合は，買い受けた自作人のため

に，直接所有権保存登記を嘱託することができる。
③　知事は，売渡しのために必要がある場合，政府の所有する土地でその所有権登記があるものの，登記用紙の閉鎖を求めることができる。

耳登記がされていることに関する現在の実務上の問題

　所有者不明の問題とは限らないが，その土地の所有者と思われる人物の所有物ではなかったという場合も，たまに存在する。

　例えば，ある人物が所有している不動産の一覧を不動産の評価証明等で確認し，その不動産に関して登記情報を確認しようとすると，登記情報が確認できない場合がある。

　その場合は，登記情報に問題があるため，コンピュータ化がされていない問題のある不動産である場合がほとんどである。

　該当する不動産の旧登記簿を閲覧すると，原因が分かる。通常は，国がその農地を買収し，いわゆる「耳登記」がされているのに，国の買収後に，買収前の所有者に関して相続登記がされているか，買収前の所有者から他人に売買等の所有権移転登記がされていることが多い。

　この場合，売買前の所有者から，国に及び売主前の所有者の相続人又は買受人等，方法に所有権が移転して，二重売買のような形式になるため，本当の所有者が分からないという状態になっている。そのため，もともと評価証明書で所有者と思われた方の所有不動産ではないということになる。

　最終的には，誰が所有者かがはっきりしなければ登記することはできない。

　仮に，国の買収が間違いということであれば，都道府県の担当部署に買収登記の抹消を依頼することになる。

農地改革と所有者不明土地の関連

　農地改革自体が所有者不明の直接の原因といえるかどうかは難しいところだが，農地改革により所有者になった小作人等が所有者不明となり得る場合は存在する。それは，買い受けた所有者自体が「A外3名」等の名義であり，変則型登記の一種の「記名共有地」であり，共有者が不明である場合である。この場合は，「記名共有地」と同じように，共有者を探索するなど措置を行うようになる。

第9節　昭和25年——台帳が税務署から法務局へ移転

1　台帳制度と不動産登記制度の両制度が並列

⑴　概　要

　　後に説明する登記簿・台帳の一元化が決定される昭和35年までは，不動産に関する状況を把握するための資料として，登記所である法務局が扱う不動産登記簿と，地租，家屋税を徴収するための資料として税務署が扱う土地台帳，家屋台帳があった。

　　このため，不動産の状況を把握する制度，例えば土地なら，土地登記制度と土地台帳制度が併存していた。

　　なお，厳密にいえば，土地台帳，家屋台帳を扱う場所は，昭和25年に法務局に移管される。

⑵　土地台帳，土地登記簿に登録していた情報

　　土地登記制度と土地台帳制度が併存していた当時は，次のように情報が登録されていた。

　　土地登記簿には，①土地に関する物理的情報である「土地の表示に関する登記の情報」，②所有権その他の権利に関する登記の情報が登録されていた。

　　土地台帳には，①土地に関する物理的情報である「土地の表示に関する登記の情報」，②土地所有者等の納税義務者の情報が登録されていた。

⑶　両制度並列の問題点

　　不動産に関して，台帳制度と登記制度があり，現実的には，両制度の併用が手続の重複し，取引においても支障が生じたりして取引の安全を害する結果にもなっていた。

　　また台帳登録と不動産登記とが必ずしも一致しないため，行政にも影響し，土地家屋に関する種々の紛争を招き，解決を難しくする原因にもなっていた。

　　結局，土地・建物とも登記及び台帳の両方の手続が併存し，国民には不便であったのである。

⑷　例えば，所有権保存登記をするには

　　当時，登記所では，土地についての最初の登記である所有権保存登記

をする場合は，原則として土地台帳の謄本により状況を明らかにすることが必要とされていた（制定時の旧不登法105条1号）。その後，登記所が，所有権保存登記をした場合は，遅滞なく，土地台帳諸官庁に通知することとされている（制定時の旧不登法11条1項後段）。

つまり，所有権保存登記をする場合は，原則として台帳の登録を基礎として行うものであった。台帳の登録に修正・訂正がされたときは，対応する登記も変更される仕組みになっていた。

そのように，台帳は，土地及び家屋の客観的状況を把握するものとして不動産登記制度の基礎にもなっていた。

(5) 国としての改良予定

不動産登記に関して登記簿と台帳の二つの制度が存在することにより，登記に手続が重なったり，時間と費用の負担が増加し，事務の適正，迅速が妨げられていることを解決するために，台帳制度を登記簿制度に取り込み，両制度を一元化し，登記制度の合理化が図れないかと考えていた。

2 台帳が法務局に移管される前提の動き

(1) 明治以来の地租

明治6年（1873年）に制定された土地を対象にする租税が地租であり，国税の中軸を占める存在とされていた。

(2) 昭和6年―地租改正

地租法制定による地租改正により，課税基準が従来の地価制度から賃貸価格制度に改められ，税務署が調査した土地の賃貸価格が土地台帳に登録されることになる。

(3) 昭和15年―家屋税法制定

昭和15（1940）年の家屋税法制定により，全国の税務署に家屋台帳が整備され，建物が家屋番号で特定されるようになる。家屋税も国税である。

(4) 昭和17年―不動産登記法改正

昭和17（1942）年の不動産登記法改正により，建物登記簿にも建物番

号を記載することとし，併せて建物の保存登記手続を整備した。

(5) 昭和22年—地方税法の改正

昭和22（1947）年に地方税法が改正され従来の地租及び家屋税が府県税とされた。

(6) 昭和22年—土地台帳法，家屋台帳法の制定

戦後の日本国憲法に，地方自治の理念が掲げられ，地方財政の自主性確立を目指し，昭和22年に「土地台帳法」，「家屋台帳法」が制定され，「地租法」が廃止され，地租は国税から都道府県税に移される。ただ，課税の均衡を図る必要性から，土地台帳・家屋台帳は国の機関である税務署が引き続き管理している。

(7) 昭和25年—シャウプ勧告による地方税制改正

昭和24年の「シャウプ勧告」による地方自治の確保のための昭和25年の税制改正により，従来の地租が廃止され，府県税である地租家屋税が廃止され，固定資産税として市町村の課税になった。これで土地台帳は税金と切り離され，税務署で管理されていた「土地台帳とその附属地図」は，不動産登記の事務を司る登記所に移管される。

実務上のポイント

■Q56　シャウプ勧告とは。

【回　答】

　昭和24年に，シャウプ使節団が，日本における長期的・安定的な税制と税務行政の確立を図るため，全国を精力的に視察した結果を基に，提出した勧告書である。

　勧告書の基本原則は，昭和25年の税制改正に反映されている。より現状に即した調整が加えられ，国税と地方税にわたる税制の合理化と負担の適正化が図られている。

3　昭和25年—台帳は，税務署から法務局へ移管

(1) なぜ移管したか

　昭和25年（1950年）の地方税改正により不動産に関する税金が市町村

の固定資産税に変わり，税務署に土地台帳，家屋台帳を置いておく必要がなくなったからである。

(2) **不動産登記法の改正**

法務省は，土地・家屋台帳を引き受けることで，より不動産登記制度を整備できると考え，台帳を引き受けることにした。法律的には，昭和25年（1950年）の「土地台帳法等の一部を改正する法律」（昭和25年法律第227号）である。

なお，土地台帳は，昭和25年に家屋台帳と共に税務署から登記所に移管されても，登記簿・土地台帳一元化作業が完了するまでの間，登記所において台帳事務が行われていた（昭29・6・30民事甲1321号民事局長通達）。

また，土地家屋調査士制度が，土地台帳及び家屋台帳が税務署から登記所へ移管されると同時に誕生している（土地家屋調査士法（昭和25年法律第228号））。

4 昭和26年——登記簿バインダー方式への変更

(1) **従来の登記簿**

昭和26年当時の登記簿は，大福帳式の帳簿であり，テレビの時代劇で，商家の番頭さんたちが売買の記帳をしていたようなスタイルである。取引の項目を分けることなく取引の順にのり付けにした記帳の方式で「大福帳式」といわれていた。

この様式は，新たな登記事項を記載するためには，何冊もの該当する登記簿を準備するなど記載が大変であるとともに，検索するにしても，使い勝手が悪かったそうである。

(2) **使い勝手を改良するためにバインダー方式を採用**

「大福帳式」では，記載も検索も使い勝手がよくないため，改良する方式として考慮されたのがバインダー方式である。

それまでは，大福帳式のため1冊の登記簿に登記簿を増やすことはできなかったが，使用していた登記簿をばらして1冊登記用紙を150枚収容できるバインダーに，地番順，家屋番号順に綴りこむようにした。これにより，登記事項の記入，従来より検索が簡単に行えるようになった。

4　昭和26年──登記簿バインダー方式への変更

　法律的には昭和26年の不動産登記法（明治32年法律第24号）及び不動産登記法施行細則（明治32年司法省令第11号）の改正により行われている。

　登記簿のバインダー化は，その後行われる登記簿と台帳の一元化の準備ともいわれ，一元化が施行される昭和35年までには，全国の法務局でバインダー化が完了したそうである。

第5編　地方自治制度、地租・登記制度の変遷が関連する複雑な登記名義

第10節　昭和28年──昭和の市町村大合併

1　市町村の動き：昭和の大合併

(1)　概　要

　明治22年に，「市制町村制」が実施され，村と村の大規模な合併が行われた。これは市町村に関する「明治の大合併」である。昭和時代にも市町村の「大合併」が行われた。昭和28年（1953年）に「町村合併特例法」が施行され，3年間で集中的に合併が行われた。まだ合併できていない町村は，昭和31年（1956年）には「新市町村建設促進法」が施行され，昭和36年（1961年）までに合併が進められた。これが，市町村の「昭和の大合併」である。

(2)　目的は，数値的には

　戦後，地方制度では，市町村の役割が強化され，中学校の設置・管理，消防，社会福祉を市町村が担うものとされた。これらに対応するためには自治体にも一定の規模が必要となり全国で合併が行われたといわれている。

　具体的には，市町村にとっては，中学校の運営が大きな負担となり，賄うためには人口規模約8000人以上を標準として，市町村の合併が進められたそうである。

　昭和28年（1953年）には，市町村は9,868であったが，合併後の昭和36年（1961年）には，3,472になり，合併前の約3分の1になった。合併前までの市町村は，通常，数百個程度の戸数の平均だったそうである。

2　昭和の大合併では「新財産区」が誕生

　明治の市町村大合併で「旧財産区」が生まれたのと同じく，昭和の大合併でも昭和28年の町村合併促進法により，合併で財産を吸収されることに抵抗する旧市町村の説得のために，旧市町村単位での財産区の設置を認め，翌年の昭和29年の地方自治法改正により，現在の294条が制定された。

　なお，明治の大合併においてできた「旧財産区」と区別するため昭和の大合併でできた「財産区」は，「新財産区」と呼ばれる。

　その他の「新財産区」に関しては，第11編第1節を参照。

第11節　昭和35年—登記簿・台帳の一元化

1　遂に登記簿・台帳が一元化した

⑴　前　提

　　すでに，本編第9節で述べたように，不動産に関する状況を把握する
ための資料としては，登記の資料である不動産登記と，税金関係の資料
である土地台帳・家屋台帳が存在し，両制度が並列することでの問題点
も多く，国民にとっても不便であるとのことで，国としては，両制度を
合体する「一元化」を謳り，登記制度の合理化をしたいと考えていた。

⑵　前提としての動き

　　これも本編第9節で述べたように，様々な動きがあり，特に重要なも
のとしては，台帳の税務的な取扱いが変わったために，昭和25年から，
台帳の扱いが税務署から法務局へ移管した。これとともに昭和26年から
法務局の登記簿を従来の大福帳式からバインダー化を進めたことが重要
な動きである。

　　登記簿・台帳の一元化に対応するために，登記簿をバインダーにした
ともいわれ，これが完了したことにより，登記簿・台帳一元化を実行す
ることになる。

2　昭和35年に法律的に登記簿・台帳を一元化

⑴　制度の変更として

　　不動産登記法の一部を改正する法律（昭和35年法律第14号）により，登
記簿・台帳の一元化が制定された。これにより，台帳に記載されていた
不動産の表示関係の情報を登記簿に表示に関する登記手続（新表題部）
が新設され，土地台帳・家屋台帳の制度である「土地台帳法」，「家屋台
帳法」は廃止された。

　　なお，土地台帳も家屋台帳も登記簿と一元化されたが，本書では主に
土地に関することを取り扱っているため，家屋台帳のことは記載せず，
土地台帳だけを取り上げて表現している部分も多いことをお詫びしてお
く。

第11節　昭和35年—登記簿・台帳の一元化

⑵　登記簿の変更点の概要

　　もともと登記がされている土地に関しては，次のように一元化がされた。

①　土地台帳に現に登録され，かつ，登記がされている土地

　　表題部を改造するために，土地台帳に基づき，現に効力を有する登録事項で土地の表示に関するものを新表題部に移記し，これを同一の地番の土地の旧表題部を含む登記用紙の前に編綴して登記用紙の新表題部とする（一元化実施要綱第2第1項）。

②　土地台帳に未登録であるが，登記がされている土地

　　表題部を改造するために，旧表題部に登記されている土地の現在の表示を新表題部の登記用紙に移記し，これを同一の地番の土地の旧表題部を含む登記用紙の前に編綴して登記用紙の新表題部とする（一元化実施要綱第2第1項）。

⑶　新たな登記簿も誕生した

　　土地台帳に登録されているが，未登記の土地について表題部を新設する場合は，土地台帳中現に効力を有する登録事項で，土地の表示に関するもの及び所有者の氏名，住所を新用紙に移管し，これを地番の順序に従って登記簿の相当個所に編綴して登記用紙の表題部とした（一元化実施要領第3本文）。

　　これにより，所有者がよく分からない不明な登記簿が，いわゆる変則型登記（表題部所有者不明土地）である。登記についての説明は，本書第9編，取扱いについては本書第11編で説明する。

⑷　廃止された土地台帳・家屋台帳は

　　廃止された土地台帳に関しての通達では，「土地台帳は，土地台帳法の廃止及び登記簿・台帳の一元化指定期日後においても，当分の間保管し（一元化実施要領第9条第2項），土地台帳の閲覧又は謄本の交付は，当分の間，従前と同様の取扱いによること，手数料は徴収しないこととされた」（昭36・3・2民事甲534号民事局長通達）となっている。

　　実際には，現在でも，登記所に保管されており，無料で閲覧，謄本取得をすることが可能である。

242

(5) 実際に施行された日は，法務局により異なる

　当時の世の中では，様々なものがコンピュータ化される以前の時代であり，一元化するためには大変であり，時間も費用も掛かる重労働であったといわれている。歴代の登記所内の作業の中では一番大変なことだったともいわれている苦労の多い作業だったようである。そのため，法律の制定された昭和35年に全国一斉に一元化されたわけではなく，法務局ごとに一元化が行われ，全国全てが，完了したのは昭和52年12月31日であった。詳しくは，本書第9編を参照。

第6編

複雑な登記名義から所有者を探るためには

第1節　複雑な登記名義から所有者を探るために

1　複雑な登記名義は，歴史的な動きだけでは把握しにくい

　第5編では，明治時代から現在までにおいて，複雑な登記名義に関連する歴史的出来事を説明した。これにより，様々な歴史的な出来事が，様々な複雑な登記名義が誕生したことの要因にもなっていることが分かるはずである。

　ただ，複雑な登記名義を生み出したのは歴史的な出来事だけにとどまらない。その他にも，①持主である多人数の所有者の組織的な変化，②集団なら形式的にこうなるであろうという登記の形式，③売買等実際に行った取引等による実質的な所有者の変化，④登記名義は仮のものであり本来の所有者が違う場合も多い，など様々な要因がからんでくるため，複雑な登記名義を生み出したともいえる。

　それに加えて，法人でない集団は，集団等の名称では登記できないため，代表者の個人名義，構成員の共有名義で登記せざるを得ないことも影響している。

　さらに，土地台帳のように納税の関係で所有者とみられていた者が，登記・土地台帳の一元化により登記簿の名義になってしまったため，本来の登記法の範ちゅうからはみ出してしまうものまで登記名義になっているという問題まである。

2　どんな所有者不明土地が問題になっているか

　所有者不明土地の問題において，一般に不明といわれるのは，純粋に個人所有であった不動産において，所有者の相続が発生しているが相続登記が行われていないため，現実的な所有者が不明になっているというもので

あろう。

　しかし，本書で取り上げる複雑な登記名義の多くは，純粋に個人名義ではなく，江戸時代から「村（旧村）」等の地域において構成員が共同で所有・利用していた土地が，明治時代になり，明治時代の様々な制度の上で，どのような所有者名義の土地に変化していったかである。

　このような土地が，純粋な個人所有の土地と変わらないぐらい存在するといわれているのに，いわゆる変則型登記名義（表題部所有者不明土地）以外には，ほとんど話題にもならない状態ではある。

　実際に道路づくりをはじめ様々な公共施設のための買収を行おうとすると，純粋な個人名義の土地だけでなく，様々な複雑登記名義の土地に遭遇し，買収等に困難を来しているのが現実である。

3　江戸時代からの「村（旧村）」の原野・山林の所有が問題になる

　いわゆる田畑は，個人的に農作業をしており，個人の持ち物という考えで現在まで個人所有で変化してきている。そのため，相続が行われていない問題は生じるにしても，所有者自体は把握しやすい。

　問題になるのは，もともと個人の持ち物というより江戸時代には村（旧村）等の地域で住民が共同で利用していた原野や山林の所有者が誰であり，時代の変化と共に所有者がどう変化し，実際の所有者等が誰なのかの問題である。原野や山林が中心的な存在ではあるが，そのほかにも，ため池，共同墓地なども該当する。

4　江戸時代からの「村（旧村）」の原野・山林がどう変化したか

　もともと原野や山林等の土地を村（旧村）等，あるいは構成員が所有・利用していた土地が明治時代になりどう変化してきたかをみると，次のようなパターンで考えると理解しやすいかもしれない。

①　江戸時代には村（旧村）等が所有・利用していた土地が，明治時代になり，所有者そのものの形態等が変化することにより，登記名義が変化した不動産（詳しくは第3節参照）

②　江戸時代には村（旧村）等が所有・利用していた土地が，明治時代

になり，入会地として利用しており，所有形態としてほとんど変わってはいないけれども，登記名後としては，様々な名義になっている不動産

なお，①と②は厳密に区別しにくい部分もあり，全体的には，次の2節で，いわゆる入会地としての利用については，第10編で説明する。

5　違う観点からも理解することが必要である

本来の登記制度においては，不動産の所有者に関しては，個人である自然人又は会社・法人と，法律的には「人」とみることができるものの氏名・名称を登記名義にする仕組みになっている。これは，明治時代から現在までの登記法関連の法令で変わることはない。

しかし，複雑な登記名義においては，上記の法令が守られていない登記名義が現実に存在するため，混乱しているものも多い。

また，登記制度の法令を守ろうとするがゆえに，所有者の名義ではなく，便宜上の登記名義で登記されており，かえって混乱しているのではないかということも多い。

例えば，「権利能力なき社団」は「法人」でないため，通常代表者個人又は構成者全員の共有名義で登記することになっているが，そのために，純粋に個人の所有，共有の不動産と，登記簿上の登記名義では区別ができないようになっている。このために，個人の所有ではないのに，相続人が被相続人の所有不動産と間違えて登記をしている例も多く存在する。

さらに，本来，登記的な名義でなかった所有者の氏名等が，便宜上，登記名義にされたため，かえって所有者が分からなくなっている場合も多い。

これは，明治時代になり，納税者の名簿として利用されていた地券，土地台帳の名簿に記載されていた納税関係の所有者が，昭和時代における登記簿・土地台帳の一元化により，登記簿の所有者になったために起こっている。

現在，いわゆる変則型登記や表題部所有者不明土地と呼ばれるものは，登記簿・土地台帳の一元化により，登記名義になったものである。

上記の観点からすると，本来登記簿上の法則による登記名義でない登記

名義人が多く存在するため，所有者がはっきり分からない多くの複雑な登記が存在することを理解しておくべきである。

6 同じタイプの登記名義でも，名義人が異なることが多い

また別の違う観点からみると，同じ形式の登記名義なのに実際には様々な所有者のタイプがあるため，残念ながら登記簿を見るだけでは誰が所有者であるか，理解できない場合も存在する。そうなると，所有者を示すための登記名義なのに，現実には所有者が分からないという本末転倒の姿にまでなってしまっている。

7 もちろん，実際の所有者が異なることも多い

登記の形式から，どのような者が所有者であるかの説明については様々な点で説明するつもりではあるが，実際には違った点での問題もある。それは，登記名義と実際の所有者が異なる場合も少なくないという点である。極端にいうと，本来の所有者の名前で登記をしていなくて，他人名義で登記をしてある場合等もあるということである。

主に次のような場合が考えられる。

① もともと適当な登記名義を借りての所有者名義にしていた場合

➡ もともと村（旧村）の集まり等が旧村の構成員が所有したり入会地として利用している場合，旧村，寺などの名前を借りて登記をしている場合もそれなりにみられる。

② 所有者が売買取引等を行ったのに，その登記を行っていない

➡ 登記自体が強制制度でないため，最初の持主から次の持主に所有権が変化した場合でも登記名義の変更をしていないことも珍しくない。複雑登記でなく，純粋に単独所有の不動産でも昭和時代には売買しても登記はしていないということが少なくなかったぐらいである。

③ 所有者自体が変動してしまった

➡ もともと「村（旧村）」の構成員が，入会地のつもりで登記をしていたとしても，年月が経ち入会集団自体が消滅することも少なくな

7　もちろん，実際の所有者が異なることも多い

い。そうすると，本来，入会集団が所有している土地のつもりで登記していても，時代と共に入会集団自体が消滅し，登記名義人が異なっているということにもなりかねない。

第6編　複雑な登記名義から所有者を探るためには

第2節　国の明治時代から現在まで続く政策上の考え方も影響

1　長年にわたる国の方針から見えてくるものもある

前節では，明治時代になってから様々なことが影響して実際に複雑な登記名義になり，現在では所有者が分からなくなっていることも多いことを述べた。

実は，明治時代から現在まで継続して行われている国の方針も影響して複雑な登記名義を作り出したといえる。

大きく言えば，次の点が影響したといえる。

①　地域住民が生活するための一つの単位ともいえる地方自治の単位等をどんどん合併して一つの地方自治の単位の規模を大きくしようとしている。

②　江戸時代まで続いた住民の共同生活に欠かせなかった地域住民が共同で土地を所有・利用する入会権等を縮小しようとした。

複雑な登記名義という点からみると大きな影響を与えたともいえる。

2　地方自治の単位の変化の影響を簡単にいうと

地方自治の単位の規模を大きくする点とは，具体的には現在でも市町村の合併が続いているように，地域生活における単位を「村（旧村）」から市町村制度に代え，市町村の合併を進めるなどである。この合併により，もともと地域生活の単位であった数十個程度の戸数の集まりが，所有・利用していた土地の所有をあくまで「村（旧村）」に任せるのか，合併した市町村等に任せるのか，所有する地域の単位が様々に，地域ごとにより変化してきている。これにより，共有する単位が変わるなど，多くの変化があり，様々な変化が起きている。そのため，登記的にも様々な変化をしているということである。

この点については，次の第3節で説明する。

3　入会権的な所有・利用を認めない方向で進めていった

人々が生活するうえで，共同で土地を所有・利用する様式である入会権は世界中に，昔から現在まで存在する権利である。ただ，日本では明治時

代になり，この入会権的権利を縮小的に進める方向で政策がとられている。

　例えば，誰が利用しているか分からない土地に関しては国の所有にしたといわれる「官民有区分」を行ったり，入会権自体は民法で認めたが登記法では登記できないようにしたなどの政策が挙げられる。

　このような扱いによっても複雑な登記名義ができ上がったが，近年においては，科学社会の発達により，従来ほど入会権的権利が使用されなくなったという社会の変化も加わり，さらに複雑な登記名義になっている。

　例えば，明治時代であれば，電気も水道もない場合，山林や原野は，地域の人々が共同で使用・利用する生活が普通であった。しかし，電気・水道が普及すれば，山林や原野を使用しなくても生活できるような変化も起こり，地域の集まり自体が必要なくなったということも起きている。この点では，入会権の近代化という問題も生み出されている。

4　明治時代になり村（旧村）所有の入会地をどう表していたか

　明治時代になり，明治初年，納税義務者の確定を目的として地租改正を行い，納税義務者である土地所有者と認められたものには「地券」を交付した。そのため，「村（旧村）」所有の所有地に関しても，地券の所有者に書かれた所有者名が，その後，他人への所有権移転がなければ，現在まで引き継がれ，登記簿・土地台帳一元化により，現在の登記簿名義人になっている。

　村（旧村）所有の入会地といっても，様々な登記名義になっており，なぜそのような違いがあるのか，現在でははっきりしないともいわれている。明治政府が，「地券」や「土地台帳」等納税者の名簿等の所有者名義の付け方に関して，確定した基準を示さなかったため，所有者による名義の付け方により様々な名義が付いてしまったともいわれている。

5　村（旧村）所有の土地にどのような登記名義があるか

　現在の複雑名義において，もともと「村（旧村）」が所有していた土地である入会地に関しては，様々な所有者名義があるといわれている。土地台帳や登記簿には，例えば「大字〇〇」，「〇〇区」，「〇〇村」，「〇〇部落」，

第2節　国の明治時代から現在まで続く政策上の考え方も影響

「○○組」，「大字○○部落共有」，「○○共有」など様々なものがあるといわれている。このような登記名義は，登記制度において登記されたのではなく，地租の租税目録である地券の名義が，登記制度に引き継がれているといわれている。

第3節　江戸時代に村（旧村）の集まりが登記的にどう変化したか

1　「村（旧村）」の所有地・入会地の所有者が変化した場合

　本編第1節，第2節による人々が共同で所有・利用する土地が，登記的にどのように複雑になっているかもう少し分かりやすくみていきたい。

　もともと明治時代においては，日本の大部分であった農村の地域の人々が暮らすためには，数十戸程度の家族が一地域として生活していたのである。それが「村（旧村）」である。

　この生活の単位が，それぞれの家族が農作する田畑以外に，村（旧村）全体で所有・利用していた山林・原野等がある。このような地域である村（旧村）が共同で所有・利用していた土地が明治時代になり所有・利用に関して様々な変化が起こり，次の五つの形態に分かれたといわれる。人々の集まり自体も「村（旧村）」と変わりない場合もあるだろうし，明治時代になって明治22年に市町村制度ができるまでの様々な地区の集まりの変化により，「村（旧村）」とは違う人々の集まりに変化している場合もあるであろう。

　基本的には，明治22年頃の人の集まりの形態により，次のような形態に分かれたともいわれている

　なお，下記のパターンはあくまで実際の所有者的な見方であり，登記名義から見た分類ではない。実際には，その後所有者が変わっている場合もあるし，所有者が変わっても登記名義が変わっていない場合もあるだろう。また，もともと集団の形式とはかけ離れた登記名義になっているもののある。

　つまり，登記名義と中身が一致していない場合も多く，単純に所有者が分からないというのが，現状である。

◎パターン1―市町村が所有

　「村（旧村）」の所有地・入会地が明治22年にできた市町村に承継されたもの。所有者は法人である。

　本来は，市町村の登記名義になっていれば問題がないが，なってない場合は，明治22年にできた市町村に承継された市町村の名義にすべきである。

第3節　江戸時代に村（旧村）の集まりが登記的にどう変化したか

◎パターン2─旧財産区所有

　「村（旧村）」の所有地・入会地が，明治22年にできた市町村に承継されることなく，「村（旧村）」等の所有地とみなされ「旧財産区」の所有不動産と認められたもの。戦後の地方自治法では，特別地方自治体として認められている。

　通常，「大字○○」という登記名義が多い。所有者は法人である。

◎パターン3─村（旧村）の旧村民全員の入会集団が所有

　江戸末期のもともとの村（旧村）の村人が共同で利用していた形式が，明治時代になっても，同じように入会集団として所有している状態である。

　「村（旧村）」の旧村民全員等の入会集団が所有しているものであり，入会地の入会権を持つ者の集まりである旧村民が所有している入会地である。厳密にいうと村民は，入会権を持つ家の戸主である。

　このパターンでは，所有者自体が江戸時代と変わっていない場合が多いが，旧村自体の集まりが地方自治の変化により，集まる人々に変化が生じている場合もある。

　なお，入会集団は，大きな概念の「権利能力なき社団」に属する。

　また，登記名義としては「共有惣代○○」等の共有惣代地や「○○外□名」等の記名共有地，代表者の個人名義のものが多い。また，多数の共有地の場合もある。その場合，所有者は，法人でも個人でもなく「権利能力なき社団」である。

　ただし，登記名義として，寺院名義，産業組合名義，公益法人名義，部落名義の場合もあり，登記名義だけでは誰が所有者か分かりにくい土地もそれなりに存在する。この場合は，登記名義を借りて，本来の自分達とは違う名義になっている状態である。

◎パターン4─村（旧村）の村民の一部の純粋な共同所有

　純粋に何人かで共有する不動産に変化している。登記名義としては，「○○外□名」が多い。また，一般的な多人数の共有地の形式の場合も多い。法人ではなく，個人が所有していることになる。

◎パターン5—純粋な個人所有

　純粋な個人の単独所有に変化している。また，登記名義は個人名である。

2　人の集まりはどんどん変化するのか（戦時中）

　もともと江戸時代の村（旧村）であった人の集まりが，明治時代になり，上記のように五つのパターンで所有者が変化すると説明した。

　しかし，別の観点から見ると，地域的な人間の集まりは，様々な形で登場する。

　例えば，戦時中には地域の暮らしの単位である町内会・部落会を法人にして戦後解散させられた（詳しくは第5編第7節2参照）。

　この戦時中の町内会・部落会が旧財産区と異なることは，今までの先例等でははっきり説明されているが，明治時代からの地域的人間の集まりであった現在でいう町内会や自治会が戦時中の町内会・部落会になったものなのかはっきりしない部分もあるように思われる。そのあたり，地域の人のある集まりが何かは判断に困る場合も多いように思われる。

3　現在でも人の集まりは登場している

　地域の人の集まりというと，現在では，町内会・自治会が登場する。現在の町内会・自治会は，権利能力なき社団ではあるが，入会集団とはいわれないし，入会集団とは区別される。

　ただ，現在の町内会・自治会は明治時代の地域の集団とは関係ないのだろうか。戦時中の町内会・部落会のとは関係ないのだろうか気になる点ではある。戦時中の町内会・部落会は法律的に解散し，現在の町内会・自治会とは法律的には関係ないといえるだろうが，実際に構成する，参加する人々は大半が同じ場合もあるのではないかと疑問になる。

　所有者不明土地の所有者を確認するには，疑問になるところといえないだろうか。

　なお，登記上，様々な時代的な人の集まりに関して先例等がある場合は，できるだけ該当する部分で説明する。

第6編　複雑な登記名義から所有者を探るためには

第3節　江戸時代に村（旧村）の集まりが登記的にどう変化したか

4　人の集まりの変化は様々な要素がある

　単純に個人又は純粋な共有名義以外の不動産所有者は，様々な人々の集まりであることが多いと思われる。それを探るためには，次のようなことに注意すべきと思われる。

① 　いつごろ所有者になったかを把握する

　➡　そのためには，古い登記簿や旧土地台帳を確認する。

② 　どのような地目の土地であるか確認する。

　➡　現在の地目だけでなく，昔の地目も確認する。

③ 　納税者を確認する。

④ 　市町村に資料がないか確認する。

⑤ 　現地の近くの住民に確認する。

第4節　真の所有者を探るための資料・方法

1　概　要

　複雑な登記名義であるだけに，登記上の所有者，実際の所有者を探ることが重要な作業になる。

　そのために，単純に現在の登記簿だけではなく，様々な資料等の調査が必要になるのは当然のことである。複雑な登記名義人を探し出しても，実際の所有者が異なることもあるなど大変な作業ではある。

　また，土地の地目によっても，利用できる調査資料は異なると思われる。主に次の項目において説明する。

　①　法務局での資料の調査

　②　法務局以外での資料の調査

　③　現地での調査

2　法務局での資料を調査するには

　登記簿等を中心に主に次のものを調査すべきである

(1)　現在のコンピュータ化された登記簿

　通常，土地については1筆の土地ごとに登記記録（登記簿）が作成され，面積等土地の現状を示す「表題部」，所有権に関する登記を示す「甲区」，所有権以外の登記を示す「乙区」がある。　本書第9編で説明する，通称「変則型登記」に関しては，「甲区」の所有者に関する登記がされておらず，「表題部」に所有者の記録がされている。ただし，この表題部の所有者が，実際に土地の所有者とは限らない。

　取得するのは，法務局で請求するか，オンラインで請求する。

　所有者の登記名義人はもちろん，いつ何の原因で不動産を取得したか，表題部における地目・面積の変化も重要である。抵当権，地上権等の記載も手掛かりになる可能性もある。なお，いわゆる変則型登記の場合，「外○名」等の記載があっても，「外○名」が不明な場合は「事故簿」として現在のコンピュータ化された登記簿がない場合もある。

(2)　コンピュータ化以前の閉鎖登記簿

　表題部，甲区，乙区など，現在の登記簿と同一である項目については，

第4節　真の所有者を探るための資料・方法

漏れがないか内容に間違いがないかを確認することが重要である。

　また，現在の登記簿以前の様々な遍歴も重大な手掛かりになる可能性
はある。閉鎖登記記録，閉鎖登記簿を調べるときは，管轄登記所へ行く
必要がある。ただし，コンピュータ化以前の登記簿に関しても，徐々に
電子化が始まっており，電子化されている場合は，オンライン申請によ
り所得することが可能になる。

(3)　旧土地台帳

　旧土地台帳は，元々，課税台帳として税務署に備えられていたものだ
が，戦後，土地に対する税が地方税（固定資産税）となったことに伴い，
登記所に移管された。旧土地台帳には，①土地の所在，②地番，③地
目・地積，④所有者の住所・氏名及び名称などが登録されており，登記
簿に記載されている以前の所有者や分合筆や地目の変更の経緯を知るこ
とができるなど，不動産の経緯を調査する上で重要な役割を果たす。閉
鎖された登記記録とともに閉鎖登記簿・旧土地台帳を確認することで登
記記録に表題部所有者として記録されている者の過去の住所についての
情報が得られることもある。

　旧土地台帳の記載は，昭和35年の登記簿土地台帳一元化により，土地
台帳の記載が登記簿に移行されたものではあるが，その点での漏れがな
いかも確認をすべきである。

　なお，旧土地台帳を調べるときは，管轄登記所へ行く必要がある。

(4)　公図等の地図

　調査土地の位置，形状，地番，隣接地番の配列等を調査する。法務局
の公図は，もともと明治時代に地租の課税目的のために作成された旧土
地台帳の附属地図が利用されている場合が多い。正本は，税務署に保管
されていたが昭和25年の税制改正により法務局に移管され地図に準ずる
図面として備えられており，現在は，コンピュータ化されている。

　また，閉鎖されたマイラー公図，和紙公図である旧土地台帳附属地図
を確認して土地の沿線も確認する。

(5)　隣接，近傍の土地の登記簿，閉鎖登記簿，旧土地台帳

　調査土地の隣の土地など隣接，近傍の土地を調査すると，調査土地の

所有者に関することが分かる場合もある。そのため，隣接。近傍の土地の現在の登記簿，閉鎖登記簿，旧土地台帳も調べたほうがよい。

(6) **調査土地上の建物の登記簿等，閉鎖登記簿，建物台帳**

　調査している土地の上に建物があれば，建物の調査も重要な資料になるであろう。現在の登記簿，閉鎖登記簿，建物台帳を調査したほうがよい。

　また，現在は存在しないがかつて存在したであろう建物の資料があれば，それも資料として役立つであろう。

(7) **隣接・近隣土地上の建物の登記簿，閉鎖登記簿**

　隣接・近隣の土地だけでなく隣接・近隣土地上の建物の現在の登記簿，閉鎖登記簿，土地台帳も探索の材料になると思われる。

3　法務局以外での資料を調査するには

　法務局以外でも市町村役場等で様々なものが資料になると思われる。

(1) **戸籍や住民票**（市町村役場市民課等）

　まず，登記簿記載の登記名義人の住所・氏名を基に所有者の戸籍・住民票等を探してみる。

　所有者の住所・氏名・生年月日だけでなく，登記名義人が死亡していると思われる場合は，相続人の調査も可能になる。

　登記簿等から住所が分からず，氏名だけしか分からない場合は，市町村において戸籍等を発行することはできない。

　住所が分からない場合は，土地の所在地を居所として住民票，戸籍の登録を照会してみる。その場合でもみつからない場合は，その所在地に住民票等がない「不在住」，戸籍がない「不在籍」の証明書を取得することも可能になる。

　なお，戸籍，住民票の発行からの年月の経過により発行してもらえないものもある。

　その他，戸籍，住民票も火事等により廃棄されているものもある。

(2) **固定資産評価証明書**（市町村役場税務課等）

　調査する不動産が課税対象になっていれば，固定資産課税台帳登録証

明書（通称「課税証明書」）を入手すれば，納税義務者の住所・氏名から土地所有者を推定することが可能になる。

登記名義人と納税義務者の氏名が一致しない場合は，「課税証明書」に記された納税義務者に連絡を取り，調査する不動産を所有しているか否か，所有者の氏名・所在等を聞き取ることが可能になる。

なお，調査する不動産の価格が課税対象額に達していないため課税が免ぜられている場合等は，納税義務者の記載がないこともある。

(3) **現在及び過去の住宅地図**

現在及び過去の住宅地は建物，建物住居者，土地の利用状況の確認に役立つ。

なお，国土地理院では「地図・空中写真閲覧サービス」を行っているので，利用すればよい（国土地理院「地理空間情報ライブラリー」（http://geo-lib.gsi.go.jp/taxonomy/term/73））。

(4) **現在及び過去の空中写真**

現在及び過去の空中写真により，利用状況を確認する。国土地理院の地理空間情報ライブラリーを利用すれば，①昭和32年以降の国土地理院撮影写真，②アメリカ軍の戦後撮影写真，③昭和初期旧日本陸軍撮影写真なども閲覧可能である。

(5) **公図等**（市町村等の行政機関保存）

法務局になくても市町村等に下記のような資料がある場合には，法務局の資料との保管，整合性の確認等に利用できる。

① 旧土地台帳の附属地図

② 旧土地台帳の副本

③ 旧土地台帳の共有者連名簿

※ これがあれば，「A外○名」等の登記名義の場合の共有者名が分かる可能性もある。

④ 一字限図，一村限図，地引帳など

(6) **地縁団体台帳**（市町村役場）

入会地等一部の地区の所有と思われる場合は，市町村が保有する地縁台帳が資料になる場合がある。

⑺　自治会が保管する資料

地租改正事業のときに作成した一字限図，一村限図の写しを保管している場合がある。

なお，その場合，地番，所有者名等が記載されていることもある。

⑻　土地の周辺にある寺院等

先祖代々のお墓があって法要を営むお墓である菩提寺には，各家代々の記録が記載された「過去帳」があり，故人の戒名，俗名，死亡年月日，享年等が記載されている。

登記名義人が，土地周辺の菩提寺と関係があれば，所有者，相続人等の情報を得られる可能性もある。

戸籍謄本が，保存期間の経過による廃棄，戦争，火災による焼失のため取得できない場合等，菩提寺の過去帳等が，所有者及び相続人の調査の資料になることもある。

⑼　郵送による調査

登記名義人の住所・本籍地宛てに，本人確認の意向をした確認文書等を郵送し，実際にいるかどうか確かめてみる。住所・本籍地に居住していなければ「宛先に尋ねあたりません」と郵便局からのコメントがついた郵便が返送されることもある。なお，「宛て所に尋ね当たらず」は行方不明に該当すると考えられている（昭和63年度首席登記官合同における質疑101（民月44巻号外192頁），拙書『休眠担保権に関する登記手続と法律実務』99頁（日本加除出版，2016年）参照）。

⑽　家庭裁判所への相続放棄の照会

相続放棄がされているか，相続財産管理人が選任されているかについては，家庭裁判所に利害関係人は照会できる。

4　どのような土地であるか

現在，及び従来どのような土地であったかによっても，所有者を判断する材料になる。

例えば，墓地，用悪水路，ため池などであれば，個人所有ではなく，地域，区域の住民が共同して利用していた土地と考えられることも多く，自

治区，町内会，入会組合の所有地であるとも考えられる。

5　調査する土地が特殊な場合

　調査している土地が例えば墓地であるとか，特殊な場合はそれなりに調査する方法がある。

(1)　農地の場合

　調査している土地の現況や地目が農地の場合，農地を管理する市町村等の行政が持っている次のような書類を調査すると，農地の所有者，管理者が分かることもある。

　　①　農地台帳

　　②　農地基本台帳

　　③　農家台帳

　　④　耕作者名簿

(2)　山林の場合

　調査している土地の現況や地目が山林の場合，山林を管理する市町村等の行政が持っている次のような書類を調査すると，山林の所有者，管理者が分かることもある。

　　①　林地台帳（市町村の農林課，森林組合等）

　　②　林地台帳地図（市町村の農林課，森林組合等）

　保安林に関しては，都道府県が資料をもっている可能性がある。また，近隣の住民，近隣土地所有者に確認すると所有者が分かることもある。

(3)　道路の場合

　調査している土地の現況や地目が公衆用道路の場合，道路を管理する市町村等の行政が持っている次のような書類を調査すると，土地の所有者，管理者が分かることもある。

　　①　道路境界確定図

　　②　道路境界立会調書

　　③　道路台帳

　　④　道路区域線図

6 現地調査をするには

⑷ 墓地の場合

調査している土地の現況や地目が墓地の場合，次のような調査で所有者，管理者が分かることがある。

① 墓石，墓誌に刻まれた氏名等

② 近傍の墓地の墓石，墓誌に刻まれた氏名等

③ 墓地を管理する社寺である菩提寺等が管理する戸別帳，過去帳等 証明書として利用する場合は，戸別帳証明書，過去帳証明書，祭 祀承継証明書等として利用する。

④ 保険所，市町村の生活衛生課等の行政が監理している墓地台帳 墓地の経営者，管理者が判明することもある。

⑤ 墓地開設当時の使用者名簿

⑥ 墓地承継者に関する名簿

⑸ 水利関連の場合

調査している土地の現況や地目が農地の場合で近くに用悪水路，ため池などの農業用排水施設があるときは，農地用排水施設を管理する市町村等の行政，組合が持っている水利権者に関する帳簿等により土地の所有者，管理者が分かることもある。

また，土地改良区，水利組合等が保管する台帳により，地租改正当時の土地所有者が分かることもある。

⑹ 国土調査実施区域内の場合

調査している土地が国土調査実施区域内の場合，市町村等の行政が保管する地籍調査票等により土地の所有者，管理者が分かることもある。

6 現地調査をするには

今まで述べてきたように，様々な資料により調査を行うだけでなく現地を訪れ調査をすることも必要である。現地調査をするには，主に次のようなことを調査する。

① 調査している土地が公図に記されている位置，形状，地番として間違いないか確認する。

② 調査している土地を所有・利用している者又は近くの施設等の方に

第6編 複雑な登記名義から所有者を探るためには

所有者，管理者，利用状況等の聞取り調査を行う。

④　調査している土地の近所の方に聞取りをする。

⑤　市町村役場等での聞取りを行う。

⑥　地元区域の区長等から聞取りを行う。

⑦　戸籍等により親族が判明した場合，親族に聞取りを行う。

⑧　調査している土地に，所有者を探している旨の看板を立て，情報を収集する。

7　不動産の所有者を探索するための資料

　公共目的等で土地を買収する制度である土地収用制度の中に土地所有者が不明な場合の買収方法として「不明裁決制度」がある。この制度では，土地の所有者を調査・探索する方法，所有者が不明な場合の不明裁決申請の行い方が説明されているガイドラインがある。このガイドラインの中の所有者調査・探索方法は，「不明裁決制度」を利用しない場合でも参考になる。

《国交省が提供する不明裁決に関する資料》
国土交通省総合政策局総務課「不明裁決申請に係る権利者調査のガイドライン（第2版）」（平成30年11月，http://www.mlit.go.jp/common/001292047.pdf）。

8　現在の所有者である真の所有者を探すことも重要

　今まで述べてきた，調査方法は主に登記名義人である所有者を探る方法である。もちろん，登記簿上の所有者が誰かを探すことも重要であるが，現在の所有者である真の所有者を探すことも重要である。

　登記簿の登記名義人である所有者と現在の所有者である真の所有者が違っていれば，その後の対応方法が異なってくる場合もあるからである。登記簿上の所有者と現在の所有者である真の所有者の両方を把握していないと正しい登記名義にすることが難しくなるし，間違ってしまう可能性もあるからである。

8　現在の所有者である真の所有者を探すことも重要

　さらに，真の所有者がどのような理由・原因で所有者になったかということも調査すべきである。どのような理由・原因で所有者になったかが分かると対応策が考慮しやすい可能性もある。

第6編　複雑な登記名義から所有者を探るためには

第7編

多人数共有地の不動産について

第1節　所有者不明不動産には，多人数共有地が多いのでは

1　多人数共有地の登記名義のスタイル

⑴　特殊な登記名義よりも所有者を間違いやすい登記名義である多人数共有地

　登記簿には，その不動産の所有者が登記名義人として記載されるように法律で決まっている。

　しかし，現実には，登記簿の所有者をみても誰の所有か分からない不動産が存在する。そのような複雑な登記を説明するのが，本書の目的であるが，現実には，登記簿の所有者を見ると本来の所有者を間違えてしまう可能性が高い登記名義も存在する。

　それは，多人数の共有者が共有で所在する形式になっている不動産である。具体的には，数十人もの人々が共同で所有する形になっている山林等である。登記手続としては，数十年前に登記をした後，登記手続をしていないような状況の登記簿や，近年になり共有者のうち何人かの相続登記をしている状態がみられる登記簿である。

　このような登記簿の土地の多くは，その地域の集まりが入会権として利用している土地や，地域で共同利用のために作った集団・組合である「権利能力なき社団」が所有している土地である。純粋に共有状態である土地は少ないはずである。なぜ，このような形式の登記簿になっているかは，第2編，第3編で解説しているが，権利能力なき社団等の登記方法を理解していない限り見間違えてしまうのが普通ともいえるものである。

　純粋な共有状態でない限り，相続登記をするのは間違った手続であり，間違って相続登記をしている不動産もよく見かける。

第1節 所有者不明不動産には，多人数共有地が多いのでは

　現状が，上記のような複雑な状況になっているため，このような土地を扱う買収関係の方々は，所有者に注意を要する不動産であるということに注意してもらいたい。

これは，登記制度のミスといわざるを得ないかも

　明治時代に設立され現在まで続いている不動産登記制度では，所有者の住所，所在地及び氏名，名称で登記できるのは，純粋に人間個人及び登記，登録されている会社・法人だけである。その他の団体等は，その団体名を登記名義人として使用することが法律的に認められていない。そのため，団体名の代わりに代表者・構成人の住所・氏名を登記名義人とすることになっている。

　そのため，純粋な個人名で登記された不動産と特別な団体名義所有の不動産の区別ができない仕組みになっており，この区別ができない登記制度を100年以上も継続しているため，混乱しているといわれても仕方がないことになっている。

相続人が先祖の所有と勘違いする混乱も多い

　例えば，田舎に住む親が死亡した場合，親の所有する不動産を評価証明書等で確認すると，親が持分を持っている共有不動産は，当然親の所有不動産であると理解し，相続登記をしてしまうケースが多い。

　しかし，このように持分を持っている不動産がある場合，その不動産が純粋に親の所有物であるかどうかは近所の方々に確認しないと判明しないケースが多い。

　特に多くの人数の共有不動産の場合，注意する必要がある。なぜなら，親が所属している集団・団体の所有物ではあるが，集団・団体名で登記できないため，親の名前を借りて登記してあるだけの場合が少なくないのである。つまり，親の所有物に見えるが，実は親とは別の集団・団体等の所有物であることが多い。

　親の所有不動産でないことが分かれば，相続登記を抹消する必要がでてくるなど，様々な登記的な処理をする必要がでてくる。団体の所有不動産であっても，子孫が親の物だと主張するため，裁判になるケースも歴史上多く存在する。

(2)　**具体的には，どのような形式や，場所が多いか**

　　形式的には，数人の兄弟等が共有している形式より，十名以上の多人数が共有する形式のものが多いであろう。住所・氏名を見ると同じ町内・地域に住んでいる人が多く，苗字が同じ人も多いのが特徴のはずである。

　　登記形式としても，変則型登記のように表題部だけでの登記ではなく，甲区の所有者として登記されているものが多く，登記した年月日が何十年の前のことも少なくない。

　　場所的には，都会ではなく，田舎における山林，草原，ため池，墓地等の土地が多いと思われる。

2　具体的には，どのような所有者が該当するか

(1)　**登記名義が多数共有者である場合の所有者**

　　前述のような多人数共有の登記名義の場合，実際の所有者にどのようなパターンがあるかを考慮すると，次のような所有者が考えられる。もちろん，所有者そのものが違えば，登記手続や買収等の手続が異なるのは当然である。

　　なお，実際の所有者が誰かという点で二つの観点からの見方が考えられる。一つは，文字通り登記名義の形式からの判断である。もう一つは，もともとは，登記名義の形式からすれば，このような所有者であったが現在では所有者が変わっている，ただし登記名義を変更していない場合である。

　　まずは，登記名義の形式が多数共有者の場合の所有者には，どのようなパターンが多いかを分類する。主に次の場合が考えられる。

　A　多数共有者の登記名義の形式から考慮できる所有者

①　登記名義のとおり純粋に多人数が共有している場合

　　もちろん，純粋に多人数で共有している場合もある。数人の共有なら当てはまる場合も多いであろう。ただ，多人数の共有の場合は，必ずしもそうでない場合も少なくないはずである。

② いわゆる町内会や自治区が所有している場合

　　戦後に登記されているとすると，現在の町内会や自治区が所有している場合もある。現在の町内会や自治区は，団体の分類的区切りからすると「権利能力なき団体」に該当し，不動産登記上団体の名義では登記できないため，複数の代表者の共有名義や多数の構成員の共有名義である場合が多い。

③ 「村（旧村）」時代の入会権者が所有している場合

　　明治時代に，「村（旧村）」の者たちが共同で土地を利用する権利は，明治時代になっても継続し，民法でも入会権として認められているが，この「入会権者」が所有している場合もある。入会権者の団体も団体の分類的区切りからすると「権利能力なき団体」に該当し，不動産登記上団体の名義では登記できないため，複数の代表者の共有名義や多数の構成員の共有名義である場合が多い。

④ 戦時中の法人部落会・町内会が所有している場合

　　明治時代から，町内会・部落会・連合会が存続している場合，戦時中昭和18年に法人化された。その場合，許可を取れば，町内会・部落会・連合会の名称を登記名義にすることも可能であるが，町内会・部落会・連合会の名称に登記名義を変更しない場合は，従来からの多数共有者の登記名義にしている場合も存在する。

B　多人数共有者だが表題部のみ登記されている場合

　多人数共有者だが表題部のみの形式で所有者が不明であれば，変則型登記に分類される。登記簿土地台帳の一元化により，表題部の登記として新設された登記名義である。そうであれば，法務局により行われた時期が異なるが，登記簿土地台帳の一元化までには，登記簿は存在せず土地台帳にのみ掲載されていたと思われる（一元化の期日に関しては巻末資料参照）。

　土地台帳のみの多人数共有であれば，土地台帳そのものの所有者欄を調査したほうが，従来の所有者を把握しやすいであろう。

　形式的な所有者を考慮すると，甲区の登記簿が存在する登記簿と同じように，通常は①登記名義のとおり純粋に多人数が共有している場合，

②いわゆる町内会や自治区が所有している場合，③入会権者が所有している場合，が考えられる。

　ただ，土地台帳が作成された初期の明治時代，その前の制度の地券台帳の時代から掲載されている場合も考慮できるため，実際の所有者が誰であるかは，分かりにくいのが現実であろう。

(2)　**登記名義からの所有者と実際の所有者が違う場合も**

　登記名義から相続できる所有者は，上記のような場合が多いが，実際の所有者は違っているという場合もないとは言い切れない。

　例えば，入会権者の団体において，長年の年月が経ち，構成員がいなくなり団体自体が存続しなくなっていることもあり得る。その場合の処理により元入会権者の個人に名義が移り，純粋に個人の共有名義に代わっている場合もあり得る。そのような場合は，登記名義人と所有者が同一人であれば登記名義を変更する方法がないし，所有者が変わっていても，登記名義の移転・変更が行われていることもありえる。

第2節　多数共有地の所有者を把握するには

(1) 概　要

　　多数共有地を買収するなど，取引を行う場合は，実際の所有者を探ることを，まず最初に行うことになる。

　　そのためには，単純に登記を調査するだけでは所有者を把握できないため，様々な調査を行う必要がある。

(2) 調査をするためには

　　調査をするためには，次のような手順を行いながら，所有者を把握する。それにより，純粋な多数共有者の所有であるか，権利能力なき社団の所有地であるかを把握する（詳細は第6編第4節参照）。

〈多数共有地の所有者を調査する手順〉

> ①　現在の登記簿だけでなく古い閉鎖登記簿等を閲覧し，最初の登記名義人から現在の登記名義人までの変遷と登記原因を把握する。
>
> ②　旧土地台帳を閲覧し，最初の所有者から最後の所有者までの遍歴を把握する。
>
> ③　市町村の固定資産税台帳で納税者を確認する。
>
> ④　登記名義人に誰の所有地であるかの聞き取りをする。登記名義人が死亡している場合は，その相続人に聞き取りをする。
>
> ⑤　不動産の所在地近くの地域の，昔のことをよく知ってる方に聞き取りを行う。
>
> ⑥　市町村に当該多数共有地の過去の経緯が分からないか問い合わせる。
>
> ⑦　市町村史を調べる。
>
> ⑧　当該多数共有地以外にも同様の登記がないか関係者に聞き，調べる。

第3節　買収等の処理をするためには

第3節　買収等の処理をするためには

(1)　不動産の所有者により手続が異なる

　　登記名義が多数共有者であっても，実際の所有者が色々なケースが考えられると前述したように，実際に所有者により，どのように買収等をするかは異なり，違った方法で対応する必要がある。

(2)　買収等自体の方法も色々とある

　　買収等の対象の不動産の所有者が異なれば方法が違うだけでなく，買収等の方法も対象不動産によって様々な方法を選択する必要がある。従来からの方法としては，次の三つがある。

①　当事者との任意契約により市町村・国が買収等を行う。
②　訴訟により市町村・国が取得する方法で行う。
③　収用裁決により市町村・国が取得する手続で行う。

　　なお，国が定めた所有者不明土地に関する法律が利用できる場合は，その方法により買収・利用等を行うことも考えられる。

第8編

登記名義が大字・字名義の不動産について

第1節　大字・字名義の不動産とは

1　大字・字名義の不動産とは

(1)　**概　要**

不動産登記の表題部に，「大字〇〇」又は「字〇〇」が記載されている登記名義は，一般的に「字持地」と呼ばれている。

形式的には，ある地域が所有している土地であることを示しているが，その地域そのものが何であるかによっても，実際の所有者は変わってくる。

登記の形式として，甲区の名義として登記されている場合と甲区の登記名義としては登記されておらず表題部の登記名義としてのみ登記されているものがある。

形式上，表題部のみ登記されている場合は，現在では「表題部所有者不明土地」又は「変則型登記」の一種と呼ばれることも多い。

(2)　**市町村内の一区域は**

市町村内の一区域である「大字」，「小字」の大部分は，江戸時代末期から明治時代初年の「村（旧村）」の区域であるか，明治21年，22年頃の市町村大合併の前の旧町村の区域であろうといわれている。

(3)　**大字・字の名義の不動産**

第5編で説明したように，市町村等は様々な歴史的変化があり，誰が所有者か分かりにくい点も多いが，「大字」，「小字」名義の土地の所有者は，市制町村制以後，市町村の合併等で誕生した「旧財産区」が所有者ではないかといわれている。

ただ，論文によっては，「大字」，「小字」地区の村持地であり，その地区のいわゆる入会地であるほうが多く，「旧財産区」であるほうが少

ないとも説明している。

「入会地」と「旧財産区」の区別は議論があり，必ずしもはっきりしているとはいえないため，実際に誰が所有者の土地であるかは，現地調査により判断せざるを得ない。

(4) 実際の所有者

あくまで「旧財産区」の所有であるとは推測できるが，実際の所有者については，登記簿の記載から確実に判断することができないのが現実である。

2　具体的には，どのような所有者が該当するであろうか

◎　所有者として考えられる者

前述したように「旧財産区」が所有者である場合が多いとは思われるが，実際には次の四つの場合が考慮できるといわれている。

①　旧財産区の所有財産である場合

明治時代以前からの「村（旧村）」，または明治21年の市制町村制以前の旧町村が市制町村制以後誕生した「旧財産区」になり，財産が「旧財産区」に引き継がれたものと思われる。

旧村そのものの財産であり，旧村の公的な財産であるという意識において取り扱われてきたであろう。そのため，旧村民数名，数十名の共有という意識ではないと思われる。

②　旧村民の純粋な共有財産である場合

明治時代以前からの「村（旧村）」，または明治21年の市制町村制以前の旧町村が所有者であった財産が，何らかの理由により，実際は「村（旧村）」の人々何名かの共有の不動産に切り替わったが，名義上は「大字」，「小字」名義である場合もありえる。よって，何名かの純粋な共有名義である。

この場合，登記名義と所有者が異なることになり，「村（旧村）」の人々数名の純粋な所有物であることを示すには，登記名義を正しくする必要がある。

③　旧村民の入会集団等の権利能力なき社団の所有財産である場合

　江戸時代末期の「村（旧村）」の村人が共同して所有・利用していた土地である場合も多いといわれる。この場合，通常は入会集団の入会地であり，いわゆる「権利能力なき社団」の所有物といわれる。

　この場合，登記名義と所有者が異なることになり，村（旧村）の人々の集団・団体の所有物であることを示すには，登記名義を正しくする必要がある。

④　戦時中の町内会・部落会・連合会の所有財産である場合

　明治時代以前からの村（旧村），または明治21年の市制町村制以前の旧町村が所有者であったが，旧財産区に代わることなく月日が過ぎ，昭和15年の「町内会・部落会・連合会」の編成で法人になり，不動産を所有している状態と思われる。この場合，平成18年3月19日の改正町村制・改正市制以後に，許可をもらい登記名義を「町内会・部落会・連合会」名の大字・小字に変更したことが考えられる。

> **コラム**
>
> ### 登記年月日も見分けるヒントになる
>
> 　戦時中の町内会・部落会・連合会が，「町内会・部落会・連合会」の名義で登記できるようになったのは，昭和18年3月19日法律第80号改正市制，法律第81号改正町村制が施行された後である。したがって登記年月日がそれ以前であれば，旧財産区の所有財産である可能性は高い。

3　表題部しかない変則型登記の場合

　「大字」，「小字」名義であるが，表題部にしか登記のない「変則型登記」（表題部所有者不明土地）の場合は，第9編第8節で説明する。

第2節　旧財産区について

第2節　旧財産区について

1　旧財産区とは

(1)　旧財産区が生まれる前提

　　江戸時代においては，多くの人々は「村・町」の小さな単位の集まり
で協力しながら暮らしていた。まだ，電気も水道もない時代であり，生
活をするには，「山，ため池，墓地」などは，皆が協力して使っていた。

　　明治時代になっても，自治体の単位は，江戸時代からの「村・町」の
単位で行っていたが，時が経つにつれ公共団体の単位が「村・町」から
「市町村」制に変わるなど，市町村の合併することが現在まで何度か行
われている。

　　この市町村合併により，「財産区」が生まれることになったといえる。

(2)　明治22年に明治の市町村大合併が行われる

　　明治22年（1889年），「市町村制」が施行され，「村」と「村」の大規模
な合併が行われた。これは「明治の大合併」と呼ばれている。合併の目
的は，教育や税金徴収，戸籍の管理を行う上で適した大きさの自治体に
するためである。

　　そのため，江戸時代からあった自然発生的な村落から，約300から500
の住戸を1単位の市町村にする合併が行われた。

　　これにより，合併前に7万以上あった「村（旧村）」が，合併直後には
約1万数千町村と39の市に再編された。

(3)　明治22年の市町村大合併に対して旧村民の反応は

　　旧村民にとっては，地元の山やため池等は生活上なくてはならないも
のであり，それを合併により新たな市町村のものにされると生活に支障
があると，合併に反対した。

　　大合併に対して旧村民たちから，「合併したら自分たちの山が市にと
られてしまう」，「山やため池は，村民だけで利用する大切な資源だ」と
の抵抗があったそうである。

(4)　旧村民の抵抗に対し旧財産区が生まれた

　　政府は，旧村民の市町村合併への抵抗を重く見て，旧村民の抵抗を和
らげるため，市制（113条），町村制（114条）で旧村に，山やため池等の

財産を新たな市町村のものにしないで旧村がそのまま保有する権利を認めた。これが現在の名称でいうと「財産区」である。当時は「市町村ノ一部」とされていた。

なお，明治時代に生まれた「財産区」は昭和時代に生まれた財産区と区別するため，「旧財産区」と呼ばれることが多い。

(5)　**財産区を法令的には**

財産区は，現在の法令的にも規定されており地方自治法294条1項において，次のように2種類が定義されている。「市町村の一部で財産を有しもしくは公の施設を設けているもの」と「市町村の廃置分合，境界変更の場合に於いて協議に基づき市町村の一部が財産を有し，もしくは公の施設をもうけるもの」である。

前者の定義は「旧財産区」であり，旧村の財産等が新市町村の公有財産になった場合にも旧村民の特別な所有権・使用権が認められると規定されている。

また，後者の定義は「新財産区」であり，主に昭和28年の町村合併促進法（昭和28年9月1日法律第258号）以後の町村合併，合併に伴う分離，境界変更によって生まれている。「新財産区」については，登記名義として「○○財産区」が通常であり，多くの「旧財産区」の登記名義である「大字○○」と異なることでも区別できる。なお，「新財産区」については，第10編第1節で説明する。

(6)　**特　徴**

旧財産区自体は，明治22年以降に誕生したが，昭和22年の地方自治法により，特別な地方公共団体であることが認められ，次のような特徴がある。

① 　独立した法人である。
② 　基本的に，所有している財産の管理処分についてのみ認められるものであり，新たに財産を取得することはできない。

(7)　**財産の処分をするには**

旧財産区の財産を処分するためには，様々な決議を経て，「旧財産区」

が所属する市町村の長が処分を行う。

① 財産区の議会又は総会の設けられている場合

➡ 議会又は総会の決議が必要である。

② 財産区の管理会が置かれている場合

➡ 管理会の同意が必要である。

③ 議会，総会，管理会のいずれもない場合

➡ 市町村議会の決議が必要である。

④ 上記以外にあらかじめ都道府県の知事の許可も必要な場合

➡ 所属市町村の財産又は公の施設とするための処分又は廃止する場合以外で，財産区の設置の趣旨を逸脱する恐れのある処分には許可が必要である（自治296条の5第2項）。

この許可は，都道府県知事のいわゆる自由裁量行為とみられるが，認可を受けないでした処分等は無効であると解されている。

市町村長が登記の嘱託をする場合に，都道府県知事の認可があるものは認可書を添付すべきであるが，認可が必要かどうか法務局では分からないので，必要なのに添付していない場合は，嘱託が却下されないという問題が生じてしまう。

(8) **旧財産区も現在の地方自治法での財産区である**

本節では，戦前に生まれた「旧財産区」について説明しているが，「旧財産区」は，現在，地方自治法で制定されている「財産区」として認められている地方公共団体である。誕生したのが戦前であり，戦後に生まれた財産区である「新財産区」と誕生の経緯が異なるため分類されている。

本節では，「旧財産区」としての特長的なものを説明しているが，第10編第1節で説明する「新財産区」と同様，現在の法律的には，地方自治法に規定している「財産区」に含まれるため，「財産区」の説明も参照してほしい。

(9) **財産区の問題点**

「旧財産区」は，もともと旧村民が慣例で長く利用していた山，ため池などの共有資源であった。

市町村合併が行われるときに，本来なら合併する市町村のものになる
はずではあったが，旧村民から自分たちのものであるという抵抗があり，
国としても合併を認めるために仕方なく作られた特権的制度ともいわれ
ている。

しかし，財産区は作られてから，長年の年月が経ち，電気・水道が普
及するなど社会施設も変わり，多くの財産区は，本来の使用目的のため
のものではなくなったともいわれている。旧村民のための資源としてで
はなく，住宅地として貸すことにより利益を得るようなところも増え，
本来の財産区の目的と外れているのではないかとの指摘もある。

「財産区」が独自に潤っているところを管轄する市町村では，本来
「財産区」のものではなく市町村の財産にすべきであるという，財産区
の存在に反対する市町村もある。

いずれにしても，「財産区」については，賛同意見としては，「古くか
ら承継されてきた『旧村』の絆を受け継ぎ，地域の意識を高めて住民の
結びつきを強くするすばらしいものである」というものがある。また，
反対意見としては，「住民の結びつきと言いつつも『旧村』的思考で選
民意識が強く，排他的で時代錯誤だ」というものもある。

2　旧財産区での登記名義

(1)　旧財産区の登記名義

昭和時代の戦後の財産区所有不動産の登記名義は，通常「財産区○
○」と財産区名義である。しかし，明治時代の「旧財産区」所有不動産
の登記名義は「大字○○」，「大字○○部落」，「大字○○村」，「字○○」，
「字○○部落」，「字○○村」，「字○○組」等，「大字」，「小字」を用いて
区域を示している。

(2)　「旧財産区」の登記名義は，なぜ「大字」・「小字」か

明治32年法律第24号で公布された不動産登記法では，町村内の一部で
ある区（旧財産区）が権利主体として登記能力を有することが前提とさ
れている。例えば同法30条において「官有不動産又ハ府県，郡，市，町
村若クハ区ノ所有に関スル権利ニ付キ為スヘキ登記…」と規定している。

第2節　旧財産区について

　「旧財産区」の登記名義をどうするかという点において，不動産登記法における「区」とは，明治21年の町村制第114条の規定との関係において，必ずしも登記名義を「○○区」という名称に限定されてないので，「旧町村又はその一部（村（旧村））」の区域を示すものとしては，「大字」・「小字」で示すべきと考え，登記名義は「大字○○」,「字○○」としたのだといわれている。

(3)　「旧財産区」所有の不動産であるが，現在も登記名義が大字・小字である場合

　旧財産区所有の不動産において，現在も登記名義が大字・小字である場合，登記名義はそのままでよいとの先例はある（昭32・2・25民事甲372号民事局長回答）。

　しかし，現在も登記名義が大字・小字である場合，そのままにしておくと「旧財産区」の登記名義かどうか紛らわしい状態が続くことになる。そのため，登記名義を旧財産区の現在の名称である「○○市□□財産区」に表示変更をすることが望ましい。

3　旧財産区に関する先例・判例・登記手続
(1)　旧財産区に関する登記手続
　登記手続は市町村長からの嘱託で行う。

実務上のポイント

■Q57　「町村の一部」（「旧財産区」）にして「字○○組」と称するところが，土地の権利に関する登記をする際，不動産登記法30条により，町村長により嘱託をすべきか。

【回　答】
○　「町村の一部」（「旧財産区」）において「区長」又は「区総会」の設けられていることのいかんを問わず，市町村から登記を嘱託する（明33・7・7民刑932号民刑局回答）。
○　「町村の一部」（「旧財産区」）が所有不動産を処分するとき，「区会」又は「区総会」が設けられていない場合において，町村制114条・33条6号によ

り町村会が表意機関となり処分行為を決議する。登記手続においては，町村長からの嘱託により行い，町村会の決議書及び郡参事会の許可書を添付する（明36・4・13民刑287号民刑局回答）。

■Q58　大字・小字名義を「○○財産区」に所有者の表示変更登記をする方法は。

【回　答】

「財産区」に議会，管理会等が設置されている場合でも，外部に対して代表するものは市町村長であり，登記自体は市町村長から嘱託すべきである（登研14号28頁）。

「大字○○」から「○○市□□財産区」に所有者の表示変更する登記は，地方自治法3条3項の地方自治公共団体の名称変更に当たらず，同項による許可等を証する書面の添付は要しないという意見と，添付する必要があるという意見がある（登研14号28頁は必要説）。添付する場合は，地方自治法3条3項の規定による都道府県知事の許可書を添付する。

登記原因及び日付の記載は「昭和22年5月3日地方自治法の施行による名称変更」である。

(2)　旧財産区に関する先例・判例

明治時代に誕生した「旧財産区」である「財産を有する市町村の一部」に関する先例・判例には次のようなものがある。下記の先例等では，登記手続の説明というより，「旧財産区」そのものの性質・機能・特色を示したようなものが多い。

[判　例]

①　独立の法人である

「市町村の一部にして財産を有し又は営造物を設けたもの」，つまり一般的に「旧財産区」と呼ばれるものは，一種の法人として，その財産の権利主体になる（大判明36・6・16刑録9輯1035頁）。

②　新たな財産を取得できない

・法人格は，従来より所有している財産の管理処分についてのみ認められるものであり，寄附等により新たに財産を取得することはできない

第2節　旧財産区について

（大判大15・7・6大民集5巻612頁）。

・町村制施行の際に不動産を所有する町村内の区が新たに不動産の寄附を受け，その所有権移転登記を管理者たる町村長より嘱託ありたるときは，その受理登記を受理しないのが相当である（昭17・1・23民事甲29号民事局長回答）。

③　従来からの財産を売却し，新たな不動産の買入れは可能である

・従来から所有している財産売却し，売却代金より不動産を買い入れ，所有することは，有する財産の管理処分の範囲内に属するので可能である（大判大15・7・6大民集5巻612頁）。

・旧町村制施行以前より財産を有し，または営造物を設けている財産区が，財産管理の一方法として，所有不動産を売却して他の不動産を取得することができる。また，他の不動産と交換することもできる（昭27・9・25民事甲353号民事局長回答）。

●明治22年の市町村大合併施行当時の払下げ等による権利取得

　市制町村制施行当時，財産営造物を有しない「市町村の一部」（「旧財産区」）が，国有土地森林原野下戻法（明治32年法律第99号）により原野の下戻を受けた場合，国有林野法（明治32年法律第85号）による縁故払下を受けた場合（同法8条4号，国有林野法施行規則（明治32年農商務省令25号）7条4号）には，権利能力が認められる。つまり，新たな財産ではあるが特別に所得できる。

実務上のポイント

■Q59　他に財産等がない旧財産区が他の町村に編入させられたときは。

【回　答】

　他に財産等のない「町村の一部」（「旧財産区」）が，後日他の町村に編入させられるときは，返還を受けるという条件を付けて所有財産を所属町村に譲渡した場合には，「町村の一部」（「旧財産区」）の人格は消滅せず，解除条件の成就による財産の復帰の登記権利者となることができる（大7・3・5民

403号法務局長回答)。

■Q60　旧大字名義に登記された土地がポツダム政令(昭和22年政令第15号)に適用しない場合は。

【回答】

　従前より旧大字名義に保存登記されている土地にして，実体も昭和18年法律第81号施行当時の町内会，部落会が有していたものではなく，また，同法律の改正後の町村制72条の3の規定に該当するものでもない不動産については，昭和22年5月3日政令第15号の適用はない。なお，当該大字が財産区であれば何らの手続を要しない（昭32・2・25民事甲372号民事局長回答）。

■Q61　地上権設定の登記ができるか。

【回答】

　大字名義の旧財産区の土地につき，都道府県のために竹木所有を目的とした地上権設定の登記をすることができる（登研192号71頁）。

(3)　表題部のみの登記名義でいわゆる「変則型登記（表題部所有者不明土地）」の場合の「旧財産区」の対応方法

実務上のポイント

■Q62　保存登記ができるか。

【回答】

○町村の一部たる大字名義の既登録未登記不動産については，その大字名義に所有権の保存登記を受けることができる（登研192号71頁）。
○実体が旧財産区であり，表題部の所有者欄に「大字何々」と記載されている土地の所有権保存登記をする場合には，財産区の旧財産区の名称が「大字何々」であれば，所有者登記名義人「大字何々」で登記できる（登研337号70頁）。
○表題部の所有者欄に「大字何々村」と記載されている土地の所有者が財産区である場合は，財産管理者たる市町村長からの嘱託により財産区名義に保存登記することができる（登研279号73頁）。

第2節　旧財産区について

■Q63　表題部のみの登記名義であった「旧財産区」所有の土地に関して，財産整理の結果市町村に帰属しているものは。

【回　答】

　もともと旧財産区の所有不動産であるが後に財産整理を行い，最終的には市町村に帰属しているが，登記名義は「大字○○村」等の表題部のみの登記名義である場合も存在する。このような場合は，旧財産区名義で保存登記を行った後，市町村に所有権移転登記をすべきである（登研279号73頁）。

4　財産区であるかどうか判断するための材料

(1)　情報を収集するためには

　登記情報が「大字○○」等の「字持地」であれば，旧財産区の所有である可能性が高いため，次のように情報を収集することをお薦めする。

①　現地調査を行う。

②　自治会長等に聞き取りし，所有の実態を確認する。

③　市町村役場でも聞き取りする。

④　市町村史を確認し，情報を集める。

(2)　所有者集団が「財産区」であるか

　所有者集団に，次のような特徴のある回答が一つでもあれば，財産区であると認定できるのではといわれている。

①　予算決算が市町村議会の決議を経て行われている。

②　所有する財産の処分，管理等に関して，市町村の条例，規則等が制定されている。

③　所有する財産の処分，産物の処分を市町村長が行っている。

④　所有する不動産につき，「財産区所有」であることを理由に固定資産税が非課税になっている。

(3)　現在，財産区であるかという点が重要

　従来は，財産区であったとしても，現在でも財産区として機能しているものかも問題点になる。現在は，財産区として機能していない場合の処理をどうするかも問題になってしまう。

5 戦後も旧財産区は，消滅していない

　昭和20年に戦争が終わり日本としては再出発の時代になる。昭和22年5月3日には，日本国憲法（新憲法）が施行され，同日に地方自治法も施行された。地方自治法の施行により，「旧財産区」に関する法令でもあった市制・町村制は廃止されたが，旧財産区が消滅したわけではない。地方自治法では，「財産区」に関して特別地方自治区として認められており，旧財産区もそれに含まれるという旨で制定されている。後に昭和時代の財産区である新財産区が誕生する時期がくる。新財産区については，第11編第1節を参照。

第3節　実質，共有名義の場合

第3節　実質，共有名義の場合

1　概　要

　登記名義が，「大字」，「小字」であっても，実際の所有者が村（旧村）の人々の共同で所有・利用していた共有地であるほうが多いともいわれる。歴史的には，明治時代以前からの村（旧村），または明治21年の市制・町村制以前の旧町村が所有者であった財産が，何らかの理由により，実際は村（旧村）の人々の共有の不動産に切り替わったが，名義上は「大字」，「小字」名義である場合もありえる。

　この場合，登記名義と所有者が異なることになり，村（旧村）の人々の共有物であることを示すには，登記名義を正しくする必要がある。

2　登記名義を村（旧村）の人々の共有に正すためには

(1)　従来の方法

　昭和32年の先例によると，当該土地が登記当時の部落民の共有である場合には，旧土地台帳法の適用のある登記所において，「大字」又は「小字」の所属する市町村長の嘱託により，所有権抹消登記を抹消した上で，土地台帳の所有者の氏名を訂正すべき，とある（昭32・2・25民事甲372号民事局長回答）。この場合，台帳の申告は市町村長及び共有者全員よりなすべきとされていた。

(2)　現在の方法

　上記の先例に従い，現在の登記所で同じ処理をすると登記簿そのものが抹消されてしまう。つまり登記簿・台帳の一元化を完了した登記所（現在の全ての登記所）においては，所有権保存の登記を抹消したときは，表題部の用紙も含めて登記用紙を閉鎖すべきとされている（昭36・9・2民事甲2163号民事局長回答）からである。

　そのため，「真正なる登記名義の回復」の登記により，共有者名義に所有権移転登記をすべきとされている（昭39・4・9民事甲1505号民事局長回答）。登記手続に関しては，市町村長からの嘱託による（昭32・2・25民事甲372号民事局長回答）。

　なお，「真正な登記名義の回復」を行わない場合は，所有権保存登記

2 登記名義を村（旧村）の人々の共有に正すためには

が抹消され，土地の登記用紙が閉鎖された（現在では登記記録が閉鎖）後に，実質所有者の共有者から所有権を有することを証する情報を提供して，表示登記を申請し，保存登記を申請することも可能である。

> **実務上のポイント**
>
> ■Q64　表題登記のみの「大字」，「小字」名義の場合は。
>
> 【回　答】
>
> 　実体が大字・小字の住民の共有である場合は，市町村長からの嘱託により表題部記載の所有者名義に更正登記を行い，その後共有者全員又は共有者のうちの一人から共有者名義の保存登記ができるものと考える（登研279号73頁）。
> 　大字・小字名義が表題部のみにされ，保存登記がない場合，いわゆる「変則型登記（表題部所有者不明土地）」のときに，実質的所有者が共有名義の場合，共有者が，表題部所有者の更正登記をすることが可能と解されている（不登33条1項・2項）。ただし，大字・小字の所属する市町村の承諾書が必要である。

第4節　実質，入会集団等の権利能力なき社団の所有の場合
1　概　要

登記名義が，「大字」，「小字」であっても，実際の所有者が村（旧村）の人々の共同で所有・利用していたいわゆる入会地であるほうが多いともいわれる。

歴史的には，明治時代以前からの村（旧村），または明治21年の市制町村制以前の旧町村が所有者であった財産が，何らかの理由により，実際は村（旧村）の人々の入会集団所有の不動産に切り替わったが，名義上は「大字」「小字」名義である場合のような例である。

この場合，登記名義と所有者が異なることになり，村（旧村）の入会地，あるいは村（旧村）の人々の共有物であることを示すには，登記名義を正しくする必要がある。

2　登記名義を入会集団等の権利能力なき社団の所有に正すためには
(1)　権利能力なき社団所有の不動産の登記名義

権利能力なき社団は，社団自体の名称で登記名義人にはなれない。そのため，下記(2)(3)で説明する対応方法に関して，次の要領で対応することになる。

実務上のポイント

■Q65　登記名義を「村（旧村）」の入会地等に正す方法は。

【回　答】

単純な共有名義ではなく，入会地であり入会集団が所有している場合は大きくいえば権利能力なき社団であるため，登記手続そのものは，後述する(2)(3)で説明した方法で行えばよいが，登記名義としては「入会集団」や「権利能力なき社団」の名義には登記できない。

入会集団は，法令的にみると大きくみれば本書の第3編で説明したような「権利能力なき社団」であるため，登記名義としては代表者又は構成員全員の共有名義に正せばよい。

2 登記名義を入会集団等の権利能力なき社団の所有に正すためには

(2) **従来の方法**

　昭和33年の先例によると，当該土地が登記当時の部落民の共有である場合には，旧土地台帳法の適用のある登記所において，「大字」又は「小字」の所属する市町村長の嘱託により，所有権抹消登記を抹消した上で，土地台帳の所有者の氏名を訂正すべき，とある（昭32・2・25民事甲372号民事局長回答）。この場合，台帳の申告は市町村長及び共有者全員よりなすべきとされていた。

　権利能力なき社団所有にする場合も，後述(3)の説明のように現在は利用できない。

(3) **現在の方法**

　上記の先例に従い，現在の登記所で同じ処理をすると登記簿そのものが抹消されてしまう。つまり登記簿・台帳の一元化を完了した登記所（現在の全ての登記所）においては，所有権保存の登記を抹消したときは，表題部の用紙も含めて登記用紙を閉鎖すべきとされている（昭36・9・2民事甲2163号民事局長回答）からである。

　そのため，「真正なる登記名義の回復」の登記により，共有者名義に所有権移転登記をすべきとされている（昭39・4・9民事甲1505号民事局長回答）。登記手続に関しては，市町村長からの嘱託による（昭32・2・25民事甲372号民事局長回答）。

　なお，「真正な登記名義の回復」を行わない場合は，所有権保存登記が抹消され，土地の登記用紙が閉鎖された（現在では登記記録が閉鎖）後に，実質所有者の共有者から所有権を有することを証する情報を提供して，表示登記を申請し，保存登記を申請することも可能である。

実務上のポイント

■Q66　表題登記のみの「大字」，「小字」名義の場合は。

【回　答】

　実体が大字・小字の住民の共有である場合は，市町村長からの嘱託により表題部記載の所有者名義に更正登記を行い，その後共有者全員又は共有者の

第4節　実質，入会集団等の権利能力なき社団の所有の場合

うちの一人から共有者名義の保存登記ができるものと考えられる（登研279号73頁）。

　大字・小字名義が表題部のみにされ，保存登記がない場合，いわゆる「変則型登記（表題部所有者不明土地）」のときに，実質的所有者が共有名義の場合，共有者が，表題部所有者の更正登記をすることが可能と解されている（不登33条1項・2項）。ただし，大字・小字の所属する市町村の承諾書が必要である。

　「変則型登記（表題部所有者不明土地）」に関する表題部所有者の更正登記，所有権確認訴訟等に関しては，第12編第2節参照。

第5節　戦時中の町内会・部落会の法人化

1　戦時中の町内会・部落会の法人化について

(1)　概　要

すでに第5編第7節で述べたように，昭和15年に町内会・部落会は，地方自治制に組み込まれ，昭和18年には法人化された。

そのため，昭和18年には，所有不動産に関して町内会・部各会の名称で登記名義を登記できるようになった。

(2)　実際の状況

昭和18年法改正当時，町内会，部落会，連合会が所有する土地に関して，登記そのものがされていないものが多かったといわれている。

2　取得した不動産を町内会・部落会名義にする手続

(1)　登記手続の前提として

町内会・部落会が町内会・部各会の名称で所有者の登記名義になるためには，市町村長の許可が必要になる（昭和18年3月19日法律第80号「改正市制」（88条ノ2），法律第81号「改正町村制」（72条ノ3））。

(2)　登記手続について

町内会・部落会等が不動産を取得した登記手続については，市町村からの嘱託ではなく，町内会長，部落会長から登記申請をすべきとされている（昭18・8・4民事甲515号民事局長回答）。

第6節　戦時中の町内会・部落会法人の解体について

1　戦時中の町内会・部落会法人の解体について

(1)　概　要

昭和20年に戦争が終わり，昭和22年5月3日には，地方自治法の施行により，従来の市制・町村制は廃止された。同日にはポツダム政令第15号が公布施行され，戦争協力体制であった町内会・部落会等は解体された。

(2)　解体における財産処理の概要

従来の町内会・部落会等は，昭和22年5月31日までに解散しなければならないとされた(ポツダム政令6条)。

所有する財産は，構成員の多数決により遅延なく処分しなければならず(ポツダム政令2条1項)，2か月以内に処分されない場合は，期間満了の日において町内会・部落会等が属する市町村に帰属するものとされた(ポツダム政令2条2項)。

2　登記手続について

(1)　町内会・部落会等が処分した場合(ポツダム政令2条1項の規定によって処分)

①　「町内会・部落会・連合会」の登記名義であるもの

「町内会・部落会・連合会」の構成員による決議において，財産処分の実行についての代表者を定めたときは，代表者が代表して登記申請を行う。代表者を定めなかったときは，従前当該会の長であった者が代表して登記申請を行う(昭22・6・18民事甲550号民事局長通達)。

昭和22年5月31日までに登記申請をしなかった場合

「町内会・部落会・連合会」が，不動産を処分した場合は登記すべきであるが，処分しても登記しなければ，「町内会・部落会・連合会」は，ポツダム政令6条により，昭和22年5月31日において解散してしまう。

同令2条2項の猶予期間内は，あたかも法人が清算せず解散後も存続する

と解して，現在においても「町内会・部落会・連合会」を代表する者がいれば，その者からの登記申請を認めてよい（登研8号20頁）。

ただ，代表者が死亡した場合，どのように対応するかは，はっきりしていない。

② 「町内会・部落会・連合会」の登記名義でないもの
○ 登記名義が，「町内会・部落会・連合会」でなく数十人の共有名義であるときは，「町内会・部落会・連合会」の代表者ではなく，登記名義人が申請する（昭22・9・1民事甲644号民事局長回答）。
○ 登記名義が，上記のように数十人の共有名義である場合，家督相続が開始している者がいれば，処分する登記の前提として相続登記等前提の登記をする必要がある（昭22・9・1民事甲644号民事局長回答）。
○ 個人名義になっているが，実質上「町内会・部落会・連合会」所有の不動産である場合，「町内会・部落会・連合会」の代表者が，「町内会・部落会・連合会」所有であることの市町村長の証明書と「町内会・部落会・連合会」構成員多数の議決書を添付しても申請することはできない（昭22・9・1民事甲644号民事局長回答）。

(2) 2か月の期間経過により，市町村に帰属した場合（ポツダム政令2条2項の規定）

実務上のポイント

「町内会・部落会・連合会」の登記名義の不動産について
○ 市町村長から，嘱託で所有権移転登記をする（登研8号29頁）。
また，この場合，不動産登記法31条（現在は116条）が適用されるか，同法27条（現在は63条）が適用されるかで添付書面が異なってくる（登研400号244頁）。
○ 市町村が，ポツダム政令2条2項の規定による財産を取得するのは政令の効果による一方的な取得であるから，取得の登記について市町村長の嘱託により行って差し支えない（登研8号29頁）。
○ この登記について不動産登記法31条1項（現在は116条）の特例が設けられていない以上，登記義務者の承諾書の添付を要すると解する。ただし，

第6節　戦時中の町内会・部落会法人の解体について

承諾書は，従前「町内会・部落会・連合会」の長であった者の署名押印したもので差し支えない（登研8号29頁）。

　　この考えは，不動産登記法31条（現在は116条）が適用されるとの考えである（登研400号244頁）。

　　また，別の考えでは，承諾書は不要で，該当する土地が昭和22年7月2日当時町内会・部落会・連合会が所有していたことを証する書面を添付すればいいとされている。実際には，市町村の職員が土地の事情を調査し，調査の経過と所見の概要を記した文書等を情報にすればいいとされている。

○　登記原因は，「昭和22年政令第15号第2条第2項による帰属」である。原因日付は，昭和22年政令第15号第2条第2項の期間満了の日であり「昭和22年7月3日」である。よって，原因日付・登記原因は，「昭和22年7月3日昭和22年政令第15号第2条第2項による帰属」である（登研8号29頁，昭38・11・20民事甲3118号民事局長電報回答）。

《例20　登記原因証明情報─2か月の期間経過により，市町村に帰属した場合(1)》

　2　登記の原因となる事実又は法律行為

　(1)　本件不動産は，昭和18年法律第81号により法人化した大字□□部落会が，所有者であり，昭和18年○年○日に，登記名義を大字□□部落会に変更した。

　(2)　本件不動産は，昭和22年政令第15号第2条第2項に定める財産に該当する。

　(3)　昭和22年7月3日が経過したが，本件不動産は，昭和22年政令第15号第2条第1項における処分が行われていない。

　(4)　よって，昭和22年7月3日，昭和22年政令第15号第2条2項により，本件不動産は，大字□□部落会の区域が属する○○町に帰属した。

《例21　登記原因証明情報─2か月の期間経過により，市町村に帰属した場合(2)》

　2　登記の原因となる事実又は法律行為

　(1)　本件不動産は，昭和22年5月3日には，法人化した町内会である「渋谷町」が所有している不動産である。

2 登記手続について

(2) 本件不動産は，昭和22年政令第15号に該当する不動産であり，同
政令第15号第2条第1項に基づく処分が行われていない。

(3) 昭和22年7月3日が経過している。

(4) よって，昭和22年7月3日，昭和22年政令第15号第2条第2項に
より，本件不動産は，渋谷町地域が属する古宿市に帰属した。

✎ 実務上のポイント

未登記の不動産について

期間内に処分をなさず，所属市町村に帰属した未登記の物件につき，市町
村への所有権移転の前提として「町内会・部落会・連合会」の長であった者
から「町内会・部落会・連合会」の保存登記の申請があった場合は受理して
差し支えない。

なお，不動産登記法110条（現在は59条）により所属市町村のために保存登
記をすることもできる（昭31・1・13民事甲41号民事局長回答）。

表題部に所有者として記載されている甲が，乙に不動産を移転した後に死
亡した場合，甲名義で保存登記をした上，不動産登記法42条（現在は62条）
により，甲の相続人と乙とで移転すべきである。そのことから，権利能力を
有しなくなっている「町内会・部落会・連合会」名義に保存登記することは
許される。

また，官公庁が所有権保存の登記を嘱託する場合には，所有権の証明を有
しないという旧不動産登記法110条は昭和35年の同法改正により削除され，
その後，所有権保存登記は，表題部に自己又は被相続人が所有者所有者とし
て記載された者から申請（嘱託）するとされている（旧不登100条（現在は74
条））。

そのほか，旧土地台帳からの移記により，表題部に所有者として「町内
会・部落会・連合会」が記載されている場合，同様に市町村からの保存登
記ができるかの疑問はある。

ポツダム政令2条2項による市区町村への所有権の帰属は，「町村会・
部落会・連合会」が強制解散させられ，市町村に吸収されたことであり，
相続に準じるとして，当該事実を証する書面を添付して直接市区町村から
保存登記ができるものと考えられる（登研400号244頁）。

**表題部のみが「町内会・部落会・連合会」の登記名義であり，甲区の登記名
義がされていない不動産について**

第8編　登記名義が大字・字名義の不動産について

297

第6節　戦時中の町内会・部落会法人の解体について

> ポツダム政令2条2項による市区町村へ所有権が帰属した場合は，市町村からの嘱託に市町村名義に保存登記をすることができる（登研279号73頁）。

3　戦時中の町内会・部落会法人の解体は，どこまでが適用範囲か

(1) 問題点の概要

昭和18法律年以降の町内会・部落会・連合会が所有する財産は，昭和22年政令第15号により処分するとされているが，この政令は，どこまで及ぶものなのかが問題になっている。

なお，この問題については，引間晴夫（民事局第三課）「大字又は字名義の不動産について」（昭和42年5月民事月報号外）及び西田幸示（民事局第三課）「部落名義地の登記について」（登研400号205頁）の考察を基に構成している。

実務上のポイント

関連する先例

昭和18年法律第81号の施行以前より大字，小字の名義で部落が所有しているものでも，実体が町村会・部落会・連合会の所有財産であったものは，全て政令15号の適用があるとされている（昭23・10・2民事甲3210号民事局長回答，同日3211号民事局長回答）。

実際の問題点

実体が「町村会・部落会・連合会」か何かにより，そのものが所有する不動産にも政令15条の適用があるが，実際にはどのようなものが当てはまるかが問題になる。

(2) 実体が町村会・部落会・連合会

もともと明治21年に成立した市制町村制における「財産を有する市町村の一部」という文言の「市町村の一部」とは，村（旧村）等の部落，大字，字，区等であり，それは戦時中の町内会，部落会，その連合会と区域範囲をほとんど同じくするものである。

従って，「法人格を有する市町村の一部」というのは，実体を「町内

会，部落会，その連合会」と同じと考えてよいものと思われる。

そのため，「町内会，部落会，その連合会」と実体を同じくしたはずの市町村の一部が従前から所有していた不動産について，政令第15号第2条の適用があるかが問題になる。

(3) 旧財産区所有の不動産は適用されるか

昭和22年政令第15号の公布施行と同日に施行された地方自治法においては，市制町村制における「市町村の一部の事務」に代わり「財産区の制度」が設けられた。これは，従来の「財産を有する市町村の一部」の制度が，特別地方公共団体である「財産区」制度として，規定上も明確に公法人とされている。中身的にも，従来の市制町村制における「市町村の一部」の事務の規定が，ほとんどそのまま踏襲されている。

実務上のポイント

旧財産区所有の不動産は，財産区制度に踏襲された

市制町村制における「市町村の一部の事務」の大部分がそのまま地方自治法に踏襲され「財産区」にされたため，従来から財産を有する市町村の一部（いわゆる「旧財産区」）として法人格を有していたものは，政令15号2条の適用の余地はなく，地方自治法の財産区として存続し続ける。

(4) 昭和18年法律第81号の施行以前からの大字，小字名義の土地

先例では，「昭和18年法律第81号の施行以前より大字，小字等の名義で部落が所有しているものでもその実体を町村会，部落会またはその連合会が有しているものである場合」には，ポツダム政令2条の適用があるとされている。

実務上のポイント

■Q67　昭和18年法律第81号の施行以前からの大字，小字名義の登記とは。

【回　答】

昭和18年法律第81号施行以前に大字，小字等の登記が認められるのは，明治21年公布の市制・町村制により旧財産区として認められた法人として大字，

小字等の登記名義をしていたものである。

旧財産区は，地方自治法の施行により財産区として引き継がれている。

そうであれば，昭和18年施行のポツダム政令以前に大字，小字等の登記名義であるものの所有者は，「旧財産区」であり，戦時中の法人町内会・部落会，連合会の所有部件ではないはずである。

よって，理論上では，昭和18年施行以前に，大字，小字等の登記名義である不動産は，実質，戦時中の法人町内会・部落会・連合会の所有の不動産ではないとの結論になるのではないだろうか。

ただ，現実的には，「旧財産区」が戦後も継続しているかは，別の問題であり，解決を難しくしているとはいえるが。

4 大字・小字名義ではあるが，戦時中の町内会・部落会・連合会の所有不動産でない場合

●旧大字名義に登記された土地がポツダム政令（昭和22年政令第15号）に適用しない場合

従前より旧大字名義に保存登記されている土地にして，実態も昭和18年法律第81号施行当時の町内会，部落会が有していたものではなく，また，同法律の改正後の町村制72条の3の規定に該当するものでもない不動産については，昭和22年5月3日政令第15号の適用はない。なお，当該大字が財産区であれば何らの手続を要しない。

なお，当該土地が登記当時の部落民の共有である場合には，本編第3節を参照。

5 情報を収集するには

戦時中の町内会・部落会等の所有する不動産であるかを確認するためには，実際には次のような作業も行う必要がある。

① 登記簿を確認する

② 現地を確認する

③ 自治会長等に聞き取りし，所有実態を確認する

④ 市町村役場等でも聞き取りし，所有実態を確認する

⑤ 市町村史等も確認する

1 相続登記がされていない土地とは違う所有者不明土地

第9編
表題部所有者不明土地の登記（変則型登記）について

第1節 最近名づけられた特殊な登記形式の名称について

1 相続登記がされていない土地とは違う所有者不明土地

　所有者不明土地というと，多くは相続登記がされていないため相続人が不明等で問題になった土地（登記）である。しかし，そのほかの特別の登記として問題になっていたのが，表題部所有者不明土地であり，変則型登記ともいわれるものである。

　ただ，この名称は，所有者不明土地問題が注目を浴びてから，最近つけられたネーミングであり，従前からあったものではない。

●従来からの説明

　従来から特殊な登記名義を説明する場合には，次のような説明がされていた。

　登記簿（登記情報）に表題部（土地の表示欄）の登記はあるが，所有者を示す甲区（所有権欄）に登記がなく，しかも，表題部の所有者が，「○○外□名所有」，「共有惣代地」など登記名義の文言からは所有者が不明な登記のことである。表題部だけの特殊な登記全体では特に呼び名はなく，登記名義人の形式が似たものごとに「記名共有地」，「字持地」などと呼ばれていた。

　このタイプの登記名義について，所有者不明土地の一部として対策が必要になると考慮され始めてから，表題部だけの様々な登記が「変則型登記」と最近呼ばれだし，法律上は「表題部所有者不明土地」と呼ばれるようになった。

301

第1節　最近名づけられた特殊な登記形式の名称について

 本編で説明する事柄

　本編では，表題部所有者不明土地の変則型登記とは，具体的にどのようなものがあるか，どのような内容の登記であるか，なぜこのような登記ができたか，どう対応すべきかを説明する。

　なお，登記の実務対応策については第11編，政府が今後の対応を設定した「表題部所有者不明土地の登記及び管理の適正化に関する法律」について，第12編で説明する。

2　対応する法律が令和元年に成立

　現在問題になっている所有者不明土地の扱いに関する法律の一部として，表題部のみの特殊な登記を扱う「表題部所有者不明土地の登記及び管理の適正化に関する法律」(令和元年法律第15号)が令和元年5月17日に成立，5月24日公布された(施行は公布日から6か月，第3章から第5章までの規定は1年6か月を超えない範囲内)。

3　法律における「表題部所有者不明土地」とは

　「表題部所有者不明土地の登記及び管理の適正化に関する法律」(以下，「表題部不明土地法」という。)では，2条において用語につき，どのようなものを指すかを説明している。本編では，法律が示す表題部のみの特殊な登記がどのようなものかを説明する。

　① 2条1項—「表題部所有者不明土地」とは

　　所有権(その共有持分を含む。次項において同じ。)の登記がない1筆の土地のうち，表題部に所有者の氏名又は名称及び住所の全部又は一部が登記されていないもの(国，地方公共団体その他法務省令で定める者が所有していることが登記記録上明らかであるものを除く。)をいう。

　② 2条2項—「所有者等」とは

　　所有権が帰属し，又は帰属していた自然人又は法人(法人でない社団又は財団(以下，「法人でない社団等」という。)を含む。)をいう。

302

3 法律における「表題部所有者不明土地」とは

③ 2条3項—「所有者特定不能土地」とは

　表題部所有者不明土地（表題部所有者不明土地の共有持分について当該登記がされている場合にあっては，その共有持分）の所有者等を特定できない土地をいう。

④ 2条4項—「特定社団等帰属土地」とは

　表題部所有者不明土地が法人でない社団等に属するとき又は法人でない社団等に属していたとき（当該法人でない社団等以外の所有者等に属するときを除く。）において，表題部所有者として登記すべき者を特定することができない土地をいう。

⑤ 2条5項—「登記記録」，「表題部」，「表題部所有者」とは

　それぞれ不動産登記法（平成16年法律第123号）2条5号，7号又は10号に規定する登記記録，表題部又は表題部所有者をいう。

第9編　表題部所有者不明土地の登記（変則型登記）について

303

第2節　表題部所有者不明土地の登記（変則型登記）

第2節　表題部所有者不明土地の登記（変則型登記）

1　変則型登記とは（法務省の見解）

　近年，所有者不明土地が社会問題になってから，表題部のみに登記があり，登記名義が特殊であり，所有者が不明である登記を「変則型登記」と呼ばれることが多くなった。

　ただ，「変則型登記」の定義が確立しているわけでもない。そのため，発言機関により内容が微妙に異なることも多かったが，平成30（2018）年あたりから，法務省が定義する意味で統一されるようになった。

　法務省は「変則型登記」とは何かを「旧土地台帳制度下における所有者欄の氏名・住所の変則的な記載が，昭和35年以降の土地台帳と不動産登記簿との一元化作業後も引き継がれたことにより，表題部所有者欄の氏名・住所が正常に記録されていない登記」と定義し，その変則型登記になっている土地が全国に多数存在し，全国約50万筆調査の結果，全国土の約1パーセント存在する，と解説している（「変則型登記の解消に向けた法律上の措置に関する担当者骨子案」等で説明。）。

　そして，令和元年に対応策としての法律を作成するに当たり「表題部所有者不明土地」と名付けるようになった。

2　具体的には，どのような登記簿か

　法務省の「変則型登記」をもう少し大まかに一般的な言葉で説明すると，「表題部にのみ所有者が登記されており，所有者の登記簿欄である甲区には登記がされていない，しかも，登記名義が特殊で誰が所有者か分からない登記」ということになる。

　上記の説明は，あくまで変則型登記全般をまとめた上での説明であるが，登記名義そのものが種類ごとに従来から様々な呼び名で呼ばれている。以下，登記名義ごとの特徴を紹介する。

(1)　記名共有地（詳しくは本編第5節で説明）

　　表題部の所有者欄に「A外○名」などと記載され，「A」の住所並びに他の共有者の氏名及び住所が登記記録上記載されていないものが多い。

　　「外」は「他」という意味であり，「A外○名」の場合は，所有者とし

て「Aの他にも共有者が○名いる」という意味である。そのため，何名かの共有地であるとは推定できるが，実際の共有者等が分からない。

本来なら不動産登記法によれば，所有権の登記のされていない土地の登記記録の表題部の所有者欄には，「所有者の氏名又は名称及び住所並びに所有者が二人以上であるときはその所有者ごとの持分」を記載する必要があるが（不登27条3号），共有者の住所・氏名・持分を記載すべきなのに，「記名共有地」では記載されていないために特殊な登記になっている。記名共有地の場合は，他の共有者の氏名・持分が記載されていないのが特徴ともいえ，所有者が不明になっている。

なお，共有者の氏名が不明な場合，不動産登記規則附則3条1項ただし書に該当し，現在のコンピュータ化の登記簿は作成されていないため紙製の登記簿であり，いわゆる「事故簿」として保管されているはずなのではあるが，実際には事故簿にされていないものもある。

(2) 共有惣代地（詳しくは第6節で説明）

表題部の所有者欄に「共有惣代A」，「共有惣代A外○名」などと記載され，A以外の共有者や「外○名」の氏名及び住所が記載されていない登記名義である。

純粋に言葉としての「惣代」は代表者のことである。ただし，江戸時代にはいくつかの旧村が集まり「惣村」を組織し，その代表を「惣代」と呼んでいたため，はっきりした所有者は分からないが，「集落等で所有管理していた土地」ではないかと，国土交通省は説明している（『土地探索ガイドライン』95頁）。

(3) 字持地（詳しくは第7節で説明）

表題部の所有者欄に，「大字○○」，「大字○○部落」，「大字○○村」，「字○○」，「字○○部落」，「字○○村」等，「大字」，「小字」を用いて区域等の大字名や集落名などの名義で記載されている登記名義である。

主な所有者は，明治時代に成立した「旧財産区」であると推定されるが，戦時中の昭和18年以降に法人化した町内会・部落会が所有者である場合も考えられる。

この種類の名義は，表題部のみに登記がされている変則型登記だけで

第2節　表題部所有者不明土地の登記（変則型登記）

なく，甲区の所有者欄まで登記されているものも多い。

(4)　**村持地**（詳しくは第8節で説明）

　　表題部の所有者欄に，「一村総持」，「総百姓持」，「村惣持」，「村名受」，「村請」，「村持」等が記載されている登記名義である。

　　通常，村（旧村）が所有していた土地であるといわれている。

(5)　**氏名のみ記載**（詳しくは第10節で説明）

　　表題部の所有者欄に，氏名のみが記載され，住所が記載されていない登記名義である。氏名は分かるが，住所が不明なため所有者がはっきりしない登記名義である。

(6)　**不完全な住所が記載されているもの**

　　例えば，「大字○○　山田太郎」のように，住所らしき記載があるが，番地までは記載されていないなど，住所と思われる項目が不完全である登記名義である。

(7)　**神社・寺院名が記載されているもの**（詳しくは本編第10節で説明）

　　表題部の所有者欄には神社や寺院の登記名義にされているが，神社や寺院の所有地ではなく，その地域の村人の入会地等の場合である。

(8)　**共有のみ記載されているもの**

　　共有地であることは分かるが，誰の共有であるか，住所・氏名・持分が記載されていないものである。

3　表題部所有者不明土地（変則型登記）に関する対応策

　目的としては，主に二つであろう。それは，①現在の所有者が登記簿を変則型登記から現在の所有者名義に変える，②市町村等が該当する土地を買収，であろう。

　そのためには，登記簿名義人を探すことから始まり，登記名義の変更等を行うことであろう。所有者を探すことについては「第6編第4節」で，登記名義の変更等は「第11編第2節」で説明する。

第3節　表題部所有者不明土地の登記（変則型登記）ができた理由

1　そもそも登記制度は義務強制的ではない

　日本の登記制度はフランスの登記制度を基に構成し明治時代に始めたものだが，あくまで登記をすることで所有権等の得失変更（物権変動）を第三者に対抗するための制度であり，登記そのものは義務的制度ではない（今後の改正では一部義務となる予定。2020年の臨時国会に改正案を提出予定。）。ただし，厳密にいうと，建物の物理的現況を現す「建物表題登記」は所有権を取得した時から1か月以内にしなければいけないという義務はある（不登47条1項）。

　日本の登記に類する制度は，明治6年の公証制度から始まったともいわれるが，明治19年には，旧登記法といわれる法律第1号「登記法」が公布され登記制度が始まった。明治29年には，現在の不動産登記法の基になる不動産登記法が公布され，平成16年には改正されるが現在まで不動産登記制度として継続している（『権利登記Ⅰ』16頁参照）。

　義務制度がないということは，登記しない不動産も存在するということである。

2　登記制度には，所有者の登記名義に関してはルールがある

　不動産登記では，所有者の名義としては，自然人であれば住所・氏名を法人としては所在地・法人名を登記する。所有者が複数の共有であれば，共有者全員の住所（所在地）・氏名（法人名）を登記することになっている。これは，明治時代から変わっていない。

　ただし，自然人や法人以外の団体等はその団体の名称で登記できない仕組みになっている。

3　地租のためには，政府としては土地所有者を知る必要あり

　明治時代になり，江戸時代の年貢制度から，土地所有者より地租を徴収する制度に明治6年に変わった。地租を徴収するためには，国としては，土地の所有者を把握する必要がある。

　そのための資料としては，最初は，地券の副本を綴る地券台帳が税金に

関する所有者・納税者についての帳簿であり，明治22年には，土地台帳が所有者・納税者名簿に変わり，戦後まで引き継がれた。つまり，登記簿とは別に地券台帳や土地台帳にも土地に関しては所有者が記載されているということである。

昭和22年に土地に関する税金が地方税に変わったため，土地台帳の役目が終わったが，これは，昭和25年に税務署から法務局に移管された。

4 登記簿も土地台帳も所有者名簿でもある

登記簿も，土地台帳も所有者が記載されており，どちらからも所有者が把握できるかといえば，必ずしもそうではない。登記には義務制度がないため，登記されていない土地は存在する。しかし，土地台帳は，土地所有者から税金を徴収するための国の名簿であり，登記されていなくても所有者が分かる名簿になっている。

また，性質が異なるため，面積・地目等どのような土地であるかを示す現在でいう登記簿表題部に当たるものは，土地台帳の方が詳しく，従来の登記簿は表題部分が詳細ではなかった。

このように違う制度であった。

5 昭和35年登記簿・土地台帳の一元化

昭和35年には，役目を終えた土地台帳と登記簿を合体する一元化が行われ，登記簿には土地の所在や地目等を記載する表題部が新たに創設され，土地台帳は廃止された。

一元化の作業を実施するためには，多くの費用と歳月を要するため，実際に一元化作業を完了すべき期日である「一元化指定期日」は，各登記所につき法務大臣が指定し，作業が開始された。

登記簿・台帳作業は，昭和35年から実施され昭和46年3月までかかって完了する大作業であった（ただし，土地台帳法の適用のなかった伊豆七島を管轄していた東京法務局の新島,三宅島及び八丈島出張所については昭和52年12月31日に完了）。

一元化作業に関しては，昭35・4・1民事甲685号民事局長通達，昭42・3・20民事甲666号民事局長通達が出されている。

7 一元化により新たに新設された表題部のみの登記簿からいわゆる表題部所有者
不明土地（変則型登記）が生まれた

　なお，法務局ごとの登記簿・土地台帳一元化の実施日程に関しては，巻末資料1参照。

　施行に関しては，例えば地方法務局○○出張所の一元指定期日が，昭和45年9月30日の場合，同管轄地域内の土地について表示に関する登記が施行されたのは，その翌日である昭和45年10月1日である。

6 一元化により新たな登記簿が新設された

　登記簿・土地台帳一元化のなかに，いわゆる表題部所有者不明土地（変則型登記）の原因ともいわれている作業が存在する。それは「税務署が所有していた土地台帳に住所，氏名が記載されているが，登記簿が存在しなかったものは，新たに登記簿が編纂され表題部に住所，氏名を移記する」規定である。

　つまり，登記簿がなかった土地に関して，土地台帳に存在する土地であれば，新たに登記簿を新設する。その新設の登記簿は，甲区の所有権が登記されているわけではないので，表題部のみの登記になり，表題部に土地台帳に掲載されている住所・氏名を記載するという規定である。

7 一元化により新たに新設された表題部のみの登記簿からいわゆる表題部所有者不明土地（変則型登記）が生まれた

　土地台帳の所有者として記載のあった所有者を新たな表題部のみの登記簿に所有者として記載するわけだが，土地台帳の所有者名に「大字○○」，「共有惣代Ａ」との記載があれば，そのまま登記簿表題部の住所・氏名欄に記載する必要があり，土地台帳での所有者の記載として誰が所有者か分からない場合でもそのまま登記簿に記載されるため，所有者不明の表題部のみの登記が生まれたのである。

　また，「Ａ外○名」等の記名共有地の場合，本来なら土地台帳には「外○名」の住所，氏名を記載する「共有台帳」があるが，それが紛失されているため記載されなかったか，あっても新たな表題部に記載されなかった。そのため，「外○名」等，他の共有者が分からないいわゆる表題部所有者不明土地（変則型登記）が作成されたといわれている。

8　土地台帳の所有者記載方法がはっきりしない

　土地台帳への所有者の記載をそのまま登記簿に記載したのであるから，土地台帳の所有者の記載方法が分かれば，所有者が理解できるはずである。表題部所有者不明土地（変則型登記）の個別の説明部分において分かっている範囲で誰を示すかを説明するが，当時の所有者記載方法のルールが現在では分からないために，現在では所有者が分からなくなったといえる部分もある。

　登記簿・土地台帳の一元化により，土地台帳に記載された不動産登記法からは考えられないような所有者の記載がされているのが現実ともいえる。

　なお，地租に関する名簿は，地券台帳から始まっており，土地台帳に切り替わったときには，地券台帳の記載をそのまま土地台帳に記載した。そのため，地券台帳の所有者名義が，現在まで引き継がれているものも存在する可能性もある。明治時代になってすぐの所有者がいまだに記載されたままである可能性もある登記簿であるともいえる。

9　登記簿・土地台帳の一元化の問題点

　一元化するに当たり，土地台帳の登録事項を登記簿に移記する作業が行われたが，共有者の名簿である「土地共有者台帳」の登録事項の持つ意味を理解しないまま登記簿表題部に移記されたのではないかとの指摘もある。つまり「土地共有者台帳」に記載されている共有者は，登記名義人として重要であるのに，土地台帳に記載されている所有者のみで充分だと処理した可能性もある。

10　実際にはどのくらい存在するか

　法務省が，平成31年1月に発表した「変則型登記の解消に向けた法律上の措置に関する担当者骨子案」について等の資料によれば，「変則型登記が，全国約50万筆調査の結果，約1％存在」と記載されている。その数字から判断し推測すると全国には土地の総筆数が約2億筆存在するといわれており，1パーセントに当たる約200万筆の変則型登記の土地が存在することになる。

10 実際にはどのくらい存在するか

なぜ，表題部不明土地の所有者が分からないか推測すると

　今まで説明したように，昭和35年にスタートした登記簿土地台帳の一元化により，登記簿のなかった土地についても表題部のみの登記簿が作成されたために，表題部所有者不明土地ができた可能性が高いわけではあるが，なぜ所有者が不明な登記簿であるかは残念ながら明確な説明されていないような気がする。様々な文献からの推測的な意見等を踏まえてまとめてみると次のような理由によるものではないだろうか。

① もともと課税するための税金関係の帳簿であり，自然人・会社等法人以外の持主に関してはっきりした記載方法がなく，時代や地方によりまちまちだともいわれている。
② 登記がされていないということは，もともと価値のあまりない土地が多かったためであろう。
③ 土地台帳以前の地券の副本を綴る地券台帳の時代からの所有者も多く，その当時の所有者は土地台帳に記載されたということだから，明治時代初期の持主であれば，分かりにくいであろう。
④ 江戸時代から明治時代に変わり，土地の所有の概念である現在の所有権がすぐに伝わったとは思えないため，本来の持主が持主と思っていない場合もあるだろう。
⑤ 税金のための帳簿であるため，税金を逃れるため，所有者も名乗らなかったことも多かったであろう。
⑥ 税金のための帳簿であり，地役権等実際に使っている者から税金を取る場合もあり，その場合は所有者でなく，実際に土地を利用している者を帳簿には記載されている場合もあるらしい。そのあたりの関係で所有権をめぐる裁判もそれなりにあるそうである。

第9編　表題部所有者不明土地の登記（変則型登記）について

第4節　変則型登記の原因ともいえる土地台帳とは

1　はじめに

　土地台帳と登記簿が一元化されたことにより，表題部所有者不明土地（変則型登記）が誕生したが，土地台帳が何であったかを簡単に紹介する。表題部所有者不明土地（変則型登記）の原因になった土地台帳は，共有者の記載がある「土地共有者台帳」が重要になる。

2　土地台帳の誕生

　明治17年（1884年）3月15日大政官第7号布告の施行に基づき，明治17年12月16日，大蔵省第89号達「地租ニ関スル諸帳簿様式」による町村戸長役場所管の公簿として土地台帳が最初に設けられた。

　明治22年（1889年）3月23日，勅令第39条「土地台帳規則」が制定され，従来の地券の制度が，同日法律第13号により廃止された。

　土地台帳規則では，「土地台帳が地租課税台帳」であることを明確に規定している。

　明治22年3月14日には，法律9号国税徴収法が公布されるとともに，明治22年5月9日，勅令第63号により「明治22年7月1日以降各郡市役所所在地ニ府県収税部出張所ヲ設ケ収税属」の土地台帳や国税に関する事務事項を取り扱わせるようになった。

　なお，地券に記載されていた事項は，土地台帳に引き継がれている。

3　土地台帳の詳細

　明治22年（1889年）の土地台帳規則1条によれば「土地台帳ハ地租ニ関スル事項ヲ登録」するものであり，明治22年4月1日大蔵省令第6号土地台帳規則施行細則1条には「土地台帳ハ市町村ニ区別シ土地ノ字番号地目，段別，等級，地価，地租，所有者及質取主ノ住所氏名ヲ登録スベシ」と規定してある。

　なお，所有者が複数の場合は，共有地である場合は代表者等を記載し，他の共有者の氏名，持分等は「土地共有者台帳」に記載している。

　また，登記所において登記が行われ土地所有者や抵当権者等の変更が

3　土地台帳の詳細

あった場合には，府県収税部出張所に通知され，府県収税部出張所が土地台帳の記載を変更する仕組みになっている。

《例22　土地台帳（見本）》

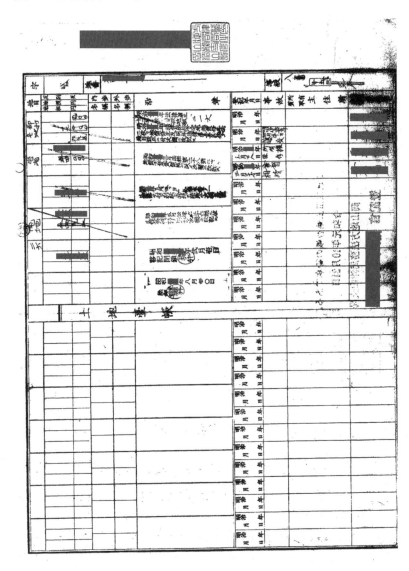

第4節　変則型登記の原因ともいえる土地台帳とは

4　土地台帳の廃止

　前節で知らせたように，土地台帳は，土地台帳と登記簿を一元化する昭和35年（1960年）3月31日の法律第14号不動産登記法の一部を改正する等の法律により廃止された。それ以後「旧土地台帳」，「旧土地強者台帳」と呼ばれることが多くなった。

　土地台帳は，現在でも法務局に保管されており，無料で閲覧が可能であり，謄本を取得することも可能である。

5　土地台帳における住所の取扱いの遍歴

(1)　住所省略の取扱いあり

　住所のみが記載され住所が省略されている変則型登記があるが，土地台帳において，もともと住所を省略する取扱いがあったといわれる。そのため，現在でも住所が分からない登記名義が存在することになる。

(2)　税務署における住所の取扱い

　登記簿一元化前に土地台帳を取り扱っていた税務署における土地台帳の所有者等の住所の取扱いは，次のように定められていた。

■土地台帳法務事務取扱方

　「住所は，土地の所在と府縣を異にするものは府縣，郡，市町村，大字，番地を，都市を異にするものは郡市町村大字，番地を，区町村を異にするものは区町村，大字，番地を，大字を異にするものは大字を記載し，同大字のものは記載を要せず」（原文のまま）と定められていた。

　具体的には，土地に関する「大字」と所有者等の住所の「大字」が同じであれば，所有者等の住所の記載を省略する扱いであったということである。

　そのため，当時の税務署の扱いにより，住所が記録されていない表題部所有者が生ずることになる。

---

(3)　登記所が引き継いだ後の住所の取扱い

　登記所が税務者から土地台帳を引き継いだ昭和25年からの取扱いでは一部が変更されている。

5　土地台帳における住所の取扱いの遍歴

■土地台帳事務取扱要領（『土地台帳』235頁）

（住所の記載）

第83　土地台帳に土地の所有者，質権者又は地上権者の住所を記載する場
　　合において，その住所と当該土地の所在と同一の部分があるときは，そ
　　の部分の記載を省略してさしつかえない。但し，地番を省略してはなら
　　ない。

第９編　表題部所有者不明土地の登記（変則型登記）について

第5節　記名共有地について

1　記名共有地とは

(1)　概　要

　登記簿の形態としては，表題部の所有者欄に「山田太郎外○名」というような名義で所有者が記載されており，本来なら「外○名」の名簿である「共同人名票」があり，共有者が分かるが，「共同人名票」が存在しないため「外○名」の共有者の住所・氏名が特定できないものである。しかも，表題部はあるが，甲区の登記名義が存在しないものでもある。

(2)　「表題部所有者不明土地（変則型登記）」の一種か

　本編第2節で所有者不明土地（変則型登記）全般を説明したが，「記名共有地」は，「変則型登記」の一種である。最近は，所有者不明土地が社会的問題になっており，所有者がはっきりしない登記名義の一部をまとめて「表題部所有者不明土地」あるいは「変則型登記」と呼ぶようになっている。そのため，従来では「記名共有地」と呼ばれていた「山田太郎外○名」等の形式の登記名義に関しては「表題部所有者不明土地（変則型登記）」の一種に分類されている。

(3)　登記の名義

　登記簿表題の所有者欄に，「山田太郎外11名」等と記載され，甲区所有者欄には登記されていないのが通常である。登記簿に記載されている所有者名「山田太郎外11名」を単純に解釈すると，所有者は山田太郎とそのほかの11名合計，合計12名が共有しているというようにみえる。「外」は「ほか」と読み，「その他」という意味である。

　その他の氏名を示すような共同名簿が存在しない場合が多いため，他の共有者が誰で有るかが登記簿だけでは分からない。つまり，共有不動産ではあるが，代表者名しか表題部の所有者欄に記載のない土地である。

(4)　本来共有者がいれば

　表題部の所有者名義が「山田太郎外○名」であれば，通常は「共同人名票」が設けられ，その記載から共有者が明確に分かるはずである。または表題の所有者として記載してある。しかし，「記名共有地」では，「共同人名票」が存在しないため「外○名」が特定できないので，所有

権の保存登記をする方法もよく分からない状態になってしまう。保存登記方法については，「第11編」で説明する。

(5) **登記がみられる不動産は**

　　山林や墓地のように，明治時代から戦前までは，「村（旧村）」が入会地として利用していた，あるいは地域の者が共有していたと思われる不動産が多いと思われる。もともと登記申請が行われていないが，土地台帳には記載がある不動産であるため，第三者に売買したり，抵当権等の担保に入れるつもりはない土地であったと思われる。

　　ただ，純粋な共有の場合もあるが，「村（旧村）」，一部地域など生活共同体の総有である場合，いわゆる入会地の場合も，「記名共有地」の形式で登記されている場合が多い。

　　「村（旧村）」や生活地域の総有であれば，「村（旧村）」や生活区域の名称で登記すれば分かりやすいとも思えるが，残念ながら，民法上の法人でない「村（旧村）」や生活地域の名称では登記できないため，分かりにくい登記名義になっているともいえる。

(6) **他の共有者の人数**

　　人数的に制限があるわけではなく，数人から数十人程度が多いと推測されるが，百人以上の場合もありうる。共有形式の人数が多い理由としては，純粋な共有名義ではなく明治時代初期の「村（旧村）」全体や生活地域の数十個の居宅のかたまり集団を表しているからであるともいわれている。

(7) **なぜ，このような所有者名義があるか**

　　昭和35年の登記簿の一元化作業により旧土地台帳の所有者から移記した登記簿の表題部の所有者欄に「甲外何名」と記載されるが，土地共有者台帳に記載されていた共有者が，表題部登記簿を新設した際に記載されなかったため，共有者は不明になっている。

2　**歴史的な情報**

(1) **明治19年制定の旧登記法と実務的な取扱い**

　　明治19年制定の旧不動産登記法においては「登記に関する帳簿等の程

式」という司法省が定めた登記の記載例がある。その中の共有者が9名いる場合の取扱いがあるが，登記簿に「外○名」とは記載されず，9名の共有者の住所，氏名を全部並べた例が示されている。

しかし，実務上共有者が多い場合は，申請人に「共有者連名書」を提出させて，登記簿には「○○外□名」と記載し，「共有者連名書」を「共有者連名簿」という帳簿に別に編綴して保管する取扱いがされていた。

「共有者連名簿」は登記簿の一部として取り扱い，そのことについては，明治32年制定の不動産登記法51条，不動産登記法細則2条2項，同3項で規定されていた。

そして，不動産登記法が施行されてから，登記法時代に「共有者連名簿」に記載されていた共有者は，「共同人名簿」に移記され，「共有者名簿」がないときは再提出を求め，提出されない場合は，以後。登記申請を却下する取扱いだったとされている。

つまり，共有者を示す登記制度としては，明治時代の登記法の時代から不動産登記法に移行しても，共有者全員が把握できるシステムになっていたということである。

⑵　**登記簿・台帳一元化前の台帳制度では**

明治22年に，地券制度が廃止され，土地制度台帳制度が誕生する。明治28年1月26日の大蔵省訓令第4号の7条のなかには，当時からすでに「共有者台帳」という言葉が表れている。

また，明治42年9月22日訓甲第55号東京税務監督局訓令では，44条で土地台帳の記載例を示し，50条では，共有者台帳の様式を示している。それには台帳の所有者の氏名欄に「○○外□人」と記載し，別冊の「共有者台帳」に共有者全員の住所，持分，氏名が記載されている。

つまり，すでに明治時代から，登記制度でも共有者の記載に関する実務上は「○○外□名」とあるように，土地台帳においても共有者の記載に「○○外□名」が利用されていたということである。

なお，地券制度の時代の土地台帳ともいえる「地券台帳」への記載は，土地台帳制度が誕生したと当時に書き写されたといわれるので，「○○

外□名」の記載方式は，明治時代初期の地券時代から継続されていると思われる。

(3) 登記簿・台帳一元化の実施要領では

登記簿・台帳一元化のときの実施要領には，台帳の所有者欄に「大字○」，「共有者」等と，いわゆる登記名義と違う形で記載されている場合には，そのままの登記名義で登記簿表題部に表示する旨が示されており，実際に，台帳に「外□名」と記載されていれば，登記用紙に台帳の記載の登記名義をそのまま移す扱いがされている。

3 登記簿上の所有者は

(1) 登記簿から読み取れるのは

表題部の所有欄から読み取れるのは，表題部に氏名が掲載されている者と他の者との共有物件であるということである。これを単純にみると，純粋に個人が集まって共有しているようにとれるが，村（旧村）や生活地域の総有不動産である場合の方が多いと思われる。

具体的には，自治区，町内会等「権利能力なき社団」，「入会団体」の所有と考えられる。それらの大部分は，いわゆる法人ではないため，団体・集団の名義で不動産登記の名義人にはなることができない。そのため代表者又は構成員の共有名義で登記をされることが多い。

純粋に共有の不動産であれば，その後に登記手続が行われている可能性が高いと思われる。もちろん，実際の所有者が純粋な共有，つまり民法上の単なる共有名義になっている場合もあり得る。

コラム

土地台帳でも団体名での記載はできなかったか

記名共有地は，土地台帳の記載をそのまま登記簿に移行したため，「○○外□名」の記載になっているが，一つ疑問がわいてくる。法人ではない「権利能力なき社団」であれば，登記法上は明治時代から法人名で記載できないが，税務上の台帳である土地台帳でも，同じような扱いをしていたのであろうか。登記簿一元化により，記名共有地は，元々土地台帳の記載を移行した

第9編　表題部所有者不明土地の登記（変則型登記）について

第5節　記名共有地について

のであるが，土地台帳にも「○○外□名」の記載があるということは，「権利能力なき社団」等であれば，登記簿と同じように団体名の記載ができないというルールで行ってきたのであろうか。このあたりも研究がされていないようである。

(2)　**実際の所有者は**

　　純粋な共有のような個人所有ではなく，村（旧村）及び生活地域の総有不動産であれば，「権利能力なき社団」，「市区町村」，「旧財産区」，「入会地」の所有ではないか，つまりその地域社会の一定の団体ではないかといわれている。そうであれば，登記的な考えでは，登記簿の名称と実体の所有者の登記名義の形態が合っていないこともあるだろう。

(3)　**法務局等で共有者を探すには**

　　次のものがあれば，共有者を探すことができる可能性がある。

　　①　法務局に土地台帳の「共有土地台帳」が管理されているか確認し，あれば「共有土地台帳」を閲覧する。

　　②　「共有土地台帳」や「連名簿」は，当時，登記事務を取り扱っていた登記所のほかに，土地台帳を取り扱っていた税務署，市町村にもあったはずなので，閲覧する。

コラム

現実には，共有者の相続人不明もありえる

　基本的には，登記簿から共有者が不明，共有土地台帳等から共有者が不明ということだが，もう一つ所有者不明ということもあり得る。それは，土地台帳等から共有者が判明した場合でも，その共有者が死亡しており，相続人が不明・所在不明等，一般的な所有者不明土地の相続人不明問題も起こり得る。

4　国交省のガイドラインではどう見ているか

(1)　**国交省のガイドラインでは**

　　国土交通省が発行しているガイドライン「所有者の所在の把握が難し

い土地に関する探索・利活用のためのガイドライン」(『土地探索ガイドライン』参照，平成29年3月公表)でも，「登記事項証明書の表題部の所有者の欄に「A外○名」と記載されている」として「記名共有地」を紹介している。

(2) **所有者について**

「記名共有地」を「表題部の所有者欄に「A外○名」とあるのみで，その共有者の住所氏名が登記されていない土地」と説明している(『土地探索ガイドライン』91頁)。

所有者に関しては，「個々人の共有物である場合もありますが，墓地や山林が入会地として集落等で所有管理された土地の場合もあります。」と説明している。つまり，純粋な共有地の場合もあるし，入会集団・権利能力なき社団が所有者である場合もあると説明している。そして，所有者が異なれば，解決方法が異なるとも説明している。

(3) **純粋な共有（狭義な共有）の場合の対応策は**

調査により，共有者全員が特定できた場合は，表題部所有者の更正登記申請を行うよう依頼し，表題部所有者が共有者全員に更正された後，共有者全員，または各共有者との同意の基で土地の売買契約する，と説明している。

(4) **入会集団・権利能力なき社団等の総有所有の場合の対応策**

共有者全員が登記できた場合は，純粋な共有と同じように，共有者全員の名義へ更正登記を行い，売買契約を締結すると説明している。

また，共有者や相続人がきわめて多数の場合は次の方法の検討をするようにも説明している。

① 共有者と認可地縁団体構成員が一致している場合など，認可地縁団体の所有といえる場合は，認可地縁団体による所有権の保存・移転登記をする。

② 入会林野等に係る権利関係に近代化の助長に関する法律の活用を得て，所有権移転登記を行う。

③ 表題部所有者を被告とする所有権確認訴訟により確認判決により保存登記を行う。

第5節　記名共有地について

5　登記名義に関する様々な対応法

　様々な「変則型登記」に関する登記的な様々な対応法については，「第11編第2節」を参考にしてほしい。

《図8　登記簿の調査フロー》

①　現在の登記簿だけでなく古い閉鎖登記簿等を閲覧し，最初の登記名義人から現在の登記名義人までの変遷と登記原因を把握する。

↓

②　旧土地台帳を閲覧し，最初の所有者から最後の所有者までの遍歴を把握する。

↓

③　市町村の固定資産税台帳で納税者を確認する。

↓

④　登記名義人に誰の所有地であるかの聞き取りをする。登記名義人が死亡している場合は，その相続人に聞き取りをする。

↓

⑤　不動産の所在地近くの地域の昔のことをよく知ってる方に聞き取りを行う。

↓

⑥　市町村に当該多数共有地の過去の経緯がわからないか問い合わせる。

↓

⑦　市町村史を調べる。

↓

⑧　当該多数共有地以外にも同様の登記がないか，関係者に聞き，調べる。

2 国交省のガイドラインではどう見ているか

第6節 共有惣代地について

1 共有惣代地とは

(1) 概 要

　「共有惣代地」も「変則型登記」の一種である。登記簿の形態として
は，表題部の所有者欄に「共有惣代山田太郎」，「共有惣代山田太郎外○
名」というような名義で所有者が記載されており，「外○名」のような
記載がある場合，本来なら「外○名」の名簿である「共同人名票」があ
り，共有者がわかるが，「共同人名票」が存在しないため「外○名」が
特定できないものである。しかも，表題部はあるが，甲区の登記名義が
存在しないものである。

(2) 「惣代」とは何を示すか

　「惣代」という日本語を百科事典等で調べると“仲間あるいは地域集
団の代表者”という意味であり，別名として「総代」「小前惣代」が挙
げられている。

　類語として「村惣代」があり，これは，「明治時代，町村会成立以前
の村民の代表代理人」とあり，別名として「村総代」とある。

　登記名義としての「共有惣代山田太郎」の意味を上記の言葉から推測
すると，いわゆる「村（旧村）」あるいは地域集団の代表者である山田太
郎を示している。また「共有惣代山田太郎外○名」においては，いわゆ
る「村（旧村）」あるいは地域集団の代表者である山田太郎とその他の○
名の共有名義であることを示している。

　つまり，実際の所有者は，いわゆる「村（旧村）」あるいは地域集団で
はあるが，法人ではなく「権利能力なき社団」であるため，「村（旧村）」
あるいは地域集団の名前で登記できないので，代表者又は構成員全員の
名前で登記するパターンであることが分かる。

2 国交省のガイドラインではどう見ているか

(1) 国交省のガイドラインでは

　国土交通省『所有者探索ガイドライン』91頁でも，「登記事項証明書
の表題部の所有者の欄に「共有惣代Ａ」，「共有惣代Ａ外○名」と記載さ

第6節　共有忽代地について

れている」として「共有惣代地」を紹介している。

(2) 所有者について

　「共有惣代地」は，協議の共有の場合は少なく，集落等で所有管理されていたものが多い」と説明している。

(3) 対応策

　記名共有地と同様に，権利者の特定と情報収集を行い，記名共有地の入会団体や権利能力なき社団のように所有の形式が「総有」の場合と同じような対応策を」と説明している。

第7節　字持地について

1　字持地

(1)　どのような登記名義か

　　不動産登記の表題部に，「大字○○」又は「字○○」と市区町村のなかの区域の一部である地域の名前の前に「大字」又は「字」が記載されている登記名義が一般的に「字持地」と呼ばれている。

　　形式的には，ある地域が所有している土地であることを示しているが，その地域そのものが何であるかによっても，実際の所有者は変わってくる。

(2)　表題部のみの登記名義なら表題部所有者不明土地（変則型登記）の一種である

　　表題部の登記名義だけであり，甲区の所有権の登記がなく登記名義では所有者が分からないと，現在は表題部所有者不明土地（変則型登記）と呼ばれだしたので，表題部のみに登記名義のある「字持地」もその一種である。

　　ただし，「字持地」は必ず表題部のみしか登記名義がないのではなく，甲区の登記名義として「大字○○」等と登記をされているのも多い。表題部にしか登記名義がないものと甲区の登記もしてあるものとは，形式的には異なるが，所有者は，違うとは限らない。

　　そのため，基本的には「第8編」を参考にしていただきたい。

(3)　登記名義の地域名

　　地域の名称は，多くの場合は次の地域に該当するといわれている。

① 徳川時代末期から明治初年にかけての村（旧村）の区域。旧部落とも呼ばれる。

② 明治22年頃の市町村大合併前の旧町村の区域

(4)　実体上の所有者

　　多くの場合は，市町村制以後に誕生した旧財産区の財産で有ると推定されているが，実際の所有者が誰であるかは，登記簿，台帳の記載からだけでは判断しにくい。

　　実際の所有者は，次の場合が考えられる。

① 旧財産区の所有財産である場合

② 旧村民の共有財産である場合

③ 旧村民の入会集団の入会地である場合

④ 戦時中の町内会・部落会・町内会部落会の連合会の所有財産である場合

2 国交省のガイドラインではどう見ているか

(1) 国交省のガイドラインでは

国土交通省が発行している『所有者不明土地探索ガイドライン』でも，「登記事項証明書の表題部の所有者の欄に「大字Ａ」，「字Ａ」などと記載されている」として「字持地」を紹介している。

(2) 所有者について

「かつて地域の共同体の財産であった場合が多く，地方自治体の財産区（地方自治法第294条）が所有する土地になっていることが多い」と説明している。

また「戦時体制の強化のために組織された部落会や町内会が所有している」場合もあると説明している。

(3) 財産区が所有者の場合の対応策は

調査により，財産区の所有であることが確認できた場合は，「財産区を所有権登記名義人等とする所有権の登記を行う」と説明している。

(4) 戦時中に法人化された町内会・部落会が所有者の場合の対応策

「戦時体制の強化のために組織された部落会や町内会が所有していたと判明した場合には，市町村を所有権登記名義人等とする登記を行う」と説明している。

第8節　村持地

1　概　要

　表題部にのみ所有者として,「一村総持」,「総百姓持」,「村惣持」,「村名受」,「村請」,「村持」,「村共有」等が記載されている変則型登記 (表題部所有者不明土地) も見受けられる。

　このような土地に関して「一村共有地」とよばれることもある。

　これらは, 土地台帳からの移記により表題部に所有者と記載されているのが通常であり, これらの名義で所有権の登記を受けていることはほとんどないといわれている。

2　所有者は

　これらに対しては, 通常, 村 (旧村) が所有していると思われ, 部落名義の土地と同様に取り扱うべきであるといわれている (登研400号259頁)。ただ, 反対の見解もあるそうである (民月17巻11号1頁)。

　いわゆる村 (旧村) 全体の「総有」状態であると推測される。

第9節　名前だけ住所なしの登記について

1　表題部だけの登記であり，氏名のみで住所がない場合

(1)　登記簿・台帳の一元化前は，登記がされていなかったのでは

　　表題部だけの登記であり，氏名のみが記載され住所の記載がない登記であれば，いわゆる「表題部所有者不明土地（変則型登記）」の一種である。表題部だけしか登記がなければ，登記簿と土地台帳・家屋台帳の一元化の前に，登記が存在しなかったということになる。登記がされていなかったことから，登記簿・台帳の一元化により法務局の対応で，表題部のみの登記が新設されたものである。通常は，個人1名の単独所有であるが，共有名義で，共有者の氏名・持分は記載されているが，共有者の住所が記載されていないものもある。

(2)　土地台帳に住所の記載がないとすれば

　　一元化により表題部の登記が作成され，所有者として氏名のみが記載されているとすれば，土地台帳の所有者として氏名のみが記載され住所が記載されていないと推測できる。

　　なぜなら，土地台帳の所有者の記載としては，原則住所・氏名を記載するが，例外的に不動産の所在と同じところに住んでいれば住所の記載を省略できるようになっている。そのため住所を省略したと思われる。その点を確認するうえでも，旧台帳を閲覧してみるべきである。

　　実際に省略する法則については，次の項目で説明する。

2　土地台帳における住所の取扱いの遍歴

(1)　住所省略の取扱いあり

　　住所のみが記載され住所が省略されている変則型登記があるが，土地台帳において，もともと住所を省略する取扱いがあったといわれる。そのため，現在でも住所が分からない登記名義が存在することになる。どのように定められていたかは，次の項目で説明する。

(2)　税務署における住所の取扱い

　　登記簿一元化前に土地台帳を取り扱っていた税務署における土地台帳の所有者等の住所の取扱いは，第9編第4節4(2)参照。

（3）　登記所が引継いだ後の住所の取扱い

　　　登記所が税務者から土地台帳を引き継いだ昭和25年からの取扱いでは
　　一部が変更されている。

3　持主は，純粋な個人か団体の代表者か

　　登記法のなかでは，個人の氏名が記載されていれば，名義人は純粋に個
人であるか，権利能力なき社団等団体名で登記できない団体の代表者とし
て記載されている場合であるかと推測ができる。

　　ただ，土地台帳の記載から，所有者が該当する不動産に居住していると
すると，純粋に個人が所有していたと思われる。権利能力なき社団が所有
している不動産であれば，代表者が居住しているとはあまり思われないか
らである。その点では，該当不動産がどのような地目であるかなどからも，
推測できる。

コラム

現在の固定資産評価証明書に記載されている不動産であることも

　　氏名のみの記載であり，所有者不明土地に該当すると問題視されているが，
簡単に見つけだすことができる場合もある。相続登記を依頼され，固定資産
評価証明書に記載されている不動産の登記簿を確認してみると，表題部のみ
の登記であり，氏名のみが記載されている場合もある。このような場合は，
固定資産評価証明書の所有者と登記簿の所有者が同じであれば，所有者が分
かる。従来から市町村は所有者を把握していたが，登記簿では分かりにく
かったということになる。

　　なお，同一人物と把握するためには，所有者が該当不動産に居住していた
か，本籍が該当不動産と同じかどうか等を確認することは必要である。

4　当該土地を買入れしたい公共団体等の対応は

（1）　買入れするためには

　　　目的の不動産を買い入れたい公共団体等は，通常，持ち主と売買契約
　　を行う。売買契約を行うためには，売主が甲区に登記した名義人であり，

第9節 名前だけ住所なしの登記について

生存していることが必要になる。登記簿を確認すると，表題部のみの登記簿であり，氏名は記載されているが，住所が記載されていない場合は，そもそも所有者が誰であるかを確認し，所有者に甲区の保存登記を行ってもらった後，売買契約を締結することになる。

(2) **所有者を探し，相続人を探す方法**

買主が，所有者を探し，保存登記を行うには，次のような段取りで行うことが多い。

① 旧台帳を閲覧して住所の記載があるか確認する。

② 不動産の所在地と同じところを本籍として戸籍を探す。

③ 不動産所在地の近隣住民に聞き取りを行い，所有者を探す。

④ 所有者が把握できれば，相続人を探す。

(3) **所有者・相続人が見つからない場合の方法**

所有者が不明で相続人も把握できない場合は，次の方法が考えられる。

① 所有者の不在者財産管理人を家庭裁判所に申し立て，選任してもらう。

② 家庭裁判所の権限外の許可をもらう不在者財産管理人と，買受人が売買契約を締結する。

③ 訴え提起前の和解を申し立てる。

④ 不動産登記法74条1項2号に基づき買受人が保存登記を申請する。所有者の証明書として，和解の書類を添付する。

(4) **墓地の場合の所有者を探す方法**

該当不動産が墓地の場合，墓地ならではの所有者を探すための資料が存在する。

例えば，次のようなものである。

① 墓地開設時からの使用者名簿

② 墓地承継者の相続証明書

③ 菩提寺の住職による過去帳証明書

④ 祭祀承継証明書

相続人が見つかれば相続人が保存登記を行い，見つからない場合は，相続財産管理人を選任する手続を行う。

330

第10編

財 産 区

1 財産区とは

(1) 概 要

　　簡略にいうと，江戸時代から伝わっている人々の生活する小さな単位である「村・町」のなかで，村民・町民が生活のために使用していた「山林，土地，ため池，墓地，温泉地」などの不動産を，「財産区」という小さな地方公共団体の所有物の扱いにしたものである。

　　昔から現在まで市町村統合が進んでいる現在であっても，例えば「市」という地方公共団体の中に昔の「村・町」単位の地方公共団体所有の不動産が存在し，それが「財産区」と呼ばれている。

　　そのため，「山，ため池，温泉」などの不動産が，「財産区」の所有物であれば，個人の所有ではなく特別な公共団体の所有物ということになる。

(2) なぜ，そのようなものがあるのか

　　もともと日本は農耕民族で，長らく「村」単位で生活していた。その生活は，例えば，山で山菜を採り，牛を放牧させ，火を使うための薪を取り，生活資源として村民みんなで一つの山を利用するような暮らしを電気や水道が普及するまではしていたはずである。

　　つまり，山，ため池，温泉なども村民が生きていくのに必要不可欠な財産だったので，村民のための財産を守る仕組みとして「財産区」が誕生し，現在まで残っている。

　　具体的な歴史は，後に説明する。

(3) 法律上の定義

　　法律上は財産区とは，「市町村及び特別区の一部で財産を有し若しくは公の施設を設けているもの又は市町村及び特別区の廃置分合若しくは

境界変更の場合におけるこの法律若しくはこれに基く政令の定める財産処分に関する協議に基き市町村及び特別区の一部が財産を有し若しくは公の施設を設けるものとなるもの」(自治294条1項)と定義されている。

(4)　法的な立場

　　「都道府県」や「市町村」等の自治体のことを定めているのは地方公共団体法である。地方公共団体は種類的には,「都道府県」や「市町村」である「普通地方公共団体」と「特別地方公共団体」に分かれている。「特別地方公共団体」は,特殊な地方公共団体であり,東京都の23区が該当する「特別区」をはじめ,「地方国協団体の組合」,「財産区」の3種類が存在する。

　　つまり,「財産区」は法律的には,特別な「地方公共団体」であり,都道府県や市町村と同じように公の「法人」ということになる。

(5)　どのようなものが多いか

　　財産区には,山林やため池が多い。その他にも温泉地があったり,現在の使用状況として住宅地や何かに活用する目的のための土地として利用しているところもある。

　　住宅地や活用地があるのは,江戸,明治時代から都市化が進んでいる場所においては,農地を住宅地に転生し不動産収入を得たり売却し資産にする財産区が増えてきているためである。

2　歴史的な流れ

(1)　財産区ができた由来

　　江戸時代においては,人々は「村・町」の小さな単位の集まりで協力しながら暮らしていた。まだ,電気も水道もない時代であり,生活をするには,「山,ため池,墓地」などは,皆が協力して使っていた。

　　明治時代になっても,自治体の単位は,江戸時代からの「村・町」の単位で行っていたが,時が経つにつれ公共団体の単位が「村・町」から「市町村」制に変わるなど,合併することが現在まで何度か,行われている。

　　この合併により,「財産区」が生まれることになった。

(2) 明治22年の大合併

明治22年（1889年），「市町村制」が施行され，「村」と「村」の大規模な合併が行われた。これは「明治の大合併」と呼ばれる。合併の目的は，教育や税金徴収，戸籍の管理を行う上で適した大きさの自治体にすることである。

そのため，江戸時代からあった自然発生的な村落から，約300から500の住戸を1単位の市町村に合併された。

これにより，合併前に7万以上あった「村」が，合併直後には約1万数千町村と39の市に再編された。

(3) 明治22年の大合併に対する村民の反応

旧村民にとっては，地元の山やため池等は生活上なくてはならないものであり，それを合併により新たな市町村のものにされると生活に支障があると合併に反対した。

大合併に対して旧村民たちから，「合併したら自分たちの山が市にとられてしまう」，「山やため池は，村民だけで利用する大切な資源だ」との抵抗があったそうである。

(4) 旧村民の抵抗に対し財産区が生まれた—旧財産区

国は，旧村民の市町村合併への抵抗を重く見て，旧村民の抵抗を和らげるため，市制（113条），町村制（114条）で旧村に，山やため池等の財産を市町村のものにしないで旧村がそのまま保有する権利を認めた。これが現在の名称でいうと「財産区」である。当時は「市町村ノ一部」とされていた。

地方自治法238条では，旧村の財産等が新市町村の公有財産になった場合にも旧村民の特別な使用権が認められると規定されている。

なお，明治時代に生まれた「財産区」は昭和時代に生まれた財産区を区別するため，「旧財産区」と呼ばれることも多い。

(5) 昭和時代の大合併

戦後，地方自治法が昭和22年に制定（昭和22年4月17日公布），同年5月3日に施行され，消防・警察の事務，中学校の設置・管理，保健衛生・社会福祉の事務等は市町村の事務とされることになった。このことを処

理するためには自治体の規模を今まで以上の規模の大きさにする必要が出てきたため，昭和28年（1953年）には，「町村合併特例法」が施行された。さらに昭和31年（1956年）には，「新市町村建設促進法」が施行された。この二つをの市町村の合併を合わせて「昭和の大合併」と呼ばれる。

　昭和大合併によれば，人口約8,000人を1単位とする市町村に再編し，合併前に約9,800存在した市町村が約3,400になった。

(6)　**昭和時代の大合併でも財産区が生まれた──新財産区**

　昭和時代の大合併においても，昭和28年（1953年）の「町村合併特例法」において，合併で財産を吸収されることに抵抗する旧市町村を説得する必要がでてきたため，旧市町村単位での財産区の設置を認めるようにした。

　翌年の昭和29年（1954年）には，地方自治法が改正され，現在の294条ができ，これに昭和時代の財産区について規定されている。

　市制・町村制施行後それ自身行政権の主体としての地位を有することとなった市町村が，廃置分合又は境界変更の際の財産処分の協議により，そのままその所有する財産の権利主体となったものである。したがって，旧財産区に比べて，設置の事実，財産の内容，範囲等極めて明瞭であるといわれている。

　つまり，明治時代の大合併，昭和時代の大合併により「旧村」等の抵抗を和らげ合併を進めるために，「財産区」が生まれたことになる。

3　旧財産区と新財産区

明治時代の大合併，昭和時代の大合併に伴いそれぞれ「財産区」が生まれている。

どちらの大合併にも伴いできたのが，「財産区」であるが，区別して呼ぶ場合には，明治時代の大合併に伴ってできた財産区は「旧財産区」，昭和時代の大合併に伴ってできた財産区は「新財産区」と呼ばれている。

4　財産区の全国的な現状

現在でも，全国に4,000以上あり，多くは西日本に存在する。

平成28年度の財産区の保有数が多い順にいうと，大阪府655，兵庫県513，岡山県405，青森県272，山梨県195，長野県191である。

5 財産区の性格

財産区が何かを理解するには，財産区の性格的観点，要件的観点からみると理解しやすい。財産区とは，地方自治法に「市町村及び特別区の一部が財産を有し若しくは公の施設を設けているもの」（自治294条1項）と規定されているが，その要件としては次のものある。

① 特別地方公共団体であること
- 一定の地域が構成要素となる。
- その区域内の全ての住民が当然に財産区を構成するものであるから，区域内の住民は全てが財産区の構成員となる。
- 公法人であるから，営利を目的とする所有財産から得た収益を当該住民に分配することはできない。

② 市町村の区域の一部であること
- 財産区は市町村の一部の区域を区域とする地方公共団体であるから二つ以上の市町村にまたがって存在することはありえない。

③ 財産又は営造物を所有することが存在の要件である
- したがってその所有する財産等を全て処分し，その所有権を喪失すれば，財産区は何等の手続を経ることなく法人格を失い，消滅することになる。

6 財産区の権能

(1) 権　限

地方公共団体ではあるが，市町村のような，役所的な広範囲の仕事をする機能は持っていない。概略的にいうと，財産の管理，処分，公の施設の廃止についてのみ権限を持つ特殊な地方公共団体であり，特殊法人である。

(2) 管理行為

管理行為として，保存行為，利用行為及，改良行為が行える。

① 保存行為

　財産の現状を維持する行為で，具体的には家屋の修繕，溜池の堤の補修など，財産の滅失，毀損を防ぐ行為である。

② 利用行為

　財産をその性質に従って利用することで，山林から薪等の雑木を採取したり，溜池の水を潅漑用水に使用することなど，財産を貸し付けて収益を図ることも該当する。

③ 改良行為

　財産の本来の性質を変更しない範囲内において財産の価値を増加させる行為。家屋に造作を施すとか，山林や田畑を宅地にする行為など。

(3) **処分行為**

　主な処分行為は，所有不動産を売却することである。他にも林野をゴルフ場用地として貸し付けたり，所有不動産に抵当権を設定するなども該当する。

　また，公の施設については，公共の利用に供することを廃止した時点において処分したものと考えられ，公用廃止が処分行為である。

(4) **財産区の権限の特徴**

　次の特徴から，不動産の所有者を考慮する場合，所有者が財産区であるか否かの参考になるかもしれない。

① 新たな財産は取得できない。

　財産区は財産の管理，処分についてのみ権能を有するから従来所有していた財産と全く異質の新たな財産を取得することはできない。ただし，土地を処分した代金で別の土地を購入することは，「新たな財産を取得できない」に該当しないため，可能である。

② 存立目的の範囲内においての寄付・補助はできる。

　財産の管理の範囲内の事項については，寄付・補助は可能だが範囲内の事項に関係のない，地域の自治会，青年団，婦人会等の費用に充てるための補助又は寄附についてはできない。

7 財産区の機関

③ 課税，起債，分担金は徴収できない。

7 財産区の機関

(1) 概 要

　財産区は特別地方公共団体であり，市町村とは別の公共団体ではあるが，原則として固有の機関を持たない。

　そのため執行機関は市町村長であり，議決機関は市町村議会である。例外的に，財産区議会を設けることも可能である。

(2) 執行機関

　財産区の財産，公の施設の管理及び処分又は廃止については市町村の財産又は公の施設の管理及び処分又は廃止に関する規定による（自治294条1項）。

　市町村においてこれらの事務を執行する者は市区町村長であるから，財産区に関する事務は全て市町村長が執行しなければならない。通常市長を「財産区管理者」という。財産区の事務は市町村の職員が補助執行し，財産区の会計事務は市町村の会計管理者が行う。

実務上のポイント

■Q68 財産区の財産において，売買契約，賃貸借契約，登記手続は。

【回 答】

　売買契約の締結，財産区有地の賃貸借契約は「財産区管理者」，すなわち市町村長が行う。

　登記手続等の事務も「財産区管理者」である市町村長が行う。

■Q69 監査は。

【回 答】

　財産区の監査機関は，市町村の監査委員及び都道府県知事であり，監査委員が行う監査は，市町村の監査と同様である。

7　財産区の機関

(3) 議決機関

　財産区で議決を要するものは，市町村議会が議決するが，財産区は市町村の一部の地域の利益を保全するために設けられた制度であり，財産区と市町村との間で利害が対立する場合，執行機関も議決機関も市町村の機関であれば，財産区の利益が市町村により侵害される恐れがあるので，防止することと，財産区の運営に地区住民の意志を十分に反映させることなどの必要性を都道府県知事が認めて，市町村議会の議決により条例を制定し，財産区議会を設置することが可能である。

実務上のポイント

財産区議会の組織

　財産区議会議員の定数，任期，選挙権，被選挙権及び選挙人名簿については，都道府県知事の提案した財産区議会設置条例中に規定される。
　財産区議会議員の選挙は，市町村議会議員の選挙に関する規定が適用される。

実務上のポイント

■Q70　財産区議会の権限とは。

【回　答】

　財産区議会は，財産区の権能に属するもの，つまり財産区財産及び公の施設の管理及び処分又は廃止に関する事項は，市町村議会が有するものと全く同様の権限を有する。

■Q71　兼職の禁止とは。

【回　答】

　財産区議会議員は，国会議員ならびに市町村議会議員及び市町村長，副市町村長，会計管理者等の常勤の職員とを兼ねることはできない。

■Q72　兼業の禁止とは。

338

7　財産区の機関

【回　答】

　財産区議員は，次の各職業に就くことはできない。
① 　財産区に対し，請負をする者
② 　財産区で経費を負担する事業につき，財産区の委任を受けた者に対し請
　負をする者
③ 　請負をする者の支配人
④ 　主として，同上の行為をする法人の無限責任社員，取締役，若しくは監
　査役又はこれらに準ずべき者，支配人及び清算人

(4)　構造—議会の設立が可能

　地方公共団体ではあるが，執行機関を持たず，財産管理を行うことが
主な業務である。その業務は基本的に財産区のある市町村や議会が行う
ことになっている。

　ただ，財産区が独自の議会や総会を設けることは可能であり，そのこ
とは地方自治法295条に決められている。

　条文では“必要があるときに知事が議会の議決を経て市町村又は特別
区の条例を制定し，財産区の議会又は総会を設けて財産区に関し市町村
又は特別区の議会の議決すべき事項を議決させることができる”とされ
ている。

　財産区は市町村と利害関係が相反することも多いため，財産区が市町
村に意思決定されたくないと村民などが反発しているときなどが「必要
があるとき」に該当する。

　議会又は総会を設ける場合は，市町村が財産区条例を作成し，議員の
定数，人気，選挙権，被選挙権などを規定する必要がある（自治296条）。

(5)　構造—管理会の設立が可能

　議会を設けるまでもないという場合，「管理会」を設けることも可能
である。管理会は，議会とほぼ同じではあるが，違う点もある。

　「議決権」という点での違いがあり，財産区の「議会」では，財産区
自体の財産の運用，収支，決算に関することを議決できる。しかし，
「管理会」には，議決権がなく，議決権は市議会にあり，議決の際に

第10編　財　産　区

339

「管理会の同意が必要」という形での権限があるにすぎない（自治296条の2・296条の3）。

また，管理会の委員は「7名以内任期4年」と定められている（自治296条）。

なお，議会，管理会はどちらか一方しか設けることしかできず，全国的には，議会より管理会を設けている財産区の方が多い。

(6) **会　計**

市町村と財産区の会計は，別会計にするように規定されている（自治294条第3項）。

(7) **財産区の問題点**

財産区は，もともと旧村民が慣例で長く利用していた山，ため池などの共有資源であった。

市町村合併が行われるときに，本来なら合併する市町村のものになるはずではあったが，旧村民から"自分たちのものである"という抵抗があり，国としても合併を認めるために仕方なく作られた特権的制度ともいわれている。

財産区は作られてから，長年の年月が経ち，電気・水道が普及するなど社会施設も変わり，多くの財産区は，本来の使用目的のためのものではなくなったともいわれている。旧村民のための資源としてではなく，住宅地として貸すことにより利益を得るようなところも増え，本来の財産区の目的と外れているのではないかとも指摘もある。

財産区が独自に潤っているところを管轄する市町村では，"本来財産区のものではなく市町村の財産にすべきである"と，財産区の存在に反対する市町村もある。

いずれにしても，財産区については，賛同意見としては，「古くから承継されてきた『旧村』の絆を受け継ぎ，地域の意識を高めて住民の結びつきを強くするすばらしいものである」というものがある。また反対意見としては，「住民の結びつきと言いつつも『旧村』的思考で選民意識が強く，排他的で時代錯誤だ」というものもある。

第11編

その他の複雑な登記名義について

第1節　いわゆる「新財産区」について

1　いわゆる「新財産区」とは何か

(1)　概　要

　　第8編に，明治時代の市町村の合併に伴い，「大字〇〇」のような，ある地域を登記名義にした市町村内の一地域である「旧財産区」という組織が誕生したと説明した。

　　この市町村内の一区域である「財産区」については，明治時代に誕生したいわゆる「旧財産区」だけでなく，戦後の昭和時代の市町村大合併に伴い誕生したいわゆる「新財産区」が存在する。

　　これは，登記簿には，「〇〇市〇〇財産区」「〇〇財産区」にように，財産区の名称で登記名義として登記されているものが多い。

　　法律的には，地方公共団体の一部として定められている。

(2)　いわゆる「新財産区」が生まれた経緯

　　明治時代には，市町村の合併に伴い，村（旧村）等，元の地域の財産を合併する市町村に承継することなく，元の地域に財産を残したいという希望から，いわゆる「旧財産区」が認められてきた。

　　昭和時代の大合併においても，昭和28年（1953年）の「町村合併促進法」において，合併で財産を吸収されることを嫌がる旧市町村があり，その旧市町村の財産を合併後の市町村に吸収しないよう新たな財産区の設置を認めることになった。これがいわゆる「新財産区」である。

　　翌年の昭和29年（1954年）には，地方自治法が改正され，現在の地方自治法294条ができ，これに昭和時代の財産区について規定されている。

　　明治時代の「旧財産区」であれば元の組織が村（旧村）等であり，財産の権利，内容，範囲等もはっきりしないのではともいわれたが，昭和

第1節　いわゆる「新財産区」について

時代の「新財産区」においては，元の組織が市町村であり，所有する財
産の権利，内容，範囲等もはっきりしているといわれている。権利主体
となったのである。

(3)　**法律上の定義**

　　法律上は次のように定義されている。財産区とは，「市町村及び特別
区の一部で財産を有し若しくは公の施設を設けているもの又は市町村の
廃置分合若しくは境界変更の場合におけるこの法律若しくはこれに基く
政令の定める財産処分に関する協議に基き市町村及び特別区の一部が財
産を有し若しくは公の施設を設けるものとなるもの」(自治294条1項)。

　　いわゆる「新財産区」を示しているのは，後段の「市町村の廃置分合
若しくは境界変更の場合におけるこの法律若しくはこれに基く政令の定
める財産処分に関する協議に基き市町村及び特別区の一部が財産を有し
若しくは公の施設を設けるものとなるもの」である。

　　なお，前段の「市町村及び特別区の一部で財産を有しもしくは公の施
設を設けているもの」は，明治時代誕生のいわゆる「旧財産区」を示し
ている。

(4)　**法的な立場**

　　「都道府県」や「市町村」等の自治体のことを定めているのは地方公
共団体法である。地方公共団体は種類的には，「都道府県」や「市町村」
である「普通地方公共団体」と「特別地方公共団体」に分かれている。
「特別地方公共団体」は，特殊な地方公共団体であり，東京都の23区が
該当する「特別区」をはじめ，「地方公共団体の組合」，「財産区」の3
種類が存在する。

　　つまり，「財産区」は法律的には，特別な「地方公共団体」であり，
都道府県や市町村と同じように公の「法人」ということになる。

　　ただし，「財産区」という言葉は，学説上は古くから使われていたよ
うだが，法令用語として用いられたのは，昭和22年の地方自治法からで
ある。明治時代の頃は「市町村の一部」といわれていた。

(5)　**特　徴**

　　財産区が何かを理解するには，財産区の性格的観点，要件的観点から

みると理解しやすい。財産区とは，地方自治法に規定されているが，その要件としては次のものある。

① 特別地方公共団体であること。

・一定の地域が構成要素となる。

・その区域内の全ての住民が当然に財産区を構成するものであるから，区域内の住民は全てが財産区の構成員となる。

・公法人であるから，営利を目的とする所有財産から得た収益を当該住民に分配することはできない。

② 市町村の区域の一部であること。

財産区は市町村の一部の区域を区域とする地方公共団体であるから二つ以上の市町村にまたがって存在することはありえない。

③ 財産又は営造物を所有することが存在の要件である。

したがってその所有する財産等を全て処分し，その所有権を喪失すれば，財産区は何等の手続を経ることなく法人格を失い，消滅することになる。

(6) **財産区の全国的な現状**

現在でも，全国に4,000以上あり，多くは西日本に存在する（総務省ホームページ（平成28年4月1日現在））。

平成28年の財産区の保有数が多い順にいうと，大阪府655，兵庫県513，岡山県405，青森県272，山梨県195，長野県191である。

なお，これは，新旧合わせての財産区の数字である。

(7) **財産区所有の土地にはどのようなものが多いか**

財産区の所有不動産には，山林が一番多いといわれている。その他にもため池，沼地，田畑，墓地，原野，牧場等がある。その他にも温泉地があったり，現在の使用状況として住宅地や何かに活用する目的のための土地として利用しているところもある。

住宅地や活用地があるのは，江戸，明治時代から都市化が進んでいる場所においては，農地を住宅地に転用し不動産収入を得たり売却し資産にする財産区が増えてきているためである。

第1節　いわゆる「新財産区」について

(8)　財産区の住民

　　財産区においては，財産区の区域内に住所を有するものが財産区の住
民となり，住民であったが財産区の区域外に転出するとその権利を失う
こととなる。

2　新旧財産区の権能

(1)　権　限

　　新財産区は地方公共団体ではあるが，市町村のような役所的な広範囲
の仕事をする機能は持っていない。概略的にいうと，財産の管理，処分，
公の施設の廃止についてのみ権限を持つ特殊な地方公共団体であり，特
殊法人である。

(2)　管理行為

　　管理行為として，保存行為，利用行為及び改良行為が行える。

　①　保存行為

　　　財産の現状を維持する行為で，具体的には家屋の修繕，溜池の堤の
　　補修など，財産の滅失，毀損を防ぐ行為である。

　②　利用行為

　　　財産をその性質に従って利用することで，山林から薪等の雑木を採
　　取したり，溜池の水を灌漑用水に使用することなど。財産を公共利用
　　として貸し付けて収益を図ることも該当する。

　③　改良行為

　　　財産の本来の性質を変更しない範囲内において財産の価値を増加さ
　　せる行為であり家屋に造作を施すことや，山林や田畑を宅地にする行
　　為などがそれに該当する。

(3)　処分行為

　　主な処分行為は，所有不動産を売却することである。他にも林野を民
間のゴルフ場用地として貸し付けたり，所有不動産に抵当権を設定する
なども該当する。

　　また，公の施設については，公共の利用に供することを廃止した時点
において処分したものと考えられ，公用廃止が処分行為である。

344

（4） 財産区の権限として特徴

次の特徴から，不動産の所有者を考慮する場合，所有者が財産区であるか否かの参考になるかもしれない。

① 新たな財産は取得できない

財産区は財産の管理，処分についてのみ権能を有するから，従来所有していた財産と全く異質の新たな財産を取得することはできない。ただし，土地を処分した代金で別の土地を購入することは，「新たな財産を取得できない」に該当しないため，可能である。

② 存立目的の範囲内においての寄附・補助はできる

財産の管理の範囲内の事項については，寄附・補助は可能だが範囲内の事項に関係のない，地域の自治会，青年団，婦人会等の費用に充てるための補助又は寄附についてはできない。

③ 課税，起債，分担金は徴収できない

3 新旧財産区の機関

（1） 概　要

新財産区は特別地方公共団体であり，市町村とは別の公共団体ではあるが，原則として固有の機関を持たない。

（2） 執行機関

財産区の財産，公の施設の管理及び処分又は廃止については市町村の財産又は公の施設の管理及び処分又は廃止に関する規定による（自治294条1項）。

市町村においてこれらの事務を執行する者は市町村長であるから，財産区に関する事務は全て市町村長が執行しなければならない。通常市町村長を「財産区管理者」という。財産区の事務は市町村の職員が補助執行し，財産区の会計事務は市町村の会計管理者が行う。

第1節 いわゆる「新財産区」について

実務上のポイント

■Q73 売買契約，賃貸借契約，登記手続は。

【回 答】

　売買契約の締結，財産区有地の賃貸借契約は「財産区管理者」すなわち市町村長が行う。また，登記手続等の事務も「財産区管理者」市町村長が行う。

■Q74 監査は。

【回 答】

　財産区の監査機関は，市町村の監査委員及び都道府県知事であり，監査委員が行う監査は，市町村の監査と同様である。

(3) 議決機関

　財産区で議決を要するものは，市町村議会が議決するが，財産区は市町村の一部の地域の利益を保全するために設けられた制度であり，財産区と市町村との間で利害が対立する場合，執行機関も議決機関も市町村の機関であれば，財産区の利益が市町村により侵害される恐れがあるので，それを防止することと，財産区の運営に地区住民の意志を十分に反映させることなどの必要性を都道府県知事が認めて，市町村議会の議決により条例を制定し財産区議会を設置することが可能である。

実務上のポイント

■Q75 財産区議会の組織は。

【回 答】

　財産区議会議員の定数，任期，選挙権，被選挙権及び選挙人名簿については，都道府県知事の提案した財産区議会設置条例中に規定される。
　なお，財産区議会議員の選挙は，市町村議会議員の選挙に関する規定が適用される。

■Q76 財産区議会の権限は。

3　新旧財産区の機関

【回　答】

　財産区議会は，財産区の権能に属するもの，つまり財産区財産及び公の施設の管理及び処分又は廃止に関する事項は，市町村議会が有するものと全く同様の権限を有する。

■Q77　新財産区議会議員の兼職の禁止とは。

【回　答】

　財産区議会議員は，国会議員並びに市町村議会議員及び市町村長，副市町村長，会計管理者等の常勤の職員と兼ねられない。

　また，財産区議会議員は，次の各職業に就くことはできない。

①　財産区に対し，請負をする者

②　財産区で経費を負担する事業につき，財産区の委任を受けた者に対し請負をする者

③　請負をする者の支配人

④　主として，同上の行為をする法人の無限責任社員，取締役，若しくは監査役又はこれらに準ずべき者，支配人及び精算人

(4)　構造—管理会の設立が可能

　議会を設けるまでもない場合，「管理会」を設けることも可能である。管理会は，議会とほぼ同じではあるが，違う点もある。

　「議決権」という点での違いがあり，財産区の「議会」では，財産区自体の財産の運用，収支，決算に関することを議決できる。しかし，「管理会」には，議決権がなく，議決権は市議会にあり，議決の際に「管理会の同意が必要」という形での権限があるにすぎない（自治296条の2・296条の3）。

　また，管理会の委員は「7名以内任期4年」と定められている（自治296条）。

　なお，議会，管理会はどちらか一方しか設けることしかできず，全国的には，議会より管理会を設けている財産区の方が多い。

(5)　会　計

　市町村と財産区の会計は，別会計にするように規定されている（自治

第11編　その他の複雑な登記名義について

第1節　いわゆる「新財産区」について

294条3項)。

4　新財産区に関する登記手続

(1)　財産区の登記名義人名

　　財産区は，公共地地方公共団体であり法人である。よって，法人名で，登記名義人になれる。

　　昭和時代の生まれた「新財産区」に関しては，多くが所有者として「○○財産区」，「○○市○○財産区」等の登記名義で登記されている。

　　しかし，明治時代に生まれた「旧財産区」は，当時の法令上では，「財産区」という言葉は使われておらず「市町村の一部落」等の言葉が使われていた。

　　そのことだけではないが，「○○財産区」という登記名義だけでなく，「大字○○」，「字○○」など，その地域を現したような登記名義になっているものも少なくない。

(2)　登記申請は誰がするか

　　市町村において事務を執行するものは市町村長であり，財産区に関する事務も全て市町村長が執行するため，通常市町村長は「財産管理者」である。登記手続等の事務も市町村長が嘱託することにより行う。

(3)　新たに財産を取得することはできない

　　地方自治法294条に定める財産区は，当該財産区が従来から有する財産又は公の施設の管理の必要から財産を取得するものと明らかに認められる場合を除き，同条1項の規定の趣旨から新たに財産を取得することはできない。そのため，財産区を登記権利者とし，贈与を原因とする所有権移転登記の申請は，受理されない（登研541号138頁）。

　　この点は，新旧財産区とも同じである。

(4)　新財産区に関する先例・通達

A　財産区が合併前の市町村から不動産を承継した場合

　●丙市が甲町乙村を吸収合併し，従前の甲町所有の不動産を丙市が承継しないで，丙市の一部である甲財産区（自治294条）の所有財産とする場合は，従前の甲町と甲財産区は，全然別個の地方公共団体であるた

4 新財産区に関する登記手続

め，登記名義人の表示変更の登記で行うのではなく，所有権移転の登記を行うべきである（昭25・6・10民事甲1624号民事局長通達）。

●前項の場合の所有権移転の登記原因は「承継」とし，登録税は登録税法19条4号の規定を類推適用すべきである（昭25・6・10民事甲1624号民事局長通達）。

●登録免許税は，（旧）登録税法19条4号の規定を類推適用すべきである（昭25・6・10民事甲1624号民事局長通達）。

《例23　登記嘱託書─財産区が合併前の市町村から不動産を承継した場合》

登記嘱託書

登記の目的　　所有権移転
登記の原因　　令和元年〇月〇日承認[注1]
権　利　者　　甲町第一財産区[注2]
義　務　者　　甲町乙村[注3]
添付情報　　　登記原因証明情報[注4]
令和元年〇月〇日嘱託　　〇〇地方法務局〇〇支局
嘱　託　者　　丙市長　〇　〇　〇　〇　㊞[注5]
登録免許税　　登録免許税法別表第二[注6]

不動産の表示
　　所　在　　丙市〇〇町〇〇
　　地　番　　〇〇〇番
　　地　目　　山地
　　地　積　　〇〇〇平方メートル

(注1)：登記原因の日付は，合併の効力が生じた日である，地方自治法7条7項の規定により合併に関する告示のあった日である。登記原因は，「承継」である。

(注2)：権利を承継した財産区の名称を記載する。

(注3)：登記簿上の所有者名義人である合併前の市町村を記載する。

(注4)：承継を証する書面として，官報又はその写しを添付する。

(注5)：合併前の市町村の権利義務の承継者である合併後の市町村が嘱託者になるので，合併後の市町村名を記載し職印を押印する。

第1節　いわゆる「新財産区」について

(注6)：市町村は，登録免許税別表第二にある法人であり，それを類推適用された非課税の取扱いになる（昭25・6・10民事甲1624号民事局長通達）。根拠法の「登録免許税法別表第二」を記載する。

B　財産区が合併前の市町村から不動産を承継し，その不動産を処分した場合

　甲町乙村をその地域をもって丙市を置き，従前の乙村所有の不動産は，丙市において承継せず丙市の一部たる乙財産区（旧市制144条）の所有財産としたるも登記簿面は乙村所有名義の場合においては，これを他に処分し登記をしようとするときは，最初に乙村より乙財産区に所有権移転の登記手続をした上で処分すべきである（昭和16年法曹雑誌第19巻第8号88頁決議）。

C　財産区を当事者とする共同申請ができる場合

　土地所有者（財産区）の共有地に財産管理者である市町村長と個人との契約による立木所有を目的とする「地上権設定登記」をし，後日立木皆伐又は契約解除を原因として地上権の抹消登記をする場合，嘱託事件によらず申請書副本，登記済証，双方代理権限証書を添付して，地上権者と市町村長の双方で申請することができる（登研429号122頁）。

　つまり，財産区を設定者とする地上権設定登記抹消の申請は，不動産登記法31条（現76条）による嘱託によることなく同法26条（現60条）及び同35条（現65条）により地上権者と共同申請することもできる

第2節　入会権の近代化について

1　入会権とは

(1)　入会権

　　一定地域の住民の団体が一定地域の山林原野において，薪炭用雑木や自家用建築用材などをその団体の統制にしたがって共同して採取し使用する慣習上の権利とされており，民法上の物権である。入会権の主体は入会集団にあり，範囲は，一つの集落の場合，数個の集落の場合，集落の一部の場合がある。入会地の利用形態は，「共同利用形態」，「直轄利用形態」，「分割利用形態」，「契約利用」がある。ある地域の人々（入会団体）が有していた山林等の利用権である。

　　本書でも，江戸時代からの山林原野等の共同利用の説明として何度がでてきた権利であり，明治時代から現在までのときの流れにより，様々な変化が起きている。

(2)　入会権の利用形態は

　　入会地の利用形態としては，次のようなものがある。

①　共同利用形態——一定の制限のもとに自由に山入りし採取できる「共同利用地」，「自由山」等。

②　直轄利用形態——村（旧村）という団体の直接的な管理統制のもとでだけ共同して利用し，個別的な利用が禁止されている「留山」。

③　分割利用形態——土地を各人ごとに割り当てて使用させたり，割り当てをしなくとも個人ごとに植林を認めている「割山」，「分け地」。

④　契約利用——村（旧村）の人々が直接林野を使用せず契約によって第三者に利用させる「官行造林」，「県行造林」。

(3)　入会権と登記

　　「入会権」そのものは民法で認められているが，「抵当権」や「地上権」のように権利として登記をすることはできない。また，登記名義人として「入会集団」の名称では登記することができないため，通常は代表者の個人名義，代表者数人の共有名義，入会権者全員の共有名義で登記されている。

　　なお，入会権は登記なくして第三者に対抗できるとされている（大判

大10・11・28民録27輯2045頁）。

⑷　入会権者

「入会権」を持っている人を「入会権者」という。

「入会地」を利用し活用するためには，その地区内に居住していることが条件のため，原則として地区外の居住者は「入会権者」とはいえない。ただし，地域外でも共有地の維持管理に協力している場合や地域外での勤務によって一時的に地域を離れている者についても慣習に基づく入会権者全員の総意を要件に組合員と認めることが可能である。

一般的に，入会権は個人が持てる権利ではなく世帯が持つ権利のため，「入会権者」は，原則として「世帯主」に限られる。

⑸　入会権の権利帰属

入会権としては，共同で入会林野を利用しているが，この権利は「共有」という大きな概念の中でいうと，入会権の権利帰属の仕方は，「総有」である。

「総有」とは，数人の一つの物に対する共同所有ではあるが，共同所有者の持分が否定されるか，あっても潜在的なものであり，共同所有者は物の利用権を有するのみで，持分処分の自由や分割請求の自由が否定されている所有形態である。

そのため，入会権は相続の対象とはならず，原則として入会集団を構成する世帯主に認められる権利であり，取得は原始取得である。

よって，相続の結果，被相続人の地位を承継し，部落内の世帯主になったことにより原始的に取得する（盛岡地判昭31・5・14下民7巻5号1217頁）のであり，その取得は部落の習慣的規範によらない相続や譲渡によって生ずることはありえない（仙台高決昭32・7・19家月9巻10号27頁）と判例でも示されている。

⑹　いわゆる「共有」と「入会権」の違い

「入会権」は複数の人間が同じ土地を共同で利用・所有するという意味ではいわゆる「共有」という概念に似ているとはいえるが，純粋な「共有」とは違う点も多い。この違いを把握することが，実際に問題とする土地をどのような対応するのかを判断する上で役に立つ。

A　共有持分

　・共　有——持分はある。

　・入会権——留山，割山等持分がある場合とない場合がある。

B　登記名義

　・共　有——登記名義人と共有権者は原則一致する。

　・入会権——登記名義人と共有権者が一致しないことも多い。

C　共有者の資格

　・共　有——共有者の住所地は問題にならない。

　・入会権——一定に地域に住む世帯主に限られる。例外的に地域外に
　　　　　　　住んでいても共有権を認められる場合もある。

D　権利の譲渡売買

　・共　有——自由にできる。

　・入会地——制限される。例えば，全面禁止，共有者間自由，入会集
　　　　　　　団の承諾が必要などがある。

E　分　割

　・共　有——共有者持分の過半数の決議により分割可能である。

　・入会権——全員の合意があれば分割可能である。

F　相　続

　・共　有——共同相続人全員が相続する。

　・入会権——相続の対象とはならない。

G　権利の性質

　・共　有——住んでいる場所により権利がなくなることはない。

　・入会権——一定の地域から出ていくと権利を失う。なくなる権利に
　　　　　　　ついては，一切の権利がなくなる場合と利用権だけなく
　　　　　　　なる場合がある。

H　収益の使途

　・共　有——共有者間で個人配分するのが原則である。

　・入会権——一定地域の共益費に充てる場合，共益権者に配分する場
　　　　　　　合がある。

2 入会林野の近代化

(1) 入会林野とは

　入会林野とは，ある地域の人が昔からの慣行や慣習に基づき，あるいは地域の掟などに従って，薪炭材，草などを採取するために使われていた山林原野のことである。権利としては入会権であり，民法で認められている。

(2) 入会林野の現状

　入会林野（入会権）は，権利者の確定が難しく登記が困難であるため，利用されないまま放置されている土地もあるといわれている。利用されていないことを，高度利用されていないともいわれることが多い。

(3) 入会権が高度利用されていないといわれる理由

　入会林野が高度利用されていないといわれる理由には，次のようなものがあるといわれている。

① 入会権そのものが，登記できない問題
② 入会林野そのものの性質上の問題

入会権の登記の問題とは

　入会権そのものが権利の登記として認められない，また登記名義人として入会集団の名義にすることができない点で，様々な問題が生じているといわれている。

➡ 登記上の権利者が実際の権利者と異なることが多いために，入会権の在否，土地の帰属，入会権者の資格の有無等をめぐる紛争を生じやすい。

➡ 実際の権利者が正確に所有権者として登記されないため土地そのものに地上権，抵当権のような登記をすることができないため，第三者との契約による分収造林，育林，開墾等のための融資を受けるということができにくく，高度利用上の障害となっているといわれている。

入会林野そのものの問題とは

　各権利者が林野を経済上効率的に利用しようと思っても団体的な統制のた

めに自由な利用ができにくい。

　また，入会権者は，地域外に転出すると権利を失うのが原則である。その
ため，現在では人口流出のはげしく，転出して権利を失うなら何もしないほ
うがよいという考えから，有林等が行われず，高度利用されないことにつな
がっている。

3　入会林野近代化法

(1)　概　要

　昭和41 (1966) 年に成立した「入会林野近代化法」は，入会林野等に
係る権利関係の近代化の助長に関する法律の通称であり，正式名称は
「入会林野等に係る権利関係の近代化の助長に関する法律」で，林業基
本法の付属法ないし関連法というべきもので林野の林業並びに農業的開
発を目的としたものである。

　国会への提案理由としても，入会林野においては旧来の権利関係であ
る入会権に妨げられて高度利用ができない状態にあるので，その土地の
農林業上高度利用するために入会権を近代的な権利におきかえる必要が
あると述べられている。

　入会林野を農林業用に高度利用するための手続として，入会権者の総
意により，入会権を消滅させ，代わりに所有権，地上権その他の近代的
な権利に置き換えようとするものである。

(2)　「入会林野整備」とは

　「入会林野整備」とは，入会権を所有権などの近代的権利に切り替え
るために設けられた規定である。

　「入会林野整備」を行うには，入会権者全員の合意により「入会林野
整備計画」を作成し，県や市の認可を受け，県や市は当該計画について
認可・公告し，入会権者が取得した権利の登記について，一括して登記
を嘱託する。

(3)　「入会林野整備組合」とは

　入会林野整備事業を進めるに当たって「入会権者」が組合員となる組

合を設立する必要があり，その組合が「入会林野整備組合」である。
「入会地」というためには，集落などの団体が管理している必要がある
ため入会地や入会権者は「整備組合が認めるもの」になる。

⑷　手続を進めるうえで重要な「同意書」は

実際に入会林野事業を進めるために，これができるかどうかで事業を
行うかどうかの決め手になるというものの一つに入会地において権利を
有する者の同意書がある。

入会地において権利を有するのは，登記名義人ではなく現在の入会権
者である現在の集落世帯主であり，入会林野等近代化法による整備計画
の内容について，全世帯主の同意が必ず必要となる。

入会権者の構成員の共有名義になっている土地の場合は，本来なら共
有者全員の同意を取ることになるが。入会権者の死亡により入会権は消
滅し相続人に承継されることはない。そのため，生存している人全員の
同意により入会林野整備計画を作成し許可を得ることになる。

⑸　土地を入会共有地と認めてもらうための「確認書」とは

実際に入会林野事業を進めるために，これができるかどうかで事業を
行うかどうかの決め手になるというものとしてもう一つ「確認書」があ
る。

登記名義人，あるいは登記名義人が死亡している場合はその相続関係
人から「土地の実質所有者は入会権者であり，自分たちはあくまでも形
式的な登記簿上の所有名義人である」旨の確認書が必要になる。この確
認書は，原則的には，所在不明者を除く全員から必要である。確認書は，
自筆の署名・認印でかまわない。

地域から転出した者は通常入会権者ではないが，確認書への署名・押
印を請求される場合もある。

また，確認書以外にも入会権の存在を推定する資料でもかまわないた
め，詳細は，県の担当者に相談することが望ましい。

⑹　入会権を消滅しどのような権利に替えるか

入会林野における旧慣行使用権という権利関係を所有権あるいは地上
権等といった近代的な権利に移行することにより，土地の農林業上の利

用を増進し，農林業経営の健全な発展を図ることを目的としている。

　実際には，どのような登記名義に変えるかがポイントになるが，通常は，①現在の入会権者の純粋な共有名義にする，②入会地を現在の入会権者へ区割りして個人名義の登記にする，③生産森林組合を設立し，生産森林組合所有の登記にする，④農業生産法人を設立し，農業生産法人所有の登記にする，などがある。

コラム ☕

現代では，認可地縁団体も利用されている

　平成3年に町内会・自治会等の地縁団体の法人化を認める認可地縁団体制度が創設され，入会林野の近代化にも利用されている。例えば，権利関係整備のために生産森林組合を設立したが，生産森林組合では生産活動が行われなかったような場合，生産森林組合の制度的規定から逃れるため生産森林組合を解散し，財産を認可地縁団体に贈与し，認可地縁団体が森林を管理する仕組みに変えるようなパターンである。

　また，いきなり森林財産保持目的として，認可地縁団体を利用するようなパターンも存在する。

---

(7) 「入会林野整備」はどのように進めるか

　概略的にいえば，次のように行う。

《図9　入会林野整備手続のフロー》

```
┌─────────────────────────────────────────────┐
│ ①　入会林野整備を意思決定                          │
│                                                     │
│    ↓    入会集団が，集団の総会等に入会林野整備を行うことを意思決 │
│         定に諮り，意思決定をする。                     │
│ ②　準備委員を選出する                             │
│                                                     │
│    ↓    入会林野整備組合を設立するために数名の準備委員を選任する。│
│ ③　基本方針案，整備組位の規約案，入会権者名簿を作成する      │
└─────────────────────────────────────────────┘
```

第2節　入会権の近代化について

準備委員が，入会林野整備組合の規約案，入会権者名簿，入会林野整備に関する基本方針案などを作成する。規約案や基本方針案は入会者全員の賛成を得る。規約は入会権者全員の記名押印が必要で，規約が決定されると入会林野整備組合が発足する。

④　整備組合総会を開催し，代表者実行委員を選出，整備計画作成を準備する

入会森林組合発足後，総会を開き代表者，実行委員等を決め，整備計画の作成の準備をする。計画作成の準備として，①入会林野の現況，利用内容の把握，②所有権者その他関係権利者やその権利内容の確認，③入会慣行の成文化，④土地の測量，立竹木の把握等を行う。

⑤　入会林野計画案を作成する

実行委員が，入会権者，関係権利者の意向，整備に関する基本方針を基に入会林野整備計画案を作成する。

⑥　入会林野計画を決定する

入会林野整備計画案を入会林野整備組合の総会にかけ全員の合意を得る。全員の合意につき書面に記名押印をする。

⑦　関係権利者の同意，確認を取得する

入会林野整備計画書について，入会権者の全員の合意が得る。所有権者やその他関係権利者からも同意書又は確認書を得る。

⑧　関係行政機関の意見書をもらう

市町村，農地や採草放牧地が含まれている場合は農業委員会，土地利用について制限等がある場合は関係行政機関から整備計画に関する意見書をもらう。

⑨　認可を申請する

市町村を経由し県に対して入会林野整備に関する認可申請を行う。

⑩　審査，公告，縦覧をする

4　入会林野近代化法に関連する登記

知事は，内容の適否につき市町村，農業委員会，行政機関の意見を聴取したうえで決定を行う。適当と決定をした場合はその旨公告し，1か月以上の期間をもって縦覧に供する。

⑪　異議申出の受付をする

縦覧期間の満了する翌日から30日を経過する日までに知事に申し出ることが可能である。

⑫　計画認可及び公告をする

知事は，認可したら公告し，計画を記載した書面を管轄登記所に送付する。

⑬　登記の嘱託をする

知事は公告後当該土地について必要な登記を嘱託する。所有権移転登記でも転出者を除き入会権者と登記名義人が異なる場合（相続が発生している場合）も相続登記を行うことなくして登記が可能である。

⑭　整備組合を解散する

組合の設立から認可されるまでは，通常1年半から2年ぐらいかかるといわれている。

4　入会林野近代化法に関連する登記

(1)　「入会林野近代化法12条による移転」とは

「入会林野近代化法」を利用して，従来の入会林野の所有者を切り替えるために所有権移転をする場合の登記原因として「入会林野近代化法12条による移転」が使われる。

登記は，嘱託登記であり，本人申請はできない。

入会林野等に係る権利関係の近代化の助長に関する法律（抄）

（入会林野整備の効果）

第12条　前条第3項の規定による公告があつたときは，その公告があつた

第2節　入会権の近代化について

入会林野整備計画の定めるところにより，その公告があつた日限りすべ
ての入会権及びその他の権利が消滅し，その公告があつた日の翌日にお
いて，所有権が移転し，又は地上権，賃借権その他の使用及び収益を目
的とする権利が設定される。

（登記）

第14条

2　都道府県知事は，第11条第3項の規定による公告をしたときは，遅滞
なくその公告をした入会林野整備計画に係る土地についての必要な登記
を嘱託しなければならない。

(2)　登記義務者と登記名義人が一致しなくても

　所有権移転登記を行うための原則として，登記義務者と登記名義人は
一致しているのが原則であるが，「入会林野近代化法」に関する不動産
登記に関する政令（昭和42年3月7日政令第27号）には，特別な法令がある。

　同政令5条には，「入会林野整備計画」により，所有権が移転した場
合には，不動産登記法25条（旧法だと49条6号）の規定の適用が除外され
ている。

　つまり，登記義務者と登記名義人が違っても所有権移転登記ができる
ということになる。

第12編　複雑な登記名義に関する様々な対応法

第12編

複雑な登記名義に関する様々な対応法

第1節　複雑な登記名義に関して様々な対応を行うためには

1　単純に個人所有ではない，複雑な登記名義の対応法

　本書では前編まで，所有者不明土地といっても，単純に個人が所有していた土地において相続登記をしていないために現在の相続人が分からなくなったというような土地ではなく，主に複数の構成人からなる複雑な団体等が所有する土地があることを説明した。しかも，その複雑な登記名義の土地は，偶然できたものではなく，明治時代からの行政制度，税金制度，登記制度の移り変わりからできたものであることを説明した。

　どんな登記名義であるかを説明し，一般的な対応策を述べている。

　しかし，現実には，その土地の所有者が正しい登記名義に変更したり，売買することができる登記名義に変更することが必要になってくることが多く，実際にどうすべきかの説明を補足する意味で，実際に取引を行う等のために行う対応策をもう少し説明する。

2　まずは，調査することが重要になるはず

　不動産の所有者である登記名義人が自分の土地であることを把握していれば，どのような手続を行うか分かりやすいが，通常，登記名義をみても，誰の土地であるか不明であったり，登記名義人と実際の所有者が異なる場合も多いはずである。そのため問題なる土地を取引できる状態の登記名義に変更する場合は，まずその土地の所有者を把握することから始まるはずである。

　どんな土地についても，所有者が誰であるかの調査方法は，基本的に同じともいえるので，その調査方法等については，「第6編第4節」を参考にしてほしい。

第1節　複雑な登記名義に関して様々な対応を行うためには

3　本編で説明すること

本編で説明するのは，主に次の点である。

① 　変則型登記（表題部所有者不明土地）全般の対応策

　　第9編では，表題部のみに特別な登記名義があり所有者が不明な変則型登記名義（表題部所有者不明土地）が何かを説明した。本編では，この変則型登記を実際の所有者の名義にするなど，取引できる状態にするための対策を説明する。

　　変則型登記のなかに「A外○名」などの共有地であるが共有者がはっきりしない土地があり「記名共有地」と呼ばれている。基本的には変則型登記全般の対応策を行うことになるが，記名共有地に関する判例・先例等もあるため，記名共有地独自の事項も説明する。

　　登記名義が変則的な変則型登記であっても，実際の所有者が，単純な個人でなく自治区をはじめいわゆる権利能力なき社団である場合も多い。この場合の特別な対策も説明する。

② 　土地収用法の対応策

　　国，地方公共団体が土地を買収する場合，土地収用法により行う場合も多い。そのため，どのような手続を行っているか簡単に説明する。

③ 　そのほかの対応策

　　土地収用法の他にもその他の法令により買収等を行う方法があるため，これも簡単に説明する。

第2節　変則型登記（表題部所有者不明土地）に関する対応策

1　はじめに

(1)　はじめに

　　第9編で説明したように，表題部にのみ登記名義があり，その登記名義では誰が所有者かはっきりしない土地も現実には多い。この種類の登記は最近「変則型登記」とも呼ばれ，令和元年に成立した法律「表題部所有者不明土地の登記及び管理の適正化に関する法律」では，「表題部所有者不明土地」とも呼ばれ，法律上の対応策が決められている。

　　このような土地について，今までの様々な対応策を紹介する。新法が成立したが，全てが新法の方法に変わってしまうとは思えないため，今までの対応策も理解することが必要になると思われる。

(2)　現実の状況

　　現実に，登記簿を閲覧すると，変則型登記（表題部所有者不明土地）であった場合，何とかしたいという例では，次のようなパターンであると思われる。

①　ある土地が，自治区をはじめ権利能力なき社団や入会集団の所有する土地であり長年占有・利用していたが，登記簿を閲覧すると「記名共有地」など変則型登記（表題部所有者不明土地）であり，自分たちの登記名義になっていない。

②　ある土地が，自分又は先祖が所有者であると思い，長年占有・利用していたが，登記簿を閲覧すると「記名共有地」など変則型登記（表題部所有者不明土地）であった。

③　公共団体等がある土地を買収したいと計画したが，登記簿を閲覧すると「記名共有地」など変則型登記（表題部所有者不明土地）であり，誰の所有であるかはっきりせず，どのような方法で買収すべきか悩んでいる。

(3)　上記のような状況の場合の目的

　　上記のような状況であれば，何をすることが目的であるかというと，下記のことであろう。

①　ある土地の真の所有者としては，正しい所有者であることが反映で

きる登記名義にしたい。

② 真正の所有者を探し，その所有者から土地を買収したい。

(4) 目的のためには何をすべきか

どのような事例であっても，真の所有者の登記名義にすることが目的ではあるが，そのためには，以上が必要になる。

① 該当する土地の登記簿上の所有者が不明であれば，所有者を探す。

② 実際の所有者であることを示すような登記名義にする。

③ 買収等売買を行う場合は，その後，売買等を行いその登記手続を行う。

実際に上記のことを行う場合，所有者が単純に個人である場合のみならず，所有者自体が，町内会・自治区等である場合，入会権利者の集団である場合，純粋に共有者の集まりである場合，登記簿の名義ではないものが所有者である場合などの違いによっても，具体的な手続が異なるため，複雑である。

また，登記的な手続からいうと，登記簿上の登記名義が表題部のみであるため，正しい所有者の登記名義にするためには，正しい所有者名義の保存登記にする必要がある。

一概にいうと簡単にみえるが，一つ一つを実行するには大変であり，時間と費用を考慮することも加味する必要があるだろう。

また，所有者が不明な場合など国が新たに令和元年に制定した「表題部所有者不明土地の登記及び管理の適正化に関する法律」(第13編第5節)を利用したほうがよい場合もあるだろう。

(5) 登記名義の所有者をどのように探すか

どのように方策で対応するのであっても，登記簿上の所有者を探すことが第一である。その点では，所有者が把握できるかどうかにより対策方法も変わってくるといえる。

例えば記名共有地であれば，登記名義が「A外〇名」と記載されている場合，A以外の他の共有者である者が把握できるかどうかが重要になってくる。

実際にどのようにして調査し，登記名義人である所有者を探すかについ

2 一般的に，表題部に他人が所有者として登記されている場合の対応

いて詳しくは「第6編第4節」で説明した方法を参考にしてほしい。

また，登記簿の登記名義人を探している者が，該当する土地の真の所有者でなく買収する者等の場合は，該当する土地に関して登記簿上の所有者と真の所有者の双方を探すことが重要になってくる。実際に買収する相手は真の所有者だからである。

(6) そもそもどのような場所・地目の土地が多いか

いわゆる変則型登記（表題部所有者不明土地）がどのような場所にあるどのような土地であるかは，第9編でも述べたが，もともと明治時代から，その地域，地区の集落等が共同体として集落で所有管理していた山林，雑種地，ため池，墓地等が多いといわれている。そのため，登記名義からも推測できるように単純な個人所有ではなく，権利能力なき団体等が所有者であることが多いであろうと推測される。

2 一般的に，表題部に他人が所有者として登記されている場合の対応

(1) 一般的な対応

変則型登記に限らず，一般的な場合として考慮すると，変則型登記への対応方法が理解しやすい。自己所有の不動産であるのに，不動産の登記簿の表題部に他人が所有者として登記され，保存登記がされていない場合は，真の所有者は，表題部の所有者の承諾をもらい，表題部所有者の所有者更正登記を行い表題部の所有者を真の所有者の名義にする。その後，真の所有者の保存登記をするのが原則的な方法である。

(2) 表題部の所有者に承諾がもらえない場合

表題部の所有者の承諾がもらえない場合は，表題部の所有者を被告にして所有権確認の裁判を提訴し，裁判の確定判決を得れば，表題部の更正登記をしなくても，直接，不動産登記法74条1項2号による保存登記を申請して所有者になるのが通例の方法であるといわれている。

(3) 表題部登記もされていなかった場合

所有権確認の裁判を利用した保存登記については，表示登記をされていない土地についても利用できる。つまり，表示登記がされていない土地に関して所有権確認の訴えの確定判決を利用すれば表題部登記がされ

第2節　変則型登記（表題部所有者不明土地）に関する対応策

ていなくても保存登記ができる。

(4)　**所有権の登記のない不動産を譲り受けた者は**

　　不動産を譲り受けた者に対して所有権移転登記手続を命ずる確定判決を受けた場合は，直接譲受人名義で所有権保存の登記をすることができる。

(5)　**変則型登記の場合**

　　基本的な方法は，変則型登記（表題部所有者不明土地）についても上記の方法が利用できるということである。ただ，変則型登記の場合は，誰に承諾をもらったり，被告にするのかをはじめ，様々な問題もでてくる。

3　表題部の所有者が不明の変則型登記（表題部所有者不明土地）の対応

(1)　**変則型登記を保存登記するための二つの方法**

　　表題部にしか登記のない変則型登記（表題部所有者不明土地）も，対応策として，最終的に真の所有者（正しい所有者）の名義で甲区保存登記を行うことになるが，方法としては次の二つの方法がある。

①　登記簿上の表題部の所有者が間違っているので，正しい所有者に更正する「表題部所有者更正登記」を行い，その後，正しい所有者の名義で保存登記をする。

②　正しい所有者は誰かという「所有権確認訴訟」を行い，その勝訴判決を基に正しい所有者の登記名義で保存登記をする。

　　どの方法を選ぶかに関してもう一つの要素を加味して考慮する必要がある。それは，表題部の登記名義人である所有者が分かるかどうかである。そのため，実際には，四つの方法が考えられる。

①　登記簿上の所有者が判明したうえで表題部所有者更正登記を行い，その後保存登記を行う。

②　登記簿上の所有者が不明であるが表題部所有者更正登記を行い，その後保存登記を行う。

③　登記簿上の所有者が判明した上で所有権確認訴訟を行い，判決により保存登記を行う。

④　登記簿上の所有者が不明であるが所有権確認訴訟を行い，判決によ

366

3 表題部の所有者が不明の変則型登記（表題部所有者不明土地）の対応

り保存登記を行う。

もともとは，所有権確認訴訟を行うべきと考えられていたのか

　戦後間もないころの登記研究の質疑応答によれば，もともと対応策としては所有権確認訴訟をすべきというのが基本的な考えであり，他の方法として表題部の更正登記も可能だとされていた。なお，下記の質疑応答では，「記名共有地」について質疑をしている。

---「質疑応答」（登研44号30頁）---

【問】　土地台帳所有者欄に何某外何名とあって共有者氏名がない場合（役場備付けの副本もなし）に所有権保存登記申請には所有者を認める書面がありませんが，所有権確認の訴訟をする以外方法はないものでしょうか。

【答】　訂正の申告（土地台帳法施行細則15条）に準じて共有者全員が各自の氏名，住所及び持分を申告し，又は登記所が職権で調査をして，共有者氏名表を作成した上で，所有権保存登記を申告すればよい。

(2) 実際には，どの方法を利用すべきか

　理論的には，事案に合わせて上記で述べた四つの方法を使い分ければいいといえるが，現実的に今までの状況から考慮すると，次のようにわれることが多い。

① 　手続としては，表題部所有者更正登記を行った後に，保存登記を行うのが簡易であるといえるが，実際に行おうとすると困難なことが多い。

② 　変則型登記（表題部所有者不明土地）の登記名義から人物や権利能力なき社団等が推測できても，その関係する人物の住所・氏名を把握することが難しい。特に「記名共有地」の場合登記名上の共有者全員の住所・氏名を把握するのが困難である。

③ 　対象の土地は，戦前に登記されているであろうものが多く，仮に関

第2節 変則型登記（表題部所有者不明土地）に関する対応策

係者や共有者が把握できても，通常は，全員が死亡していると思われる。その場合，登記を行おうとすると，それぞれの相続人全てに協力を依頼する必要があり，人数がかなり増えるとともに実務的にも全員の協力を得ることは困難を極めることになる。

実務上のポイント

■Q78 実務上は，所有権確認訴訟を行う方法を選択することになるか。

【回　答】
　表題部の更正登記を行った後の保存登記が可能であればその方法で行えばよいが，すでに述べたような実務上の困難が伴うのであれば，「所有権確認訴訟」を行った後，その勝訴を基に所有権保存登記を行うことになる。

依頼人から中止をいわれることもある

　真の所有者から，自分の名義にしてほしい旨の依頼を受けても，手続の大変さをはじめ，時間が掛かる，それなりの報酬が必要ということを説明せざるを得ない案件がある。問題の土地は通常，田舎の土地であり，固定資産税評価額等でみると分かるようにたいした価値のないものも多いはずである。

　実際に仕事の中身等を依頼人に説明すると，そこまで費用・時間が掛かるなら依頼することを断念するといわれるのも現実であろう。

　また，地方公共団体等が買収のために，取得したい土地であっても，売買に手間が掛かり実現しない可能性もあると分かると，用地を変更するなり，手続として収用に切り替えることも現実には多いはずである。

(3)　**変則型登記（表題部所有者不明土地）は，全て同じ方法を選択できるか**

　表題部のみに登記名義がある登記簿について，まとめて変則型登記又は表題部所有者不明土地と呼ばれるようになったのは最近である。今まで説明した方法は，主にいわゆる「記名共有地」についていわれてきたことである。

368

3 表題部の所有者が不明の変則型登記（表題部所有者不明土地）の対応

しかし，変則型登記も，記名共有地の他にも「総有地」，「字持地」，「住所がなく氏名のみ」と様々である。そのため，種類ごとに手続上の違いが出てくるはずであり，はっきりと先例や登記研究の回答がないものも存在する。

そのため，基本的には，同じ方法が利用できるであろうが，「記名共有地」のみにいえることなど，種類が違うと異なることも存在する。

また，真の所有者についても，単純な個人である場合だけでなく，自治区，地区の権利能力なき団体など団体等である場合も多いはずである。そのため，真の所有者によって手続が違う場合も登場する。

よって，登記名義人の違いによる手続方法の違い，真の所有者の形態による違いもできるだけ説明するつもりであるが，かえって混乱する可能性もあることはご了承いただきたい。

(4) 「記名共有地」について気をつける点

「記名共有地」は通常「A外○名」なとの登記名義のため，複数名の共有であるだろう名義であるが，A以外の他の所有者が不明な場合が大半である。そのため，手続が難しいこともあり，所有権確認訴訟を行う場合も判例・先例が出ているため，それにのっとった方法を行うようになる。

そのため，手続的にも判例・先例に従って手続が行えるかがポイントになる。

(5) 「字持地」について気をつける点

「字持地」は，通常「大字○○」，「大字○○村共有地」等ある地域名等を示した登記名義である場合が多い。所有者が①旧財産区，②いわゆる戦時中の町内会，部落会，③その地域の部落民等の共有地，など様々な所有者が考えられる。

そのため，登記簿上の所有者が誰になるのかも重要な点である。登記簿上の所有者が真の所有者であるなら，所有者により手続自体が全く異なることになるからである。所有者を間違えると手続自体を間違えてしまう可能性がある点でも注意すべきである。

第12編　複雑な登記名義に関する様々な対応法

第2節　変則型登記（表題部所有者不明土地）に関する対応策

⑹　「氏名のみ住所なし」の登記名義人について気をつける点

　　住所はなくても，氏名がはっきりしている場合は，登記簿上，個人所有の不動産である場合も多く，その場合は，他の種類の変則型登記ではできないような簡単な手続で登記を行えることもある。

⑺　あくまで真の所有者のためにする手続であることを念頭に置いてほしい

　　手続自体は，真の所有者の登記名義にするための方法であるが，登記簿上の登記名義人により手続が違う場合があるので，真の所有者のために行うのか，登記名義人の形式により行うのか混乱してしまうこともありえると思われる。そのあたりにも注意を払ってすべきである。

4　相続人なら保存登記ができる

⑴　純粋に個人所有なら相続人から保存登記が申請できるが

　　所有権保存登記をする場合，表題部所有者又はその相続人その他の一般承継人が申請するという方法（不登74条1項1号）がある。

　　そのため，通常の登記手続において，表題部の登記名義人が純粋な個人であり，住所・氏名が登記されており，まだ保存登記がされていない場合，表題部の登記名義人が死亡している場合は，相続人から表題部の登記名義人の名義で所有権の登記名後を行うことができる。

　　このように，変則型登記の場合も，登記名義人が死亡している場合，その相続人が死亡した登記名義人の名義で保存登記をすることができるかを考察してみる。

　　なお，通常の登記手続の場合は，実務的には，死亡した登記名義人の保存登記をすることなく，その不動産を取得する相続人名義で保存登記をすることが多い。

⑵　いわゆる「記名共有地」名義の場合

　　所有権保存登記をする場合，表題部所有者又はその相続人その他の一般承継人が申請するという方法（不登74条1項1号）を利用して「記名共有地」の場合，保存登記ができるだろうか。

　　例えば，「記名共有地」で表題部の登記名義人が「A外○名」と記載

370

されている場合，現在その土地は，Aの相続人が所有の意思をもって占
有し，かつ，固定資産税を継続して納付してきたことを示すため，納税
証明及び相続を証する方法を提供して，Aの相続人の単独名義とする所
有権保存登記は受理されない（登研537号199頁）との見解が示されている。

それは，もともと不動産がAの単独所有であるとは認められないから
であろう。

(3)　「氏名のみ住所なし」の登記名義人の場合

例えば，表題部の登記名義人が「A」と記載され，住所が登記されて
いない場合の問題である。

土地の所在地から推測し，戸籍謄本を探したり，近隣住民の聞取りを
するなどしてAが誰であるか把握し，死亡している場合，相続人の協力
が得られれば，「A」名義の保存登記は可能である。

「A」が土地の所有者であることを示すため，戸籍謄本，固定資産評
価証明書等の証明書，旧土地台帳，上申書等を添付すればよい。

また，この場合，相続人の一部が遺産分割した場合は，遺産分割でそ
の土地を取得した相続人の名義に保存登記をすることも可能である。

(4)　その他の変則型登記の場合

その他の変則型登記の場合は，登記名義人の形式が誰を示しているか，
通常ははっきりしない。そのため，単純に保存登記をすることは無理と
思われる。また，真の所有者が判明した場合でも，登記名義人の形式と
真の所有者の関係を示すことはできないので，単純に保存登記はできな
いはずである。この場合は，表題部所有者更正登記，所有権確認書証等
を利用した保存登記をする方法を利用すべきである。

5　表題部所有者の更正登記を行った後，保存登記をするには

(1)　表題部所有者の更正登記をするには

表題部更正登記を行うことは，登記簿が作成された当初から表題部の
記載に誤りがあるので，それを正しい記載に更正するということである。
そのためには，当初から正しい所有者が所有していたということを証明
する所有権に関する証明書が必要になる。

第2節　変則型登記（表題部所有者不明土地）に関する対応策

実務上のポイント

■Q79　必ず現在の真の所有者に表題部の所有者はなるか。

【回　答】

　表題部の更正登記は，あくまでも登記が作成されたときの表題部の所有者が違っていた場合にそのときの正しい所有者に更正する。例えば，登記をするときの所有者がBであったがAで登記された，その後BがCに不動産を売買したような場合，所有者をCにすることはできない。

■Q80　現在の所有者が，表題部所有者の子孫である場合，表題部更正登記ができるか。

【回　答】

　現在の所有者が，表題部所有者の子孫である場合は，表題部の所有者が間違っていることにはならないので，表題部所有者更正登記はできない。

■Q81　表題部所有者更正登記につき司法書士に代理権はあるか。

【回　答】

　表題部所有者の氏名等の変更又は更正の登記は，司法書士の代理権の権限範囲内の業務に含まれる（日本土地家屋調査士会連合会と日本司法書士会連合会との間でなされた「司法書士，調査士の業務区分に関する合意事項」（昭44・5・12民事甲1093号民事局長通達））。

(2)　変則型登記について表題部所有者更正登記を行う場合の先例・判例

■表題部所有者欄が「大字何々村」の場合

　表題部所有者欄に「大字何々村」と記載されている場合には，その実体が部落民の共有である場合には，それらの者のために所有者の更正をなし，その後それらの者から保存登記の申請ができる（登研279号73頁）。

■土地台帳土地所有者が判明しない土地の実体上の所有者が登記を受ける場合の取扱い

　土地台帳土地所有者が判明しない未登記の土地について，登記官が台帳の所有者訂正申告（現行表題部所有者更正登記）を相当と認めて所有者を

訂正すれば，その者の名義で所有権保存登記をすることができる（昭26・11・20民事甲2202号民事局長回答）。

■誤った所有者名義でなされた表題登記の取扱い

誤った所有者名義でなされた表題登記も，当該土地建物が実在する以上その抹消を請求することは許されず，所有者の更正手続を求める限度で認められる（山口地判昭37・7・16判タ134号74頁）。

所有者を誤って表題部登記をしていた場合，表題部の抹消登記をすべきでなく，表題部所有者更正登記をすべきことを示している。

(3) **登記簿上の所有者が判明している場合，判明していない場合**

表題部の登記名義人である所有者が判明しているか否かにより，登記手続そのもの及び準備が変わってくるため，その点でも注意が必要になってくる。

下記のことは「記名共有地」，「氏名のみ住所なしの個人名」の変則型登記に関することである。

① 所有者が判明している場合

所有者が判明している場合，登記簿上の所有者又は所有者が死亡している場合は，相続人全員の印鑑証明書添付の承諾書が必要になる。そのため，所有者又は相続人全員の協力が得られるかどうかが，表題部所有者の更正登記ができるかどうかに結びついている。

相続人のうち，不在者がいた場合は，その不在者のために不在者財産管理人を選任することにより手続を進めることも可能である。

② 所有者が判明していない場合

基本的には，所有者が判明していない場合は，不在者財産管理人を選任し，不在者財産管理人から承諾書をもらうことになる。ただ，現実に承諾書がもらえるかどうかは別の問題になる。

また，「記名共有地」，「氏名のみ住所なしの個人名」の変則型登記の場合，所有者が不明な場合，不在者財産管理人を選任することが可能ではあるが，「共有惣代地」，「字持地」「村持地」等の変則型登記の場合，不在者とみてくれなくて，不在者財産管理人が選任されない可能性もあり得る。

第2節　変則型登記（表題部所有者不明土地）に関する対応策

コラム

不在者財産管理人の申立てにはどのようなもので不在者であることを説明するか

　家庭裁判所への不在者財産管理人を申し立てるためには，不在者であることを説明するための添付書類も提出する必要があるが，例えば，氏名だけが登記され住所が不明な場合は，不在者の戸籍謄本，不在者の戸籍の附票の写し等を提出することができない。

　その場合，次のような項目をまとめた「調書」を添付することが多いであろう。

　① 戸籍等の調査状況（戸籍等が取得できないことの説明）
　② 該当土地の隣接土地所有者への聞き取り状況
　③ 該当土地の固定資産税の納税者の照会状況
　④ 周辺の住職が作成した過去帳や牧師が作成した洗礼台帳の調査状況
　⑤ 管轄登記所での閉鎖登記簿及び旧土地台帳の調査状況

(4)　**表題部所有者の更正登記の申請方法**

　まずは，基本的な方式を説明するが，状況により異なる部分については補足的に説明する

　A　申請人

　法律上，不動産登記法33条１項に「不動産の所有者と当該不動産の表題部所有者とが異なる場合においてする当該表題部所有者についての更正の登記は，当該不動産の所有者以外の者は，申請することができない。」，同条２項に「前項の場合において，当該不動産の所有者は，当該表題部所有者の承諾があるときでなければ，申請することができない。」と規定されている。

　実務上は，登記されている所有者が申請することはないだろうから，登記されている所有者等から承諾をもらい，真の所有者（更正後の所有者）が申請することになる。

　B　添付書類

①　申請人が真の所有者（更正後の所有者）であることの証明書類

5 表題部所有者の更正登記を行った後，保存登記をするには

② 登記簿上の所有者全員の承諾書（印鑑証明書添付）

③ 真の所有者（更正後の所有者）の住所を証明する住所証明書

　所有権を証する添付書類としては，土地の種類によっても様々であるが，例えば，「墓地」であれば次のようなものが添付書類になる。

○ 不動産の登記簿謄本，公図，現況図，現場写真

○ 墓地開設時からの使用者の名簿

○ 墓地承継者の相続証明書，過去帳証明書，祭祀承継証明書

○ 祭祀承継に関する，旧民法・現民法における法制度の説明書

○ 所在不明者に関して不在者財産管理人を選任した場合は不在者財産管理人選任審判書，不在者の最終居住地の現況図

C　添付書類に関する登記研究の見解

○ 表題部所有者更正登記を申請する場合，その者の承諾証明情報に，申請人の所有である旨の記録があっても，これを所有権を証する情報に代えることはできない（登研262号75頁）。

○ 表題部に記載した所有者の持分の更正登記の申請書には，所有権証明書の提供を要しない（登研390号91頁）。

○ 所有者の更正・持分の更正の登記申請に必要な承諾証明情報に提供すべき印鑑証明書は，作成後3か月以内のものに限らない（登研416号129頁）。

○ 表題部所有者欄に「共有者甲他4名」と記載されている場合においては，甲以外の共有者の持分を更正する場合には，その者の承諾書とともに所有権を証する書面を提供すべきである（登研454号129頁）。

○ 表題部に記載された所有者甲を，甲・乙の共有とする表題部更正登記の申請書には，その所有権を証する書面を提供する必要がある（登研490号146頁）。

○ 表題部所有者欄に「共同総代甲」，「共有者甲他何名」と記録されている場合において，右表題部の所有者更正登記を申請する場合には，甲（又はその承継人）の承諾証明情報（印鑑証明書付き）及び真所有者の所有権証明情報を提供すべきである（登研333号69頁）。

第12編　複雑な登記名義に関する様々な対応法

375

第2節　変則型登記（表題部所有者不明土地）に関する対応策

○　表題部に記載された所有者の更正登記の申請書には，所有者の住所を証する書面を添付するのが相当である（登研423号123頁）。

《例24　表題部所有者の更正登記申請書（真の所有者が，山田太郎，小川二郎の共有であった場合）》

登記申請書

登記の目的　　土地所有者更正
添付書類　　　所有権証明書及び住所証明書
令和元年○月○日申請
　　　　　□□地方法務局○○支局
申　請　人　　□□県○○郡○○町○○１２番地
　　　　　　　　　　　持分３分の１　山田太郎
　　　　　　　□□県○○郡○○町○○１３番地
　　　　　　　　　　　持分３分の１　小川二郎
　　　　　　　連絡先の電話番号　００００－００－００００

土地の表示				
土地の表示	所　在	○○郡○○町○○字○○		
① 地　番	② 地　目	③ 地　積　㎡	登記原因及びその日付
２０番	雑種地	４５６	所有者錯誤

更正後の事項
申　請　人　　□□県○○郡○○町○○１２番地
　　　　　　　　　　　　持分３分の１　山田太郎
　　　　　　　□□県○○郡○○町○○１３番地
　　　　　　　　　　　　持分３分の１　小川二郎

◎登記申請するに当たり

　登記官には，表示登記に関して調査権限があり，表示部所有者変更登記に関して真の所有者であると認定されない場合が，申請が無事に登記できない場合もありえる。そのため，申請する前に，事前に登記官に相談，打

合せを行い書類等を集めることが重要になってくる。

⑸　字持地で部落民の共有である場合

表題部の登記名義が「大字○○村総持」であり，真の持主が○○部落の地区の人々の総有だと判断したような場合は，代表者個人名義に更正する登記を行うことになる。これについては，次の先例が出されている。

■表題部所有者の更正登記の便宜的許容事項

表題部所有者欄に「大字○○総持」と記載されている墳墓につき，管轄市町村長作成の所有権証明書・部落民作成の財産管理規約及び代表者選出議事録を添付した，所有者を代表者個人に更正する登記の申請は便宜受理して差し支えない（昭48・1・8民三218号民事第三課長回答）。

登記名義人「大字○○総持」の所有者を部落民が形成する団体等であると判断し，権利能力なき社団であるため法人登記等はできないため，代表者の個人名に更正することを認めたものである。

⑹　真の所有者が自治区等権利能力なき社団である場合

真の所有者が権利能力なき社団である場合，保存登記を社団名義にすることはできない。その場合，一人の代表者名義，または数人の代表者名義にすることが多い。

また，真の所有者が自治区，町内会など地縁団体であれば，権利能力なき社団から認可地縁団体に変更して，認可地縁団体名義に保存登記する場合もある。

この場合，申請人としては代表者が行うことになる。

6　表題部の更正登記後の保存登記をするには

表題部の所有者名義を真の所有者に更正した後は，真の所有者が保存登記を申請する。この場合，表題部所有者が申請することになるので，家を新築したときに所有者が保存登記するような通常の保存登記と同じく，表題部所有者が申請人になるため，不動産登記法74条1項1号の保存登記である。

⑴　市町村が買収する場合

市町村等が，問題になっている変則型登記の不動産を買収する場合，

第2節　変則型登記（表題部所有者不明土地）に関する対応策

最終的には買収者の名義に売買等で所有権が移転する。そのため，表題部所有者の更正登記が終わった後，真の所有者と買収者が売買契約を締結し，買主である市町村等が売買による登記請求権を代位原因にして嘱託による代位の保存登記，売買による所有権移転登記を連件で嘱託することもよく行われている。

《例25　代位による所有権保存登記嘱託書（真の所有者が，山田太郎であり，代位者が渋谷市である場合）》

登 記 嘱 託 書

登記の目的　　所有権保存
所 有 者　　□□県○○郡○○町○○１２番地
（被代位者）　　　　　　　　　　　山田太郎
代 位 者　　渋谷市
代位原因　　令和元年９月１日売買による所有権移転登記請求権
添付情報　　住所証明書　　　　　　代位原因証明情報
　　　　　　代理権限証明書
令和元年９月３日法７４条１項１号嘱託　○○地方法務局○○支局
嘱 託 者　　渋谷市
　　　　　　　　　　　　市長　渋谷花子　㊞
　　　　　　担当者　用地課買収係　新宿次郎
　　　　　　連絡先の電話番号　０○○○－○○－○○○○

登録免許税　法４条１項　別表第二

不動産の表示
　所 在　　○○郡○○町○○字○○
　地 番　　５６番
　地 目　　雑種地
　地 積　　１２３平方メートル

---

(2)　「氏名のみ住所なし」の変則型登記

「氏名のみ住所なし」の変則型登記に関する保存登記には新たな先例

6　表題部の更正登記後の保存登記をするには

も出ている。

■「氏名のみ住所なし」の表題部登記名義の不動産を買収等で市町村に所有権移転登記を行う場合，前提の登記である代位による保存登記をする場合に，住所を証する情報がなくても保存登記が可能であるという先例がでている（平30・7・24民二279号民事第二課長通知）。

■登記研究850号110頁の解説によると，先例のように起業者が官公署である嘱託の場合に限らず，官公署でない者の申請においても適用されるであろうと解説している。ただ，便宜的に認めるものであるため，連件による嘱託・申請ではない場合，後見の所有権の移転の登記の嘱託・申請に却下事由があり補正できない場合には，住所を証する情報の提供がないものとして，所有権保存登記ができないであろうと述べている。

所有権の登記がない土地の登記記録の表題部の所有者欄に氏名のみが記録されている場合の所有権の保存の登記の可否について（通知）
　　　　　　　　　　（平30・7・24民二278号民事第二課長通知）

　標記について，別紙甲号のとおり新潟地方法務局長から当職宛てに照会があり，別紙乙号のとおり回答しましたので，この旨貴管下登記官に周知方お取り計らい願います。

　　　　　　　　　　　　　　　　　　　　　　　　　　　　別紙甲号

　　　　　　　　　　　　　　　新潟法不第120号
　　　　　　　　　　　　　　　平成30年7月3日

法務省民事局民事第二課長　殿

（東京法務局経由）

　　　　　　　　　　　　　　　　　　　　　　新潟地方法務局長

　　　　　　　　　（公印省略）

所有権の登記がない土地の登記記録の表題部の所有者欄に氏名のみが記録されている場合の所有権の保存の登記の可否について（照会）

第2節　変則型登記（表題部所有者不明土地）に関する対応策

　所有権の登記がない土地の登記記録の表題部には，所有者の氏名又は名称及び住所等が記録され（不動産登記法（平成16年法律第123号）第27条第3号），その表題部所有者は，自己名義の所有権の保存の登記を申請することができるところ（同法第74条第1項第1号），当該登記を申請する場合には，登記名義人となる者の住所を証する市町村長，登記官その他の公務員が職務上作成した情報（以下「住所を証する情報」という。）を提供すべきものとされています（不動産登記令（平成16年政令第379号）第7条第1項第6号，別表28の項添付情報欄ニ）。

　登記簿と土地台帳・家屋台帳の一元化作業により旧土地台帳から移記され，その登記記録の表題部の所有者欄に氏名のみが記録されている土地（地目：原野。以下「本件土地」という。）について，表題部所有者に不在者財産管理人が選任され，当該不在者財産管理人と河川工事の起業者（国）との間で売買契約が成立した場合において，当該起業者から当該表題部所有者を登記名義人とする所有権の保存の登記の嘱託情報（所有権の登記名義人となる者の住所の記載はない。）と所有権の移転の登記の嘱託情報とを，その登記の前後を明らかにして同時に提供するとともに，その代位原因を証する情報（同令第7条第1項第3号）の一部として，不在者財産管理人の選任の審判書（本件土地の表題部所有者の氏名と不在者の氏名とが同一であるものに限る。）及び当該不在者財産管理人の権限外行為許可の審判書（物件目録に本件土地が記載されているものに限る。）が提供されたときは，所有権の保存の登記の嘱託情報に所有権の登記名義人の住所を証する情報の提供がなくとも，便宜，当該嘱託に基づく登記をすることができると考えますが，いささか疑義がありますので照会します。

　また，本嘱託に基づく所有権の保存の登記について，提供された審判書における不在者の最後の住所が明確になっていないときは，不動産登記法第59条第4号の規定にかかわらず，所有権の登記名義人の住所を登記することを要しないものと考えますが，併せて照会します。

別紙乙号

法務省民二第278号
平成30年7月24日

新潟地方法務局長　殿

（東京法務局経由）

法務省民事局民事第二課長

（公印省略）
所有権の登記がない土地の登記記録の表題部の所有者欄に氏名のみが記録
されている場合の所有権の保存の登記の可否について（回答）

　本月３日付け新潟法不第120号をもって照会のありました標記の件につ
いては，いずれも貴見のとおり取り扱われて差し支えありません。

7　所有権確認訴訟を行い，判決により保存登記を行うには

(1)　はじめに

　表題部の更正登記後保存登記とは別の方法としてよく利用されるのが，
所有権確認の訴訟を起こし，所有権者として認められれば，表題部を更
正することなく，所有者として保存登記する方法である。これは，真の
所有者（現在の所有者）が表題部を変更・更正することなく保存登記を行
うので，実務的には「保存登記直接型」とも呼ばれている。法令的には，
不動産登記法74条１項２号に，所有権の保存登記ができる者として「所
有権を有することを確定判決によって確認された者」とあるので，これ
により保存登記をするということである。

　例えば，自分の土地だと思い何十年も占有し利用していたが，登記簿
を調べるといわゆる「記名共有地」だった場合，所有権確認訴訟を行い，
勝訴により保存登記を行うというようにして現在の所有者は土地の所有
者名義を獲得する。

(2)　所有権を有する確定判決を得るための訴訟の種類

　不動産登記法74条１項２号の「確定判決」は，登記申請人が所有権を
有することを確認したものであれば，確認判決，給付判決，形成判決の
いずれの形式の判決でもよい（大判大15・６・23大民集５巻536頁）。また，
判決の主文で所有権が確認されている場合に限らず，判決の理由中で所
有権の存在を確認したものでもよい。

　不動産登記法74条１項２号の「確定判決」は，確定判決と同一の効力

第2節　変則型登記（表題部所有者不明土地）に関する対応策

を有する裁判上の和解又は調停，請求の確認等も含まれる。

(3)　**表題部の登記もない場合**

　　表題登記がされていない不動産において，所有権の保存登記をする場合は，前提として表題登記の申請をしなければならない。ただし，不動産登記法74条1項2号の確定判決により保存登記をする場合は，表題登記がされていなくても差し支えない。

(4)　**表題部所有者が変更されている場合**

　　表題部所有者が変更された場合，例えば売買により所有者が変更された場合，登記上の方法としては，表題部所有者名義に保存登記を行った後に所有権移転登記をする方法になる。ただし，このような事案でも，表題部所有者に対する所有権確認又は所有権移転登記手続の確定判決があれば，買主が直接自己名義の保存登記をすることができる。

8　被告は誰になるか

(1)　**変則型登記の種類によっても異なる**

　　所有権確認訴訟となると，誰を相手に裁判を起こすか。通常は登記名義人である自然人又は法人であろう。自然人が死亡している場合は，その権利を承継している相続人全員であろう。

　　変則型登記（表題部所有者不明土地）の場合は，通常，表題部の登記名義人を被告にするが，これを裁判所が，個人とみるのか，法人とみるのか，権利能力なき社団とみるのかは，変則型登記そのものの種類によっても異なるようである。裁判には，当事者適格能力の仕組みもあるため，被告に当事者適格能力がなければ，判決の効力が適用されないことになる。そのためにも，誰を訴えるかは重要になってくる。

　　「氏名のみ住所なし」の変則型登記の場合は，自然人とみるし，「記名共有地」の場合は自然人の共有地とみられている。ただ，その他の変則型登記は，必ずしも自然人とは見られていないようなので，変則型登記の登記義名義ごとに検討する必要があり得る。

(2)　**「記名共有地」では，共有者全員を訴えるのが原則**

　　所有権確認訴訟を行うためには，誰を訴えるかが問題であるが，通常

は，登記簿に記載されている者全員が訴訟相手である被告になる。また，記載されている者が死亡している場合はその相続人全員が訴訟相手になる。

では，「記名共有地」の場合はどうなるか。例えば，「A外○名」であれば何名かの共有であることは分かるが，「A」以外の者の住所・氏名が分からないということになる。そのため，全員の氏名が分からないため，訴訟を起こすことができないことになる。

このことは先例においても，原則を次のように回答している。

■判決による所有権保存の登記の取扱いについて（平10・3・20民三第552号民事第三課長通知）

権利登記のされていない不動産の登記簿の表題部に記載されている所有者が甲及び乙である場合において，丙が不動産登記法100条（現在の不登74条）1項2号の規定により自己名義で所有権保存の登記を受けるために申請書に添付する判決は，甲及び乙両名が被告であることを要し，表題部に記載されていない者を被告とした判決はもとより，甲又は乙のいずれか1名を被告とした判決も含まないものとする。

◎上記先例に関する補足説明

従来，被告が表題部所有者全員でなくてもいいという説もあり，登記上，混乱するのを避けるために表題部所有者全員を被告にしないと登記できないという見解を上記平成10年の通知で法務省がとったといわれている。

このことについて，法務省では，被告が表題部所有者全員でなければいけない理由として，「これにより，表題部に記載されている所有者が不知の間に馴れ合い訴訟の勝訴判決等に基づいて第三者名義の所有権保存登記がされるといった悪質な事態が回避されることになるだろう」と説明している（民月53巻12号149頁以下の担当者解説）。

表題部に所有者として記載されている者全員を被告にした場合は，欠席判決や自白事件であっても差し支えなく，裁判上の和解調書や認諾調書等の確定判決と同一の効力を有するものでも差し支えない（登研441号17頁の(注5)）。

第2節　変則型登記（表題部所有者不明土地）に関する対応策

⑶　「記名共有地」の場合，全員を訴えなくてもかまわない場合がある

　　現実的には，「記名共有地」の場合「A外○名」の登記名義人全員が分からない場合が多いため，訴えが起こせないことを考慮してなのか，上記の先例では，「記名共有地」の場合，登記名義人全員が分からなくても訴えを起こせる特殊な例を示している。

■判決による所有権保存の登記の取扱いについて（平10・3・20民三552号
　民事局第三課長通知）

　　登記簿の一元化作業により旧土地台帳から移記した登記簿の表題部の所有者欄に「甲外何名」と記載され，共同人名簿が移管されなかった等の理由により「外何名」の氏名住所が明らかでない土地について，「甲」のみを被告とする所有権確認訴訟に勝訴した者から，当該訴訟の判決書を申請書に添付して，不動産登記法100条（現在の不登74条）1項2号の規定による所有権保存の登記の申請があった場合，当該判決の理由中に，「甲外何名」の記載にかかわらず当該土地が原告の所有に属することが証拠に基づいて認定されているときに限り，便宜，当該判決を，不動産登記法100条（現在の不登74条）1項2号にいう判決として取り扱って差し支えないものとする。

◎上記先例についての注意事項

　　上記の先例を要約すると，表題部が「甲外何名」のいわゆる「記名共有地」を相手に所有権確認訴訟を起こす場合，「甲」及び「外何名」の全員でなく，登記簿上特定が可能な「甲」のみを相手に訴訟をしても判決による保存登記が可能であるということであるが，そのためには守るべきことがある。

　　訴訟に勝ったとしても，被告が欠席したために勝訴する欠席判決，自白事件の判決では，土地が原告の所有に属することが，上記の先例で記載されている「証拠にもとづいて明確に認定されているとき」とは認められないため，「甲」のみを訴えたのでは，保存登記ができないとされている（民月53巻12号152頁以下）。

　　具体的には，「甲」又は「甲」の相続人全員のみを被告として所有権確認訴訟を提起した場合，被告である相続人の一部が，口頭弁論の期日

に出頭しなくても原告の訴えを認めた判決が出た場合，この判決では，保存登記ができないことになりかねない。相続人が出頭しなかったことが，欠席判決，自白事件の判決があったものと解されるからである（民月53巻12号153頁）。

しかし，被告である相続人の一部が，口頭弁論に出席しなかった場合であっても，その他の相続人が出頭し，なおかつ判決の理由中に，原告が所有する土地であることが証拠に基づいて認定されているのであれば，保存登記は可能であると解されている。

なお，被告である相続人全員が出頭しなかった場合は，欠席裁判，自白事件の判決と同じであるので，この場合は保存登記ができないと解されている。

上記のことについての登記研究の見解として次のものがある。

■登研793号143頁

登記記録の表題部の所有者欄に「甲外何名」とのみ記載されたいわゆる記名共有地について，甲の相続人全員のみを被告とする所有権確認訴訟に勝訴した者から，当該訴訟の判決書を添付して，不動産登記法74条1項2号の規定による所有権保存登記の申請があった場合において，当該判決の理由中に，当該表題部中の「甲外何名」の記載にかかわらず当該土地が原告の所有に属することが証拠に基づいて認定されているときは，被告である相続人の一部が口頭弁論の期日に出席しなかったとしても，当該判決を同号にいう判決として取り扱うことができる（平10・3・20民三552号民事第三課長通知）。

コラム

登記簿上の所有者全員を訴える場合と記名共有地において一部を訴える場合の違いに注意

いわゆる「記名共有地」について，表題部に記載された所有者全員を被告にする場合と一部の者を被告にする場合では異なることもあることに注意すべきである。その点を混同しないように再度記載する。

表題部に記載された所有者全員を被告にする場合は，いわゆる欠席判決や

第２節　変則型登記（表題部所有者不明土地）に関する対応策

自白事件に係るもの，また裁判上の和解調書，認諾調書等の確定判決と同一の効力を有するものであっても，不動産登記法74条１項２号の保存登記は可能であるが，登記簿上特定できる一部の者を被告にした場合は，いわゆる欠席判決や自白事件に係るもの，また裁判上の和解調書，認諾調書等の確定判決と同一の効力を有するものでは登記できないことに注意をすべきである。

～～～～～～～～～～～～～～～～～～～～～～～～～～～～～～～～～～

実務上のポイント

■Q82　全ての「記名共有地」において表題部所有者の一部を被告にして保存登記ができるか。

【回　答】

　実務上の問題として，先例が出たので，全ての「記名共有地」で表題部所有者のうち特定できる一部の者を被告にして保存登記ができるのかという論点について，登記研究に論文が，発表されている。それによると，全ての「記名共有地」には適用できないという意見である。

　田中康久「記名共有地の解消策の課題―保存登記のための判決の問題点を中心にして」（登研661号１頁以下）の結論を要約すると以下のようになる。

　"記名共有地の保存登記のために必要な所有権確認の判決は，記名共有地の特殊性から，被告適格についての判断が必要であるので，その点についての判断を欠く確定判決，和解調書，調停調書等は，不登法100条（現在の74条）１項２号の「判決」に該当しないものとして，登記所は，保存登記の申請を却下して良い。"とされ，また，"記名共有地の登記処理に関する平10・３・20民三第552号民事第三課長通知の登記先例が妥当する範囲は，①当該記名共有地が土地台帳登録の当社から民法上の共有に係るものである場合，②当該土地の共有者以外の第三者が原告となるべき場合，かつ，③確定判決が対席，欠席判決であっても，判決の中で，被告の当事者適格（訴えの利益の有無）についての判断が証拠に基づいてなされている場合（請求原因事実が証拠に基づき判断されている場合ではない。）に限定してみれば妥当なものである（このほか，所有権確認訴訟判決であること及び和解，調停を除外したことも相当である。）が，記名共有地の登記処理全てについてこの先例を適用することは不適当であり，登記処理の上では，この先例を参考にしながら，様々な事案に応じた適切な修正を行うことが望まれる"としている。

(4) 「共有惣代地」の場合も，一部の訴えが可能か

　例えば「共有惣代地」においても「記名共有地」に似たような登記名義で「共有惣代地甲外何名」などがある。このような場合も，「記名共有地」に関する平成10年の先例を利用して，判明している者一部を被告にして，確認訴訟による保存登記ができるだろうか。「共有惣代地」は，共有地ではなく，「権利能力なき社団」であるため，できないという登記研究の回答がでている。「権利能力ない社団」の持分概念は，純粋な共有形式ではなく，総有という形式だからである。

■登研651号279頁

　表題部所有者欄に「共有惣代甲外何名」と記載されている土地は，登記簿の記載から権利能力なき社団に属するものと解されるので，平成10年3月20日民三第552号民事局第三課長通知にいう，いわゆる記名共有地には当たらず，当該土地について，甲個人（権利能力なき社団の代表者ではなく）を被告とする所有権確認訴訟の勝訴判決を得た者が当該判決書を申請書に添付して不動産登記法100条1項2号（現74条1項2号）に基づく所有権保存登記を申請することはできない。

(5) 「氏名のみ住所なし」，「記名共有地」において登記簿上の所有者が判明している場合

　「氏名のみ住所なし」や「記名共有地」のような変則型登記であれば，個人及びその相続人を被告として所有権確認訴訟を行うことになる。その場合も表題部更正登記と同じように，その人が把握できるかを調査し，判明するか否かで不在者財産管理人を選任すべきか否かが変わってくる。その点でも訴訟の準備が変わってくる。

① 所有者が判明している場合

　所有者が判明している場合，登記簿上の所有者又は所有者が死亡している場合は，相続人全員を被告にして訴える。

② 相続人の中に判明していない人がいる場合

　相続人のうち，所在が判明しない不在者がいた場合は，その不在者のために不在者財産管理人を選任することにより手続を進めることも考えられる。

第2節　変則型登記（表題部所有者不明土地）に関する対応策

(6) 「氏名のみ住所なし」，「記名共有地」において登記簿上の所有者が判明していない場合

「氏名のみ住所なし」や「記名共有地」のような被告が自然人となる所有権確認訴訟において，所有者が判明しない場合は，相続財産管理人を選任し，その相続財産管理人を被告として訴えることになる。

相続財産管理人そのもの及び選任等に関しては，拙書『相続財産管理人，不在者財産管理人に関する実務』（日本加除出版，2018年）も参考にしてほしい。

下記のQ＆Aの内容は「記名共有地」，「共有惣代地」，「氏名のみ住所なしの個人名」等人名が表示されている変則型登記に関することである。

実務上のポイント

■Q83　所有者が判明しないという意味は。

【回　答】

判明しないという意味は，単純に訴える原告が被告のことを面識もなく知らないということではない。あくまで様々な調査を行っても，判明しないということである。不在者財産管理人を選任する場合は，様々な調査を行ったが判明しないということを資料で提出する必要があるため，調査が不十分であれば裁判所に再調査を求められることもある。

■Q84　「記名共有地」の場合，人数分，不在者財産管理人を選任するか。

【回　答】

「記名共有地」の場合，例えば「A外9名」のように全部で何名の共有状態か把握できるのが通常である。その場合，全員の10名分の不在者財産管理人が選任されるかは，人数により，また家庭裁判所により異なる可能性もあるが，通常は，一人の不在者財産管理人で処理されるはずである。

9 原告は誰になるか

```
コラム
```

不在者財産管理人の実務的な対応

　所有者が判明していない場合は，不在者財産管理人を選任しないと訴訟自体を起こせないことになるが，不在者財産管理人は，あくまで不在者の代わりに財産管理を行う役目を持っているため，不在者財産管理人や管轄する裁判所の考えにより，訴訟の中身も変わってくる可能性がある。

　不在者財産管理人及び管轄家庭裁判所が，変則型登記を対象にした訴訟そのものをどう見るかによっても，実際の対応が違うことになるであろう。あくまで，対象の不動産の本来の所有者を認めるための手続にすぎないとみれば，訴訟はスムーズに行くであろう。この場合，訴訟の代わりに，「訴え提起前の和解」に協力してもらい，それにより保存登記を行うこともあり得るであろう。

　しかし，あくまで，訴えられたら抵抗すべきだという考えであれば，原告は，訴訟自体もしっかり勝訴するように行動しなければ所有権確認訴訟に勝訴できない場合もあり得るだろう。

(7)　**団体である場合，所在が判明している場合，していない場合**

　民事訴訟で，会社を訴えたい場合は会社そのものを被告にする。訴えられた会社において訴訟を担当するのは通常代表取締役である。では，会社が解散し清算も終了している会社の場合は誰が訴訟を担当するかといえば，清算人又は特別代理人になる。そのため，訴訟を起こすためには，清算人又は特別代理人の選任が必要になってくる。

　変則的登記の場合，記名共有地等個人の所有ではなく権利能力なき社団等の所有とみられると，自然人ではなく，団体とみられるため，団体そのものが被告になるが，代表者に代わるものが判明しない場合は，特別代理人を代表者として選任することが必要になる。

9　**原告は誰になるか**

(1)　**訴えるのは真正の所有者である**

　所有権確認訴訟を訴えるのは，真正の所有者である。登記簿の名義が

真正の所有者の名義になっていない場合に多く利用される。

　よくあるケースは，個人が自分の土地だと思い長年占有してきたが，登記簿を見ると表題部のみでありよく分からない登記名義になっているため，自分の名義として保存登記を行いたいという事例であろう。

　このように，真正の所有者が個人や純粋の共有のような場合は，その自然人が訴える者である原告として訴えることになる。

(2)　**訴える主体が権利能力なき社団の場合**

　会社等の法人であれば，会社そのものが訴えることになるが，権利能力なき社団は，権利能力なき社団が訴えるのか，代表者等が訴えるのかが問題になる。

　◎**権利能力なき社団は，当事者能力あり**

　民事訴訟法29条は，「法人でない社団又は財団で代表者又は管理人の定めがあるものは，その名において訴え，又は訴えられることができる。」と規定されている。そのため，権利能力なき社団は，民法上の法人格はないが，民事訴訟法29条では，当事者能力を認められているため，権利能力なき社団が訴える場合は，権利能力なき社団自身が原告として訴えることができる。

　なお，当事者能力を認めた判例として，次のようなものがある。

・権利能力なき社団たる入会団体は，構成員全員の総有に属する不動産につき総有権確認請求訴訟を追行する原告適格を有することを認める（最三小判平6・5・31民集48巻4号1065頁）。

・権利能力なき社団は，構成員全員に総有的に帰属する不動産について，その所有権の登記名義人に対し，当該社団の代表者の個人名義に所有権移転登記手続をすることを求める訴訟の原告適格を有する（最一小判平26・2・27民集68巻2号192頁）。

　訴える場合，立証方法の書類として，権利能なき社団であることを示すために，権利能力なき社団の規約や総会議事録等が必要になる。

　所有権確認訴訟で勝訴し，保存登記をする場合，権利能力なき社団自体を登記名義にはできないため，権利能力なき社団の代表者個人等の名義で保存登記をする。

(3) 自治会，町内会は，認可地縁団体になって訴えることも

自治会，町内会は，権利能力なき社団ではあるが，様々な手続の複雑さや，権利能力なき社団自体の名称では登記名義人なれないなどの不便さから，近年，認可を得て認可地縁団体になり，法人格を得るものが増えてきた。この仕組みや手続は本書の第4編で説明している。

そのため，所有者確認訴訟を訴える原告として，もともとは権利能力なき社団であったが，認可により認可地縁団体になり，訴訟及び保存登記をするところも増加している。

10 所有権確認訴訟をするための手続の流れ

(1) 手続の概要

主に次のような順番で手続を行うことになる。

《図10 所有権確認訴訟のフロー》

(2) 不在者財産管理人選任の概要

不在者の住所地・居住地を管轄する家庭裁判所に不在者財産管理人の

選任を申し立てる。申立てには，申立書を提出するとともに，添付書類等を提出する。

また，不在者財産管理人を選任する場合の申立書等の記載する項目等は，家庭裁判所が用意してある書類を見ていただければ，何を記載するかは理解できるので，参考にしてほしい。

また，拙著『相続財産管理人，不在者財産管理人に関する実務』（日本加除出版，2018年）も参考にしてほしい。

◎裁判所ホームページで紹介されている「不在者財産管理人選任」の申立書
（http://www.courts.go.jp/saiban/syosiki_kazisinpan/syosiki_01_05/index.html）

実務上のポイント

■Q85 不在者財産管理人選任申立書には何を記載するか。
【回　答】
　申立人，不在者，申立の趣旨，申立の実情，添付書類等を記載する。

◎不在者財産管理人選任申立書の「申立ての趣旨」記載
　例

「不在者の財産管理人を選任することの審判を求めます。」

◎不在者財産管理人選任申立書の「申立ての実情」の記載項目
　例

1．不在者の状況
2．申立ての動機，必要性
3．財産管理人候補者について（候補者を申し立てたときのみ）

10　所有権確認訴訟をするための手続の流れ

◎変則型登記（表題部所有者不明土地）の不在者財産管理人を選任する場合の添付書類

例

- ●不在者に関する書類
  - ・市町村の不在籍・不在住証明書
- ●該当不動産に関するもの（あくまで参考例であり絶対的なものではない）
  - ・不動産登記簿謄本
  - ・申立人の調査報告書
  - ・現実に管理している者の報告書
- ●管理人候補者を申し立てる場合
  - ・候補者の戸籍謄本
  - ・候補者の住民票

(3)　**不在者財産管理人選任の書式参考例**

　　変則型登記に関して対応する場合の記載例として「不在者」「申立ての実情」の部分等を参考に挙げておく。

《例26　不在者財産管理人選任申立書の「不在者」欄の記載（本籍，住所等が不明の場合）》

不　在　者	
本　　　籍	不明
最後の住所	不明
氏　　　名	A
生 年 月 日	不明

第12編　複雑な登記名義に関する様々な対応法

393

第2節　変則型登記（表題部所有者不明土地）に関する対応策

《例27　不在者財産管理人選任申立書の「申立ての実情」の記載項目（「氏名のみ住所なし」や「記名共有地」の変則的登記の土地を市が買収予定の場合)》

◎申立人は，渋谷市，不在者は，表題部所有者の場合

申立ての実情

1　不在者の状況
　(1)　本件の財産目録の土地は，山本太郎が現実に所有，管理しています。
　(2)　渋谷市が実施中の中央線道路改良工事の買収予定地に別紙の土地が存在するため，登記簿を調査しましたが，表題部には，上記の不在者が所有者として表示されています。
　(3)　そのため，申立人は，不在者に関して，当該土地を現在管理している者，周辺の土地所有者，土地周辺の品川地区の高齢者，地区菩提寺，渋谷市役所の戸籍を調査しましたが，不在者に該当する人物を探し求めることはできませんでした。
　(4)　以上のとおり，不在者に関する手掛かりはなく，生死，所在を知ることができません。
2　申立ての動機，必要性
　(1)　不在者には，財産として財産目録に記載された土地があります。
　(2)　当該土地には，財産管理人は置かれていません。
　(3)　渋谷市は，財産目録に記載された土地を中央線道路改良工事用地として，買収を予定しているため，当該財産の管理につき法律上の利害関係を有しています。
3　財産管理人候補者について
　候補者は，渋谷市が，推薦する司法書士であり，適任者であると考えます。

※　必ずしも，不在者財産管理人候補者を用意する必要はない。

(4)　所有権確認訴訟の提起の概要

　所有権を確認する土地を管轄する地方裁判所又は簡易裁判所に訴訟を提起する。訴状を提出するとともに立証方法に関する書類，付属書類等を提出する。

　所有権確認訴訟を提起する場合の訴状等の記載する項目等は，地方裁判所が用意してある訴状等を見ていただければ，何を記載するかは理解でき

10 所有権確認訴訟をするための手続の流れ

るので，参考にしてほしい。

◎広島地方裁判所がホームページで紹介する「民事訴訟の訴状」等（http://www.courts.go.jp/hiroshima/saiban/tetuzuki/14/Vcms4_00000356.html）

実務上のポイント

■Q86 訴状には何を記載するか。

【回 答】

　当事者の表示，事件名，請求の趣旨，請求の原因，立証方法書類，付属書類等を記載する。

■Q87 事件名は。

【回 答】

「事件名　土地所有権確認請求事件」

◎訴状の「請求の趣旨」記載

例

　1．原告と被告の間において，原告が，別紙物件目録記載の土地につき，所有権を有すること
　　を確認する。
　2．訴訟費用は被告の負担とする。
　　との判決を求める。

◎訴状の立証方法の書類

例

●不動産登記簿，旧土地台帳の写し
●立証する関係者の陳述書

第2節　変則型登記（表題部所有者不明土地）に関する対応策

◎訴状の付属書類

●立証方法の書類の写し
●資格証明書としての不在者財産管理人選任審判者
●不動産の評価証明書

(5)　所有権確認訴訟の提起の書式参考例

　変則型登記に関して対応する場合の記載例として「被告」「請求の原因」の部分等を参考に挙げておく。

《例28　訴状―被告の記載―表題部の所有者（氏名のみ住所不明，記名共有地で氏名記載の者の場合)》

住居所及び最後の住所　　不明
　　　　被　　告　　　　A

《例29　訴状の「請求の原因」の記載項目（「氏名のみ住所なし」の変則的登記の土地を占有している者が真の所有者である場合)》

◎原告は，所有権を確認したい者（自然人），被告は，不在者の例

請求の原因

1　別紙物件目録記載の土地（以下，「本件土地」という。）の不動産登記簿の表題部所有者欄に記載されている登記名義人は，被告です。
2　しかし，本件土地は，代々山本家が承継する財産として受け継がれてきたものです。
3　原告は，父親である山田一郎から，原告が結婚した平成3年12月24日に，「本件土地は，山本家の先祖から引き継がれた土地だから，結婚のために贈与する。」と言われ，所有の意思をもって平然かつ公然に，本件土地の占有を開始しました。
4　そして，原告は，その時から20年経過した平成23年12月24日時点でも本件土地に対する占有を継続していました。
5　原告は，その後も，本件土地に対する占有を継続しており現在に至っています。

10　所有権確認訴訟をするための手続の流れ

> 6　原告は，本訴において本件土地に関する時効を援用します。
> 7　以上により，原告は本件土地の所有権を取得しました。
> 8　よって，請求の趣旨記載のとおりの判決を求めます。

《例30　「請求の原因」の記載項目（「記名共有地」の変則的登記の土地を占有している者が真の所有者である場合）》

◎原告は，所有権を確認したい者（権利能力なき社団），被告は，Ａ外55人

請求の原因

> 1　原告は，別紙物件目録記載の土地（以下，「本件土地」という。）上の共同墓地を維持管理している権利能力なき社団です。
> 2　本件土地の不動産登記簿の表題部所有者欄には，所有者として被告「Ａ外55人」との記載があります。
> 3　原告は，遅くとも昭和20年10月１日には所有の意思をもって平穏且つ公然に本件土地を占有していました。
> 4　そして，原告は，その時から20年経過した昭和40年10月１日時点でも本件土地に対する占有を継続していました。
> 5　原告は，その後も，本件土地に対する占有を継続しており現在に至っています。
> 6　原告は，本訴において本件土地に関する時効を援用します。
> 7　以上により，原告は本件土地の所有権を取得し，表題部所有者である被告外55人は，本件土地の所有権を失いました。
> 8　よって，請求の趣旨記載のとおりの判決を求めます。

《例31　「請求の原因」の記載項目（「記名共有地」の変則的登記の土地を占有している者が真の所有者である場合）》

◎原告は，所有権を確認したい者（認可地縁団体），被告は，Ａ外55人のうちＡのみ

請求の原因

> 1　原告は，地縁による団体であった旧品川会が，地方自治法第260条の２による市長の認可を得て，平成10年10月１日法人格を取得した認可地

第12編　複雑な登記名義に関する様々な対応法

第2節　変則型登記（表題部所有者不明土地）に関する対応策

縁団体です。

2　別紙物件目録の土地（以下「本件土地」という）の不動産登記簿の表題部所有者欄には，所有者として「被告外55人」との記載があります。

3　原告の前身である旧品川会は，遅くとも昭和20年10月1日には所有の意思をもって平穏且つ公然に本件土地を占有していました。

4　そして，旧品川会は，その時から20年経過した昭和40年10月1日時点でも本件土地に対する占有を継続していました。

5　旧品川会は，法人格取得の日である平成10年10月1日まで占有を継続し，原告はその後も，占有を継続しており現在に至っています。

6　原告は，本訴において本件土地に関する時効を援用します。

7　以上により，原告は本件土地の所有権を取得し，表題部所有者である被告は，本件土地の所有権を失いました。

8　よって，請求の趣旨記載のとおりの判決を求めます。

11　判　決

　訴えた原告の所有権が認められ勝訴したら，判決主文には次のような文章が記載される。この判決謄本を確定証明書と共に保存登記をする場合の原因証明情報として利用する。

《例32　所有権確認訴訟判決主文》

　原告と被告との間において，原告に対し，別紙物件目録記載の不動産が原告の所有であることを確認する。

◎判決が，給付判決の場合も利用できる

　判決が，所有権確認判決でなくても，次のような給付判決であっても，原因証明情報として利用し，保存登記ができる。

《例33　所有権確認訴訟給付判決主文》

　被告は，原告に対し，別紙物件目録記載の不動産につき，令和1年9月1日売買を原因とする所有権移転手続をせよ。

12　不動産登記法74条1項2号による保存登記をするには

　所有権確認訴訟等での勝訴を基に保存登記をする場合は，不動産登記法74条1項2項の保存登記を行うことになる。

《例34　不動産登記法74条1項2号による保存登記申請書》

登記申請書

登記の目的　　所有権保存
所　有　者　　□□県○○郡○○町○○１２番地
　　　　　　　　　　　　　　　山田太郎
添付情報　　　判決謄本（確定証明書付き）　　住所証明書
　　　　　　　代理権限証明書
令和元年９月１日法７４条１項２号申請　○○地方法務局○○支局
代　理　人　　□□県○○郡○○町○○９８番地
　　　　　　　　　　　司法書士　○○○○
　　　　　　　連絡先の電話番号　０○○○－００－０○○○
課税価格　　　金　　　　　円
登録免許税　　金　　　　　円

不動産の表示
　所　　　在　　○○郡○○町○○字○○
　地　　　番　　５６番
　地　　　目　　雑種地
　地　　　積　　１２３平方メートル

実務上のポイント

■Q88　判決による場合は。

【回　答】

　添付情報として，「判決謄本」とともに「確定証明書」を添付する。

■Q89　判決の表示に誤りがあるときは。

第2節　変則型登記（表題部所有者不明土地）に関する対応策

【回　答】

　裁判所からの「更正決定書」が必要になる。

■Q90　確定判決後に，所有者の住所，氏名に変更があった場合は。

【回　答】

　変更を証する戸籍，住民票等を併せて提供すればよい。

■Q91　表題登記のない土地に申請するときは。

【回　答】

　土地所在図及び土地測量図等も提供する。

■Q92　所有権の登記のない不動産を譲り受けた者は。

【回　答】

　不動産を譲り受けた者に対して所有権移転登記手続を命ずる確定判決を受けた場合は，直接譲受人名義で所有権保存の登記をすることができる。

◎代位による所有権保存登記に関する先例（昭43・6・12民事甲1831号民事局長回答）

　表題部が「○組共有者」とされている土地に関する先例があるため紹介しておく。

　先例内容は以下のような内容である。

●表題部に所有者として「○組共有地」と記載されている物件について，被申請人を「○組」右代表者甲として売買を原因とする仮登記仮処分命令が発せられたところ，当該命令の申請人から，所有権移転仮登記請求権を代位原因として右甲のために前記物件につき代位による所有権保存の登記があったが，右は不動産登記法49条（現不登25条）6号の規定により却下すべきものと考える。

●表題部所有者の「○組共有地」は，権利能力なき社団の名称と考えられ，「○組共有地」という名義では保存登記できない。

所有権移転登記仮登記の申請をすべき旨が命じられていても，権利能力なき社団の「〇組」又は代表者甲は，当該土地については，表題部所有者の記録がなく，所有権保存登記の申請適格者に特定することができない。そのため，申請の権限を有しない者の申請（不登25条4号）であり，申請情報の内容である不動産又は登記の目的である権利が登記記録と合致しない（不登25条6号）に当たるため却下される。

13 「氏名のみ住所なし」の変則型登記の場合の実務的対応

市町村等が「氏名のみ住所なし」の変則型登記（表題部所有者不明土地）を買収する場合，名義人が判明しないときは，実際には次のように対応している場合もあるとのことである。

なお，「氏名のみ住所なし」の変則型登記に限らず，複雑な処理困難登記として他の変則型登記でも似たような対応は行われていると思われる。

① 登記名義人を調査するが判明しない。
② 判明しない登記名義人の代わりに不在者財産管理人を選任する。
③ 不在者財産管理人と買収する市町村等とが売買契約を締結する
④ 訴え提起前の和解を申し立て成立させる。
⑤ 所有権が市町村等の買い受けた側に移っているので，市町村等が所有者として，不動産登記法74条1項2号に基づき，市町村等名義の保存登記を行う。

実務上のポイント

■Q93 訴え提起前の和解（民訴275条）とは。

【回答】

即決和解ともいわれ，紛争の当事者同士で話合いがついた場合，その合意内容につき簡易裁判所に和解の申立てを行い裁判上の和解を成立させる手続である。利用するためには，当事者間の合意があることと，合意内容に関して裁判所が相当と認めることが必要になる。「訴え提起前の和解」が成立すると「和解調書」になり判決と同じ効果になる。

第2節　変則型登記（表題部所有者不明土地）に関する対応策

実際に変則型登記に関して対応していくこと

　理論的なことは，今まで説明したようなことが考えられるが，実際に行おうとすると，かなり困難な点も出てくる。

　現実的には，所有者の調査をしても簡単には判明しない，相続人が分かっても人数が場合によっては100名を超えるなども珍しくないであろう。

　手間が掛かると同時にそれなりの費用も掛かるため，問題になっている不動産の価値以上の費用が掛かる場合もあり，一般の方が真の所有者であれば，経費的な部分でも断念することが多いであろう。

　また，市町村等が買収しようとする場合，処理が大変であると分かれば，買収する土地を変更することもあるだろうし，手続として収用手続に変更することもあり得る。今後，国が定めた「表題部所有者不明土地の登記及び管理の適正化に関する法律」を利用することも考えられる。

　なお，所有者を把握するために難しいのは「字持地」であるかもしれない。「大字〇〇」などと登記されている変則的登記である。持ち主が「旧財産区」，「戦時中の部落会」，「権利能力なき社団」，「純粋な共有地」など様々な可能性があるからであり，持ち主が違えば，対応方法が全く異なる。単純に変則型登記（所有者不明土地）といっても，種類による対応方法も様々であり，苦労する土地である。

第3節　その他の特別法による対応

1　その他の特別法による対応

　平成30年に通称「所有者不明土地法」が成立するまでには，土地収用法の他にも所有者不明土地に対応する法律が存在する。下記のような特別法である。各特別法に関しては，簡単に紹介する。

　　① 　土地区画整理法・都市再開発法

　　　⇒ 　土地区画整理・市街地再開発のために

　　② 　土地改良法

　　　⇒ 　農業生産基盤の整備及び農村の保全のために

　　③ 　農地法

　　　⇒ 　遊休農地を活用するために

　　④ 　農業経営基盤強化促進法

　　　⇒ 　所有者不明土地の利用権設定

　　⑤ 　森林法

　　　⇒ 　要間伐森林制度のために

2　土地区画整理法・都市再開発法の対応について

　土地区画整理法は，土地計画事業を行うための法律である。土地区画整理事業では，地権者から権利に応じて少しずつ土地を提供してもらい，その土地で道路，公園，河川などの公共施設を整備・改善し，土地の区画を整理し宅地の利用を増進することを目的としている。

　土地再開発法は，都市再開発事業を行うための法律である。土地再開発事業では，市街地内の老朽化木造建築物が密集している地区などで，敷地を統合し高度利用することで，共同建築物の建築，走路，公園，河川などの恐恐施設を整備することを目的としている。

　どちらの法律においても，土地所有者等が不明な場合でも，換地処分・権利変換により，所有者が不明な土地・建物の所有権について施行地区内に確保することができるようになっている。

第3節　その他の特別法による対応

3　土地改良法の対応について

　土地改良法は，土地改良事業を行うための法律である。土地改良事業では，農業農村を整備する事業のうち，農業生産基盤の整備及び農村の保全と管理を行うことを目的としている。

　かんがい排水の整備，農業集落排水の整備等様々なことを行うが一定地域内の農家の3分の2以上の同意を基に実施している。所有者が不明な土地に関しては，同意しない者として扱うが，通常は同意しない者は少なく実行されることが多い。

4　農地法の対応について

　農地であっても耕作されていないいわゆる「遊休農地」を耕作のために利用する「遊休農地に関する措置」に農地法が利用されている。

　遊休農地の所有者には，耕作するか等の利用の意向を確認し，耕作しない場合は最終的に農地中間管理機構が農地中間管理権を所得できるようになり制度が利用されている。

　所有者が不明な土地に関しても，公示を行い，都道府県知事の裁定により利用権を設定できる制度になっている。

5　農業経営基盤強化促進法の対応について

　相続未登記等により所有者が不明な農地であっても，一定範囲のみの探索と6か月間の公示等簡易な手続により，農地中間管理機構への最長20年間の利用権設定を可能にしているなどの改正がなされ，平成30年11月16日に施行されている。

6　森林法の対応について

　要間伐森林制度を行うためには，森林法が利用されている。要間伐森林制度とは，間伐，保育が適正に実施されていない森林に対して，実施するように方法，時期を通知し，実子を促す制度である。

　所有者が不明な森林に関しても対応できる制度になっており，最終的には都道府県知事の裁定により，公告を経て，間伐木に係る所有権及び土地の使用権を設定できる。

所有者不明土地問題に対応するためには

第13編

国の所有者不明土地に対する取組

第1節　国は所有者不明土地をどう対応するのか

◎　所有者不明土地問題に対応するためには

⑴　何をすべきか

　　所有者不明土地が多いため大問題になり，国をあげての対応をせざる
を得ない状態であるといわれるが，所有者不明土地問題は，大きく言え
ば次の2種類の問題があるといわれている。

　①　所有者不明土地を利用しようとすると，従来からの「所有者の探索
　　方法」，「所有者不明土地を利用するための制度」を利用するためには，
　　多大な労力を要する。

　②　土地自体が，所有者不明であるため，適切に利用，管理されず周辺
　　に悪影響を与えたり，権利関係が複雑なため，将来の利用，管理が困
　　難になる。

⑵　探索・利用を円滑化するための制度対応

　　従来の探索方法としては，たとえ国家・市町村が把握している書類等
のデータであっても，所有者探索のために利用できないことが多かった。
また，利用するための方法としては，土地収用法等による収用があった
が手続としては大変であるといわれている。

　　それらを改善し，所有者不明土地を公共的目的に利用する新制度を作
り上げたのが平成30年6月6日成立，令和元年6月13日に全面公布され
た「所有者不明土地の利用の円滑化等に関する特別措置法」（以下，「所
有者不明土地法」という。）である（平成30年11月15日施行。ただし，地域福祉増
進事業の実施のための措置は令和元年6月1日施行）。

⑶　所有者不明土地の発生抑制・解消として

　　今後どうすべきかは，「所有者不明土地等対策の推進のために関係閣

405

僚会議」で検討されており，令和元年6月14日付けの「所有者不明土地
等対策の推進に関する基本方針」では，次のような対策が検討されてい
る。

① 新しい法制度の円滑な施行

　　所有者不明土地法をはじめ，「農業経営基盤強化促進法」等の一部
改正法律，「表題部所有者不明土地の登記及び管理の適正化に関する
法律」等の新しい法制度を円滑に施行する。

② 土地所有に関する基本制度の見直し

　　土地の管理，利用に関して所有者が負うべき責務，適切な利用・管
理の促進策に関して土地基本法等の見直しを行う。特に人口減少や空
き地に対応した利用管理の促進策の具体化も進める。

③ 地籍調査の円滑化・迅速化

　　土地の適切な利用の基礎データとなる地積調査に関し，調査手順の
見直しを行うとともに登記所備付地図の整備に取り組む。

④ 民事基本法制（民法・不動産登記法）の抜本的な見直し等

　　民法・不動産登記法等の改正により登記制度，土地所有権のあり方
を見直す。具体的には，相続登記の義務化，遺産分割の期限制限，土
地所有権の放棄，民法の共有制度の見直し，不在者財産管理人制度の
見直し等も検討する。

⑤ 多彩な土地所有者の情報を円滑に把握する仕組み

　　不動産登記を中心にした登記簿と戸籍等の連携により，個人情報保
護にも配慮しつつ，関係行政機関が土地所有者に関する情報を円滑に
把握できる仕組みを構築することを目指す。

　　なお，住民票等の除票の保存期間について住民基本台帳法及び住民
基本台帳法施行令を整備し，5年間から150年間に延長する（令和元年
6月20日施行）。

⑥ 所有者不明土地の円滑な利活用，土地収用の活用及び運用

　　所有者不明土地が適切に管理され，円滑に利活用が行われるよう，
地域福祉増進事業の拡充や共有地の管理の在り方，財産管理制度の見
直し等の更なる方策等について，空き家対策の推進や区分所有建物の

取扱い，民間による開発や空き家・空き地の利活用等にも配慮しながら検討する。

⑦　関連分野の専門家等との連携協力

関連分野の専門家，地方公共団体，地域コミュニティ，関連行政機関との一層の連携体制を構築する。

(4)　本編で紹介する内容

本編では，国の所有者不明土地対策に関して，土地対策の中心になる所有者不明土地法をはじめ，登記に関連する法令等合計4点について簡単に紹介しておきたい。

①　所有者不明土地の利用の円滑化等に関する特別措置法（所有者不明土地法）

②　長期相続登記等未了土地に係る不動産登記法の特例

③　登記制度・土地所有権の在り方等に関する研究会で検討中の論点

④　表題部所有者不明土地の登記及び管理の適正化に関する法律

上記の法令等により，今まで所有者の探索，土地の利用が困難であった土地が利用できるように改善され，検討により民法・不動産登記法が改善されれば，土地活用に重要な役目を果たすと思われる。

コラム

国の対策から感じること

国が，所有者不明土地に関して，法令を整え様々な方策を行おうとすることは，必要なことであり大賛成することではある。

しかし，国が扱う所有者不明土地は，個人の土地であり相続登記が行われていないため所有者不明土地になっているという土地が前提であり，純粋に個人ではなく団体等個人所有でない不動産が現実には多くあることをあまり意識していないような印象を筆者としては持ってしまう。もちろん，国としても特別な登記名義として，「変則型登記」は取り上げているが。

現実に，田舎で登記業務を行っていると，表題部のみでなく，所有権の権利まで行っている多人数の共有地を多く見かける。これは，通常，純粋な個人所有ではなく団体等の所有地であると思われるが，その登記簿に掲載され

第1節　国は所有者不明土地をどう対応するのか

ている登記名義人やその相続人は，どのような登記であるか理解していない
場合が多く，単純な個人所有と思っている場合が多いと思われる。

　現実には，団体等の所有名義の土地であるが，純粋な個人所有と登記簿上
区別できない特殊登記をどうするのかを，国としてももっと説明すべきでは
ないかと思われる。おそらく，新たな「所有者不明土地法」で処理できると
いわれるかもしれないが，そうであればその点及び処理方法をもっと説明す
べきと思われる。そうすることが，国にとっても，国民にとっても所有者不
明土地の処理が迅速に行われるからである。

　登記簿だけでは，純粋に個人所有か団体等の所有の不動産かが分からない
所有者不明土地があることこそ，本書を執筆すべきと思ったきっかけである。

第2節 所有者不明土地法

1 概要

(1) 目的

平成30年6月6日に成立し，令和元年6月13日に公布された所有者不明土地法は，人口減少や高齢化，地方から都市への人口移動等により所有者の不明な土地が増加していることが，公共事業等の妨げになっていることを背景にして，所有者不明土地の利用の円滑化を目的として定められている。

法律では，1条に，「社会経済情勢の変化に伴い所有者不明土地が増加していることに鑑み，所有者不明土地の利用の円滑化及び土地の所有者の効果的な探索を図るため，国土交通大臣及び法務大臣による基本方針の策定について定めるとともに，地域福利増進事業の実施のための措置，所有者不明土地の収用又は使用に関する土地収用法（昭和26年法律第219号）の特例，土地の所有者等に関する情報の利用及び提供その他の特別の措置を講じ，もって国土の適正かつ合理的な利用に寄与することを目的とする。」と定めている。

(2) 所有者不明土地法で使用される専門用語

所有者不明土地法の内容を理解するためには，所有者不明土地法2条が示す専門用語を理解すべきである。

業界用語ミニ解説

■「所有者不明土地」

所有者不明土地法2条1項には「『所有者不明土地』とは，相当な努力が払われたと認められるものとして政令で定める方法により探索を行ってもなおその所有者の全部又は一部を確知することができない1筆の土地をいう。」と定められている。

言い換えれば，不動産登記簿等の公簿情報等により調査しても，なお所有者が判明しないか，判明しても，所有者本人に連絡がつかない土地である。

■「特定所有者不明土地」

所有者不明土地法2条2項には，「所有者不明土地のうち，現に建築物（物置その他の政令で定める簡易な構造の建築物で政令で定める規模未満の

もの（以下「簡易建築物」という。）を除く。）が存せず，かつ，業務の用その他の特別の用途に供されていない土地」と説明されている。

　言い換えれば，反対する権利者がいなくて，建造物（簡易な構造で小規模のものを除く。）が存在せず，現に利用されていない所有者不明土地である。

■「地域福利増進事業」

　「地域福利増進事業」とは，地域住民その他の者の共同の福祉又は利便の増進を図るために行われるものであり，「病院，療養所，診療所又は助産所の整備に関する事業」をはじめ様々な事業が，所有者不明土地法2条3項に挙げられている。

　土地収用法の事業の認定を受けた収用適格事業を対象とし，所有者不明土地の有効活用を目的としたものであり，利用権の設定を申請できる主体に制限はないといわれている。

■「特定登記未了土地」

　所有者不明土地法2条4項に「所有権の登記名義人の死亡後に相続登記等（相続による所有権の移転の登記その他の所有権の登記をいう。以下同じ。）がされていない土地であって，土地収用法第3条各号に掲げるものに関する事業（第27条第1項及び第39条第1項において「収用適格事業」という。）を実施しようとする区域の適切な選定その他の公共の利益となる事業の円滑な遂行を図るため当該土地の所有権の登記名義人となり得る者を探索する必要があるもの」と定められている。

　所有権の登記名義人の死亡後に相続登記等がされていない土地であって，公共の利益となる事業の円滑な遂行を図るため所有権の登記名義人となり得る者を探索する必要がある土地である。

2　所有者不明土地法の仕組み

(1)　概　要

　所有者不明の土地の利用を円滑化するために，次の三つから成り立っている。

① 　所有者不明土地を円滑に利用する仕組み

② 　所有者の探索を合理化する仕組み

③ 　所有者不明土地を適切に管理する仕組み

2　所有者不明土地法の仕組み

⑵　所有者不明土地を円滑に利用する仕組み

反対する権利者がいなくて，建築物がなく，現に利用されていない「特定所有者不明土地」に関しては，一定条件を基に「所有権の取得」あるいは「利用権の設定」を可能にした。

A　所有権取得のための公共事業において収用手続の合理化・円滑化

公共事業のために土地を取得収用するときは，従来からの手続であれば，収用の適否を公正・中立的立場で判断する収用委員会の採決が必要である。

所有者不明土地法では，国，都道府県知事が事業認定した公共事業を所有者不明土地で行う場合，都道府県知事の独自裁定により土地の所有権を取得できるようにし，収用委員会の裁決を不要にし，手続上も公共事業の円滑な実施を可能にしている。

B　利用権の設定のための地域福利増進事業の創設

地域住民等の福祉・利便の増進に資する事業について，都道府県知事に公益性・必要性が認められれば，一定期間の公告に付した上で，利用権（上限10年間）を設定できるようにしている。

事業内容は地域住民の共同の福祉や利便の増進につながる業態に限定されるが，公的機関だけでなく民間事業者，NPO，自治会，町内会等でも事業主体になり所有者不明土地を利用できる。

利用権の存続期間満了後も引き続き事業を継続したい場合には，期間延長を申請可能である。

期間中，本来の所有者が現れた場合には，利用権の存続期間の満了時には，原状回復して土地を返還する必要がある。

⑶　所有者の探索を合理化する仕組み

A　所有者探索の公的情報を行政機関が利用できる制度

所有者が不明の土地を探索する方法として，従来から不動産登記簿以外にも固定資産課税台帳や地籍調査票，戸籍謄本，住民基本台帳等を閲覧する方法がある。しかし，公共事業目的であっても，個人情報保護法の目的外使用，税務職員の守秘義務違反の可能性があるため利用が制限されており，土地所有者の探索を難しくなっている。

第2節　所有者不明土地法

　　所有者不明土地法では，登記簿，住民票，戸籍等の探索に必要な公的
書類の照会範囲を行政機関が合法的に調査・照会できる。

　B　長期相続登記等未了土地に係る不動産登記法の特例

　　長期間，相続登記等がされていない土地について，登記官が，長期相
続登記等未了土地である旨等を登記簿に記録すること等ができる制度が
創設された。詳細は，本編の第3節参照。

(4)　**所有者不明土地を適切に管理する仕組み**

　　所有者不明土地の適切な管理のために特に必要がある場合は，地方公
共団体の長等が家庭裁判所に対し財産管理人の選任等を請求可能にする
制度を創設されている。

◎地方公共団体の長からの財産管理人選任請求が可能に

　　土地の所有者が死亡し相続人がいない場合は「相続財産管理人」を，
行方不明の場合は「不在者財産管理人」を選任できる制度が従来からあ
る。ただ，選任を申し出る申立人は，利害関係人（道路を拡張する目的が
ある場合等は市町村長も利害関係人に含む。），または検察官である。

　　所有者不明土地法では，所有者不明土地の場合は，利害関係人でなく
ても，地方自治体が財産管理人選任の申立てができるようになった（不
明土地38条）。

(5)　**所有者不明土地法の目標・効果**

　　地域住民その他の者の共同の福祉又は利便の増進を図るための「地域
福利増進事業」における利用権が設定される数として，国は所有者不明
土地施行後10年間で累計100件を目標にしているとのことである。

　　従来の収用手続で所有者不明土地を取得する場合は，収用手続への意
向から取得までに通常31か月程度掛かるといわれているが，所有者不明
土地法を利用すれば，土地取得までに21か月程度の期間で行え，従来の
手続より約3分の1の期間が短縮できると予想される。

412

第3節　長期相続登記等未了土地に係る不動産登記法の特例

1　特例新設の概要

(1)　法令的な動き

　所有者不明土地法の設定により，登記名義人が死亡すれば相続登記を行うべきなのに，相続登記を行っていない土地に関して相続登記を促すような制度も新設されている。

　具体的には，土地の登記名義人の死亡後10年以上30年以内で，政令で定める期間30年を超えて長期間にわたり相続登記等がなされていない土地については，登記官が当該土地の所有権の登記名義人となりうる者を探索した上で，職権により長期相続登記等未了土地である旨等を登記簿等に記載することができる制度であり，所有者不明土地法40条1項に新設されている。

　この制度新設に伴い，「所有者不明土地の利用の円滑化に関する特別措置法施行令」（平成30年政令第308号，令和元年6月1日全面施行），「所有者不明の利用の円滑化等に関する特別措置法に規定する不動産登記法の特例に関する省令」（平成30年法務省令第28号，平成30年11月15日施行）が施行されている。

(2)　背景・必要性

　次の2点を指摘され，新たな制度を作ったといえる。

① 　所有者不明土地が大問題になっているが，所有者不明の土地になってしまう要因として，まずは登記名義人が死亡しているのに相続登記等がされていないことが挙げられる点。

② 　登記名義人が死亡しても相続登記等がされていないとすると，公共事業の用地取得等において，実際の所有者を探索することに負担が大きい点。

(3)　対象になる土地，特定登記未了土地

　収用適格事業等の準備その他の目的のための所有者を探索する必要のある土地が対象であり，実際には，取得する予定の公共事業用地，農地の集約化を行う農地，森林の適正な管理等の事業を利用する森林等が対象になる。

第3節 長期相続登記等未了土地に係る不動産登記法の特例

(4) 効　果

　長期間相続登記がされていない土地に関して，相続に相続登記等を促す制度により，次のような効果がある。

① 調査により判明した相続人本人に対して，直接的に相続登記を促すことができる。

② 調査した結果を，相続登記申請時に添付書類として援用することが可能になる。このため，相続登記の申請人においては手続の負担を軽減できる。

③ 公共事業の用地取得が目的の事業実施主体にとっては，所有者探索のコスト削減になり，簡便化が可能になる。

2　具体的な内容

(1) 手続の流れ

《図11　所有権不明土地法に関する手続のフロー》

① 調査対象土地に関する情報を収集する。

↓

② 調査対象土地を選定する。

↓

③ 調査対象土地の登記名義人に関して，戸籍等の調査により相続が発生しているかの有無を確認する。

↓

④ 相続が発生している法定相続人を調査する。

↓

⑤ 法定相続人情報等を登記簿の一部として保管（探索の結果を確認するために必要な事項を登記事項として記録）する。

↓

⑥ 法定相続人情報の審査をする。

⑦ 調査で判明した法定相続人に対し，相続登記を促す通知を発する。

(2) 登記簿に記載される内容

相続登記されていないことを登記官が職権登記する場合は，甲区の権利部に付記登記により「登記の目的」欄に「長期相続登記等未了土地」であること，「権利者その他の事項」欄に「作成番号」，「登記年月日」が記載される。

《例35 保存登記―相続人全員が判明している場合》

権　利　部　（甲区）	（所有権に関する事項）		
順位番号	登　記　の　目　的	受付年月日・受付番号	権利者その他の事項
1	所有権保存	昭和○年○月○日 第○号	所有者　○市○町○番地 　　　　甲　某
付記1号	長期相続登記等未了土地	余　白	作成番号　第5100－2018－0001号 令和○年○月○日付記

《例36 保存登記―相続人の一部・全部が判明しない場合》

権　利　部　（甲区）	（所有権に関する事項）		
順位番号	登　記　の　目　的	受付年月日・受付番号	権利者その他の事項
1	所有権保存	昭和○年○月○日 第○号	所有者　何市何町何番地 　　　　甲　某
付記1号	長期相続登記等未了土地	余　白	作成番号　第5100－2018－0002号 （相続人の全部（又は一部）不掲載） 令和○年○月○日付記

《例37 移転登記―単有の場合》

権　利　部　（甲区）	（所有権に関する事項）		
順位番号	登　記　の　目　的	受付年月日・受付番号	権利者その他の事項
2	所有権移転	昭和○年○月○日 第○号	原因　昭和○年○月○日売買 所有者　○市○町○番地 　　　　甲　某
付記1号	長期相続登記等未了土地	余　白	作成番号　第5100－2018－0003号 令和○年○月○日付記

第3節　長期相続登記等未了土地に係る不動産登記法の特例

《例38　移転登記─共有の場合》

権　利　部　（甲区）　　（所有権に関する事項）			
順位番号	登　記　の　目　的	受付年月日・受付番号	権利者その他の事項
2	所有権移転	昭和○年○月○日 第○号	原因　昭和○年○月○日売買 共有者 　　○市○町○番地 　　持分2分の1 　　甲　某 　　○市○町○番地 　　2分の1 　　乙　某
付記1号	2番共有者乙某につき長期相 続登記等未了土地	余　白	作成番号　第5100－2018－0004号 令和○年○月○日付記
付記2号	2番共有者甲某につき長期相 続登記等未了土地	余　白	作成番号　第5100－2018－0005号 令和○年○月○日付記

《例39　移転登記─持分登記の場合》

権　利　部　（甲区）　　（所有権に関する事項）			
順位番号	登　記　の　目　的	受付年月日・受付番号	権利者その他の事項
2	所有権移転	昭和○年○月○日 第○号	原因　昭和○年○月○日売買 共有者 　　○市○町○番地 　　持分2分の1 　　甲　某 　　○市○町○番地 　　2分の1 　　乙　某
付記1号	2番共有者乙某につき長期相 続登記等未了土地	余　白	作成番号　第5100－2018－0006号 令和○年○月○日付記
3	甲某持分全部移転	昭和○年○月○日 第○号	原因　昭和○年○月○日売買 所有者　○市○町○番地 　　持分2分の1 　　乙　某
付記1号	長期相続登記等未了土地	余　白	作成番号　第5100－2018－0006号 令和○年○月○日付記

《例40　通知後，相続人が相続登記をした場合（単有の場合）》

権　利　部　（甲区）　　（所有権に関する事項）			
順位番号	登　記　の　目　的	受付年月日・受付番号	権利者その他の事項
2	所有権移転	昭和○年○月○日 第○号	原因　昭和○年○月○日売買 所有者　○市○町○番地 　　甲　某
<u>付記1号</u>	<u>長期相続登記等未了土地</u>	余　白	作成番号　第5100－2018－0020号 令和○年○月○日付記
3	甲某持分全部移転	昭和○年○月○日 第○号	原因　昭和○年○月○日相続（又は売買） 所有者　○市○町○番地 　　丙　某
4	2番付記1号長期相続登記等 未了土地の抹消	余　白	3番の登記をしたので順位2番付記1号の付記を 抹消 令和○年○月○日付記

416

第4節　登記制度・土地所有権の在り方等に関する研究会で検討中の論点

1　概　要

　国の所有者不明土地問題に対する取組みの一環として，平成29年10月から，学識研究者，実務家を研究メンバーとした「登記制度・土地所有権の在り方等に関する研究会」により，「①登記制度の在り方について」，「②土地所有権の在り方等について」の研究がされている。この研究会で検討中の論点の検討により，いずれ民法，不動産登記法の改正が行われ，従来の法令が変更になる可能性も高い。

2　研究会で検討中の論点―登記制度の在り方

(1)　対抗要件主義の検証

　「対抗要件主義の検証」とは，現在の登記に関しては「対抗要件主義」を利用しているが，このままでいいのかどうかということである。「対抗要件主義」に関しては，明治時代に登記制度がなかった時代に採用した制度であるが，現在では他の主義を採用している国も多く，このままでよいかを検討する。具体的には，「登記を物権変動の効力要件とすることについて法制的・社会的な影響やこれにより得ることができる効果」を踏まえて検討している。

(2)　相続登記の義務化の是非

　現在の所有者不明土地を作り出した原因の一つでもある相続登記を行っていないという点についてどうするかの論点である。そのため，「相続登記等の義務化の是非」，「職権による相続登記等の是非」を検討している。検討の方向性としては，「相続が生じた場合を登記に反映するための仕組みの在り方という観点」，「登記簿と戸籍等との連携による所有者情報を円滑に把握する仕組み」という方向性で，「相続における登記を物権的効力要件とするについての法制的・社会的影響」，「相続登記等の義務化の必要性」，「実態に即した登記を促進するため，実態と一致しない登記を信頼した者の保護」，「登記簿と戸籍等との情報連携のための方法」等を検討している。

第4節　登記制度・土地所有権の在り方等に関する研究会で検討中の論点

(3)　変則型登記の解消

　　本書でも取り上げている表題部所有者の氏名・住所が正常に登記され
ていない変則型登記の解消が論点である。登記官が職権で変則型登記を
解消していくための方策として法制的措置を講じるという方向性で検討
され，具体的には，「表題部所有者不明土地の登記及び管理の適正化に
関する法律」が制定されている。

(4)　登記手続の簡略化

　　現在の登記制度における登記手続をもっと簡略化できないかという点
から「相続による登記手続」，「すでにされている登記の抹消手続」，「時
効取得を原因とする登記手続」を中心に，登記の真正の確保，登記義務
者の手続保証等を図りつつ，登記手続をしやすくする方策の検討を進め，
具体的には，「法定相続分による登記後に遺産分割をした場合」，「古い
抵当権や地上権等の登記を抹消する場合」，「登記名義人が所在不明のと
きに時効取得を原因として行う場合」の登記手続の簡略化等について検
討している。

(5)　その他の論点

　　登記の公開の在り方等について，登記制度の目的等も踏まえて検討す
る方針で，具体的には，「登記名義人のプライバシーへの配慮に基づく
住所等の公開の在り方について」検討している。

3　研究会で検討中の論点―土地所有権の在り方

(1)　土地所有権の「強大性」，「放棄」等

　　土地所有権の「強大性」から「所有権絶対の原則の意義」，「公共の福
祉優先の理念と土地所有権の関係」を考慮し，現在では認められていな
い「土地所有権の放棄」を認めるか否か，認めるとすれば放棄された土
地の帰属先やみなし放棄制度の是非を論点にしている。

　　土地所有権の放棄を許すとすると具体的な場面を想定して検討してい
る。例としては，やむを得ない事由により土地所有者が過大な管理コス
トを負担する場合，所有者が一定の費用を支払う場合等が挙げられてい
る。

放棄された土地の帰属先としては，例として，国，地方公共団体，ランドバンク等が挙げられている。

(2)　**相隣関係の在り方**

　相隣関係の在り方として，「境界に関する規律の在り方」，「相隣関係の現代化」を論点とし，具体的には，「現在生活に即した隣地使用の規則の在り方（ライフライン確保のための隣地使用等）」，「土地の境界の画定に係る規律の在り方」を検討している。

(3)　**共有地の管理の在り方**

　共有地の管理，解消の在り方という論点において，具体的には，「共有物の管理を行う管理権者の選任を可能とする仕組み」，「共有物の利用に関する不明共有者の同意擬制の仕組み」，「不明共有者の持分を喪失させる仕組み（供託の活用による持分の買取り，共有者の一部による時効取得など）」，「遺産分割の期間制限の導入の是非」を検討している。

(4)　**財産管理制度の在り方**

　財産管理制度の在り方として財産管理の機能を向上するために，具体的には，「不在者等の財産において全財産ではなく一部の財産のみを管理する仕組み」，「複数の不明共有者について一人の管理人を選任する仕組み」，「申立権者の範囲の拡大の是非」を論点にしている。

第5節 「表題部所有者不明土地の登記及び管理の適正化に関する法律」とは

1 概 要

(1) 成 立

「表題部所有者不明土地の登記及び管理の適正化に関する法律」（令和元年法律第15号。表題部不明土地法）は，本書では，「第9編」で説明してある土地に対しての方策を決めた法律であり，令和元年5月17日に成立し，施行は，交付の日（令和元年5月24日）から起算して1年6月を超えない範囲内において政令で定める日とされている（令和2年11月24日までに施行）。

(2) 表題部所有者不明土地とは

法務省が説明している「表題部所有者不明土地の登記及び管理の適正化に関する法律の概要」によると「旧土地台帳制度下における所有者欄の氏名・住所の変則的な記載が，昭和35年以降の土地台帳と不動産登記簿との一元化作業後も引き継がれたことにより，表題部所有者欄（※）の氏名・住所が正常に記録されていない登記となっている土地（表題部所有者不明土地）となり，それがそのまま解消されていない土地が全国に多数存在（全国約50万筆調査の結果，約1％存在）」（平成29年9月～平成30年5月調査）と説明している。

また，「表題部所有者」については，「（※）所有権の登記（権利部）がない不動産について，登記記録の表題部に記録される所有者をいう。当事者の申請により所有権の登記がされると，表題部所有者に関する登記事項は抹消される。」と説明している。

(3) 表題部所有者不明土地の現状

現状については，法務省の概要では次のように説明している。

「●所有者不明土地の中でも，氏名や住所の記録がないため，戸籍や住民票等による所有者調査の手掛かりがなく，所有者の発見が特に困難

→自治体における用地取得や民間取引において，交渉の相手方が全く分からず，用地取得や民間取引の大きな阻害要因に」

「●表題部所有者不明土地を解消するためには，

　　　　　　　　　　　　　　　　　　　　　2　法律の内容

　　　・公的資料や歴史的な文献（例えば，寺で保管されている過去帳や，地域
　　　　内の土地に関する歴史書等）を調査
　　　・その土地の経緯を知る近隣住民等からの聞き取りなどによる所有
　　　　者の特定が必要
　　　→今後，歴史的資料の散逸や地域コミュニティの衰退により，所有
　　　　者の特定がますます困難になるおそれ」

⑷　**法律が作られた理由**
　　　法務省の「理由書」によると次のように説明している。
　　　「所有権の登記がない１筆の土地のうち表題部に所有者の氏名又は名
　称及び住所の全部又は一部が登記されていないものの登記及び管理の適
　正化を図るため，登記官による表題部に登記すべき所有者の探索及び当
　該探索の結果に基づく登記並びに当該探索の結果表題部に登記すべき所
　有者の全部又は一部を特定することができなかったものについての裁判
　所が選任する管理者による管理等の措置を講ずる必要がある。これが，
　この法律案を提出する理由である。」
　　　要は，表題部所有者不明土地については，所有者が不明であり，所有
　者を探索することも利用することも容易でないため，なんとか探索する
　方法及び利用方法を新しい法律で設けたということである。

　2　**法律の内容**

⑴　**法律のポイント**
　　　表題部所有者不明土地の探索，利用の新制度であるため下記のような
　制度を設けた。
　①　所有者の探索に関する制度を設けた。
　②　探索結果を登記簿に反映させる不動産登記の特例を設けた。
　③　探索しても所有者が不明な土地に関しては管理できる制度を設けた。

⑵　**所有者の探索に関する制度**
　　　探索するための制度として二つの方法が設けられた。
　①　登記官による所有権者の探索（表題不明３条〜８条）
　　　　登記官は，表題部所有者不明土地について，当該表題部所有者不明

第5節 「表題部所有者不明土地の登記及び管理の適正化に関する法律」とは

　　　土地の利用の現況等の事情を考慮して，表題部所有者不明土地の登記
　　の適正化を図る必要があると認めるときは，職権で，その所有者等の
　　探索を行うこととされ，当該探索を行おうとするときは，あらかじめ，
　　その旨等の事項を公告しなければならないこと等。

　②　所有者等探索委員による調査（表題不明9条〜13条）

　　　法務局及び地方法務局に，所有者等の探索のために必要な調査をさ
　　せ，登記官に意見を提出させるため，所有者等探索委員を置くこと等。

(3)　**不動産登記の特例**

　◎　**所有者等の特定及び表題部所有者の登記**（表題不明14条〜16条）

　　　登記官は，所有者等の探索により得られた情報の内容等を総合的に考
　　慮して，当該探索に係る表題部所有者不明土地の表題部所有者として登
　　記すべき者があるか等の判断（以下，「所有者等の特定」という。）をすること。

　　　登記官は，所有者等の特定をしたときは，当該所有者等の特定に係る
　　表題部所有者不明土地につき，職権で，遅滞なく，表題部所有者の登記
　　を抹消するとともに，不動産登記法の規定にかかわらず，当該表題部所
　　有者不明土地の表題部に，表題部所有者として登記すべき者の氏名又は
　　名称及び住所等を登記することとされ，当該登記をしようとするときは，
　　あらかじめ，その旨等の事項を公告しなければならない。

　　　また，登記官は，表題部不明土地法15条1項の規定による登記をした
　　ときは，遅滞なく，その旨等の事項を公告しなければならない。

(4)　**所有者の特定が不能だった場合の土地の管理**

　◎　**所有者等特定不能土地の管理**（表題不明19条〜30条）

　　　所有者等の探索を行った結果，所有者等を特定することができなかっ
　　た表題部所有者不明土地（所有者等特定不能土地）については，裁判所の
　　選任した管理者による管理を可能とする。

　　　所有者等の探索を行った結果，法人でない社団等に帰属していること
　　が判明したものの，その全ての構成員を特定することができず，又はそ
　　の所在が明らかでない表題部所有者不明土地についても，同様の措置を
　　講じる。

2　法律の内容

《図12　所有者を探索する場合の大まかなフロー》

(1)　対象とする土地の選定
　　・表題部所有者不明土地の解消を実施する地域の選定
　　・所有者等の探索を行う表題部所有者不明土地の選定

(2)　現在又は過去の所有者又は共有者の探索の開始（表題不明3条）
　　・職権で所有者等の探索を開始
　　・探索を開始する旨を公告

(3)　利害関係人からの意見又は資料の提出（同4条）

(4)　登記官による調査（同5条～8条）
　　・各種台帳（旧土地台帳，戸籍の除籍謄本等）の調査
　　・実地調査，占有者・関係者からの聞き取り調査
　　・立入調査
　　・他の登記所への調査嘱託
　　・地方公共団体等に対する情報提供の求め

(5)　必要な場合に指定：所有者等探索委員による調査（同9条～13条）
　　・必要な知識・経験を有する者から所有者等探索委員を任命
　　・登記官による調査の指示
　　・職委員による調査の補助
　　・調査事項―各種台帳の調査，占有者・関係者からの聞き取り，
　　　実地調査等
　　・意見の提出

(6)　登記官による所有者特定の判断（同14条）
　　・所有者等の特定に関する記録（特定書）を作成し，登記所に備
　　　付け
　　・全部判明（1号），全部不明（2号），一部不明（3号）
　　・不明の場合はその事由が下記のいずれであるか判断する
　　　(イ)　所有者が特定できない（4号イ）
　　　(ロ)　権利能力なき社団であり，個人を特定できない（4号ロ）

第13編　国の所有者不明土地に対する取組

423

第5節 「表題部所有者不明土地の登記及び管理の適正化に関する法律」とは

《例41 所有者等が特定することができた場合の記録》

```
1  特定された所有者
   住所 ○○県○○市○○町12番地  氏名 法務太郎
2  特定の理由
   ～の資料（及所有者等探索委員の意見）を踏まえ，
   対象土地の所有者を法務太郎に特定した。
3  調査した資料
   戸除籍謄本，各種台帳……
```

(7) 登記を行う前の公告（同15条2項）

(8) 登記官による表題部所有者の登記をする（同15条1項）

・特定された所有者等を表題部所有者とする登記をする。
・例外的に，表題部所有者を特定することができず，表題部所有者として登記すべき者がいないときは，その旨及びその事由を登記する。
・全部判明した場合は，判明した者の住所，氏名，持分を登記する（1項1号）
・全部不明の場合は，不明である旨とその事由を登記する（1項2号）
・一部不明の場合は，判明した者の住所，氏名，持分を登記する。判明しなかった者については，不明である旨とその事由を登記する（1項3号）

《例42 特定された所有者等を表題部所有者とする登記》

例1　元が「A」の場合　→「住所　A」に
例2　元が「大字○○」の場合　→「○○市」
例3　元が「A外2名」の場合　→「住所　持分△　A」
　　　　　　　　　　　　　　　　「住所　持分△　B」
　　　　　　　　　　　　　　　　「住所　持分△　C」

資料1 登記簿・台帳一元化指定期日一覧

◎札幌法務局

庁　名	一元化指定期日	現在の管轄登記所
札幌本局	昭和36年10月3日	札幌本局，北出張所，白石出張所，南出張所，西出張所
江別出張所	昭和39年3月31日	江別出張所
恵庭出張所	昭和42年3月31日	恵庭出張所
当別出張所	昭和44年3月20日	江別出張所
石狩出張所	昭和44年9月30日	北出張所
厚田出張所	昭和45年3月31日	
浜益出張所	昭和44年3月20日	
岩見沢支局	昭和38年12月31日	岩見沢支局
美唄出張所	昭和43年1月31日	
芦別出張所	昭和38年5月31日	滝川支局
滝川出張所	昭和40年3月31日	
砂川出張所	昭和43年3月31日	
月形出張所	昭和45年9月30日	岩見沢支局，滝川支局
由仁出張所	昭和41年3月31日	岩見沢支局
夕張出張所	昭和41年12月31日	
長沼出張所	昭和41年3月31日	
室蘭支局	昭和41年3月31日	室蘭支局
伊達出張所	昭和42年3月31日	
虻田出張所	昭和42年3月31日	
苫小牧出張所	昭和40年3月31日	苫小牧支局
厚真出張所	昭和44年3月20日	
鵡川出張所	昭和44年12月31日	
浦河支局	昭和39年3月31日	日高支局
様似出張所	昭和45年9月30日	
幌泉出張所	昭和44年12月31日	
三石出張所	昭和44年10月31日	
静内出張所	昭和43年12月31日	
門別出張所	昭和45年1月31日	
平取出張所	昭和45年6月30日	
小樽支局	昭和37年11月30日	小樽支局
余市出張所	昭和43年3月31日	
古平出張所	昭和45年6月30日	
岩内支局	昭和40年3月31日	倶知安支局
倶知安出張所	昭和44年3月20日	
留寿都出張所	昭和45年12月31日	
蘭越出張所	昭和45年11月30日	

◎函館地方法務局

庁　名	一元化指定期日	現在の管轄登記所
函館本局	昭和36年12月31日	函館本局
戸井出張所	昭和36年12月10日	
大野出張所	昭和41年1月31日	
七飯出張所	昭和38年12月31日	

資　料

庁　名	一元化指定期日	現在の管轄登記所
木古内出張所	昭和43年12月31日	
森出張所	昭和41年 3 月31日	八雲支局
南茅部出張所	昭和43年12月31日	函館本局
八雲出張所	昭和41年 1 月31日	八雲支局
長万部出張所	昭和39年12月31日	
松前出張所	昭和44年12月31日	函館本局
福島出張所	昭和41年12月31日	
瀬棚出張所	昭和45年 2 月28日	八雲支局
今金出張所	昭和41年12月31日	
江差支局	昭和38年11月30日	
厚沢部出張所	昭和39年12月31日	江差支局
乙部出張所	昭和41年12月31日	
熊石出張所	昭和43年 3 月31日	八雲支局
大成出張所	昭和43年12月31日	
奥尻出張所	昭和44年12月31日	江差支局
寿都支局	昭和38年10月31日	
黒松内出張所	昭和43年 3 月31日	八雲支局
島牧出張所	昭和39年 3 月31日	

◎旭川地方法務局

庁　名	一元化指定期日	現在の管轄登記所
旭川本局	昭和37年 3 月15日	
愛別出張所	昭和40年 1 月 1 日	
美瑛出張所	昭和40年 1 月 1 日	
上富良野出張所	昭和39年 1 月 1 日	旭川本局
富良野出張所	昭和41年 3 月31日	
深川出張所	昭和41年12月31日	
沼田出張所	昭和40年 1 月 1 日	
名寄支局	昭和39年 1 月 1 日	
士別出張所	昭和43年 3 月31日	
和寒出張所	昭和44年 6 月30日	名寄支局
美深出張所	昭和43年12月31日	
中川出張所	昭和44年12月31日	
滝上出張所	昭和45年12月31日	
紋別出張所	昭和43年12月31日	紋別支局
興部出張所	昭和45年12月31日	
枝幸出張所	昭和45年12月31日	
浜頓別出張所	昭和44年 7 月31日	名寄支局
中頓別出張所	昭和44年12月31日	
留萌支局	昭和39年 1 月 1 日	留萌支局
羽幌出張所	昭和40年12月31日	
稚内支局	昭和39年 1 月 1 日	
天塩出張所	昭和41年12月31日	稚内支局
利尻出張所	昭和44年12月31日	
礼文出張所	昭和44年12月31日	

◎釧路地方法務局

庁　名	一元化指定期日	現在の管轄登記所
釧路本局	昭和38年 3 月20日	

426

資料1　登記簿・台帳一元化指定期日一覧

庁名	一元化指定期日	現在の管轄登記所
阿寒出張所	昭和39年 2 月29日	釧路本局
標茶出張所	昭和39年 3 月31日	
厚岸出張所	昭和44年 1 月10日	
浜中出張所	昭和42年12月31日	
帯広支局	昭和41年 3 月31日	帯広支局
上士幌出張所	昭和45年 3 月10日	
芽室出張所	昭和41年 3 月31日	
清水出張所	昭和45年12月31日	
池田出張所	昭和45年 2 月28日	
本別出張所	昭和42年12月31日	
足寄出張所	昭和45年 3 月31日	
浦幌出張所	昭和45年12月31日	
広尾出張所	昭和42年 3 月31日	
大樹出張所	昭和42年12月31日	
網走支局	昭和39年 2 月29日	北見支局
常呂出張所	昭和42年 3 月31日	
美幌出張所	昭和39年 3 月14日	
斜里出張所	昭和42年 3 月31日	
小清水出張所	昭和42年 3 月31日	
北見支局	昭和40年 3 月31日	北見支局
上湧別出張所	昭和44年 2 月28日	
遠軽出張所	昭和42年 3 月31日	
佐呂間出張所	昭和42年 3 月31日	
根室支局	昭和39年 2 月29日	根室支局
別海出張所	昭和42年12月31日	中標津出張所
標津出張所	昭和44年 3 月31日	

◎仙台法務局

庁名	一元化指定期日	現在の管轄登記所
仙台本局	昭和36年12月31日	仙台本局
塩竈出張所	昭和42年11月30日	塩竈支局
広瀬出張所	昭和37年12月31日	仙台本局
岩沼出張所	昭和36年12月31日	名取出張所
増田出張所	昭和36年12月31日	名取出張所，仙台本局
吉岡出張所	昭和40年 1 月31日	仙台本局
松島出張所	昭和39年 1 月31日	塩竈支局，仙台本局
亘理出張所	昭和39年 1 月31日	名取出張所
大河原支局	昭和41年 2 月28日	大河原支局
村田出張所	昭和40年 9 月30日	
川崎出張所	昭和40年 9 月30日	
白石出張所	昭和41年 3 月19日	
角田出張所	昭和44年10月31日	
丸森出張所	昭和43年12月31日	
古川支局	昭和40年 1 月31日	古川支局
松山出張所	昭和41年12月31日	
中新田出張所	昭和43年11月30日	
岩出山出張所	昭和41年12月31日	
鳴子出張所	昭和41年 2 月28日	
涌谷出張所	昭和37年 7 月31日	

資　料

田尻出張所	昭和37年12月31日	
築館出張所	昭和42年 2 月28日	
岩ケ崎出張所	昭和45年10月31日	
若柳出張所	昭和45年10月31日	古川支局，登米支局
石巻支局	昭和39年 1 月31日 昭和40年10月31日	
広淵出張所	昭和40年10月31日	石巻支局
小野出張所	昭和40年10月31日	
飯野川出張所	昭和42年12月31日	
登米支局	昭和42年11月30日	登米支局
佐沼出張所	昭和44年11月30日	
気仙沼支局	昭和43年12月31日	
志津川出張所	昭和36年 4 月30日	気仙沼支局
津谷出張所	昭和44年10月31日	

◎福島地方法務局

庁　名	一元化指定期日	現在の管轄登記所
福島本局	昭和36年 2 月10日	福島本局
飯坂出張所	昭和36年 2 月10日	
松川出張所	昭和38年 1 月31日	福島本局，二本松出張所
二本松出張所	昭和38年 1 月31日	二本松出張所
本宮出張所	昭和39年 1 月31日	
小浜出張所	昭和37年 1 月31日	
桑折出張所	昭和41年 2 月28日	福島本局
梁川出張所	昭和41年 2 月28日	
掛田出張所	昭和38年 1 月31日	
保原出張所	昭和40年 2 月28日	
川俣出張所	昭和37年 1 月31日	福島本局，相馬支局
相馬支局	昭和36年 2 月10日	相馬支局
鹿島出張所	昭和36年 2 月10日	
原町出張所	昭和36年 2 月10日	
小高出張所	昭和36年 2 月10日	
郡山支局	昭和40年 2 月28日	郡山支局
福良出張所	昭和43年12月31日	
三春出張所	昭和42年 2 月28日	
常葉出張所	昭和42年 2 月28日	
小野町出張所	昭和44年12月31日	
白河支局	昭和43年 2 月29日	白河支局
矢吹出張所	昭和43年12月31日	白河支局，郡山支局
須賀川出張所	昭和45年12月31日	郡山支局
石川出張所	昭和44年12月31日	白河支局，郡山支局
棚倉出張所	昭和43年12月31日	白河支局
塙出張所	昭和44年12月31日	
竹貫出張所	昭和45年12月31日	
若松支局	昭和37年 1 月31日	若松支局
坂下出張所	昭和37年 1 月31日	
野沢出張所	昭和41年 2 月28日	
柳津出張所	昭和41年 2 月28日	
高田出張所	昭和43年 2 月29日	
川口出張所	昭和45年12月31日	

資料1　登記簿・台帳一元化指定期日一覧

庁　名	一元化指定期日	現在の管轄登記所
喜多方出張所	昭和37年 1 月31日	
猪苗代出張所	昭和43年12月31日	
塩川出張所	昭和37年 1 月31日	
山都出張所	昭和37年 1 月31日	
田島出張所	昭和40年 2 月28日	田島出張所
大宮出張所	昭和45年12月31日	
只見出張所	昭和45年12月31日	
平支局	昭和39年 1 月31日	いわき支局
四倉出張所	昭和43年 2 月29日	
小名浜出張所	昭和42年11月30日	
勿来出張所	昭和41年 2 月28日	
富岡出張所	昭和44年12月31日	富岡出張所
浪江出張所	昭和44年12月31日	
双葉出張所	昭和44年12月31日	

◎山形地方法務局

庁　名	一元化指定期日	現在の管轄登記所
山形本局	昭和37年 2 月28日	山形本局
上山出張所	昭和37年 2 月28日	
山辺出張所	昭和37年 2 月28日	
天童出張所	昭和37年 2 月28日	
楯岡出張所	昭和39年 1 月31日	村山出張所
東根出張所	昭和39年 1 月31日	
尾花沢出張所	昭和41年 2 月28日	
寒河江支局	昭和39年 1 月31日	寒河江支局
谷地出張所	昭和41年 2 月28日	
左沢出張所	昭和41年 2 月28日	
海味出張所	昭和41年 2 月28日	
宮宿出張所	昭和41年 2 月28日	
新庄支局	昭和41年 2 月28日	新庄支局
鮭川出張所	昭和43年 2 月29日	
真室川出張所	昭和44年 2 月28日	
向町出張所	昭和44年 2 月28日	
米沢支局	昭和43年 2 月29日	米沢支局
小松出張所	昭和44年12月31日	
高畠出張所	昭和45年12月31日	
赤湯出張所	昭和44年12月31日	
宮内出張所	昭和44年12月31日	
長井出張所	昭和45年12月31日	
荒砥出張所	昭和45年12月31日	
小国出張所	昭和45年 9 月30日	
鶴岡支局	昭和40年 2 月28日	鶴岡支局
山添出張所	昭和43年 2 月29日	
狩川出張所	昭和42年 2 月28日	酒田支局
温海出張所	昭和42年 2 月28日	鶴岡支局
酒田支局	昭和42年 2 月28日	酒田支局
松嶺出張所	昭和44年 2 月28日	
観音寺出張所	昭和44年 2 月28日	
遊佐出張所	昭和44年 2 月28日	

資料

資　料

余目出張所	昭和44年 2 月28日	

◎盛岡地方法務局

庁　名	一元化指定期日	現在の管轄登記所
盛岡本局	昭和37年12月31日	
沼宮内出張所	昭和39年12月31日	
渋民出張所	昭和37年12月31日	
雫石出張所	昭和37年12月31日	盛岡本局
平館出張所	昭和40年12月31日	
日詰出張所	昭和37年12月31日	
葛巻出張所	昭和39年12月31日	
花巻支局	昭和41年12月31日	
大迫出張所	昭和39年12月31日	
石鳥谷出張所	昭和39年12月31日	
北上出張所	昭和41年12月31日	花巻支局
和賀出張挙	昭和42年12月31日	
土沢出張所	昭和42年12月31日	
沢内出張所	昭和38年12月31日	
二戸支局	昭和39年12月31日	
浄法寺出張所	昭和42年12月31日	二戸支局
一戸出張所	昭和45年12月31日	
荒屋出張所	昭和44年 5 月31日	盛岡本局
久慈出張所	昭和44年 9 月30日	二戸支局，宮古支局
種市出張所	昭和45年 8 月31日	二戸支局
軽米出張所	昭和45年 8 月31日	
遠野支局	昭和42年12月31日	花巻支局
大槌出張所	昭和45年 7 月31日	宮古支局
釜石出張所	昭和44年12月31日	
宮守出張所	昭和44年 5 月31日	花巻支局
大船渡出張所	昭和44年12月31日	
世田米出張所	昭和45年 7 月31日	大船渡出張所
高田出張所	昭和45年 8 月31日	
宮古支局	昭和44年 1 月31日	
山田出張所	昭和45年 9 月30日	宮古支局
岩泉出張所	昭和45年12月31日	
一関支局	昭和40年12月31日	
涌津出張所	昭和41年12月31日	
藤沢出張所	昭和43年12月31日	
千厩出張所	昭和43年12月31日	
大東出張所	昭和40年12月31日	水沢支局
長坂出張所	昭和40年12月31日	
水沢支局	昭和38年12月31日	
金ケ崎出張所	昭和38年12月31日	
前沢出張所	昭和38年12月31日	
江刺出張所	昭和42年12月31日	

◎秋田地方法務局

庁　名	一元化指定期日	現在の管轄登記所
秋田本局	昭和38年 1 月31日	

資料1　登記簿・台帳一元化指定期日一覧

土崎出張所	昭和38年1月31日	秋田本局
五城目出張所	昭和44年12月31日	
船越出張所	昭和39年12月31日	
船川港出張所	昭和39年12月31日	
北浦出張所	昭和39年12月31日	
飯田川出張所	昭和45年12月31日	
新屋出張所	昭和38年1月31日	
和田出張所	昭和38年1月31日	秋田本局，大曲支局
能代支局	昭和39年12月31日	能代支局
沢目出張所	昭和39年12月31日	
二ツ井出張所	昭和41年12月31日	
山本出張所	昭和45年12月31日	
本荘支局	昭和43年12月31日	本荘支局
矢島出張所	昭和44年12月31日	
仁賀保出張所	昭和44年12月31日	
象潟出張所	昭和44年12月31日	
東由利出張所	昭和44年12月31日	
大館支局	昭和39年1月31日	大館支局
鷹巣出張所	昭和45年12月31日	
扇田出張所	昭和39年1月31日	
山瀬出張所	昭和39年1月31日	
阿仁出張所	昭和45年12月31日	
森吉出張所	昭和45年12月31日	
合川出張所	昭和45年12月31日	
花輪出張所	昭和45年12月31日	
毛馬内出張所	昭和39年1月31日	
横手支局	昭和41年12月31日	大曲支局
浅舞出張所	昭和41年12月31日	
沼館出張所	昭和41年12月31日	
大森出張所	昭和41年12月31日	
湯沢支局	昭和42年12月31日	
稲庭出張所	昭和42年12月31日	
横堀出張所	昭和42年12月31日	
西馬音内出張所	昭和42年12月31日	
増田出張所	昭和42年12月31日	
大曲支局	昭和40年12月31日	
角館出張所	昭和44年12月31日	
田沢湖出張所	昭和45年12月31日	
六郷出張所	昭和40年12月31日	
刈和野出張所	昭和40年12月31日	
横沢出張所	昭和40年12月31日	

◎青森地方法務局

庁　　名	一元化指定期日	現在の管轄登記所
青森本局	昭和37年1月31日	青森本局
蟹田出張所	昭和37年1月31日	
今別出張所	昭和37年1月31日	
小湊出張所	昭和45年9月30日	
野辺地出張所	昭和44年4月30日	十和田支局，むつ支局

資　料

資　料

七戸出張所	昭和43年12月31日	十和田支局
乙供出張所	昭和44年12月31日	
むつ出張所	昭和43年12月31日	
大間出張所	昭和45年11月30日	むつ支局
川内出張所	昭和45年10月31日	
五所川原支局	昭和40年 2 月28日	五所川原支局
原子出張所	昭和40年 2 月28日	五所川原支局，青森本局
金木出張所	昭和40年 2 月28日	五所川原支局
小泊出張所	昭和37年 8 月31日	
板柳出張所	昭和40年 2 月28日	弘前支局，五所川原支局
弘前支局	昭和39年 2 月29日	
高杉出張所	昭和39年 2 月29日	弘前支局
黒石出張所	昭和41年12月31日	
藤崎出張所	昭和39年 2 月29日	
浪岡出張所	昭和39年 2 月29日	青森本局
平賀出張所	昭和41年12月31日	
尾上出張所	昭和41年12月31日	弘前支局
大鰐出張所	昭和41年12月31日	
鰺ケ沢支局	昭和41年12月31日	
深浦出張所	昭和45年10月31日	
木造出張所	昭和41年 2 月28日	五所川原支局
稲垣出張所	昭和45年10月31日	
車力出張所	昭和45年10月31日	
八戸支局	昭和40年12月31日	
三戸出張所	昭和44年12月31日	
劔吉出張所	昭和40年12月31日	
市野沢出張所	昭和41年 2 月28日	八戸支局
田子出張所	昭和45年10月31日	
五戸出張所	昭和44年12月31日	
戸来出張所	昭和45年10月31日	
百石出張所	昭和42年12月31日	十和田支局，八戸支局
十和田出張所	昭和42年12月31日	十和田支局

◎東京法務局

庁　名	一元化指定期日	現在の管轄登記所
東京本局	昭和37年 3 月31日	東京本局，港出張所
文京出張所	昭和37年 3 月31日	東京本局
芝出張所	昭和37年 3 月31日	港出張所
台東出張所	昭和37年 3 月31日	台東出張所，東京本局
墨田出張所	昭和39年 1 月31日	墨田出張所
品川出張所	昭和36年 3 月31日	品川出張所
蒲田出張所	昭和40年 3 月31日	城南出張所
大森出張所	昭和40年 3 月31日	
世田谷出張所	昭和39年 1 月31日	世田谷出張所
渋谷出張所	昭和40年 9 月30日	渋谷出張所
新宿出張所	昭和36年 3 月31日	新宿出張所
中野出張所	昭和36年 3 月31日	中野出張所
杉並出張所	昭和38年 2 月28日	杉並出張所
板橋出張所	昭和38年 2 月28日	板橋出張所，豊島出張所

資料1　登記簿・台帳一元化指定期日一覧

北出張所	昭和39年1月31日	北出張所
練馬出張所	昭和38年2月28日	練馬出張所，板橋出張所
足立出張所	昭和42年2月28日	城北出張所
江戸川出張所	昭和38年2月28日	江戸川出張所
葛飾出張所	昭和40年1月31日	城北出張所
大島出張所	昭和40年2月15日	
波浮出張所	昭和40年2月15日	
新島出張所	昭和52年12月31日	東京本局
三宅島出張所	昭和52年12月31日	
八丈島出張所	昭和52年12月31日	
八王子支局	昭和40年1月31日	八王子支局，立川出張所
町田出張所	昭和42年2月28日	町田出張所
府中出張所	昭和40年1月31日	府中支局，立川出張所
調布出張所	昭和39年1月31日	世田谷出張所，府中支局
武蔵野出張所	昭和44年1月31日	府中支局
田無出張所	昭和41年2月28日	田無出張所
立川出張所	昭和42年2月28日	立川出張所
青梅出張所	昭和42年2月28日	
五日市出張所	昭和42年11月30日	西多摩支局
福生出張所	昭和45年2月28日	
氷川出張所	昭和43年9月30日	

◎横浜地方法務局

庁　名	一元化指定期日	現在の管轄登記所
横浜本局	昭和37年3月31日	横浜本局，栄出張所，神奈川出張所，旭出張所，港北出張所
磯子出張所	昭和37年3月31日	金沢出張所
川和出張所	昭和37年3月31日	港北出張所，青葉出張所
戸塚出張所	昭和37年3月31日	戸塚出張所，旭出張所，栄出張所
鎌倉出張所	昭和38年3月31日	湘南支局
藤沢出張所	昭和38年3月31日	湘南支局，大和出張所
寒川出張所	昭和38年3月31日	湘南支局
海老名出張所	昭和38年3月31日	大和出張所
上溝出張所	昭和41年3月31日	
中野出張所	昭和40年3月31日	相模原支局
相模湖出張所	昭和40年10月15日	
川崎支局	昭和37年3月31日	神奈川出張所，川崎支局
溝口出張所	昭和37年3月31日	麻生出張所
横須賀支局	昭和39年3月31日	
浦賀出張所	昭和39年3月31日	横須賀支局
三崎出張所	昭和39年3月31日	
長井出張所	昭和39年3月31日	
小田原支局	昭和40年3月31日	
宮ノ下出張所	昭和40年3月31日	
吉浜出張所	昭和40年3月31日	
松田出張所	昭和44年10月31日	西湘二宮支局
山北出張所	昭和44年12月31日	
秦野出張所	昭和41年11月30日	
平塚出張所	昭和43年12月31日	
伊勢原出張所	昭和43年12月31日	厚木支局

資　料

厚木出張所	昭和43年1月31日

◎さいたま地方法務局

庁　名	一元化指定期日	現在の管轄登記所
浦和本局	昭和35年10月31日	さいたま本局
川口出張所	昭和36年8月14日	川口出張所
大宮出張所	昭和36年8月14日	さいたま本局
足立出張所	昭和37年10月31日	志木出張所
鴻巣出張所	昭和37年3月31日	鴻巣出張所
上尾出張所	昭和37年10月31日	上尾出張所，久喜支局
菖蒲出張所	昭和37年10月31日	久喜支局
幸手出張所	昭和44年2月28日	久喜支局，春日部出張所
久喜出張所	昭和39年7月31日	久喜支局，春日部出張所
加須出張所	昭和43年2月29日	久喜支局
越谷支局	昭和36年8月14日	越谷支局，草加出張所，さいたま本局，川口出張所
岩槻出張所	昭和37年10月31日	さいたま本局，久喜支局
春日部出張所	昭和44年2月28日	春日部出張所
草加出張所	昭和36年8月14日	草加出張所，川口出張所
吉川出張所	昭和40年2月20日	越谷支局，草加出張所
川越支局	昭和39年2月15日	川越支局
所沢出張所	昭和39年12月10日	所沢支局
狭山出張所	昭和39年9月30日	
坂戸出張所	昭和41年2月28日	坂戸出張所
越生出張所	昭和41年2月28日	坂戸出張所，東松山支局
飯能出張所	昭和41年2月28日	飯能出張所，所沢支局
熊谷支局	昭和35年11月30日	熊谷支局
妻沼出張所	昭和35年11月30日	
行田出張所	昭和35年11月30日	熊谷支局，鴻巣出張所
羽生出張所	昭和35年11月30日	久喜支局
深谷出張所	昭和35年11月30日	熊谷支局
寄居出張所	昭和35年11月30日	
本庄出張所	昭和35年11月30日	本庄出張所
児玉出張所	昭和35年11月30日	
東松山支局	昭和42年2月28日	東松山支局
小川出張所	昭和42年2月28日	
秩父支局	昭和42年11月30日	秩父支局
小鹿野出張所	昭和44年12月31日	
野上出張所	昭和44年12月31日	
吉田出張所	昭和44年12月31日	

◎千葉地方法務局

庁　名	一元化指定期日	現在の管轄登記所
千葉本局	昭和36年11月30日	千葉本局
大和田出張所	昭和37年9月30日	千葉本局，船橋支局
市原出張所	昭和42年3月31日	市原出張所
南総出張所	昭和43年9月30日	
大網出張所	昭和46年3月31日	千葉本局，東金出張所
東金出張所	昭和46年1月31日	東金出張所

434

資料1　登記簿・台帳一元化指定期日一覧

片貝出張所	昭和45年12月31日	
佐倉支局	昭和38年12月31日	佐倉支局
八街出張所	昭和41年 3 月31日	
印西出張所	昭和38年12月31日	成田出張所
成田出張所	昭和38年12月31日	
一宮支局	昭和36年11月30日	
白子出張所	昭和39年12月31日	茂原支局
茂原出張所	昭和39年12月31日	
長南出張所	昭和43年12月31日	
長者出張所	昭和44年12月31日	
大多喜出張所	昭和45年12月31日	
勝浦出張所	昭和44年12月31日	いすみ出張所
御宿出張所	昭和45年12月31日	
夷隅出張所	昭和45年12月31日	
松戸支局	昭和37年 1 月31日	松戸支局
市川出張所	昭和41年 3 月31日	市川支局
船橋出張所	昭和41年 3 月31日	船橋支局
柏出張所	昭和41年 3 月31日	柏支局
流山出張所	昭和42年12月31日	松戸支局
野田出張所	昭和42年12月31日	
我孫子出張所	昭和42年12月31日	柏支局
関宿出張所	昭和43年10月31日	
木更津支局	昭和39年12月31日	
天羽出張所	昭和43年12月31日	
平川出張所	昭和41年 3 月31日	木更津支局
清和出張所	昭和45年12月31日	
上総出張所	昭和42年 3 月31日	
館山支局	昭和37年 1 月31日	
勝山出張所	昭和38年12月31日	館山支局
千倉出張所	昭和41年 3 月31日	
鴨川出張所	昭和44年12月31日	
八日市場支局	昭和42年 3 月31日	
旭出張所	昭和42年12月31日	
飯岡出張所	昭和42年 7 月31日	匝瑳支局
銚子出張所	昭和42年12月31日	
多古出張所	昭和44年 9 月30日	
松尾出張所	昭和43年12月31日	東金出張所，匝瑳支局
成東出張所	昭和43年12月31日	東金出張所
佐原支局	昭和41年 3 月31日	
小見川出張所	昭和44年12月31日	香取支局
東庄出張所	昭和45年12月31日	

◎水戸地方法務局

庁　名	一元化指定期日	現在の管轄登記所
水戸本局	昭和35年12月31日	水戸本局
石塚出張所	昭和36年 2 月28日	水戸本局，常陸太田支局
那珂湊出張所	昭和35年12月31日	水戸本局
堅倉出張所	昭和35年12月31日	土浦支局，水戸本局
小川出張所	昭和35年12月31日	土浦支局

資　料

鉾田出張所	昭和36年 2 月28日	鹿嶋支局
菅谷出張所	昭和35年12月31日	水戸本局
笠間出張所	昭和35年12月31日	
岩瀬出張所	昭和35年12月31日	筑西出張所
日立支局	昭和36年 5 月31日	日立支局
久慈出張所	昭和36年 7 月31日	日立支局，水戸本局
高萩出張所	昭和36年 9 月30日	日立支局
磯原出張所	昭和37年 5 月31日	
太田支局	昭和36年11月30日	常陸太田支局
大子出張所	昭和41年 1 月31日	
里美出張所	昭和37年 5 月31日	日立支局，常陸太田支局
大宮出張所	昭和37年10月31日	常陸太田支局，水戸本局
緒川出張所	昭和39年11月30日	常陸太田支局
土浦支局	昭和36年11月30日	土浦支局，つくば出張所
阿見出張所	昭和36年12月31日	土浦支局
石岡出張所	昭和37年10月31日	土浦支局，水戸本局
柿岡出張所	昭和37年10月31日	土浦支局
出島出張所	昭和39年11月30日	
牛久出張所	昭和39年 9 月30日	取手出張所，つくば出張所
谷田部出張所	昭和37年10月31日	つくば出張所，取手出張所
筑波出張所	昭和41年12月31日	つくば出張所
龍ケ崎支局	昭和38年10月31日	龍ケ崎支局
江戸崎出張所	昭和37年10月31日	龍ケ崎支局，土浦支局
阿波出張所	昭和39年11月30日	龍ケ崎支局
取手出張所	昭和38年10月31日	取手出張所
麻生支局	昭和42年 3 月31日	鹿嶋支局
玉造出張所	昭和43年12月31日	
潮来出張所	昭和42年 3 月31日	
鹿島出張所	昭和39年 7 月31日	
波崎出張所	昭和41年 6 月30日	
下妻支局	昭和42年 2 月29日	下妻支局，筑西出張所
下館出張所	昭和45年 3 月31日	筑西出張所
真壁出張所	昭和40年10月31日	
結城出張所	昭和45年12月31日	
石下出張所	昭和43年12月31日	下妻支局，つくば出張所
水海道出張所	昭和45年 2 月28日	下妻支局，取手出張所
境出張所	昭和46年 1 月15日	下妻支局
岩井出張所	昭和43年11月30日	
古河出張所	昭和42年12月31日	

◎宇都地方法務局

庁　名	一元化指定期日	現在の管轄登記所
宇都宮本局	昭和36年12月31日	宇都宮本局
上三川出張所	昭和41年12月31日	宇都宮本局，小山出張所
河内出張所	昭和38年10月31日	宇都宮本局
今市出張所	昭和36年12月31日	日光支局
鹿沼出張所	昭和36年12月31日	宇都宮本局
東大芦出張所	昭和36年12月31日	
氏家出張所	昭和39年12月31日	宇都宮本局，日光支局

436

資料1　登記簿・台帳一元化指定期日一覧

船生出張所	昭和39年12月31日	日光支局
喜連川出張所	昭和41年12月31日	宇都宮本局
高根沢出張所	昭和41年12月31日	
真岡支局	昭和38年12月31日	
益子出張所	昭和39年12月31日	真岡支局
茂木出張所	昭和44年12月31日	
芳賀出張所	昭和37年12月31日	
大田原支局	昭和39年12月31日	
黒羽出張所	昭和45年 2 月28日	
那須出張所	昭和42年12月31日	大田原支局
黒磯出張所	昭和43年12月31日	
矢板出張所	昭和43年12月31日	
塩原出張所	昭和43年12月31日	
烏山支局	昭和45年12月31日	宇都宮本局
馬頭出張所	昭和45年12月31日	大田原出張所
栃木支局	昭和40年12月31日	栃木支局，小山出張所
岩舟出張所	昭和41年12月31日	栃木支局
藤岡出張所	昭和43年12月31日	
間々田出張所	昭和42年12月31日	小山出張所
小山出張所	昭和42年12月31日	
壬生出張所	昭和38年10月31日	栃木支局，小山出張所
西方出張所	昭和37年12月31日	宇都宮本局，栃木支局
粟野出張所	昭和37年12月31日	宇都宮本局
足利支局	昭和41年12月31日	
佐野出張所	昭和45年12月31日	足利支局
田沼出張所	昭和44年12月31日	
葛生出張所	昭和43年12月31日	
足尾出張所	昭和44年12月31日	日光支局

◎前橋地方法務局

庁　名	一元化指定期日	現在の管轄登記所
前橋本局	昭和38年 2 月28日	前橋本局，渋川出張所
渋川出張所	昭和40年 2 月28日	渋川出張所
大胡出張所	昭和38年 2 月28日	前橋本局
伊勢崎出張所	昭和41年 3 月31日	伊勢崎支局
玉村出張所	昭和40年12月31日	高崎支局，伊勢崎支局
境出張所	昭和40年12月31日	伊勢崎支局
沼田支局	昭和45年11月30日	
東出張所	昭和44年12月31日	沼田支局
月夜野出張所	昭和44年 9 月30日	
水上出張所	昭和44年 6 月30日	
太田支局	昭和43年 3 月31日	
新田出張所	昭和43年 3 月31日	
館林出張所	昭和46年 1 月31日	太田支局
大泉出張所	昭和44年 2 月28日	
板倉出張所	昭和45年11月30日	
桐生支局	昭和42年 3 月31日	
花輪出張所	昭和40年 2 月28日	桐生支局
大間々出張所	昭和40年 2 月28日	

資　料

庁　名	一元化指定期日	現在の管轄登記所
高崎支局	昭和39年 2 月29日	高崎支局
群馬出張所	昭和40年 2 月28日	高崎支局，渋川出張所
榛名出張所	昭和42年 3 月31日	高崎支局
倉淵出張所	昭和41年 8 月31日	
安中出張所	昭和42年 2 月28日	
松井田出張所	昭和42年 3 月31日	
藤岡出張所	昭和39年 2 月29日	
鬼石出張所	昭和42年 3 月31日	
吉井出張所	昭和39年 2 月29日	
万場出張所	昭和43年 3 月31日	高崎支局，富岡支局
中之条支局	昭和44年 2 月28日	中之条支局
長野原出張所	昭和44年12月31日	
嬬恋出張所	昭和45年 9 月30日	
富岡支局	昭和39年 2 月29日	富岡支局
下仁田出張所	昭和40年12月31日	

◎静岡地方法務局

庁　名	一元化指定期日	現在の管轄登記所
静岡本局	昭和37年 2 月28日	静岡本局
玉川出張所	昭和37年 2 月28日	
清水出張所	昭和39年 2 月29日	清水出張所
蒲原出張所	昭和41年 2 月28日	清水出張所，富士支局
藤枝出張所	昭和43年 1 月31日	藤枝支局
島田出張所	昭和39年 2 月29日	
焼津出張所	昭和43年 1 月31日	
徳山出張所	昭和37年 2 月28日	
	昭和38年12月 1 日	
沼津支局	昭和38年 2 月28日	沼津支局
御殿場出張所	昭和43年12月31日	
裾野出張所	昭和45年 9 月30日	
三島出張所	昭和44年10月31日	
伊東出張所	昭和42年 1 月31日	熱海出張所
熱海出張所	昭和42年 1 月31日	
大仁出張所	昭和43年 1 月31日	沼津支局
戸田出張所	昭和45年 4 月30日	
土肥出張所	昭和45年 4 月30日	
吉原支局	昭和41年 2 月28日	富士支局
富士宮出張所	昭和45年 9 月30日	
下田支局	昭和40年 2 月28日	下田支局
松崎出張所	昭和45年 9 月30日	
浜松支局	昭和42年 1 月31日	浜松支局
天竜出張所	昭和41年 2 月28日	浜松支局，磐田出張所
雄踏出張所	昭和43年12月31日	浜松支局
新居出張所	昭和39年 2 月29日	
浜北出張所	昭和43年12月31日	
細江出張所	昭和40年 2 月28日	
三ケ日出張所	昭和41年 2 月28日	
磐田出張所	昭和43年 1 月31日	磐田出張所
福田出張所	昭和44年10月31日	磐田出張所，袋井支局

資料1　登記簿・台帳一元化指定期日一覧

佐久間出張所	昭和44年 9 月30日	浜松支局
水窪出張所	昭和44年 9 月30日	
掛川支局	昭和44年 9 月30日	掛川支局
袋井出張所	昭和40年 2 月28日	袋井支局
大須賀出張所	昭和41年 2 月28日	掛川支局，袋井支局
大浜出張所	昭和38年 2 月28日	掛川支局
小笠出張所	昭和45年 9 月30日	
菊川出張所	昭和45年 9 月30日	
浜岡出張所	昭和43年12月31日	
森町出張所	昭和37年 2 月28日	袋井支局
春野出張所	昭和38年 2 月28日	浜松支局
榛原出張所	昭和40年11月30日	藤枝支局
吉田出張所	昭和39年 2 月29日	
金谷出張所	昭和41年 2 月28日	
相良出張所	昭和43年12月31日	藤枝支局，掛川支局

◎甲府地方法務局

庁　名	一元化指定期日	現在の管轄登記所
甲府本局	昭和36年 1 月31日	甲府本局
山梨出張所	昭和39年12月31日	
塩山出張所	昭和36年11月30日	
勝沼出張所	昭和39年 1 月31日	
石和出張所	昭和42年12月31日	
龍王出張所	昭和36年 1 月31日	
櫛形出張所	昭和39年 1 月31日	
韮崎出張所	昭和42年 2 月28日	韮崎出張所，甲府本局
須玉出張所	昭和43年10月31日	韮崎出張所
白州出張所	昭和45年11月30日	
長坂出張所	昭和43年12月31日	
増穂支局	昭和36年12月31日	鰍沢支局
中富出張所	昭和42年12月31日	
身延出張所	昭和44年10月31日	
南部出張所	昭和44年10月31日	
六郷出張所	昭和44年 9 月30日	
市川大門出張所	昭和41年 2 月28日	鰍沢支局，甲府本局，吉田出張所
都留支局	昭和37年 1 月31日	大月支局，吉田出張所
吉田出張所	昭和38年 1 月31日	吉田出張所
大月出張所	昭和41年 2 月28日	大月支局
上野原出張所	昭和46年 1 月31日	

◎長野地方法務局

庁　名	一元化指定期日	現在の管轄登記所
長野本局	昭和37年12月31日	長野本局
豊野出張所	昭和37年12月31日	
牟礼出張所	昭和37年12月31日	
信濃出張所	昭和37年12月31日	
中条出張所	昭和40年12月31日	
新町出張所	昭和40年12月31日	

資　料

稲荷山出張所	昭和38年12月31日	
屋代出張所	昭和38年12月31日	
川中島出張所	昭和38年12月31日	
松代出張所	昭和38年12月31日	
須坂出張所	昭和40年12月31日	
飯山支局	昭和38年12月31日	
岡山出張所	昭和38年12月31日	飯山支局
中野出張所	昭和40年12月31日	
上田支局	昭和39年12月31日	
丸子出張所	昭和41年9月30日	
長久保出張所	昭和41年9月30日	
田中出張所	昭和40年12月31日	上田支局
浦里出張所	昭和39年12月31日	
中塩田出張所	昭和40年12月31日	
坂城出張所	昭和39年12月31日	上田支局，長野本局
佐久支局	昭和41年9月30日	
小諸出張所	昭和43年9月30日	
軽井沢出張所	昭和39年12月31日	
望月出張所	昭和43年9月30日	佐久支局
中込出張所	昭和41年9月30日	
臼田出張所	昭和45年9月30日	
小海出張所	昭和44年9月30日	
松本支局	昭和42年9月30日	
本城出張所	昭和45年9月30日	
明科出張所	昭和44年9月30日	
和田出張所	昭和42年9月30日	松本支局
塩尻出張所	昭和43年9月30日	
豊科出張所	昭和45年9月30日	
梓出張所	昭和44年9月30日	
木曽支局	昭和43年9月30日	木曽支局，松本支局
読書出張所	昭和45年9月30日	木曽支局，岐阜・中津川支局
大町支局	昭和42年9月30日	
池田出張所	昭和44年9月30日	
白馬出張所	昭和44年9月30日	大町支局
南小谷出張所	昭和45年9月30日	
諏訪支局	昭和37年12月31日	
岡谷出張所	昭和39年12月31日	
茅野出張所	昭和39年12月31日	諏訪支局
富士見出張所	昭和39年12月31日	
飯田支局	昭和42年9月30日	
豊丘張所	昭和43年9月30日	飯田支局
天竜出張所	昭和45年9月30日	
伊那支局	昭和41年9月30日	
箕輪出張所	昭和44年9月30日	
高遠出張所	昭和45年9月30日	
辰野出張所	昭和44年9月30日	伊那支局
飯島出張所	昭和41年9月30日	
駒ケ根出張所	昭和43年9月30日	

資料1　登記簿・台帳一元化指定期日一覧

◎新潟地方法務局

庁　名	一元化指定期日	現在の管轄登記所
新潟本局	昭和36年11月30日	新潟本局
内野出張所	昭和36年10月31日	
巻出張所	昭和36年10月31日	新潟本局，新津支局
白根出張所	昭和36年10月31日	新津支局，新潟本局
新津出張所	昭和38年9月30日	新津支局
村松出張所	昭和41年12月31日	
亀田出張所	昭和36年10月31日	新潟本局
津川出張所	昭和42年12月31日	新津支局
三条支局	昭和41年12月31日	三条支局
加茂出張所	昭和38年9月30日	
吉田出張所	昭和38年9月30日	
地蔵堂出張所	昭和38年9月30日	三条支局，長岡支局
	昭和39年7月31日	長岡支局
燕出張所	昭和41年12月31日	三条支局
新発田支局	昭和40年12月31日	新発田支局
水原出張所	昭和37年12月31日	新津支局，新発田支局
葛塚出張所	昭和37年12月31日	新潟本局，新発田支局
中条出張所	昭和40年12月31日	新発田支局
村上支局	昭和39年12月31日	村上支局
荒川郷出張所	昭和40年12月31日	
八幡出張所	昭和40年12月31日	
長岡支局	昭和45年12月31日	長岡支局
与板出張所	昭和43年12月31日	
寺泊出張所	昭和39年7月31日	
栃尾出張所	昭和43年10月31日	
見附出張所	昭和44年12月31日	
小千谷出張所	昭和42年12月31日	
小出出張所	昭和40年12月31日	南魚沼支局
十日町出張所	昭和43年12月31日	十日町支局
津南出張所	昭和45年12月31日	
柏崎支局	昭和44年12月31日	柏崎支局
千谷沢出張所	昭和42年12月31日	長岡支局
高柳出張所	昭和42年12月31日	柏崎支局
出雲崎出張所	昭和42年12月31日	
六日町支局	昭和37年12月31日	南魚沼支局
湯沢出張所	昭和37年12月31日	
浦佐出張所	昭和39年5月31日	
高田支局	昭和42年12月31日	上越支局
新井出張所	昭和44年12月31日	
直江津出張所	昭和42年12月31日	
潟町出張所	昭和42年12月31日	
柿崎出張所	昭和45年12月31日	
関山出張所	昭和44年12月31日	
高士出張所	昭和44年12月31日	
安塚出張所	昭和45年12月31日	
松代出張所	昭和45年12月31日	十日町支局
松之山出張所	昭和45年12月31日	
糸魚川支局	昭和39年12月31日	糸魚川支局

資料

441

資　料

庁　名	一元化指定期日	現在の管轄登記所
能生出張所	昭和41年12月31日	糸魚川支局，上越支局
相川支局	昭和43年12月31日	佐渡支局
両津出張所	昭和43年12月31日	
真野出張所	昭和43年12月31日	
小木出張所	昭和43年12月31日	

◎名古屋法務局

庁　名	一元化指定期日	現在の管轄登記所
名古屋本局	昭和37年2月28日	名古屋本局，名東出張所
古沢出張所	昭和37年2月28日	名古屋本局，熱田出張所
有松出張所	昭和40年2月28日	熱田出張所
広路出張所	昭和37年2月28日	名古屋本局，名東出張所
新川出張所	昭和37年2月28日	名古屋本局
瀬戸出張所	昭和42年11月30日	春日井支局，名東出張所
春日井出張所	昭和40年12月31日	春日井支局
小牧出張所	昭和40年12月31日	春日井支局，名古屋本局
蟹江出張所	昭和37年2月28日	熱田出張所，津島支局
津島出張所	昭和36年11月30日	津島支局
甚目寺出張所	昭和42年11月30日	
弥富出張所	昭和37年2月28日	
一宮支局	昭和38年2月28日	一宮支局
稲沢出張所	昭和38年1月31日	
祖父江出張所	昭和38年1月31日	
江南出張所	昭和40年2月28日	
犬山出張所	昭和40年2月28日	春日井支局
葉栗出張所	昭和39年1月31日	一宮支局
半田支局	昭和38年2月28日	半田支局
南知多出張所	昭和39年1月31日	
常滑出張所	昭和38年1月31日	
横須賀出張所	昭和40年12月31日	
緒川出張所	昭和43年11月30日	
岡崎支局	昭和39年1月31日	岡崎支局，豊田支局
額田出張所	昭和44年12月31日	岡崎支局
安城出張所	昭和44年11月30日	刈谷支局
知立出張所	昭和41年12月31日	豊田支局，刈谷支局
刈谷出張所	昭和42年11月30日	刈谷支局
碧南出張所	昭和45年1月31日	
西尾出張所	昭和41年12月31日	西尾支局，刈谷支局
一色出張所	昭和44年12月31日	西尾支局
吉良出張所	昭和45年12月31日	
足助出張所	昭和45年12月31日	豊田支局
下山出張所	昭和45年12月31日	豊田支局，岡崎支局
豊田出張所	昭和44年1月31日	豊田支局
藤岡出張所	昭和45年12月31日	
豊橋支局	昭和39年12月31日	豊橋支局
田原出張所	昭和43年11月30日	
渥美出張所	昭和45年12月31日	
豊川出張所	昭和41年12月31日	豊川出張所
蒲郡出張所	昭和41年12月31日	

資料1　登記簿・台帳一元化指定期日一覧

庁　名	一元化指定期日	現在の管轄登記所
新城支局	昭和43年11月30日	新城支局
設楽出張所	昭和44年11月30日	新城支局，豊田支局
東栄出張所	昭和45年12月31日	新城支局
鳳来出張所	昭和45年12月31日	新城支局

◎津地方法務局

庁　名	一元化指定期日	現在の管轄登記所
津本局	昭和36年 1 月31日	津本局
鈴鹿出張所	昭和36年 1 月31日	鈴鹿出張所
亀山出張所	昭和36年 1 月31日	津本局，鈴鹿出張所，四日市支局
関出張所	昭和36年 1 月31日	津本局
久居出張所	昭和36年 1 月31日	
川口出張所	昭和36年 1 月31日	
多気出張所	昭和36年 1 月31日	
中原出張所	昭和36年 1 月31日	松阪支局
松阪支局	昭和36年 1 月31日	松阪支局
川俣出張所	昭和36年 1 月31日	
粥見出張所	昭和36年 1 月31日	
相可出張所	昭和36年 1 月31日	
斎宮出張所	昭和36年 1 月31日	
荻原出張所	昭和36年 1 月31日	
上野支局	昭和42年12月31日	伊賀支局
大山田出張所	昭和43年12月31日	
伊賀出張所	昭和44年12月31日	
名張出張所	昭和38年 1 月31日	伊賀支局，津本局
青山出張所	昭和41年10月31日	伊賀支局
四日市支局	昭和37年 3 月31日	四日市支局
富洲原出張所	昭和36年 9 月30日	
菰野出張所	昭和37年 3 月31日	
員弁出張所	昭和38年10月31日	桑名支局
北勢出張所	昭和38年10月31日	
桑名出張所	昭和36年10月31日	
伊勢支局	昭和40年 2 月28日	伊勢支局
度会出張所	昭和44年 9 月30日	
滝原出張所	昭和40年 6 月30日	松阪支局
南島出張所	昭和45年 9 月30日	伊勢支局
南勢出張所	昭和45年11月30日	
鳥羽出張所	昭和40年10月31日	
磯部出張所	昭和40年10月31日	
鵜方出張所	昭和40年10月31日	
大王出張所	昭和41年10月31日	
熊野支局	昭和43年12月31日	熊野支局
鵜殿出張所	昭和45年12月31日	
御浜出張所	昭和44年10月31日	
尾鷲出張所	昭和45年10月31日	尾鷲出張所
海山出張所	昭和45年 9 月30日	
長島出張所	昭和44年 9 月30日	尾鷲出張所，松阪支局

資料

443

資　料

◎岐阜地方法務局

庁　名	一元化指定期日	現在の管轄登記所
岐阜本局	昭和36年3月20日	岐阜本局
那加出張所	昭和36年3月20日	
笠松出張所	昭和37年3月20日	
羽島出張所	昭和37年3月20日	
北方出張所	昭和36年3月20日	
根尾出張所	昭和37年3月20日	
高富出張所	昭和36年3月20日	
美山出張所	昭和37年3月20日	
美濃出張所	昭和37年3月20日	美濃加茂支局
七宗出張所	昭和38年3月10日	
金山出張所	昭和38年12月31日	
洞戸出張所	昭和37年3月20日	
関出張所	昭和38年3月10日	
八幡支局	昭和40年12月31日	八幡支局
白鳥出張所	昭和42年12月31日	
大垣支局	昭和38年12月31日	大垣支局
	昭和42年9月1日	
神戸出張所	昭和39年12月31日	
大野出張所	昭和39年12月31日	
揖斐川出張所	昭和39年12月31日	
久瀬出張所	昭和43年9月30日	
海津出張所	昭和44年12月31日	
平田出張所	昭和45年12月31日	
養老出張所	昭和43年12月31日	
上石津出張所	昭和45年12月31日	
垂井出張所	昭和42年12月31日	
御嵩支局	昭和36年3月20日	美濃加茂支局
広見出張所	昭和36年3月20日	
八百津出張所	昭和36年3月20日	
美濃加茂出張所	昭和36年3月20日	
川辺出張所	昭和36年3月20日	
白川出張所	昭和36年3月20日	
多治見支局	昭和40年12月31日	多治見支局
土岐出張所	昭和40年12月31日	
瑞浪出張所	昭和42年9月30日	
中津川出張所	昭和44年12月31日	中津川支局
恵那出張所	昭和43年12月31日	
明智出張所	昭和45年12月31日	
岩村出張所	昭和45年12月31日	
付知出張所	昭和43年9月30日	
高山支局	昭和41年12月31日	高山支局
荘川出張所	昭和44年10月31日	
萩原出張所	昭和45年12月31日	
下呂出張所	昭和44年12月31日	
古川出張所	昭和43年9月30日	
神岡出張所	昭和44年10月31日	
上宝出張所	昭和45年12月31日	

444

資料1　登記簿・台帳一元化指定期日一覧

◎福井地方法務局

庁　名	一元化指定期日	現在の管轄登記所
福井本局	昭和37年12月31日	福井本局
足羽出張所	昭和37年12月31日	
松岡出張所	昭和37年12月31日	
越廼出張所	昭和37年12月31日	
三国出張所	昭和40年12月31日	
春江出張所	昭和38年12月31日	
丸岡出張所	昭和39年12月31日	
金津出張所	昭和38年12月31日	
川西出張所	昭和40年12月31日	
武生支局	昭和44年12月31日	武生支局
朝日出張所	昭和37年12月31日	武生支局，福井本局
織田出張所	昭和42年12月31日	武生支局
鯖江出張所	昭和39年12月31日	
今立出張所	昭和41年12月31日	
池田出張所	昭和40年12月31日	
大野支局	昭和43年12月31日	福井本局
勝山出張所	昭和41年12月31日	
和泉出張所	昭和44年12月31日	
敦賀支局	昭和42年12月31日	敦賀支局
三方出張所	昭和44年12月31日	
小浜支局	昭和43年12月31日	小浜支局
上中出張所	昭和42年12月31日	
高浜出張所	昭和41年12月31日	

◎金沢地方法務局

庁　名	一元化指定期日	現在の管轄登記所
金沢本局	昭和38年1月31日	金沢本局
森本出張所	昭和38年1月31日	金沢本局
津幡出張所	昭和39年1月31日	
宇ノ気出張所	昭和39年1月31日	
高松出張所	昭和39年1月31日	金沢本局，七尾支局
野々市出張所	昭和38年1月31日	金沢本局
松任出張所	昭和38年1月31日	
金石出張所	昭和38年1月31日	
美川出張所	昭和39年1月31日	
鶴来出張所	昭和38年1月31日	金沢本局，小松支局
白峰出張所	昭和42年2月28日	金沢本局
鳥越出張所	昭和42年2月28日	
小松支局	昭和40年1月31日	小松支局
大聖寺出張所	昭和41年1月31日	
山中出張所	昭和43年2月29日	
七尾支局	昭和42年2月28日	七尾支局
能登部出張所	昭和42年2月28日	
田鶴浜出張所	昭和42年2月28日	
中島出張所	昭和43年2月29日	
羽咋出張所	昭和41年1月31日	
志雄出張所	昭和41年1月31日	

資

料

445

資　料

庁　名	一元化指定期日	現在の管轄登記所
高浜出張所	昭和44年 2 月28日	
富来出張所	昭和44年 2 月28日	
輪島支局	昭和43年 2 月29日	輪島支局
門前出張所	昭和44年12月31日	
穴水出張所	昭和45年12月31日	
町野出張所	昭和43年 2 月29日	
柳田出張所	昭和45年12月31日	
能都出張所	昭和45年12月31日	
飯田出張所	昭和44年12月31日	
松波出張所	昭和45年12月31日	

◎富山地方法務局

庁　名	一元化指定期日	現在の管轄登記所
富山本局	昭和38年 2 月28日	富山本局
東岩瀬出張所	昭和38年 2 月28日	
水橋出張所	昭和41年12月31日	
大山出張所	昭和38年12月31日	
大沢野出張所	昭和38年12月31日	
八尾出張所	昭和40年 3 月15日	
婦中出張所	昭和40年 3 月15日	
立山出張所	昭和41年12月31日	
魚津支局	昭和38年12月31日	魚津支局
黒部出張所	昭和42年12月31日	
舟見出張所	昭和44年 9 月30日	
入善出張所	昭和45年12月31日	
朝日出張所	昭和45年12月31日	
滑川出張所	昭和41年11月30日	
上市出張所	昭和43年10月31日	富山本局
高岡支局	昭和41年 2 月28日	高岡支局
小杉出張所	昭和45年11月30日	
新湊出張所	昭和41年11月30日	
氷見出張所	昭和42年12月31日	
福岡出張所	昭和40年11月30日	
砺波支局	昭和44年12月31日	砺波支局
井波出張所	昭和42年12月31日	
平出張所	昭和44年12月31日	
城端出張所	昭和43年10月30日	
福野出張所	昭和43年10月31日	
戸出出張所	昭和40年11月30日	高岡支局
小矢部出張所	昭和43年12月31日	砺波支局
福光出張所	昭和45年10月31日	

◎大阪法務局

庁　名	一元化指定期日	現在の管轄登記所
大阪本局	昭和37年 2 月28日	大阪本局，北出張所
北出張所	昭和37年 2 月28日	北出張所
江戸堀出張所	昭和37年 2 月28日	
今宮出張所	昭和37年 2 月28日	大阪本局

446

資料1　登記簿・台帳一元化指定期日一覧

庁　名	一元化指定期日	現在の管轄登記所
天王寺出張所	昭和37年 2 月28日	天王寺出張所
中野出張所	昭和37年 2 月28日	
吹田出張所	昭和42年 9 月30日	北大阪支局
茨木出張所	昭和43年12月31日	
高槻出張所	昭和43年12月31日	
池田出張所	昭和40年 2 月28日	池田出張所
豊中出張所	昭和38年 2 月28日	
地黄出張所	昭和40年 2 月28日	
森上出張所	昭和40年 2 月28日	
枚方出張所	昭和42年 2 月28日	枚方出張所
守口出張所	昭和38年 2 月28日	大阪本局，守口出張所
四条畷出張所	昭和38年 2 月28日	東大阪支局
八尾出張所	昭和37年 2 月28日	天王寺出張所，東大阪支局
枚岡出張所	昭和38年 2 月28日	東大阪支局
布施出張所	昭和40年 2 月28日	
堺支局	昭和39年 2 月29日	堺支局
美原出張所	昭和39年 2 月29日	
古市出張所	昭和38年 2 月28日	富田林支局，東大阪支局
富田林出張所	昭和41年 2 月28日	富田林支局
長野出張所	昭和41年 2 月28日	
岸和田支局	昭和38年 2 月28日	岸和田支局
佐野出張所	昭和40年 2 月28日	
尾崎出張所	昭和42年 2 月28日	
泉出張所	昭和40年 2 月28日	

◎京都地方法務局

庁　名	一元化指定期日	現在の管轄登記所
京都本局	昭和37年 2 月28日	京都本局
下京出張所	昭和37年 2 月28日	京都本局，伏見出張所
上賀茂出張所	昭和37年 2 月28日	京都本局
嵯峨出張所	昭和37年 2 月28日	嵯峨出張所，京都本局
向日出張所	昭和37年 2 月28日	伏見出張所，嵯峨出張所
淀出張所	昭和37年 2 月28日	伏見出張所，宇治支局
伏見出張所	昭和37年 2 月28日	伏見出張所，宇治支局
城陽出張所	昭和40年 1 月31日	宇治支局
田辺出張所	昭和37年 2 月28日	
木津出張所	昭和45年 3 月31日	木津出張所
園部支局	昭和39年 1 月31日	園部支局
瑞穂出張所	昭和41年10月10日	
亀岡出張所	昭和39年 1 月31日	
周山出張所	昭和40年 1 月31日	嵯峨出張所
宮島出張所	昭和41年12月31日	園部支局
宮津支局	昭和41年 1 月31日	宮津支局
岩滝出張所	昭和41年 1 月31日	
加悦出張所	昭和45年 1 月31日	
養老出張所	昭和41年 1 月31日	
峰山支局	昭和40年 1 月31日	京丹後支局
網野出張所	昭和41年12月31日	
間人出張所	昭和41年12月31日	

447

資　料

久美浜出張所	昭和43年12月31日	
舞鶴支局	昭和42年12月31日	舞鶴支局
東舞鶴出張所	昭和42年12月31日	
福知山支局	昭和38年1月31日	
細見出張所	昭和38年1月31日	福知山支局
下夜久野出張所	昭和38年1月31日	
大江出張所	昭和38年1月31日	
綾部出張所	昭和38年1月31日	福知山支局，園部支局

◎神戸地方法務局

庁　名	一元化指定期日	現在の管轄登記所
神戸本局	昭和36年1月31日	神戸本局，北出張所
兵庫出張所	昭和36年1月31日	神戸本局，北出張所，須磨出張所
西宮出張所	昭和36年1月31日	西宮支局，伊丹支局
御影出張所	昭和36年1月31日	神戸本局，東神戸出張所
芦屋出張所	昭和36年1月31日	東神戸出張所
伊丹支局	昭和37年1月31日	伊丹支局
猪名川出張所	昭和37年1月31日	
三田出張所	昭和36年1月31日	北出張所，三田出張所，西宮支局
尼崎支局	昭和38年12月1日	尼崎支局
明石支局	昭和36年1月31日	明石支局，須磨出張所
三木出張所	昭和37年1月31日	北出張所，明石支局
吉川出張所	昭和37年1月31日	北出張所，明石支局
篠山支局	昭和44年12月31日	柏原支局
柏原支局	昭和45年12月31日	
姫路支局	昭和39年10月31日	姫路支局
家島出張所	昭和41年10月10日	
網干出張所	昭和39年10月31日	姫路支局，龍野支局
夢前出張所	昭和40年7月30日	姫路支局
阿弥陀出張所	昭和40年11月1日	加古川支局
加古川出張所	昭和40年11月1日	
福崎出張所	昭和41年12月31日	姫路支局
神崎出張所	昭和41年12月31日	
社支局	昭和43年10月31日	
小野出張所	昭和45年12月31日	社支局
北条出張所	昭和45年1月31日	
西脇出張所	昭和45年12月31日	
龍野支局	昭和40年11月1日	龍野支局，姫路支局
新宮出張所	昭和42年1月31日	
相生出張所	昭和42年1月31日	
赤穂出張所	昭和42年1月31日	
上郡出張所	昭和42年1月31日	龍野支局
佐用出張所	昭和42年10月31日	
三河出張所	昭和42年10月31日	
山崎出張所	昭和44年12月31日	龍野支局，姫路支局
安積出張所	昭和41年12月31日	龍野支局
豊岡支局	昭和37年1月31日	
城崎出張所	昭和37年1月31日	
香住出張所	昭和38年1月31日	豊岡支局

448

資料1　登記簿・台帳一元化指定期日一覧

庁　名	一元化指定期日	現在の管轄登記所
日高出張所	昭和38年1月31日	
出石出張所	昭和38年1月31日	
八鹿出張所	昭和38年1月31日	八鹿出張所
大屋出張所	昭和38年1月31日	
和田山出張所	昭和39年12月31日	
村岡出張所	昭和38年1月31日	豊岡支局
湯村出張所	昭和38年1月31日	
洲本支局	昭和43年1月31日	
一宮出張所	昭和43年10月31日	洲本支局
淡路出張所	昭和43年10月31日	
三原出張所	昭和44年1月31日	

◎奈良地方法務局

庁　名	一元化指定期日	現在の管轄登記所
奈良本局	昭和38年1月31日	
柳生出張所	昭和38年1月31日	
郡山出張所	昭和42年1月31日	
龍田出張所	昭和39年1月31日	奈良本局
富雄出張所	昭和38年1月31日	
都祁出張所	昭和45年12月31日	
天理出張所	昭和45年1月31日	
桜井出張所	昭和43年1月31日	桜井支局
田原本出張所	昭和42年1月31日	橿原出張所
葛城支局	昭和40年2月28日	葛城支局
橿原出張所	昭和41年2月28日	橿原出張所
御所出張所	昭和44年12月31日	
宇陀支局	昭和39年1月31日	
榛原出張所	昭和44年2月28日	桜井支局
曾爾出張所	昭和39年1月31日	
小川出張所	昭和39年1月31日	
五条支局	昭和43年12月31日	
黒滝出張所	昭和42年1月31日	
下市出張所	昭和44年12月31日	
吉野出張所	昭和45年12月31日	
十津川出張所	昭和41年2月28日	五條支局
天川出張所	昭和39年1月31日	
大塔出張所	昭和40年2月28日	
下北山出張所	昭和43年1月31日	
川上出張所	昭和42年2月28日	

◎大津地方法務局

庁　名	一元化指定期日	現在の管轄登記所
大津本局	昭和38年2月28日	
堅田出張所	昭和38年2月28日	
瀬田出張所	昭和38年2月28日	大津本局
草津出張所	昭和40年2月28日	
守山出張所	昭和41年2月28日	
中主出張所	昭和41年2月28日	

資料

449

資　料

庁　名	一元化指定期日	現在の管轄登記所
今津出張所	昭和43年12月31日	高島出張所
高島出張所	昭和38年2月28日	高島出張所，大津本局
朽木出張所	昭和42年2月28日	高島出張所
水口支局	昭和39年2月29日	
甲南出張所	昭和41年2月28日	
土山出張所	昭和39年2月29日	甲賀支局
石部出張所	昭和40年2月28日	
信楽出張所	昭和43年12月31日	
彦根支局	昭和39年2月29日	彦根支局
愛知川出張所	昭和40年2月28日	彦根支局，東近江出張所
能登川出張所	昭和39年2月29日	
八日市出張所	昭和45年1月31日	
永源寺出張所	昭和43年1月31日	東近江出張所
八幡出張所	昭和42年2月28日	
日野出張所	昭和45年12月31日	
蒲生出張所	昭和45年12月31日	
長浜支局	昭和42年12月31日	
伊吹出張所	昭和45年12月31日	
米原出張所	昭和43年12月31日	
速水出張所	昭和45年1月31日	長浜支局
浅井出張所	昭和43年1月31日	
木之本出張所	昭和42年2月28日	

◎和歌山地方法務局

庁　名	一元化指定期日	現在の管轄登記所
和歌山本局	昭和37年3月20日	和歌山本局，岩出出張所
海南出張所	昭和37年3月20日	和歌山本局
下津出張所	昭和44年11月30日	
有田出張所	昭和43年1月31日	
湯浅出張所	昭和43年11月30日	
金屋出張所	昭和42年2月28日	湯浅出張所
清水出張所	昭和46年1月31日	
岩出出張所	昭和37年3月20日	和歌山本局，岩出出張所
桃山出張所	昭和37年3月20日	岩出出張所
野上出張所	昭和41年2月28日	和歌山本局
美里出張所	昭和41年2月28日	
妙寺支局	昭和36年3月31日	
九度山出張所	昭和38年2月28日	橋本支局
橋本出張所	昭和40年3月1日	
高野出張所	昭和45年11月30日	
麻生津出張所	昭和38年2月28日	岩出出張所，橋本支局
粉河出張所	昭和39年3月15日	岩出出張所
田辺支局	昭和39年3月15日	
栗栖川出張所	昭和46年1月31日	田辺支局
朝来出張所	昭和40年3月1日	
周参見出張所	昭和42年3月15日	
串本出張所	昭和44年11月30日	新宮支局
南部出張所	昭和35年12月31日	田辺支局
竜神出張所	昭和41年2月28日	

450

資料1　登記簿・台帳一元化指定期日一覧

御坊支局	昭和38年 3 月15日	御坊支局
印南出張所	昭和35年12月31日	
新宮支局	昭和36年 3 月31日	新宮支局
熊野川出張所	昭和42年 3 月15日	
古座出張所	昭和42年11月30日	
那智出張所	昭和41年 2 月28日	
本宮出張所	昭和36年 3 月31日	田辺支局

◎広島法務局

庁　　名	一元化指定期日	現在の管轄登記所
広島本局	昭和36年 3 月31日	広島本局
海田出張所	昭和37年12月31日	
熊野出張所	昭和37年12月31日	
祇園出張所	昭和36年 3 月31日	
可部出張所	昭和36年 3 月31日	可部出張所，広島本局
千代田出張所	昭和40年12月31日	可部出張所
大朝出張所	昭和40年11月30日	
芸北出張所	昭和39年12月31日	
豊平出張所	昭和40年 2 月28日	
加計出張所	昭和37年12月31日	可部出張所，廿日市支局
戸河内出張所	昭和40年 2 月28日	可部出張所
廿日市出張所	昭和37年 1 月31日	廿日市支局
大竹出張所	昭和36年 3 月31日	
玖島出張所	昭和36年 3 月31日	
津田出張所	昭和36年 3 月31日	
西条出張所	昭和43年11月30日	東広島支局
志和出張所	昭和44年12月31日	
高屋出張所	昭和45年11月30日	
大和出張所	昭和44年12月31日	尾道支局
豊栄出張所	昭和42年11月30日	東広島支局
呉支局	昭和37年 3 月31日	呉支局
音戸出張所	昭和36年 4 月14日	
広出張所	昭和37年 3 月31日	
倉橋出張所	昭和39年10月31日	
蒲刈島出張所	昭和39年12月31日	
能美出張所	昭和41年 2 月28日	
黒瀬出張所	昭和37年 3 月31日	呉支局，東広島支局
竹原支局	昭和40年12月31日	東広島支局
安浦出張所	昭和42年11月30日	呉支局
豊出張所	昭和45年10月31日	
木江出張所	昭和44年12月31日	東広島支局
本郷出張所	昭和43年11月30日	尾道支局
尾道支局	昭和39年 3 月31日	尾道支局
三原出張所	昭和43年11月30日	
久井出張所	昭和45年11月30日	
因島出張所	昭和40年12月31日	
御調出張所	昭和42年 1 月31日	
甲山出張所	昭和43年11月30日	
瀬戸田出張所	昭和40年10月31日	

資料

451

資　料

庁　名	一元化指定期日	現在の管轄登記所
松永出張所	昭和38年12月31日	福山支局，尾道支局
福山支局	昭和42年 1 月31日	
沼隈出張所	昭和43年11月30日	
鞆出張所	昭和41年11月30日	
加茂出張所	昭和42年 1 月31日	
神辺出張所	昭和42年 1 月31日	福山支局
駅家出張所	昭和45年11月30日	
府中出張所	昭和41年12月31日	
新市出張所	昭和44年10月31日	
三和出張所	昭和45年11月30日	
油木出張所	昭和44年10月31日	
神石出張所	昭和44年12月31日	
上下出張所	昭和40年 2 月28日	福山支局，三次支局
三次支局	昭和42年11月30日	
三良坂出張所	昭和45年11月30日	三次支局
布野出張所	昭和42年11月30日	
世羅西出張所	昭和44年12月31日	尾道支局，三次支局
吉田出張所	昭和45年11月30日	三次支局
高宮出張所	昭和44年10月31日	
白木出張所	昭和42年11月31日	可部出張所，三次支局
口和出張所	昭和42年11月30日	三次支局
庄原支局	昭和39年 2 月29日	
東城出張所	昭和45年11月30日	三次支局
西城出張所	昭和45年 2 月28日	

◎山口地方法務局

庁　名	一元化指定期日	現在の管轄登記所
山口本局	昭和38年 2 月28日	山口本局
小郡出張所	昭和38年 2 月28日	
阿知須出張所	昭和38年 2 月28日	山口本局，宇部支局
防府出張所	昭和40年12月31日	山口本局
徳地出張所	昭和39年12月31日	
大田出張所	昭和41年10月31日	宇部支局
美禰出張所	昭和41年10月31日	
徳佐出張所	昭和41年10月31日	山口本局
徳山支局	昭和39年12月31日	
南陽出張所	昭和40年 2 月15日	周南支局
須々万出張所	昭和40年10月31日	
鹿野出張所	昭和39年10月31日	
平生出張所	昭和43年12月31日	柳井出張所
光出張所	昭和40年12月31日	周南支局
上関出張所	昭和40年12月31日	柳井出張所
安田出張所	昭和40年12月31日	周南支局
萩支局	昭和42年10月31日	
高俣出張所	昭和45年 6 月30日	
阿武出張所	昭和44年12月31日	萩支局
須佐出張所	昭和44年12月31日	
長門出張所	昭和43年12月31日	
菱海出張所	昭和45年12月31日	

資料1　登記簿・台帳一元化指定期日一覧

岩国支局	昭和42年12月31日	
高森出張所	昭和45年12月31日	岩国支局
広瀬出張所	昭和45年12月31日	
柳井出張所	昭和44年12月31日	柳井出張所
久賀出張所	昭和45年12月31日	
下関支局	昭和38年12月31日	
長府出張所	昭和38年12月31日	
楢崎出張所	昭和39年2月29日	
黒井出張所	昭和38年12月31日	下関支局
滝部出張所	昭和43年12月31日	
西市出張所	昭和43年12月31日	
吉田出張所	昭和38年12月31日	
宇部支局	昭和38年2月28日	
船木出張所	昭和39年12月31日	
厚狭出張所	昭和41年10月31日	宇部支局
小野田出張所	昭和39年12月31日	

◎岡山地方法務局

庁　名	一元化指定期日	現在の管轄登記所
岡山本局	昭和37年3月31日	岡山本局，岡山西出張所
加茂川出張所	昭和38年2月28日	岡山本局
御津出張所	昭和37年3月31日	岡山本局，岡山西出張所
瀬戸出張所	昭和39年2月29日	岡山本局
赤坂出張所	昭和39年2月29日	岡山本局，備前支局
和気出張所	昭和45年9月30日	
備前出張所	昭和43年1月31日	備前支局
邑久出張所	昭和45年11月30日	
牛窓出張所	昭和45年8月31日	
西大寺出張所	昭和44年11月30日	
甲浦出張所	昭和37年3月31日	岡山西出張所
玉野出張所	昭和37年2月28日	
足守出張所	昭和37年3月31日	倉敷支局，岡山西出張所
総社出張所	昭和37年3月31日	倉敷支局，岡山西出張所
吉備出張所	昭和38年2月28日	岡山西出張所，倉敷支局
玉島支局	昭和40年2月28日	倉敷支局，笠岡支局
児島出張所	昭和43年1月31日	倉敷支局，岡山西出張所
鴨方出張所	昭和41年2月28日	笠岡支局
倉敷出張所	昭和40年2月28日	倉敷支局
真備出張所	昭和40年2月28日	
笠岡支局	昭和38年2月28日	
神島外出張所	昭和37年7月31日	笠岡支局
矢掛出張所	昭和45年10月31日	
井原出張所	昭和44年1月31日	
高梁支局	昭和39年2月29日	高梁支局，倉敷支局
賀陽出張所	昭和40年2月28日	
成羽出張所	昭和42年2月28日	高梁支局
川上出張所	昭和42年2月28日	
新見支局	昭和43年11月30日	
大佐出張所	昭和45年9月30日	高梁支局

資　料

哲西出張所	昭和45年 7 月31日	
津山支局	昭和41年 2 月28日	
鏡野出張所	昭和42年12月31日	津山支局
奥津出張所	昭和44年10月31日	
加茂出張所	昭和42年 2 月28日	
久米南出張所	昭和42年 1 月 9 日	津山支局，岡山本局
久米出張所	昭和41年 2 月28日	
旭出張所	昭和44年11月30日	津山支局
中央出張所	昭和41年 2 月28日	
美作支局	昭和42年12月31日	
勝北出張所	昭和42年 2 月28日	津山支局
大原出張所	昭和44年 9 月30日	
吉井出張所	昭和45年10月31日	岡山本局，津山支局
勝山支局	昭和39年 2 月29日	
美甘出張所	昭和45年 8 月31日	津山支局
落合出張所	昭和43年10月31日	津山支局，高梁支局
久世出張所	昭和41年 1 月31日	
湯原出張所	昭和45年 9 月30日	津山支局
八束出張所	昭和45年 4 月30日	

◎鳥取地方法務局

庁　　名	一元化指定期日	現在の管轄登記所
鳥取本局	昭和37年 1 月31日	
中河原出張所	昭和37年 1 月31日	
岩美出張所	昭和37年 1 月31日	
鹿野出張所	昭和45年12月31日	
青谷出張所	昭和43年12月31日	鳥取本局
河原出張所	昭和37年 1 月31日	
郡家出張所	昭和39年 1 月31日	
若桜出張所	昭和39年10月31日	
用瀬出張所	昭和43年12月31日	
智頭出張所	昭和42年11月30日	
倉吉支局	昭和39年10月31日	
東伯出張所	昭和43年12月31日	
赤碕出張所	昭和44年12月31日	
三朝出張所	昭和41年10月31日	倉吉支局
東郷出張所	昭和42年11月30日	
関金出張所	昭和39年10月31日	
由良出張所	昭和42年 1 月31日	
米子支局	昭和39年 1 月31日	
境港出張所	昭和41年10月31日	
淀江出張所	昭和43年12月31日	
名和出張所	昭和45年12月31日	
法勝寺出張所	昭和41年 1 月31日	米子支局
溝口出張所	昭和41年 1 月31日	
黒坂出張所	昭和44年12月31日	
日南出張所	昭和45年12月31日	
根雨出張所	昭和44年12月31日	

454

資料1　登記簿・台帳一元化指定期日一覧

◎松江地方法務局

庁　名	一元化指定期日	現在の管轄登記所
松江本局	昭和38年2月28日	松江本局
宍道出張所	昭和40年5月31日	
本庄出張所	昭和37年12月31日	
広瀬出張所	昭和39年1月31日	
安来出張所	昭和40年1月31日	
伯太出張所	昭和40年12月31日	
木次支局	昭和39年1月31日	出雲支局
大東出張所	昭和45年1月31日	
仁多出張所	昭和45年12月31日	
横田出張所	昭和45年1月31日	
掛合出張所	昭和40年11月30日	
頓原出張所	昭和43年1月31日	
出雲支局	昭和44年1月31日	
平田出張所	昭和39年1月31日	
大社出張所	昭和42年2月28日	
斐川出張所	昭和45年1月31日	
佐田出張所	昭和45年12月31日	
多伎出張所	昭和45年1月31日	
三瓶出張所	昭和39年5月31日	
大田出張所	昭和40年2月28日	
大森出張所	昭和39年11月30日	
浜田支局	昭和41年2月28日	浜田支局
江津出張所	昭和42年2月28日	
旭出張所	昭和43年2月29日	
弥栄出張所	昭和45年12月31日	
三隅出張所	昭和41年2月28日	
益田支局	昭和42年2月28日	益田支局
美都出張所	昭和45年12月31日	
匹見出張所	昭和45年9月30日	
津和野出張所	昭和44年1月31日	
日原出張所	昭和45年9月30日	
六日市出張所	昭和43年2月29日	
川本支局	昭和43年2月29日	浜田支局
温泉津出張所	昭和45年1月31日	出雲支局
大和出張所	昭和42年12月31日	浜田支局
瑞穂出張所	昭和44年1月31日	
邑智出張所	昭和43年2月29日	
桜江出張所	昭和42年12月31日	
石見出張所	昭和46年1月31日	
西郷支局	昭和39年1月31日	西郷支局
西ノ島出張所	昭和40年12月31日	
海士出張所	昭和40年9月30日	

◎高松法務局

庁　名	一元化指定期日	現在の管轄登記所
高松本局	昭和36年2月28日	
香南出張所	昭和44年12月31日	

資料

455

資　料

庁　名	一元化指定期日	現在の管轄登記所
三木出張所	昭和42年 8 月31日	高松本局
長尾出張所	昭和38年 1 月31日	
大内出張所	昭和43年12月31日	寒川出張所
津田出張所	昭和39年12月31日	
土庄出張所	昭和38年 1 月31日	高松本局
内海出張所	昭和44年12月31日	
綾南出張所	昭和39年 1 月31日	高松本局，丸亀支局
丸亀支局	昭和37年 1 月31日	丸亀支局
坂出出張所	昭和38年 1 月31日	丸亀支局，高松本局
琴平出張所	昭和39年12月31日	丸亀支局
善通寺出張所	昭和39年 1 月31日	
観音寺支局	昭和41年12月31日	観音寺支局
詫間出張所	昭和40年12月31日	

◎徳島地方法務局

庁　名	一元化指定期日	現在の管轄登記所
徳島本局	昭和38年 1 月 1 日	
国府出張所	昭和38年 1 月 1 日	
小松島出張所	昭和40年 2 月28日	
勝浦出張所	昭和44年10月31日	
石井出張所	昭和38年 1 月 1 日	
神山出張所	昭和38年 1 月 1 日	徳島本局
上板出張所	昭和43年 2 月29日	
鳴門出張所	昭和41年 2 月28日	
板野出張所	昭和41年 2 月28日	
川内出張所	昭和38年 1 月 1 日	
住吉出張所	昭和40年 2 月28日	
阿南支局	昭和39年 1 月31日	
鷲敷出張所	昭和44年 7 月31日	
羽ノ浦出張所	昭和41年 2 月28日	
上那賀出張所	昭和45年 9 月30日	阿南支局
日和佐出張所	昭和44年10月31日	
海部出張所	昭和46年 1 月31日	
木頭出張所	昭和45年 9 月30日	
脇町支局	昭和40年 2 月28日	
穴吹出張所	昭和41年 2 月28日	
美馬出張所	昭和42年 2 月28日	美馬支局
西祖谷山出張所	昭和45年11月30日	
池田出張所	昭和43年12月31日	
川島支局	昭和42年 2 月28日	徳島本局
阿波出張所	昭和43年 2 月29日	

◎高知地方法務局

庁　名	一元化指定期日	現在の管轄登記所
高知本局	昭和36年12月31日	高知本局
土佐出張所	昭和42年 1 月31日	香美支局
伊野出張所	昭和36年12月31日	高知本局
上八川出張所	昭和36年12月31日	

資料1　登記簿・台帳一元化指定期日一覧

庁　名	一元化指定期日	現在の管轄登記所
吾川出張所	昭和40年12月31日	
池川出張所	昭和40年12月31日	
南国出張所	昭和39年11月30日	香美支局，高知本局
本山出張所	昭和42年7月31日	香美支局
豊永出張所	昭和44年11月30日	
赤岡支局	昭和38年12月31日	香美支局，安芸支局
山田出張所	昭和42年9月30日	
美良布出張所	昭和44年11月30日	香美支局
大栃出張所	昭和45年8月31日	
須崎支局	昭和40年12月31日	須崎支局
高岡出張所	昭和38年12月31日	高知本局
中土佐出張所	昭和40年12月31日	須崎支局
佐川出張所	昭和37年10月31日	高知本局
越知出張所	昭和38年12月31日	
葉山出張所	昭和40年12月31日	
東津野出張所	昭和45年7月31日	須崎支局
檮原出張所	昭和41年10月10日	
窪川出張所	昭和42年9月30日	
仁淀出張所	昭和40年12月31日	高知本局
安芸支局	昭和39年11月30日	
室戸出張所	昭和45年8月31日	安芸支局
田野出張所	昭和43年10月31日	
野根出張所	昭和44年10月31日	
中村支局	昭和41年11月30日	
清水出張所	昭和45年7月31日	四万十支局
宿毛出張所	昭和43年10月31日	
弘見出張所	昭和45年7月31日	
大正出張所	昭和45年7月31日	須崎支局
江川崎出張所	昭和44年10月31日	四万十支局，須崎支局

◎松山地方法務局

庁　名	一元化指定期日	現在の管轄登記所
松山本局	昭和37年2月28日	
北条出張所	昭和38年2月28日	松山本局
中島出張所	昭和42年12月31日	
川内出張所	昭和39年1月31日	砥部出張所
砥部出張所	昭和37年2月28日	
伊予出張所	昭和39年1月31日	松山本局
中山出張所	昭和41年12月31日	松山本局，砥部出張所
久万出張所	昭和38年2月28日	砥部出張所
美川出張所	昭和42年12月31日	
小田出張所	昭和41年12月31日	大洲支局
大洲支局	昭和40年12月31日	
内子出張所	昭和42年12月31日	大洲支局
長浜出張所	昭和40年12月31日	
肱川出張所	昭和42年12月31日	
八幡浜支局	昭和40年1月31日	
三瓶出張所	昭和40年1月31日	大洲支局
瀬戸出張所	昭和40年1月31日	

資　料

庁　名	一元化指定期日	現在の管轄登記所
三崎出張所	昭和42年12月31日	
西条支局	昭和45年1月31日	西条支局
新居浜出張所	昭和46年1月31日	
伊予三島出張所	昭和44年3月31日	
土居出張所	昭和43年12月31日	四国中央支局
新宮出張所	昭和37年12月31日	
小松出張所	昭和46年1月31日	西条支局
丹原出張所	昭和46年1月31日	
今治支局	昭和39年1月31日	
吉海出張所	昭和46年1月31日	
伯方出張所	昭和42年12月31日	今治支局
岩城出張所	昭和43年12月31日	
大三島出張所	昭和45年1月31日	
宇和島支局	昭和41年12月31日	
三間出張所	昭和40年12月31日	
広見出張所	昭和40年12月31日	宇和島支局
松野出張所	昭和40年12月31日	
津島出張所	昭和43年12月31日	
宇和出張所	昭和45年1月31日	大洲支局
野村出張所	昭和45年1月31日	
城川出張所	昭和46年1月31日	大洲支局，宇和島支局
城辺出張所	昭和43年12月31日	宇和島支局

◎福岡法務局

庁　名	一元化指定期日	現在の管轄登記所
福岡本局	昭和36年12月31日	福岡本局
西新町出張所	昭和36年12月31日	西新出張所，福岡本局
二日市出張所	昭和40年12月31日	筑紫支局
老司出張所	昭和36年12月31日	福岡本局，筑紫支局
箱崎出張所	昭和36年12月31日	福岡本局，粕屋出張所
粕屋出張所	昭和40年12月31日	粕屋出張所
東郷出張所	昭和41年12月31日	福間出張所
福間出張所	昭和40年12月31日	
周船寺出張所	昭和36年12月31日	
前原出張所	昭和36年12月31日	西新出張所
二丈出張所	昭和37年12月31日	
甘木支局	昭和42年12月31日	朝倉支局
杷木出張所	昭和44年12月31日	
飯塚支局	昭和37年12月31日	
筑穂出張所	昭和37年12月31日	飯塚支局
大隈出張所	昭和45年9月30日	
直方支局	昭和41年12月31日	直方支局
若宮出張所	昭和41年12月31日	
久留米支局	昭和39年1月31日	
北野出張所	昭和38年11月30日	久留米支局
松崎出張所	昭和38年12月31日	
大善寺出張所	昭和40年12月31日	
吉井支局	昭和43年11月30日	久留米支局
柳川支局	昭和41年12月31日	柳川支局

458

資料1　登記簿・台帳一元化指定期日一覧

瀬高出張所	昭和41年12月31日	
大川出張所	昭和40年12月31日	柳川支局，久留米支局
大牟田出張所	昭和43年9月30日	柳川支局
八女支局	昭和42年12月31日	八女支局，久留米支局
黒木出張所	昭和44年12月31日	
筑後出張所	昭和44年11月30日	八女支局
星野出張所	昭和42年12月31日	
小倉支局	昭和37年12月31日	
西谷出張所	昭和37年12月31日	
曾根出張所	昭和37年12月31日	北九州支局
門司出張所	昭和39年12月31日	
戸畑出張所	昭和39年12月31日	
若松出張所	昭和39年12月31日	
八幡出張所	昭和39年12月31日	
黒崎出張所	昭和39年12月31日	八幡出張所
折尾出張所	昭和39年12月31日	
水巻出張所	昭和39年12月31日	
行橋支局	昭和43年12月31日	
豊前出張所	昭和45年9月30日	行橋支局
椎田出張所	昭和45年12月31日	
垂水出張所	昭和45年9月30日	
田川支局	昭和44年12月31日	田川支局，飯塚支局
香春出張所	昭和44年7月31日	
金田出張所	昭和45年12月31日	田川支局
添田出張所	昭和45年12月31日	

◎佐賀地方法務局

庁　名	一元化指定期日	現在の管轄登記所
佐賀本局	昭和35年12月31日	
川副出張所	昭和35年12月31日	佐賀本局
大和出張所	昭和36年2月28日	
背振出張所	昭和35年12月31日	
神埼出張所	昭和36年2月28日	佐賀本局，鳥栖出張所
蓮池出張所	昭和37年3月20日	
牛津出張所	昭和36年2月28日	
小城出張所	昭和36年2月28日	佐賀本局
多久出張所	昭和36年2月28日	
富士出張所	昭和35年12月31日	
鳥栖出張所	昭和39年10月31日	
北茂安出張所	昭和38年12月31日	鳥栖出張所
三根出張所	昭和39年2月29日	
武雄支局	昭和38年12月31日	
山内出張所	昭和39年10月31日	
白石出張所	昭和43年1月31日	
鹿島出張所	昭和40年6月30日	武雄支局
太良出張所	昭和40年12月31日	
嬉野出張所	昭和43年12月31日	
伊万里支局	昭和37年2月28日	伊万里支局
波多津出張所	昭和37年2月28日	伊万里支局，唐津支局

資　料

資　料

有田出張所	昭和42年1月31日	伊万里支局
大川出張所	昭和37年2月28日	
唐津支局	昭和42年1月31日	唐津支局
相知出張所	昭和44年12月31日	
浜崎出張所	昭和42年1月31日	
玄海出張所	昭和42年1月31日	
肥前出張所	昭和38年2月28日	
呼子出張所	昭和44年12月31日	

◎長崎地方法務局

庁　名	一元化指定期日	現在の管轄登記所
長崎本局	昭和37年1月31日	長崎本局
蚊焼出張所	昭和37年1月31日	
時津出張所	昭和37年1月31日	長崎本局，諫早支局
亀岳出張所	昭和37年1月31日	佐世保支局，長崎本局
大瀬戸出張所	昭和38年11月30日	
三重出張所	昭和38年11月30日	長崎本局
東長崎出張所	昭和37年1月31日	長崎本局，諫早支局
飯盛出張所	昭和37年1月31日	諫早支局
大村支局	昭和40年1月31日	諫早支局
彼杵出張所	昭和41年12月31日	佐世保支局
川棚出張所	昭和41年12月31日	
諫早出張所	昭和40年1月31日	諫早出張所
高来出張所	昭和41年12月31日	
島原支局	昭和38年11月30日	島原支局
国見出張所	昭和43年11月30日	諫早支局，島原支局
愛野出張所	昭和43年11月30日	諫早支局
小浜出張所	昭和45年9月30日	
口之津出張所	昭和42年12月31日	島原支局
有家出張所	昭和42年12月31日	
佐世保支局	昭和41年2月28日	佐世保支局
早岐出張所	昭和41年2月28日	
西海出張所	昭和40年1月31日	
相浦出張所	昭和41年2月28日	
佐々出張所	昭和44年11月30日	
小値賀出張所	昭和44年11月30日	
宇久出張所	昭和44年12月31日	
平戸支局	昭和38年11月30日	平戸支局
	昭和40年1月31日	
津吉出張所	昭和38年11月30日	
生月出張所	昭和44年12月31日	
大島出張所	昭和40年1月31日	
今福出張所	昭和43年12月31日	
松浦出張所	昭和43年11月30日	
壱岐支局	昭和45年12月31日	壱岐支局
勝本出張所	昭和45年12月31日	
芦辺出張所	昭和45年12月31日	
福江支局	昭和42年1月31日	五島支局
富江出張所	昭和42年12月31日	

資料1　登記簿・台帳一元化指定期日一覧

庁　名	一元化指定期日	現在の管轄登記所
若松出張所	昭和44年11月30日	佐世保支局
有川出張所	昭和44年12月31日	
厳原支局	昭和43年11月30日	対馬支局
雞知出張所	昭和43年11月30日	
豊玉出張所	昭和45年 9 月30日	
佐須奈出張所	昭和45年12月31日	

◎大分地方法務局

庁　名	一元化指定期日	現在の管轄登記所
大分本局	昭和37年 1 月31日	大分本局
鶴崎出張所	昭和38年10月31日	
稙田出張所	昭和37年 1 月31日	
庄内出張所	昭和40年11月30日	
大南出張所	昭和38年10月31日	
犬飼出張所	昭和40年11月30日	竹田支局
別府出張所	昭和37年 1 月31日	大分本局
由布院出張所	昭和39年10月31日	
坂ノ市出張所	昭和38年10月31日	
杵築支局	昭和39年10月31日	杵築支局
日出出張所	昭和39年11月30日	
安岐出張所	昭和39年11月30日	
国東出張所	昭和40年12月31日	
臼杵支局	昭和38年11月30日	大分本局
佐賀関出張所	昭和43年10月31日	
津久見出張所	昭和45年 7 月31日	佐伯支局
野津出張所	昭和43年10月31日	大分本局
佐伯支局	昭和41年12月31日	佐伯支局
蒲江出張所	昭和44年 8 月31日	
宇目出張所	昭和45年11月30日	
竹田支局	昭和42年12月31日	竹田支局
長湯出張所	昭和45年 9 月30日	
三重出張所	昭和44年 7 月31日	
清川出張所	昭和42年12月31日	
大野町出張所	昭和45年 9 月30日	
久住出張所	昭和45年 8 月31日	
中津支局	昭和38年11月30日	中津支局
東耶馬溪出張所	昭和44年11月30日	
下郷出張所	昭和44年10月31日	
四日市出張所	昭和43年12月20日	宇佐支局
長洲出張所	昭和43年11月30日	
宇佐出張所	昭和43年11月30日	
安心院出張所	昭和45年10月31日	
院内出張所	昭和45年 8 月31日	
豊後高田支局	昭和40年12月31日	宇佐支局，杵築支局
真玉出張所	昭和40年12月31日	宇佐支局
国見出張所	昭和43年10月31日	杵築支局，宇佐支局
日田支局	昭和42年 1 月31日	日田支局
天瀬出張所	昭和45年10月31日	
大山出張所	昭和41年12月31日	

461

資　料

庁　名	一元化指定期日	現在の管轄登記所
津江出張所	昭和45年 7 月 1 日	
玖珠出張所	昭和44年 9 月30日	
野上出張所	昭和45年 9 月30日	

◎熊本地方法務局

庁　名	一元化指定期日	現在の管轄登記所
熊本本局	昭和37年 3 月10日	
城山出張所	昭和37年 3 月10日	熊本本局
川尻出張所	昭和37年 3 月10日	
大津出張所	昭和42年 2 月28日	阿蘇大津支局
合志出張所	昭和42年 2 月28日	
松橋出張所	昭和41年 2 月28日	宇土支局
小川出張所	昭和41年 2 月28日	
三角支局	昭和40年 2 月28日	宇土支局，天草支局
宇土出張所	昭和37年 9 月30日	宇土支局，熊本本局
玉名支局	昭和39年 2 月29日	
伊倉出張所	昭和39年 2 月29日	
長洲出張所	昭和45年12月31日	玉名支局
荒尾出張所	昭和45年12月31日	
南関出張所	昭和39年 2 月29日	
菊水出張所	昭和39年 2 月29日	
御船支局	昭和40年12月31日	熊本本局
益城出張所	昭和37年12月31日	熊本本局，阿蘇大津支局
矢部出張所	昭和43年12月31日	熊本本局
隈庄出張所	昭和43年10月31日	
堅志田出張所	昭和45年 8 月31日	宇土支局
砥用出張所	昭和45年 8 月31日	
馬見原出張所	昭和43年12月31日	熊本本局
山鹿支局	昭和43年 1 月31日	山鹿支局
植木出張所	昭和41年10月31日	熊本本局
隈府出張所	昭和41年12月31日	阿蘇大津支局
阿蘇支局	昭和42年 2 月28日	
内牧出張所	昭和42年 2 月28日	阿蘇大津支局
吉田出張所	昭和44年11月30日	
高森出張所	昭和44年11月30日	阿蘇大津支局，熊本本局
小国出張所	昭和43年12月31日	阿蘇大津支局
津留出張所	昭和44年11月30日	
八代支局	昭和40年 2 月28日	
宮原町出張所	昭和41年 2 月28日	
柿迫出張所	昭和43年10月31日	八代支局
芦北出張所	昭和42年12月31日	
水俣出張所	昭和43年12月31日	
人吉支局	昭和41年 2 月28日	
四浦出張所	昭和44年12月31日	
多良木出張所	昭和45年10月31日	人吉支局
湯前出張所	昭和45年 9 月30日	
免田出張所	昭和45年 7 月31日	
天草支局	昭和44年12月31日	
赤崎出張所	昭和44年11月30日	

462

資料1　登記簿・台帳一元化指定期日一覧

富岡出張所	昭和45年10月31日	
牛深出張所	昭和42年12月31日	天草支局
合津出張所	昭和43年12月31日	
宮田出張所	昭和43年10月31日	
高浜出張所	昭和44年12月31日	
河浦出張所	昭和42年12月31日	

◎鹿児島地方法務局

庁　名	一元化指定期日	現在の管轄登記所
鹿児島本局	昭和37年12月31日	
谷山出張所	昭和39年12月31日	鹿児島本局
吹上出張所	昭和39年3月31日	
伊集院出張所	昭和38年12月31日	
西之表出張所	昭和44年9月30日	種子島出張所
中種子出張所	昭和44年9月30日	
上屋久出張所	昭和45年10月31日	屋久島出張所
下屋久出張所	昭和45年10月31日	
加治木支局	昭和37年12月31日	霧島支局
蒲生出張所	昭和37年12月31日	霧島支局，鹿児島本局
横川出張所	昭和41年12月31日	
栗野出張所	昭和41年9月30日	
国分出張所	昭和39年12月31日	霧島支局
大口出張所	昭和40年12月31日	
財部出張所	昭和38年12月31日	曽於出張所
末吉出張所	昭和41年12月31日	
知覧支局	昭和37年12月31日	知覧支局
笠沙出張所	昭和40年12月31日	
枕崎出張所	昭和43年9月30日	南さつま出張所
加世田出張所	昭和42年11月30日	
川辺出張所	昭和42年11月30日	知覧支局
指宿出張所	昭和41年12月31日	鹿児島本局
頴娃出張所	昭和39年12月31日	知覧支局，鹿児島本局
喜入出張所	昭和41年7月31日	鹿児島本局
川内支局	昭和38年12月31日	
入来出張所	昭和40年12月31日	
宮之城出張所	昭和43年9月30日	川内支局
上甑出張所	昭和45年10月31日	
下甑出張所	昭和45年7月31日	
出水出張所	昭和44年9月30日	
阿久根出張所	昭和43年9月30日	出水出張所
長島出張所	昭和45年10月31日	
市来出張所	昭和42年10月31日	川内支局，鹿児島本局
鹿屋支局	昭和38年12月31日	
垂水出張所	昭和44年9月30日	
串良出張所	昭和42年10月31日	
高山出張所	昭和41年9月31日	鹿屋支局
内之浦出張所	昭和45年7月31日	
大根占出張所	昭和40年12月31日	
佐多出張所	昭和45年7月31日	

資　料

庁　名	一元化指定期日	現在の管轄登記所
輝北出張所	昭和45年 7 月31日	
大隅出張所	昭和44年 9 月30日	
志布志出張所	昭和43年 9 月30日	曽於出張所
大崎出張所	昭和42年10月31日	
名瀬支局	昭和40年12月31日	
笠利出張所	昭和41年 9 月30日	
宇検出張所	昭和44年 9 月30日	
瀬戸内出張所	昭和44年 9 月30日	
早町出張所	昭和45年 7 月31日	
喜界出張所	昭和45年 7 月31日	奄美支局
亀津出張所	昭和45年10月31日	
天城出張所	昭和45年 7 月31日	
伊仙出張所	昭和45年 7 月31日	
和泊出張所	昭和45年 7 月31日	
知名出張所	昭和45年 7 月31日	
与論出張所	昭和45年 7 月31日	

◎宮崎地方法務局

庁　名	一元化指定期日	現在の管轄登記所
宮崎本局	昭和38年 2 月28日	宮崎本局
田野出張所	昭和39年 7 月31日	
佐土原出張所	昭和38年 2 月28日	宮崎本局，高鍋出張所
高鍋出張所	昭和39年 7 月31日	
都農出張所	昭和41年12月31日	
川南出張所	昭和40年 7 月31日	高鍋出張所
西米良出張所	昭和43年12月31日	
西都出張所	昭和43年12月31日	
高岡出張所	昭和44年12月31日	宮崎本局
本庄出張所	昭和39年 7 月31日	
日南支局	昭和40年12月31日	
北郷出張所	昭和40年 7 月31日	日南支局
南郷出張所	昭和41年12月31日	
串間出張所	昭和42年12月31日	
都城支局	昭和42年12月31日	
三股出張所	昭和44年10月31日	
高城出張所	昭和45年12月31日	都城支局
荘内出張所	昭和42年12月31日	
山田出張所	昭和39年 7 月31日	
高崎出張所	昭和45年12月31日	
野尻出張所	昭和45年12月31日	
小林出張所	昭和41年12月31日	小林出張所
高原出張所	昭和41年 9 月30日	
加久藤出張所	昭和44年12月31日	
延岡支局	昭和39年 2 月29日	
日向出張所	昭和43年12月31日	
門川出張所	昭和43年12月31日	
東郷出張所	昭和43年12月31日	
神門出張所	昭和45年 9 月30日	
田代出張所	昭和44年11月30日	延岡支局

資料1　登記簿・台帳一元化指定期日一覧

北方出張所	昭和40年 8 月31日	
北川出張所	昭和41年 9 月30日	
北浦出張所	昭和38年 8 月31日	
諸塚出張所	昭和44年 6 月30日	
椎葉出張所	昭和45年 9 月30日	
高千穂支局	昭和42年12月31日	延岡支局
日之影出張所	昭和44年12月31日	
五ケ瀬出張所	昭和45年 9 月30日	

◎那覇地方法務局

庁　名	一元化指定期日	現在の管轄登記所
那覇法務支局	1972年 4 月30日	那覇本局
糸満登記所	1970年 7 月31日	
与那原登記所	1970年 1 月31日	
久米島登記所	1966年 8 月31日	
普天間登記所	1970年 7 月30日	宜野湾出張所
コザ法務支局	1972年 4 月10日	沖縄支局，宜野湾出張所
嘉手納登記所	1971年 3 月30日	宜野湾出張所
前原登記所	1972年 2 月15日	沖縄支局
石川登記所	1972年 3 月31日	沖縄支局，名護支局
宜野座登記所	1969年 6 月30日	
名護法務支局	1969年 4 月30日	名護支局
大宜味登記所	1972年 3 月15日	
本部登記所	1971年 4 月30日	
宮古法務支局	1966年11月30日	宮古島支局
八重山法務支局	1966年 8 月31日	石垣支局
与那国登記所	1966年 8 月31日	

資　料

資　料

資料2　改正市制・町村制 （昭和18年 3 月19日改正）

市制

第88條ノ2　市長ハ町内會部落會及其ノ聯合會ノ財産及經費ノ管理並ニ區域ノ
　　變更ニ關シ必要ナル措置ヲ講ズルコトヲ得
　　市長ノ許可ヲ得タル場合ニ於テハ町内會部落會及其ノ聯合會ハ自己ノ名ヲ以
　　テ財産ヲ所有スルコトヲ得

町村制

第72條ノ3　町村長ハ町内會部落會及其ノ聯合會ノ財産及經費ノ管理並ニ區域
　　ノ變更ニ關シ必要ナル措置ヲ講ズルコトヲ得
　　町村長ノ許可ヲ得タル場合ニ於テハ町内會部落會及其ノ聯合會ハ自己ノ名ヲ
　　以テ財産ヲ所有スルコトヲ得

資料3　ポツダム政令

資料3　ポツダム政令

政令第15号

第1條　昭和20年9月1日以前から昭和21年9月1日まで引き続き町内会部落
　　　会又はその連合会の長の職に在った者は，昭和23年5月1日から起算して4
　　　年の期間の満了するまでの間，従前町内会部落会又はその連合会の長の職務
　　　に属した事務でその区域に係るものを主として掌る職に就くことができない。

　　　　昭和20年9月1日以前から昭和21年9月1日まで引き続き町内会部落会又
　　　はその連合会の長の補助職員であった者（主として単なる労務に従事した者
　　　を除く。）は，昭和22年5月1日から起算して4年の期間の満了するまでの
　　　間，その地域において従前その職務に属した事務を掌る職に就くことができ
　　　ない。

　　　　前二項に掲げる者で現にその職に在るものは，遅滞なくその職を退かなけ
　　　ればならない。

第2條　この政令施行の際現に町内会部落会又はその連合会に属する財産は，
　　　その構成員の多数を以て議決するところにより，遅滞なくこれを処分しなけ
　　　ればならない。但し，その処分について，規約又は契約に特別の定のあるも
　　　のは，その定に従って処分しなければならない。

　　　　前項に規定する財産でこの政令施行後2箇月以内に同項の規定により処分
　　　されないものは，その期間満了の日において当該町内会部落会又はその連合
　　　会の区域の属する市区町村に帰属するものとする。

　　　　第1項の規定により財産処分の議決をなす場合又は前項の規定により市区
　　　町村に財産が帰属した場合においてその財産に関し寄附者その他特別の縁故
　　　者がある場合においては，その者の利益について相当の補償又はこれに類す
　　　考慮が拂われなければならない。

第3條　官公吏は，その職務の執行に関し町内会部落会その連合会若しくは隣
　　　組又はこれらに類似する團体（自治会，生活協同組合その他名称の如何を問
　　　わない。）の組織を利用する目的を以て，これらの團体の長に対して指令を
　　　発してはならない。

　　　　前項の規定に違反した官公吏は，他の法令の規定にかかわらず，これを退
　　　職せしめるものとする。

第4條　昭和20年9月1日以前から昭和21年9月1日まで引き続き町内会部落
　　　会若しくはその連合会又は隣組の長であった者は，従前の当該團体の下部組
　　　織の構成員又はその所轄地域の住民であった者に対して如何なる指令も発し
　　　てはならない。但し，昭和22年勅令第1号（公職に関する就職禁止，退職等

資　料

に関する勅令）により覚書該当者でない旨の確認書の交付を受けて正当に任
命又は選挙された公職に伴う義務と責任を果すために必要な指令を発する場
合は，この限りでない。

　　何人も町内会部落会若しくはその連合会又は隣組の長及びその補助職員で
あった者が前項の規定に違反して従前の支配力に基いて発する如何なる指令
にも従う義務はない。

第5條　配給金融その他の事項に関し必要な証明で従來法令又は慣習により町
内会部落会若しくはその連合会又は隣組の長が行っていたものは，この政令
施行後においては，官公署の職員以外の者がこれをしてもその効力を有しな
い。

第6條　従前の町内会部落会若しくはその連合会又は隣組の解散後において結
成されたこれらに類似する團体は昭和22年5月31日までに解散しなければな
らない。

　　前項の規定により解散すべき團体で同項に規定する期限までに解散しない
ものがあるときは，都道府縣知事においてその解散を命ずるものとする。

　　第2條の規定は，前二項の規定により，解散した團体の財産の処分につい
てこれを準用する。この場合においては，同條第1項中「この政令施行の
際」とあるのは「解散の際」，同條第2項中「この政令施行後」とあるのは
「解散後」と読み替えるものとする。

第7條　國民に対する一般的配給に関する業務に従事する者は，配給を受くべ
き者が特定の組織に加入していないことを理由として，その配給を拒んでわ
ならない。

第8條　第4條第1項又は前條の規定に違反した者は，これを1年以下の懲役
若しくは禁錮又は1万5千円以下の罰金に処する。

　　前項の規定により刑罰に処せられた者は，その現に占める公職を失い，又，
その判決確定の日から10年間はあらたに公職に就くことができない。

第9條　従前町内会部落会若しくはその連合会又は隣組の営んだすべての機能，
義務又は行為は，夫々業務の性質に従って，官公署の当該部局に配分されな
ければならない。連絡事務所等名称の如何を問わず当該部局以外で，これら
の業務を行ってゐる事務所があるときは，遅くも昭和22年5月31日までに解
散しなければならない。又，特に國会が承認した場合を除く外，当該事務所
の後継的事務所又は組織を設けてはならない。

　　　附　則
この政令は，公布の日から，これを施行する。

事 項 索 引

【あ】

字持地 ········· 45, 199, 305, 325, 369, 377
新たな登記簿 ····························· 242, 309

【い】

移転登記 ······························· 415, 416
委任の終了 ································ 74
入会共有地 ································ 356
入会権 ······················· 351, 352, 354
　　──と登記 ······················· 351
　　──の近代化 ····················· 351
　　──の権利帰属 ··················· 352
　　──の消滅 ······················· 356
　　──の利用形態 ··················· 351
入会権者 ·································· 352
入会集団 ······························· 290, 321
入会地 ····················· 219, 227, 251, 290
入会林野 ·································· 354
入会林野近代化法 ··················· 355, 359
入会林野整備 ························· 355, 357
入会林野整備組合 ····················· 355
入会林野整備手続 ····················· 357
印鑑登録証明書 ······················· 171, 175

【う】

訴え提起前の和解 ····················· 401

【え】

江戸時代の土地の権利 ················· 189
江戸時代の土地の所有 ················· 189
江戸時代の村（旧村）
　　················· 188, 189, 246, 253

【お】

大字・字名義の不動産 ················· 275
大字・小字名義 ················ 283, 299, 300

【か】

買入れ ···································· 329
会員名簿 ·································· 119
会計 ································· 340, 347
外国人 ···································· 118
会社・法人等番号 ····················· 175
解体における財産処理 ················· 294
会費 ······································ 119
確定判決 ······························· 381, 400
家庭裁判所 ································ 261
監査 ································· 337, 346
官民有区分 ············· 220, 221, 224, 227
含有 ································· 184, 185
管理会の設立 ························· 339, 347
管理行為 ······························· 335, 344

【き】

議会の設立 ································ 339
議決機関 ······························· 338, 346
義務者 ································· 75, 138
記名共有地 ········· 38, 198, 304, 316,
　　369, 382, 384, 386, 387, 388, 397
記名共有地名義 ························· 370
規約 ································· 127, 135
旧大字名義に登記された土地 ········· 285
旧財産区 ············· 195, 278, 280, 282, 287
　　──所有の不動産 ··············· 282, 299
　　──と新財産区 ··················· 334
　　──に関する先例・判例・登
　　　記手続 ························· 282
　　──に関する登記手続 ············· 282
　　──の対応方法 ··················· 285
　　──の登記名義 ··················· 281
旧土地台帳 ································ 258
共有 ············· 65, 184, 306, 321, 352, 416
共有者 ···································· 320
共有惣代地 ········· 42, 198, 305, 323, 387
共有地の管理 ······························· 419

事項索引

共有名義 ……………………… 71

【く】

区域 …………………………… 121
空中写真 ……………………… 260

【け】

兼業の禁止 …………………… 338
権限 …………………… 335, 344
兼職の禁止 …………… 338, 347
権利者 ………………… 75, 138
権利能力 ……………… 53, 57
権利能力なき社団 ……… 53, 54, 95, 103,
　　290, 321, 377, 390
　　──所有の不動産の登記名義
　　　　……………………… 290
　　──と法人の違い ………… 59
　　──に関する登記制度 …… 12
　　──の具体例 ……………… 55
　　──の効果 ………………… 55
　　──の財産の帰属 ………… 56
　　──の財産の分割 ………… 58
　　──の特徴 ………………… 57
　　──の不動産購入 …… 97, 100
　　──の不動産売却 …… 95, 99
　　──の名義 ………… 57, 68
　　──の名称 ………………… 217
　　──の要件 ………………… 54
権利能力なき団体 ……………… 6
原因日付 ………… 74, 138, 170, 176
現地調査 ……………………… 263
原野 …………………………… 246

【こ】

公共事業 ……………………… 159
公共用地買収 ………………… 159
公告 …………………………… 164
公証制度 ……………… 212, 213
公図 …………………… 258, 260
構成員 ……… 58, 117, 118, 119, 120, 166
　　──全員の共有 …………… 71
　　──全員の持分共有 ……… 65

──に関する規定 ………… 117
──の共有 …………………… 71
──の共有名義 ……………… 71
──の資格要件に関する規約 …… 58
──の責任 …………………… 56
──の退会 …………………… 136
──の表決権 ………………… 120
──の名簿 …………………… 118
告示事項 ……………………… 135
個人所有 ……………… 8, 361, 370
個人単位 ……………… 119, 120
個人名義 ……………………… 71
戸籍 …………………………… 259
国土交通省 …………………… 3
国土調査実施区域 …………… 263
国交省のガイドライン …… 320, 323, 326
固定資産評価証明書 ………… 259
コンピュータ化以前の閉鎖登記
　簿 …………………………… 257
コンピュータ化された登記簿 …… 257

【さ】

財産管理制度 ………………… 419
財産区 ……… 30, 45, 128, 199, 279, 280,
　286, 326, 331, 332, 333, 334, 335, 337,
　343, 344, 349
　　──の機関 ………………… 337
　　──の権限の特徴 …… 336, 345
　　──の権能 ………………… 335
　　──の登記名義人名 ……… 348
　　──の問題点 ……… 280, 340
財産区議会 …………… 338, 346
財産区所有の土地 …………… 343
財産の処分 …………………… 279
財団 …………………………… 54
山林 …………………… 246, 262

【し】

自治会 ……… 28, 103, 128, 391
　　──が保管する資料 ……… 261
　　──への加入率 …………… 119
自治会機能 …………………… 109

自治会費 ……………………………… 121
市町村 ……………………………… 127, 231
　——が買収する場合 ……………… 377
　——に説明するための具体的
　　書類 ……………………………… 165
　——に提出する書類 ……………… 129
　——の指揮監督下 ………………… 128
　——の情報提供 …………………… 164
　——の手続（申請）
　　……………………… 126, 129, 163, 168
　——への認可申請 …………… 125, 129
市町村制施行 ……………………… 194
市町村制度 …………………… 181, 194
執行機関 ……………………… 337, 345
実際の所有者 ……………… 248, 276, 320
実質入会集団 ……………………… 290
実体上の所有者 …………………… 325
氏名のみ住所なしの登記名義人
　……………………………………… 370, 371
氏名のみ住所なしの変則型登記
　……………………………………… 378, 401
シャウプ勧告 ……………………… 237
社団 …………………………………… 54, 58
住宅地図 ……………………………… 260
住民票 ………………………………… 259
昭和時代の大合併 ………… 240, 333, 334
処分行為 ……………………… 336, 344
所有権確認訴訟 ……… 391, 394, 396, 398
所有権の登記のない不動産 …… 366, 400
所有権保存登記 …………… 169, 172, 235
所有者 ……… 9, 17, 20, 30, 269, 276, 321,
　　324, 326, 327, 330, 372, 388
　——が入会団体の場合 …………… 31
　——が権利能力なき社団の場
　　合 ………………………………… 24
　——が地縁団体の場合 ………… 27
　——が町内会・自治会の場合
　　………………………………………… 27
　——が特殊な場合 ………… 20, 21, 23
　——が不明な登記名義 ………… 179
　——がよく分からない登記簿 …… 18
　——として考えられる者 ………… 276

　——の探索 ………… 330, 411, 421, 423
　——の登記簿例 ………………… 64
　——の登記名義 ………………… 21
　——の特定が不能だった場合
　　………………………………………… 422
　——の表示変更登記 …………… 283
所有者集団 ………………………… 286
所有者不明土地
　…… 1, 11, 179, 245, 301, 405, 411, 412
所有者不明土地法 ………… 409, 410, 412
所有者不明土地問題 …………… 10, 405
所有者不明土地問題研究会 ……… 2
所有者不明不動産 ………………… 267
所有者名義 ………………………… 317
所有者名簿 ………………………… 308
所有不動産 ……………… 138, 152, 157
新旧財産区 ………………… 344, 345, 348
新財産区 …………………… 240, 334, 341
新財産区議会議員 ………………… 347
真正の所有者 ……………………… 389
真の所有者
　……… 257, 264, 370, 372, 377, 396, 397

【せ】

世帯単位 …………………… 119, 120, 121
戦時中に法人化した旧町内会等
　………………………………………… 29
戦時中の町内会・部落会
　… 43, 199, 228, 293, 294, 298, 300, 326

【そ】

総会 …………………………………… 162
相続人 ……………………………… 370
相続登記 ……………… 6, 7, 89, 90, 416
　——がされていない土地 ……… 301
　——の義務化 …………………… 417
　——未了地 …………………… 1, 4
　——を抹消する登記 …………… 92
相続放棄 …………………………… 261
惣代 ………………………………… 323
総有 …………………… 56, 184, 185, 321
相隣関係 …………………………… 419

事項索引

訴状 ……………………………… 395, 396
村落共同体 ………………………… 186

【た】

代位による所有権保存登記嘱託
　書 ……………………………………… 378
大区小区制施行 …………………… 193
対抗要件主義 ……………………… 417
台帳 ………………………… 235, 236, 237
台帳制度と不動産登記制度 …… 235
代表 ………………………………………… 58
代表行為 …………………………………… 58
代表者
　――が辞任した場合 ………………… 75
　――が死亡した場合 ………………… 75
　――が登記名義人の場合 ……… 76, 78
　――の登記 ……………………………… 69
　――の変更 …………………………… 74, 83
　――の変更登記 ……………… 73, 86, 94
代表者登記名義人 ………………… 81
多数共有者 ………………………… 269
多数共有地 …………………………… 7, 272
建物台帳 …………………………… 259
他人が所有者として登記されて
　いる場合 ……………………………… 365
多人数共有地 ……………………… 267
団体 …………………………… 56, 58, 389
団体名 ………………………………… 66
単有 …………………………… 415, 416

【ち】

地縁 ………………………………… 106
地縁団体 ………… 103, 106, 109, 110, 128
　――と認められない団体 ……… 109
　――の認可 …………………………… 127
　――を認可する手続 ………… 125, 129
地縁団体所有地 …………………… 159
地縁団体台帳 ……………………… 260
地縁による団体 ………… 120, 127, 133
地券 …………………………… 211, 212, 223
地券制度 …………………………… 210, 211
地上権設定の登記 ………………… 285

地図 ………………………………… 258
地租 ………………………… 181, 236, 307
地租・登記制度の変遷 ………… 200
地租改正 ………………… 209, 227, 236
地租改正条例 …………………… 208, 209
地租制度 …………………………… 200
地方公共団体 ……………………… 30
地方自治 …………………………… 250
長期相続登記等未了土地 ……… 413
町村会 ……………………………… 298
町内会
　…… 28, 103, 224, 228, 230, 231, 293, 391
町内会・部落会 ………… 230, 231, 294
町内会費 …………………………… 121
賃貸借契約 ………………………… 346

【て】

添付情報 ……………… 75, 138, 170, 173

【と】

登記 ………………………………… 66, 317
　――の原因 ……………………………… 76
　――の名義 …………………………… 316
　――の名義人の形態 ………………… 13
登記義務者 ………………………… 360
　――の印鑑登録証明書 ………… 171
　――の登記識別情報 …………… 170
登記原因 …………………………… 138, 170
登記原因証明情報
　………… 76, 139, 142, 144, 233, 293, 296
登記識別情報 ……………………… 173
登記所が引き継いだ後の住所の
　取扱い ………………………… 314, 329
登記嘱託書 ………………………… 349
登記申請 …………………………… 348
登記申請書 …………… 143, 154, 171, 174
登記申請人 ………………………… 169, 173
登記申請例 ……………………… 141, 144
登記制度 ………………… 181, 200, 307, 417
登記制度・土地所有権の在り方
　等に関する研究会 ………………… 417
登記手続 …… 60, 168, 293, 294, 346, 418

472

登記簿
　　……17, 183, 185, 258, 259, 304, 308, 319
　　──に記載される内容……………415
　　──の調査フロー……………322
　　──の変更点の概要……………242
　　──バインダー方式……………238
登記簿・台帳……………241
　　──一元化の実施要領……………319
　　──の一元化……………241, 308, 310
　　──の一元化前……………318, 328
登記簿上の所有者……………319, 373
登記名義………8, 9, 20, 21, 35, 224, 248,
　　251, 269, 271, 288, 290, 322, 325, 364
登記名義人……13, 35, 36, 38, 42, 45, 60,
　　61, 65, 360
道路……………262
登録免許税……………76, 141, 171, 173
特殊登記
　　………9, 13, 17, 19, 20, 50, 198, 267
特定登記未了土地……………413
特例……………158, 159, 160, 161
土地……………261
土地所有権……………207, 418
土地所有者……………219
土地台帳……235, 308, 310, 312, 314, 328
　　──における住所の取扱いの
　　遍歴……………314, 328
土地調査……………209
土地登記簿……………235

【に】

認可……………107, 136
認可申請……………130
認可地縁団体
　　……28, 103, 105, 117, 162, 175, 176, 391
　　──が所有する不動産にかか
　　る登記の特例制度……………158
　　──が登記できる資産……………111
　　──が破産した場合……………137
　　──が不動産を取得した場合……175
　　──としての印鑑……………141, 171
　　──になれない団体……………109

　　──に名義を変更するとき………151
　　──の資格証明書……………140
　　──の住所を証する情報…………139
　　──の特徴……………106
認可地縁団体制度……………105, 157
認可地縁団体総数……………157
認可地縁団体登録証明書……………133
認可地縁団体名義
　　……………138, 169, 157, 172, 175
認可前の地縁団体……………176

【の】

農地……………262
　　──に関する地券……………211
　　──の売買……………206
農地改革……………233
農地売買……………206
農地法の許可書……………101

【は】

廃止された土地台帳・家屋台帳
　　……………242
買収……………7, 273
バインダー方式……………238
売買……………95, 346
判決……………398, 399

【ひ】

表決権……………120, 121
表示登記……………152
表題登記……………85
　　──のない土地……………400
　　──のみの大字，小字名義
　　……………289, 291
表題部……………365
　　──しかない変則型登記…………277
　　──の更正登記後の保存登記
　　……………377
　　──の登記もない場合………365, 382
　　──のみの登記……………48, 153, 328
　　──のみの登記名義…………285, 325
表題部更正登記……………372

473

事項索引

表題部所有者·················372, 386, 424
　──が不明の変則型登記·········366
　──が変更されている場合·········382
　──に承諾がもらえない場合
　　·······································365
　──の更正登記····371, 372, 374, 376
表題部所有者不明土地·········285, 302,
　306, 309, 316, 325, 363, 366, 368, 420
　──の登記·····················304, 307
表題部所有者不明土地の登記及
び管理の適正化に関する法律
　···420

【ふ】

複雑な登記名義···········179, 180, 181,
　　　　　　　182, 205, 224, 245, 361
不在者財産管理人·············388, 391, 393
不動産
　──が共有名義の場合·················151
　──が農地であった場合·········156
　──の所有·····························165
　──の所有者·················264, 273
　──の登記名義人·············152, 166
不動産登記·································5, 57
　──の特例·······························422
部落会·············228, 230, 231, 293, 298
部落有林野·································226

【へ】

閉鎖登記簿·····························258, 259
変則型登記·············3, 11, 285, 304, 306,
　307, 309, 312, 316, 325, 363, 366,
　368, 371, 372, 382, 397, 418

【ほ】

法人···53, 118
法人でない団体·····························54
法人化·····························112, 132
法人認可·································134
法人認可地縁団体·················112, 116
保存登記····285, 370, 381, 386, 399, 415
墓地·····································263, 330

ポツダム政令·················232, 285
ポツダム政令条項·················294, 295

【ま】

マンション管理組合·················109

【み】

未成年者·································118

【む】

村（旧村）
　······186, 190, 219, 223, 251, 253, 290
村自体が所有している土地·········190
村持地·································306, 327
村役人·····································188

【め】

明治の市町村大合併·················278, 333

【も】

持主·······································329
持分登記·································416

【ゆ】

郵送による調査·················261

【よ】

寄合·······································188
用地買収·································160

474

条 文 索 引

◎入会林野近代化法
12条⋯⋯⋯⋯⋯⋯⋯⋯⋯⋯359
14条⋯⋯⋯⋯⋯⋯⋯⋯⋯⋯360

◎会社法
28条⋯⋯⋯⋯⋯⋯⋯⋯⋯⋯102
33条⋯⋯⋯⋯⋯⋯⋯⋯⋯⋯102
467条⋯⋯⋯⋯⋯⋯⋯⋯⋯⋯102

◎行政不服審査法
6条⋯⋯⋯⋯⋯⋯⋯⋯⋯⋯133
7条⋯⋯⋯⋯⋯⋯⋯⋯⋯⋯133

◎市制
88条ノ2⋯⋯⋯⋯⋯⋯293, 466

◎所有者不明土地法
1条⋯⋯⋯⋯⋯⋯⋯⋯⋯⋯409
2条⋯⋯⋯⋯⋯⋯⋯⋯⋯⋯409
38条⋯⋯⋯⋯⋯⋯⋯⋯⋯⋯412
40条⋯⋯⋯⋯⋯⋯⋯⋯⋯⋯413

◎地方自治法
1条の3⋯⋯⋯⋯⋯⋯⋯⋯⋯30
3条⋯⋯⋯⋯⋯⋯⋯⋯⋯⋯283
7条⋯⋯⋯⋯⋯⋯⋯⋯⋯⋯349
238条⋯⋯⋯⋯⋯⋯⋯⋯196, 333
260条の2⋯⋯⋯⋯104, 106, 107, 110,
113, 117, 119, 120, 127, 131〜
133, 136, 138, 139, 157, 170
260条の3⋯⋯⋯⋯⋯⋯⋯⋯⋯113
260条の4⋯⋯⋯⋯⋯⋯⋯⋯⋯113
260条の13⋯⋯⋯⋯⋯⋯⋯⋯113
260条の14⋯⋯⋯⋯⋯⋯⋯⋯114
260条の17⋯⋯⋯⋯⋯⋯⋯⋯114
260条の18⋯⋯⋯⋯⋯⋯117, 120
260条の20⋯⋯⋯⋯⋯⋯⋯⋯137
260条の22⋯⋯⋯⋯⋯⋯⋯⋯137
260条の38⋯⋯⋯⋯158, 161, 163, 164,

166, 167, 169, 170, 172, 173
260条の39⋯⋯⋯⋯148, 158, 169, 173
294条⋯⋯⋯46, 240, 279, 326, 332, 334,
335, 337, 339〜342, 345, 348
295条⋯⋯⋯⋯⋯⋯⋯⋯⋯⋯339
296条⋯⋯⋯⋯⋯⋯⋯⋯339, 340
296条の2⋯⋯⋯⋯⋯⋯340, 347
296条の3⋯⋯⋯⋯⋯⋯340, 347
296条の5⋯⋯⋯⋯⋯⋯⋯⋯280

◎地方自治法施行規則
22条の2⋯⋯⋯⋯⋯⋯⋯⋯⋯163
22条の3⋯⋯⋯⋯⋯⋯⋯⋯⋯164

◎町村制
72条ノ3⋯⋯⋯⋯⋯⋯293, 466

◎土地台帳法施行細則
15条⋯⋯⋯⋯⋯⋯⋯⋯⋯⋯367

◎表題部所有者不明土地法
2条⋯⋯⋯⋯⋯⋯⋯⋯302, 303
3条⋯⋯⋯⋯⋯⋯⋯⋯421, 423
9条⋯⋯⋯⋯⋯⋯⋯⋯422, 423
15条⋯⋯⋯⋯⋯⋯⋯⋯422, 424

◎不動産登記法
2条⋯⋯⋯⋯⋯⋯⋯⋯⋯⋯⋯61
3条⋯⋯⋯⋯⋯⋯⋯⋯⋯⋯⋯61
25条⋯⋯⋯⋯⋯⋯⋯67, 360, 401
27条⋯⋯⋯⋯⋯⋯⋯⋯⋯⋯305
30条⋯⋯⋯⋯⋯⋯⋯⋯⋯⋯282
33条⋯⋯⋯⋯⋯⋯⋯289, 292, 374
47条⋯⋯⋯⋯⋯⋯⋯⋯307, 330
49条⋯⋯⋯⋯⋯⋯⋯⋯⋯⋯360
59条⋯⋯⋯⋯⋯⋯⋯⋯⋯⋯297
60条⋯⋯⋯⋯⋯⋯⋯⋯⋯⋯350
62条⋯⋯⋯⋯⋯⋯⋯⋯⋯⋯297
63条⋯⋯⋯⋯⋯⋯⋯⋯⋯⋯295

条文索引

65条·····················350
74条······153, 297 , 330, 365 , 370, 377,
381〜387, 401
76条·····················350
116条····················295, 296

◎土地台帳規則
1 条····················312

◎不動産登記規則
3 条····················305
34条·····················75, 138
189条····················76

◎不動産登記令
3 条·····················75, 138
20条·····················67

◎法人税法
2 条·····················25

◎ポツダム政令
2 条··········294, 295 , 297,　〜299
6 条·····················294

◎民事訴訟法
29条····················59, 390
275 条····················401

◎民法
249条····················184
250条····················184
251条····················184
252条····················184
256条····················184

判 例 索 引

大判明36・6・16	283
大判大10・11・28	351
大判大15・6・23	381
大判大15・7・6	284
大判昭8・7・7	58
盛岡地判昭31・5・14	352
仙台高決昭32・7・19	352
最一小判昭32・11・14	56,58
東京地判昭36・2・15	70
山口地判昭37・7・16	373
最三小判昭38・12・24	102
最一小判昭39・10・15	54〜56,58,61,62
最一小判昭44・6・26	55
最三小判昭44・11・4	55
最二小判昭47・6・2	55,57,62,73,74,86
最三小判昭48・10・9	55〜58
最三小判平6・5・31	64,390
最二小判平12・10・20	59
最一小判平26・2・27	86,390

先 例 索 引

明33・7・7民刑932号民刑局回答	282
明36・4・13民刑287号民刑局回答	283
大7・3・5民403号法務局長回答	284
昭17・1・23民事甲29号民事局長回答	284
昭17・6・13民事甲446号民事局長通達	216
昭18・8・4民事甲515号民事局長回答	293
昭22・2・18民事甲141号民事局長回答	63
昭22・6・18民事甲550号民事局長通達	294
昭22・9・1民事甲644号民事局長回答	295
昭23・6・21民事甲1897号民事局長回答	63
昭23・10・2民事甲3210号民事局長回答	298
昭23・10・2民事甲3211号民事局長回答	298
昭25・6・10民事甲1624号民事局長通達	349,350

昭26・11・20民事甲2202号民事局長回答 ································ 373
昭27・9・25民事甲353号民事局長回答 ································ 284
昭28・12・24民事甲2523号民事局長回答 ································ 63
昭29・6・30民事甲1321号民事局長通達 ································ 238
昭31・1・13民事甲41号民事局長回答 ································ 297
昭31・6・13民事甲1317号民事局長回答 ································ 72
昭32・2・25民事甲372号民事局長回答 ················ 282,285,288,291
昭32・11・28民事甲2251号民事局長通達 ································ 217
昭35・4・1民事甲685号民事局長通達 ································ 308
昭36・3・2民事甲534号民事局長通達 ································ 242
昭36・7・21民事三発625号民事第三課長回答) ································ 70
昭36・9・2民事甲2163号民事局長回答 ···························· 288,291
昭38・11・20民事甲3118号民事局長電報回答 ························ 45,296
昭39・4・9民事甲1505号民事局長回答 ···························· 288,291
昭41・4・18民事甲1126号民事局長電報回答 ························ 73,74,84
昭42・3・20民事甲666号民事局長通達 ································ 308
昭43・6・12民事甲1831号民事局長回答 ································ 400
昭44・5・12民事甲1093号民事局長通達 ································ 372
昭48・1・8民三218号民事第三課長回答 ································ 377
昭53・2・22民三1102号民事局長回答 ································ 84
昭58・5・11民三2983号民事第三課長回答 ································ 85
昭59・3・2民三1131号民事局長回答 ································ 72
平2・3・28民三1147号民事第三課長回答 ···························· 99,100
平3・4・2民三2246（2245）号民事局長通達 ············ 91,138,139,170
平4・5・20民三2430号民事第三課長，第四課長通知 ···················· 175
平10・3・20民三552号民事局第三課長通知 ········ 40,384,383,385,386,300
平16・1・21民二145（146）号民事第二課長通知（回答） ················ 176
平22・12・1民二3015号民事第二課長通知 ································ 150
平27・2・26民二124号民事局長通達 ································ 170
平27・2・27総行住19号総務省自治行政局住民制度課長通知 ·············· 158
平30・7・24民二279号民事第二課長通知 ································ 379

著 者 略 歴

正影　秀明（マサカゲ　ヒデアキ）

司法書士（岡山県司法書士会）

日本司法書士会連合会司法書士総合研究所不動産登記制度研究部会主任研究員，同会オンライン推進委員会委員長，同会司法書士総合研究所家事事件研究部会主任研究員，同会不動産登記法改正対策部委員会委員，全国青年司法書士協議会副会長等を歴任。現在，日本司法書士会連合会司法書士総合研究所不動産登記制度研究部会研究員。

〈主な著書〉

・『相続財産管理人，不在者財産管理人に関する実務』（日本加除出版，2018年）
・『休眠担保権に関する登記手続と法律実務』（日本加除出版，2016年）
・『登記原因証明情報の書き方と記載例60』全国青年司法書士協議会著（共著，日本法令，2005年）
・『［補訂版］登記原因証明情報モデル文例集』正影秀明，恩田英宜，長谷川秀夫，藤井里美，渡邉経子共著（共著，新日本法規出版，2008年）
・『ケース別　不動産取引・登記の実務』不動産取引・登記研究会編（共著，新日本法規出版　2009年）
・『不動産取引とリスクマネジメント』不動産取引とリスクマネジメント研究会編（共著，日本加除出版　2012年）
・『全訂　Q＆A　不動産登記オンライン申請の実務　―特例方式―』日本司法書士会連合会編（共著，日本加除出版，2013年）

変則型登記，権利能力なき社団・認可地縁
団体等に関する登記手続と法律実務
――所有者不明土地，表題部所有者不明土地，相続人
探索，字持地，多数共有地，財産区，特殊な名義――

2019年12月13日　初版発行

著　者　正　影　秀　明

発行者　和　田　　裕

発行所　日本加除出版株式会社

本　　社　郵便番号 171-8516
　　　　　東京都豊島区南長崎 3 丁目 16 番 6 号
　　　　　　T E L　(03)3953 - 5757 (代表)
　　　　　　　　　　(03)3952 - 5759 (編集)
　　　　　　F A X　(03)3953 - 5772
　　　　　　U R L　www.kajo.co.jp
営　業　部　郵便番号 171-8516
　　　　　東京都豊島区南長崎 3 丁目 16 番 6 号
　　　　　　T E L　(03)3953 - 5642
　　　　　　F A X　(03)3953 - 2061

組版 ㈱郁文 ／ 印刷 ㈱精興社 ／ 製本 牧製本印刷㈱

落丁本・乱丁本は本社でお取替えいたします。
★定価はカバー等に表示してあります。
© H. Masakage 2019
Printed in Japan
ISBN978-4-8178-4604-4

JCOPY 〈出版者著作権管理機構 委託出版物〉
　本書を無断で複写複製（電子化を含む）することは，著作権法上の例外を除
き，禁じられています。複写される場合は，そのつど事前に出版者著作権管理
機構（JCOPY）の許諾を得てください。
　また本書を代行業者等の第三者に依頼してスキャンやデジタル化することは，
たとえ個人や家庭内での利用であっても一切認められておりません。

〈JCOPY〉 H P：https://www.jcopy.or.jp, e-mail：info@jcopy.or.jp
　　　　　電話：03-5244-5088, FAX：03-5244-5089

商品番号：40705
略　　号：相不在

相続財産管理人、不在者財産管理人に関する実務

財産管理、相続人の探索、選任の申立て、相続放棄の対応、権限外行為許可、相続財産の清算、登記、不在者への対応、失踪宣告

正影秀明 著

2018年3月刊 A5判 656頁 本体5,000円+税 978-4-8178-4450-7

● 手続のフローチャート、裁判所への申請書類、申立書、公告の記載方法、不動産の清算、登記を網羅。一冊で相続財産管理人、不在者財産管理人実務についてフォローする初任者からベテランまで必携の書。裁判所への「権限外許可審判申立書」等、関係書式を多数収録。財産を処分する際の登記実務についても解説。

商品番号：40625
略　　号：休登

休眠担保権に関する登記手続と法律実務

供託・不動産登記法70条3項後段特例、清算人選任、公示催告・除権決定、抵当権抹消訴訟

正影秀明 著

2016年5月刊 A5判 580頁 本体5,100円+税 978-4-8178-4303-6

● 担保権者が個人か法人か、どの休眠担保権抹消手続が適しているのか等をケース別に解説。対応方法が一目でわかるチャート図、実務Q&A、実際に活用できるチェックリスト、知識を補うコラムや供託金の具体的な計算例、書式を多数盛り込み、専門家を悩ませる実務をフォロー。

日本加除出版

〒171-8516　東京都豊島区南長崎3丁目16番6号
TEL (03) 3953-5642　FAX (03) 3953-2061（営業部）
www.kajo.co.jp